クレプトクラシー

American Kleptocracy

How the U.S. Created the World's Greatest Money Laundering Scheme in History

資金洗浄の巨大な闇

世界最大の
マネーロンダリング天国
アメリカ

Casey Michel
ケイシー・ミシェル
秋山勝◆訳

草思社

AMERICAN KLEPTOCRACY
How the U.S. Created the World's Greatest Money Laundering
Scheme in History
by Casey Michel

Published by arrangement with St. Martin's Publishing Group
through The English Agency (Japan) Ltd.

私の両親に――そして、もちろん妻のシャルマに犯罪者は生まれついての臆病者で、そして縁起をかつぎたがる。

ジェフ・ローブ

冷戦は終わった。悪党どもが勝利したのだ。

ポール・マッサーロ

クレプトクラシー
資金洗浄の巨大な闇

目次

編集部註

＊番号ルビは原註を示し、巻末にまとめて掲載した。
＊［訳註＊］は、見開き奇数ページに傍註として掲載した。

数字で見るクレプトクラシー

世界の金融守秘法域に秘匿されている個人の金融資産の推定額――二四兆〜三二兆ドル

世界の富のうち、オフショアの資産が占める比率――10パーセント

一九八〇年以降、発展途上国が未記録のまま資産逃避で失った資産――一六兆三〇〇〇億ドル

世界の年間対外援助額――一三五〇億ドル

デラウェア州で設立された会社の総数――一五〇万社

サウスダコタ州の信託会社が保有する匿名資産の概算総額――九〇〇〇億ドル

匿名での不動産購入が認められているアメリカの市町村――98パーセント

大統領就任前のトランプが、資金洗浄が疑われる相手に売った不動産の販売総額――一五億ドル

資産隠しにもっとも加担している国として、タックス・ジャスティス・ネットワーク（TJN）が指摘した国――アメリカ合衆国

プロローグ
大きすぎて見えない

「金持ちとは、漏れ出た水を検出するトレーサー染料。
文化がどのように流れ出ていくのか、
これほどはっきりと示す存在はない」(1)
マイケル・ルイス

赤道ギニアの恐怖政治

テオドリンことテオドロ・ンゲマ・オビアン・マングは、中央アフリカの小国、赤道ギニア共和国で育った。成人したテオドリンはあらゆるものを手にしていた。権力も生まれながらに授かっていた。一九七〇年代後半以降、彼の父親は残忍な独裁者として国を支配してきたが、その後、無限にわき出る原油が見つかり、政権はいよいよ活気づき、資金に不自由はしなかった。

おかげで、テオドリンは心ゆくまで自身の富を誇示してきた。ダイヤモンドをちりばめたロレックスの腕時計、丘の上に建つ城のような大豪邸、あらゆる高級車を何台も所有し、あくせく働く露天商や貧しい商店主、道ばたでたむろする痩せこけた子供を尻目に、赤道ギニアの首都マラボの街をランボルギーニやマセラティで走りまわった。女性にも不自由しておらず、相手はスペインからブラジル、フランス、さらにはアメリカまでさまざまな国籍の女性がいた。自家用ジェット、オーダーメイドのスーツ、何日も続くパーティーに大金を注ぎ、気心の知れた友人を相手に、サメが泳ぎまわる水槽を備えた全長200フィート(60メートル)のヨットを建造すると話していた。国際的なエンターテインメント帝国をいつか築き、アフリカのジェイ-Zと呼ばれるようなスターになることが夢だった。

掛け値なしに言うなら、テオドリンは自分では使いきれないほど莫大な財産を持っていた。井のなかの蛙《かわず》のようなものではなく、文字どおり、これ以上ないほど小さな水たまりにいる巨大なクジラのような存在だった。

そのような境遇にもかかわらず、テオドリンは手に負えない不甲斐なさを抱えていた。そんな思いにさいなまれているのは、彼の周囲にいる者全員が気づいていた。父親をはじめ、彼が旅先で出会ったり、つきあったりする富豪たちに、自分は足元にも及ばないという思いだった。その思いは、いまや世界最長の独裁政権を維持する父親が、息子を決して認めようとはしない現実に根差していた。息子を軽んじ、いつも見下したように話して、自分の息子を部下と同じように扱っていた。つまり、自分のような才能とは無縁の、ただの愚か者だと見放していた。

父親は息子のために、政敵やジャーナリストを投獄し、あるいは反対勢力を排除して後継者の権力基盤を整えてきたが、肝心のテオドリンには後継者候補として必要な規律や集中力が欠けていた。興味があったのは、高級車を乗りまわして遊んだり、友人や取り巻きと数日に及ぶドラッグの乱用にふけったりすることで、新時代の独裁国家を支配するために必要な能力や資質《スキルセット》、経験をきちんと身につけてはいなかった。父親が外交政策や経済政策を教えようとするときには、テオドリンも注意して話を聞こうとしたが、酒浸りの毎日のせいで、最後まで聞きつづけることさえできなかった。二日酔いかドラッグの影響がいつも残っており、国家元首としての将来性はほとんど期待できない。父親も手を焼き、無能な息子にはいつも腹を立てていた。「大統領の息子はどうしようもないほど愚かで、しかも身勝手でわがまま、思慮分別とは無縁の人間だ。すでに五十代にさしかかっているが、人としての出来は十歳くらいでとまったままのように思える」[2]と大統領の息子の不正行為を二〇年にわたって追跡してきた捜査官は言う。

テオドリンが所有する資産は現在、数十億ドルに達したと見られている。彼の過剰な劣等感は、その大半が正当とは言えない明らかに不正な手段で得られた利益という事実とも無縁ではなかった。彼の富は父親の血にまみれた野蛮な支配のおかげであり、彼の一族やコブのような小さな国のほんのひと握りの人間だけに利益をもたらしてきた。それもこれも父親がこの国の権力を一手に握っているからにほかならない。赤道ギニアの国営メディアは独裁者である彼の父を「神」と呼び、「全能の神と永久に結ばれている」[3]人間だと讃えてきた。統計上、赤道ギニアの一人当たりの国内総生産（GDP）はアフリカ大陸でもっとも高い。だが、平均余命は五十八歳と世界でもっとも低い国のひとつであり、乳児死亡率は出生一〇〇人当たり六人と世界でも突出している。

テオドリンが所有する資産そのものは違法ではない。父親の独裁体制のもとでは、彼と彼の一族が何をやろうとも、赤道ギニアでは合法と認められた。しかし、その金はやはり正当とは言えない。国庫から収奪された金であり、本来は国民のために使われるはずの金である。その金を独裁者の息子という理由でテオドリンは手にしていた。国の内外を問わず、誰もがその事実を知っていた。テオドリンがどんなに金をばらまいても、どれほどの財産があっても、彼の金は常に汚れたままだった。

結局、彼の劣等感の原因はそこにいきつく。テオドリンは黒い肌と炭のような黒々とした目をしていた。彼が生まれた一九六八年当時、億万長者と言えばヨーロッパ人かアメリカ人を意味し、富は基本的に白人に集中していた。もちろん非白人の富裕層もいなかったわけではないが、そうした富裕層は、「ベベ・ドク」の愛称で呼ばれていたハイチのジャン＝クロード・デュバリエ（推定資産一〇億ドル）のような独裁者か、あるいは隣国コンゴ民主共和国の大統領モブツ・セセ・セコ（資産五〇億ドル超。彼の名前は、「忍耐と勝利への不屈の意志によって、征服から征服へと邁進し、通ったあとに炎を残す全能の戦士」という意味）のような誇大妄想家たちばかりだった。(4)

だが、一九八〇年代半ば、富豪の世界は白人だけのものではないことを証明した一人の人物が登場する。マイケル・ジャクソンだった。彼はまぎれもないアメリカ人だが、その影響力とステイタス、そして彼の音楽は世界的なものだった。アメリカ人が聞いたこともないような世界の片隅の町で、マイケルはそこで暮らす者のイコンになった。とくに、植民地独立後のサハラ以南のアフリカで台頭してきたにわか成金《ヌーヴォー・リシュ》の世代はなおさらそうした思いが強かった。

赤道ギニア人の活動家で、テオドリンの罪を誰よりも訴えてきたツツ・アリカンテは、「テオドリンは若いころから、ビッグスターのような、クールな印象を人に与えたがっていた」と言う。「そして、マイケル・ジャクソンは、アフリカの子供にとっては世界的なセンセーションで、子供たちはマイケルに成功した黒人の姿を見ていた」(5)

だから二〇〇九年夏、マイケル・ジャクソンが亡くなったとき、これはチャンスだとテオドリンは考えた。このとき彼はあるアイデアを思いついた。長年抱いてきたさまざまな目的を一挙に実現させるうえで役に立つアイデアだ。その目的とは、いかがわしい彼の金をこれ以上ないほどクリーンで合法的な資産に変えることであり、まぎれもない富裕な黒人として賞讃される人物になることだった。それればかりかこのアイデアは、長年夢見てきた名士中の名士になる決定的な一歩になるだろう。父親に対しては、息子が金の使い道をわきまえている人間だとわからせ、後継者として国の舵取りをいつでも任せられると納得させることもできる。そのアイデアとは、マイケル・ジャクソンの遺品を買い集めることだった。とてもではないが賢い計画と呼べるようなものではなく、そもそも、遺品の収集が自分の能力を父親に認めさせる証《あかし》になると彼が考えた理由さえはっきりしない。しかし、これが彼の計画であり、かならず成功させるとテオドリンは決意した。

この時点でテオドリンは、南カリフォルニアに広大な豪邸や自家用ジェット、一台一〇〇万ドルはする高級車を何台も所有し、いまどきの著名人に欠かせないたくさんの贅沢品をすでに手にしていた。そして、次のステップとして、今度はマイケル・ジャクソンの遺品を集め、世界最大のコレクターになることを目ざした。そうすることで、一族の汚い金を合法的な資産に変え、アフリカの独裁者から世界的な有名人になる一歩を踏み出し、彼にはないと思われてきた才覚が自分にもあるのを父親に証明するのだ。

彼はある国に目を向けていた。その国はかつて何百万ドルという彼の汚れた金を、ろくに確かめもしないまま快く受け入れてくれた国である。いわくありげな汚れた金を完全に合法的な資金や資産に変え、その過程で違法な出どころを隠蔽《いんぺい》する世界最大のシステムがその国にはもれなく備わっていた。実際、テオドリンだけではなく、汚れた金を抱える大勢の富裕層が何十年にもわたってきれいな金に変えてきた。

テオドリンはその国、アメリカを頼ることにした。

マイアミの不動産王とウクライナのオリガルヒ

テオドリンがそんなことを考えていた二〇一〇年六月、赤道ギニアから遠く離れたオハイオ州クリーブランドの空港に一人の青年が降り立った。ハイム・ショチェットという二十三歳の青年で、髭に覆われた肉づきのいい顔立ちをしていた。手荷物受取所を通りすぎ、空港ビルのスライドドアを抜けると夏の空が広がっている。エリー湖から吹いてくるそよ風が町を包んで、湿気を少し和らげていた。ショチェットは待機していた車に乗り込むと、ダウンタウンへと向かった。

一見したところ、ショチェットがクリーブランドのような土地にやってくる理由は思いつかなかった。クリーブランドはもちろん、中西部に縁があるようにも思えない。ショチェットはマイアミに住んでおり、地元にあるラビニカル・カレッジ・オブ・アメリカでユダヤ学を専攻して学位を取得した。そうした経歴にもかかわらず、彼はクリーブランドに来ていた。本人の話では両親の資金で投資旅行をしていると言う。彼にはある目的があった。この町で生まれた偉大なる石油王ジョン・D・ロックフェラーに匹敵する不動産王になることだった。

クリーブランドの不動産市場は、ニューヨークやサンフランシスコ、ダラスなどの大都市に次ぐ「第二の市場」と考えられてきたが、このころ町の経済は低迷していた。二〇〇八年の金融危機でクリーブランドへの投資意欲は一気に冷え込んでいた。衰退は今世紀に入ってからすでに始まっていたが、二〇〇〇年代後半の大不況《グレート・リセッション》で再生する可能性は残らず消えてしまった。「人気《ひとけ》が失せて、あのころ午後五時にクリーブランドのダウンタウンで大砲を撃ったとしても、誰にも当たらなかったはずだ」と地元のある不動産業者は町の衰退ぶりについて語った。[6] だからこそ、マイアミからショチェットがクリーブランドにやってくると聞いて、市の当局者も不動産ブローカーも目を輝かせた。
ショチェットが胸を躍らせているのは明らかだった。この町の建築物や「歴史的建造物」に魅了されたと熱く語り、両親の資金を注ぎ込み、不動産帝国を築くならクリーブランド以外は考えられないと話していた。彼こそ町が待ち望んできた救世主かもしれない。『クリーブランド・プレイン・ディーラー』紙が、ショチェットは「これまでにない、もっとも重要な人物」と評していたように、疑うことを知らない地元の人たちもなるほどそうだと考えていた。[7]
ショチェットが最初に足を運んだのはユークリッド・アベニュー九二五番地だった。ここには有名な「ハンティントン・ビル」が建っている。第三十代大統領クーリッジ［訳註＊任期一九二三〜二九年］の時代に建設されたビルは、かつて世界で二番目の大きさを誇り、入居していた銀行の店舗は当時、アメリカでもっとも大きな銀行だった。ビルの切り妻《ペディメント》には、時代精神を感じさせるジュール・ゲリンの壁画が描かれている。このビルは、さまざまな点でクリーブランドの絶頂期を示すものであると同時に、実現されることなく終わった約束のモニュメントでもあった。[8]
ショチェットが訪れた二〇一〇年の時点で、建物はすでに廃《すた》れており、軒の上部につけられた帯状の装飾《コーニス》は崩れて角が欠け、古いキャビネットは開けることもままならなかった。テナントが放棄したスペースには、イエスズメが棲みついて巣を作っている。町の人たちの目には、クリーブランドのダウンタウンと同じように、この建物全体が命を失った巨大な抜け殻のように見えた。しかし、ショチェットは違った。
ビルの正面入り口の前に立ったショチェットは、山のようにそびえるビルを値踏みしていた。シカゴを除けば、少なくとも中西部にこれだけのビルはないだろう。130万平方フィート（3万7000坪）の巨大な建物は、昔日のクリーブランドの象徴であり、町の人びとが取り戻したいと願う栄光が詰まったタイムカプセルだった。

白大理石の床をゆっくり歩きながら、ショチェットは溝が彫られた柱に手を触れた。見上げている天窓は一〇〇年前に作られた。同行していた地元の関係者が、ほかの階も見たいかと尋ねる。基本的な適正評価手続き《デューデリジェンス》の一環で、出資者が建物の状態を確認して、改修にどのような作業が必要になるかを確かめるためである。ショチェットは真っ黒な顎鬚《あごひげ》をかきながら首を振った。見るべきものはすべて見た。建物はクリーブランドが好況に沸いたころの遺産だが、物件としては申し分がない。買収するつもりだが、問題がひとつある。金融機関を入れて買うのではなく、現金で決済することはできるだろうか。[9]

通常、商業用不動産の購入には、企業向けの不動産ローンや第三者を含めた融資調達構造など、厳しい審査を受ける場合がほとんどだ。しかし、ショチェットは一刻も早くこのビルを手に入れたいと訴え、ほかの機関を交渉に介入させる必要はないと言っていた。

それならそれで問題はないでしょうと地元の代表の一人が答え、ショチェットと握手を交わした。関係者のために言っておくなら、地元の不動産業者や当局者がそう答えても法的には問題はない（第三者を関与させた場合、余計な事務処理が増えるので、むしろありがたい提案だった）。ショチェットをよく知る者は、彼のこうしたやり方にとくに驚いてはいなかった。資金調達の際、中間業者を排して効率よく物件を買い入れ、手持ちの金で支払うのは彼の流儀だった。いっしょに働いたことがある関係者の話では、ショチェットはそれまでにもこうした方法で物件を購入してきた。クリーブランドだけではなく、オハイオ州、ケンタッキー州、イリノイ州など、中西部全域の小都市でそんなふうにして物件を買収していた。ある日建物の前にぶらりと現れ、ロビーや前庭の芝生を歩きまわる。しばらく見てまわったあと、何百万ドルもの支払いを約束する。簡にして要を得て、取引はそれで完了。

支払いに関しても信用できた。数百万ドルの小切手で不渡りを出したことは一度もない。そのうえ、人をひきつける魅力があり、話にも説得力があった。今回の購入はクリーブランドをふたたび世界の拠点《ハブ》にする第一歩で、この国のラストベルトで一目置かれる輝かしい成果をもたらすと約束していた。「町に対する彼の思い入れは、疑いようはなかった」とクリーブランドの開発業者デブ・ジャニックは話していた。[10] 彼女のように代金を受け取る側の業者は、ショチェットの資金について深追いはせず、また、購入した物件の詳細について彼がなぜ熟知していないのか(あるいは知ろうとしないのか)、そうした点についてもめったに聞こうとはしなかった。クリーブランドの物件を買ってくれる者など彼以外にはいないといった具合だ。「彼のような人物が投資してくれることこそ、この町の復興策だ」と手放しで讃えた開発業者もいたぐらいだ。[11]

だが、彼らがショチェットの小切手帳以外にも目を向けていたなら、二つの事実に気づいていたかもしれない。第一に、その後の裁判記録や捜査で明らかにされるように、クリーブランドを愛しているという彼の話は真っ赤な嘘で、資金に関する質問をはぐらかすためにでっち上げた話だった。彼の手口をよく知る者に聞いても、ショチェットがクリーブランドに入れ込んでいた事実を裏づける証拠はほとんどない。

第二に、これはおそらくさらに重要で、彼に不動産を売っていた者たちが聞いていたなら卒倒していたかもしれない事実である。ショチェットは親の金で遊んだり、投資したりする富豪の息子ではなく、実を言えば彼の資金は、イーホル・コロモイスキーというソ連の崩壊過程で現れた新興財閥オリガルヒ〔訳註＊〕と直接つながっていたのだ。コロモイスキーは、ウクライナの冶金業界と銀行業界の大物を装う一方で、当時、自身が所有する銀行を使って預金者をだまし、世界でも最大規模の出資金詐欺《ポンジ・スキーム》に関係していたといわれている。コロモイスキーの名前はアメリカではほとんど知られていない。だが、このウクライナ人実業家は、ショチェットの資金の出どころだっただけでなく、権力と富を備えた主要なオリガルヒの中心人物として、ウクライナの民主化を脅かしながら、その過程で無防備なウクライナ人から数十億ドルを盗み取ったとされる。

　書類上、コロモイスキーは、プリヴァトバンクというウクライナ最大の民間銀行の代表だった。のちにウクライナとアメリカの捜査機関が明らかにするように、コロモイスキーと彼のパートナーであるゲンナジー・ボゴリューボフは、プリヴァトバンクを二人の貯金箱に変えていた。伝えられるところでは、二人は行員にすごんだり、脅したりして自分たちの命令を聞かせ、融資や投資に見せかけ、無警戒の預金者から五〇億ドル以上をだまし取っていた(12)。

　しかし、不正に得た金を銀行に置いておくだけでは、当局に差し押さえられるかもしれない。捜査官や税務署、国際的な監視団体の目に触れないように巧妙に隠さなくてはならなかった。そして、テオドリンと同じように、コロモイスキーもまたアメリカに目をつけた。盗み取った金を隠し、きれいな金に変身させるうえで、これ以上すばらしい国はないことをコロモイスキーは知っていた。

　アメリカでの活動に、コロモイスキー本人が直接関与することはほとんどなかったが、そのかわり、マイアミを拠点にしていたショチェットと彼の仲間というネットワークを持っていた。アメリカの当局者の話では、数十億ドルにのぼるオリガルヒの資金を洗浄するため、ショチェットらは喜んで協力していた。コロモイスキーと彼に忠誠を尽くす若き兵隊たちは、本書の第4章で詳述するように一族の関係を通じて結びついた。心強い味方を得て、コロモイスキーもテオドリンと同じ目でアメリカという国を見ていた。つまり、この国の法律は汚い金の取り締まりにまったく甘いこと、そして、汚い金ならいくらでもコロモイスキーは注ぎ込むことができた。「自分が知る限り、どの金もすべて汚れていた」と、ショチェットとコロモイスキーのネットワークにかかわっていたあるアメリカ人は私に話してくれた。「きれいさっぱり洗う洗濯機のような仕組みだった。どの金もみんなきれいな金になっていた(13)」

クリーブランドの一件は申し分ない幕開けになった。この金は町を活性させる資金だとショチェットは訴え、疑うことを知らない地元の協力者を納得させていたが、その後アメリカの当局者が指摘するように、彼の話はすべて茶番だった(14)。さらに、長期にわたる細心の捜査の結果、クリーブランドは氷山の一角にすぎない事実が判明する。デラウェア州のペーパーカンパニー、オハイオ州の製鉄所、テキサス州、ケンタッキー州、イリノイ州の不動産投資、クリーブランドでさらに買い増した高層ビルやオフィスビルを利用して、コロモイスキーはアメリカのマネーロンダリング・サービスを十二分に活用していた。すべてはウクライナで手がけた巨大なポンジ・スキームで得た金を洗浄するためだった。

訳註＊オリガルヒ：ロシアやウクライナなど旧ソ連諸国の資本主義化にともない、主に国有企業の民営化の過程で形成された新興財閥のこと。「寡頭制」を意味するギリシャ語に由来する言葉で、政治家との強固な関係を背景に、政治・経済・軍事などの分野で大きな影響力を持っている。

しかし、それがすべてではない。本書で明らかにするように、それから数年後、ウクライナのオリガルヒがまったく別のものを体現していた事実を私たちは知ることになる。コロモイスキーの関心は、アメリカのマネーロンダリングだけではなかった。アメリカのあらゆるネットワーク、あらゆる活動をいかに自分の目的のために利用できるか、むしろ、その方法を確立することに関心は向けられていた。さらにアメリカが汚れた金の巨大な避難先に変貌した現実につけ込み、自分の意のままにこの国の外交政策をゆがめる方法、この国の歴代の政権のなかでももっとも不正を極めた政権を言いなりにする方法、アメリカのクレプトクラシー［訳註＊］につけ込み、その過程でこの国とウクライナ双方の未来を脅かす方法だったのである。

世界最大のマネーロンダリングの国

これら二つの物語――テオドリンという独裁者一族の痴《し》れ者が不正な金をアメリカの資産に注ぎ込む物語、そしてアメリカ人を使い、誰もが見向きもしないと踏んだ町に資金を移転させたコロモイスキーの物語――が果たしている役割は、本書が真の目的とするさらに大きな物語、つまり、アメリカがどうやって世界最大のマネーロンダリングと金融取引の守秘サービスを提供する国になり、誰がそれを利用し、私たちにとってそれが何を意味するのかという物語を説明するうえで必要な、ケーススタディーとしての役割である。

長年にわたりアメリカは、毎年数十億ドル、あるいはそれ以上の額の汚くていかがわしい金が国内に流れ込んでくる事実に、ほとんど目をつぶってきた。それらはよその国の国庫から盗まれた金であり、賄賂や麻薬の密輸、人身売買などで不正に得られた金である。その大半は洗浄して合法的な資産に変え、不正に得た当事者とのつながりを曖昧にするためにアメリカに渡ってきた。アメリカではこうした洗浄行為は合法的とされている。

しかし、アメリカがどのように変貌していき、テオドリンやコロモイスキーのような本書に登場するペテン師や犯罪者たちが、どうやってその変貌につけ込み、最大限に利用したのかはっきりと見極めるには、まずいくつかの用語を定義しておかなくてはならない。

ひとつ目は定番の金融用語「オフショア」という秘密めいた語彙《ごい》だ。「沖合《オフショア》」と呼ばれる法域に多くの人がまず思い浮かべるのは、風にそよぐヤシの葉、白い砂浜が広がり、ハワイアンが流れるイメージだろう。私たちが想像するオフショアの租税回避地の大半のイメージは、南太平洋やカリブ海に点在する、喧噪《けんそう》とは無縁の小さな島々である。

ある意味、こうしたイメージはそれほど的をはずしてはいない。カリブ海のネイビス島やバハマ諸島、英領バージン諸島、ケイマン諸島、インド洋のモーリシャスやセーシェルなどの島々やその周辺地域などに、小規模ながら独自のオフショア帝国が築かれている。いずれも脱税や麻薬カルテル、野生動物の密猟者や人身売買の組織、世界中にいる腐敗官僚や不正な政権から流れ込んでくる何兆ドル

訳註＊クレプトクラシー：官僚や政治家などの支配階級が、国民や国家の資金を横領して私腹を肥やし、権力を強化する腐敗した政治体制のこと。「クレプト」はギリシャ語で「泥棒」、「クラシー」は「支配」を意味する。「泥棒政治」「収奪政治」と訳される場合もある。このような不正行為に手を染める官僚や政治家は「クレプトクラット」と呼ばれる。アメリカのクレプトクラシーについては本書の30ページで詳述されている。

もの資金を利用して、汚れた金というパイの分け前にあずかり、文字どおり「沖合」に存在している。

しかし、このような「オフショア」の定義は、二十世紀後半以降、現実にそぐわないものになってしまった。この定義には、冷戦終結に向かう移行期に起きていた変化が考慮されていないからである。この移行期は一九八九年のベルリンの壁の崩壊の時期に重なる。この事件を契機に旧共産圏は前触れもなく西側に国を開き、国内の支配層は共産党の政治局員《アパラーチク》から、強欲で飽くことを知らないオリガルヒ(新興財閥)にとってかわられる。彼らの純資産は爆発的に増加していったが、その様子は植民地独立後の国で支配者に富が集中していく姿と瓜二つだった。まもなく、アメリカの政治家と経済界のリーダーが、こうした移行期を利用して利益を得る方法を編み出す。この国ならではの私有財産権と金融の秘密保持条項を結びつけたことで、熱帯の砂だらけの島々では太刀打ちできないタックスヘイブンのメリットをアメリカはもたらすようになる。租税回避を手がけるスイスのある弁護士も、「資産を洗浄するうえで、世界でもっとも適した国は、いまやパナマでも英領バージン諸島でもスイスでもない。アメリカなのだ[15]」と語っている。

もちろん、オフショアのタックスヘイブンは変わらずに存在するが、しかし、アメリカが台頭してきたことで、かつて存在していた「オフショア」と「オンショア」のあいだに引かれていたあらゆる定義は事実上消滅した。「オフショア」の世界は、文字どおりの意味で「沖合」に引き戻されてしまったと言ってもいいだろう。そして、これ以降、アメリカを中心にした「オフショア／オンショア」は、数十年にわたって巨大な磁石の役割を果たしてきた。この磁石が引きつけるのは、独裁政権や犯罪組織、あるいは違法な収奪によって国民や国庫から盗まれた違法で汚れた金であり、帳簿には記載できない金である。

こうして収奪された資金は驚異的な額に達している。一件だけだがデータを示しておこう。不法な資産逃避の問題に取り組んでいるアメリカの民間団体「グローバル・ファイナンシャル・インテグリティ」（GFI）が作成した資料には、一九八〇年以降、記録に残らないまま国外に持ち出され、開発途上国が失った資金は一六兆三〇〇〇億ドルと記されている。[16] この額は中国の国内総生産（GDP）をわずかに上回り、オフショア／オンショアの世界そのものが超大国に匹敵する規模であることをうかがわせる[17]（世界の年間対外援助額はわずか一三五〇億ドル。けた違いの差を踏まえれば、援助プログラムが支援国にこれという改善をもたらさないのもうなずける話だ[18]）。金融取引の守秘性を提供する地域に秘匿されている個人資産は数十兆ドルにのぼるが、そのうちのかなりの部分をこうした資産逃避が占めている。[19] 現在、もっとも信用できる推定では、全世界の富の10パーセント近くが海外のオフショアのタックスヘイブンに移されているという。[20] そしてその多くがアメリカに吸い寄せられ、この国で秘匿されているのだ。だが、多くの点であまりにも巨大すぎるため、その全容を見渡すことはできない。

こんな実態に驚いたとしても、それはあなた一人ではない。世界屈指のオフショア／オンショア・センターとしてのアメリカの地位は、それにふさわしい注目をあまり浴びてこなかったせいだ（それは本書が書かれた大きな理由のひとつでもある）。仕組みがあまりにも複雑なため主流のメディアにも取り上げられず、金融関連の隠語や専門用語が部外者にはすんなり理解できないので何度も曖昧なままにされてきた。しかし、このあとの章で明らかになるように、それは何十年も前からアメリカが任じてきた役割で、まぎれもない現実なのだ。

さて、あらかじめ定義しておく二番目の用語は「汚れた金《ダーティー・マネー》」だ。本書では「違法な資産」や「不正利得」と同様の意味で用いている。「汚れた金」はなかなか定義が難しい言葉だ。本質的には、違法または反道徳な手段で得た金を意味するが、かならずしも違法とは断言できない場合もあるのだ。たとえば、テオドリンは赤道ギニアでは合法とされる手段で数十億ドル（おそらくそれ以上）の金を得ていた。しかし、第1章で見るように、彼の資産はすべて〝ダーティー〟と見なせる金であると同時に、そのように考えなくてはならない金なのだ。いささか乱暴だが、どう考えてもその金は、独裁者である父親の威光によって得たものだからである。同じことはコロモイスキーにも言えるだろう。本書の第Ⅲ部で見るように、彼の資産は歴史的な規模で行われたポンジ・スキームによってだまし取ったものだといわれている。

本書で使われている「汚れた金」とは、不正な手段で得られた資産を意味している。独裁者はもちろん、その一族や側近が手にする富はすべて「汚れた金」であり、同じように、オリガルヒが泥棒男爵〔訳註＊〕のように集めた財産はもちろん、人身売買や密猟、違法薬物の取引で得た利益も汚れた金だ。いちいち定義しなくても、「汚れた金」はひと目でわかる。見るからに汚らしく、薄汚い臭いを放っていれば、その金はまぎれもなく汚れている金であり、法に反して不正に得られた金なのだ。

しかし、汚れた金はずっと汚れたままでいるわけではない。それどころか、汚れた金にはある種の慣性の法則が組み込まれ、洗浄装置に向かってまっしぐらに動き出そうとしていく。汚れを洗い流して、合法的な金にならなくてはならないのだ。以上を踏まえて、三番目の用語「資金洗浄《マネーロンダリング》」を定義づけることになるが、この言葉は文字どおりの意味だとも言えるだろう。ひと言で言うなら変化のプロセスであり、この過程を経ることで汚れた金が正当な金あるいは資産に変わる。いったんきれいになった金ははるか遠くにまで移動できるようになるので（実際、どこにでも行ける）、捜査官や私のようなジャーナリストももはやその動きを追跡できなくなる。汚い金からきれいな金に変わるその瞬間をたんねんに探し求めてでもだ。かくして、ピカピカに輝く正当な金や資産を手に入れ、同時に、染みついていた汚れも消し去ることができるのだ。

資金洗浄にはいくつもの方法があるが、たいていの場合、現金取引もしくは物品の売買が関連しているのは、テレビドラマの『オザークへようこそ』〔訳註**〕（このドラマではカジノが関連している）や『ブレイキング・バッド』〔訳註***〕（こちらは洗車場が出てくる）で描かれているとおりだ。本書でも数多くの手口が詳しく紹介されているが、決め手となる要所は通常どれも同じだ（ただし、お気に入りのテレビ番組で演じられている手口が、実際の資金洗浄に比べ、規模の点でどれほどケチくさいかを知って驚かれるだろう）。

ひとたび洗浄された〝汚い金〟はあらゆることに使える。豪邸、高級車、ヨットなど購入した資産を心ゆくまで楽しむことができるばかりか、オリガルヒや独裁者は自称とはいえ名士に変身できる。愛する者や子や孫の世代のために信託に回せば、捜査官や当局も手は出せない。身の安全も金しだい。ロビイストや議員に金を渡せば、不都合な法律の改正や不愉快な捜査を阻むことができる。社会的評

訳註*泥棒男爵：十九世紀のアメリカで寡占もしくは不公正な商慣習を利用して産業を支配し、莫大な私財を蓄えた実業家や銀行家に対する蔑称。

訳註**『オザークへようこそ』：ミズーリ州のリゾート地オザークを舞台にしたアメリカの犯罪ドラマ。麻薬組織の資金洗浄をしようとするファイナンシャルプランナーの主人公が、家族とともに事件に巻き込まれていく。二〇一七年からネットフリックスで配信されている。

訳註***『ブレイキング・バッド』：二〇〇三年から五年間放映されたアメリカのテレビドラマシリーズ。ガンで余命宣告された高校の化学教師が、治療費と家族の生活のために元教え子と組んでドラッグ精製と売買に手を染め、麻薬王にまでのし上がっていく。

価も例外ではない。渦中の独裁政権やオリガルヒは、大学やシンクタンクに寄付して世間体を取り繕っている。本書の第Ⅳ部で述べているように、弁護士や仲介者を使い、政府の外交方針を一転させるように大統領に耳打ちさせることもできるが、もちろん、誰もそんな事実には気づいていない。

「オフショア」「汚れた金」「資金洗浄」に続く四番目の用語が「クレプトクラシー」である。用語としてはおそらくもっとも誤解に満ちた言葉だろう。ここ数年、この言葉はある種の復興期《ルネッサンス》とでも呼びたくなる時期を迎えている。それについては、ドナルド・トランプの台頭と彼が確立した慣例と傾向に少なからず負っており、その点についてはやはり第Ⅳ部で詳しく見ていくことにする。用語そのものは十九世紀初頭に現れ、当初はスペインの組織犯罪を表す言葉として使われ、語源どおり、「泥棒の支配」を意味していた。その後、国民を食い物にし、収奪に専念する政治体制をとくに意味する言葉として使われるようになった。

トランプが大統領職にあったころ、彼の政権を〝クレプトクラシー〟と呼ぶことが流行っていた。当時の記事の見出しをざっと見ただけでもそれがはっきりうかがえる。「ドナルド・トランプのクレプトクラシーが、どれほどアメリカの民主主義を蝕んでいるのか」[21](『ヴォックス』)、「トランプのクレプトクラシーを否定する」[22](『ワシントン・ポスト』)、「ロシア流のクレプトクラシー、アメリカに浸透中」[23](『アトランティック』)などである。いずれの記事も焦点を当てているのは、トランプ政権の前代未聞の犯罪や歴史的な不正行為、権威主義的な手法への傾倒などだが、どの記事も実際のクレプトクラシーがどういうものかについては誤解している。現代のクレプトクラシーは、一個人や一政権、あるいはひとつの政治体制に還元できるものではないからだ。個人の自由を束縛する権力者や血にまみれた独裁者によって生み出されるものでもない。

むしろクレプトクラシーとはひとつの〝システム〟であり、いくつもの組織が複数の法域をまたいで関与している。それは、法律に反する不正手段で得た富の帝国を個人が海外で築くことから始まり、最終的に双手をあげて汚れた金を受け入れる者――たいていの場合、アメリカ在住者――が、ペーパーカンパニーや大規模な不動産買収、規制のないヘッジファンド（あるいはマイケル・ジャクソンの遺品収集）など、あくまで合法的な手段を介して、不正利得を洗浄することで完結する。ジャーナリストのオリバー・バローもかつて「クレプトクラシーは本質的に複数の法域にまたがっている。盗んだ金を隠すために国境を越えて移動させ、会社組織を隠れ蓑《みの》にして、その金が合法的に見えるようにしなければならない(24)」と書いている。

さらにアメリカでは、ある業務を確実に請け負う会社が次々と登場した。その会社に任せれば、腐敗政権やオリガルヒの手先、あるいは世界中に張りめぐらされた犯罪ネットワークに関係する何兆ドルもの資金が、手品よろしくクリーンで合法的な金に一瞬で変わり、実際に使えるようになる。こうした会社の活動によって、アメリカは世界最大のクレプトクラシーの避難地となり、誰もが知る史上最大のマネーロンダリングの国に変貌を遂げた。

アメリカのオフショア／オンショア・サービスが提供するのは、目もくらむほどの巨額な富を隠す業務だけでもなければ、資金の洗浄だけでもない。これらの資産を利用して、独裁者やオリガルヒ、ペテン師など、あらゆるタイプの犯罪者の信用も無限に高めている。それを可能にする大規模なネットワークが現在のアメリカには存在している。このネットワークによって、本書で取り上げられている不快な犯罪者たちは、その正体を隠したまま、「慈善家」「善良な投資家」「寄金者」「後援者」として世間から認めてもらっている。それればかりか、このシステムのおかげで、「民主主義者」「親欧米派」「改革主義者」にもなれるのだから、皮肉もここに極まる。その結果、彼らに対する捜査は阻まれ、制度の改革はとどこおってしまう。そうしているあいだも、彼らクレプトクラットは資金基盤と権力を拡大させ、さらに強固なものにしつづけている。

システムとして取り組むことではじめて可能になるので、これは地政学的な空白地帯であるとか国境の向こう側という問題ではない。単独ではなしえず、共犯者のアメリカの弁護士、不動産業者、金融の専門家、PRコンサルタントがそのかすことで、この邪悪なアメリカンドリームは繰り返されてきた。そして、そうした教唆も違法ではないのだ。

そしてこれは、国内外の政治に対する私たちの理解を改めなくてはならない現象でもある。冷戦の勝者は西側諸国だと一般には思われているが、クレプトクラットの世界ではそうではない。勝利者として姿を現したのは別の集団、つまり犯罪組織やオリガルヒ、世界中に存在する政権を装った犯罪ネットワークのことである。アメリカはクレプトクラシーの世界が出現するために手を貸し、その過程で利益を得てきただけにすぎない。

本書『クレプトクラシー 資金洗浄の巨大な闇』では、テオドリンとコロモイスキーの物語を軸にして、どのようにしてこうした状況にいたったのかが明らかにされている。大まかに言うなら、アメリカがどのような経緯を経てクレプトクラシーを支援する業界の世界的リーダーに変貌していったのか、そしてその結果、何が起きていたのかがもれなく描かれている。本書ではさらに、このシステムを改革するために闘ってきた中心人物についても触れている。ミシガン州選出の上院議員カール・レビンのような人たちは、反汚職政策と反クレプトクラシー政策を推進しながら政治家としてのキャリアを積んできた。だが、国内外の反対勢力の攻撃を受け、彼らの改革の努力がどのように崩壊したかについても述べられている。多くの点において、トランプの時代とは一連の軌跡の当然の帰結であり、これまでも、そしていまでも変わらずにそうであるように、これほど腐敗した政権は存在しなかった。

一連のテーマは、ジャーナリストとして、またワシントンにあるハドソン研究所の「クレプトクラシー・イニシアティブ」の諮問委員会のメンバーとして、これまで私が何年にもわたって調査し、執筆した事例に基づいている。現代のクレプトクラシーに関する無数の例とその影響、さらに当事者たちのパターンなどについてくまなく分類が試みられているとともに、二十一世紀の資本主義などについても述べられている。

本書で明確に説かれているように、汚れた金は私たちが想像するようなマンハッタンの一等地やマリブのビーチに建つ豪邸のような物件だけを狙っているわけではない。特定の土地や特定の金融機関に限定されてはいないのだ。現代のクレプトクラシーは、日常のあまり人目につかない場所や隙間、思いもよらない片隅からにじみ出てくる。年金基金や金融商品にまで彼らの触手が伸びているのは、運用している民間の金融機関には出資金の出どころをチェックする義務が負わされていないからである。クレプトクラシーは、アメリカの産業界を支えてきた工場や製鉄所を窒息させ、過去の栄光から見放された小さな町がかろうじて保ちつづけてきた固い意志さえ叩きのめし、再生の希望さえ圧殺した。ネバダ州、ワイオミング州、サウスダコタ州では、州政府そのものがクレプトクラシーの手に落ち、州全体が国際的なオフショアの避難地や金融の機密を保守する前哨基地になり果て、あらゆる改革の試みを阻止している。そしてその手は私たちの政治制度にまで達し、選挙結果を覆し、アメリカの民主主義がもたらしてきた成果を脅かしている。

いずれもトランプが政治の舞台に登場する前から始まっていたとはいえ、トランプはクレプトクラシーを支える主要産業のひとつ、高級物件を扱う不動産業界から現れた最初の世界的なリーダーだった。この国がオフショアの世界の中心へと転落していく見誤りのない、明白な兆候だった。政権末期には、クレプトクラシーに対し、前例のない規模の歴史的な改革が行われたが、アメリカのクレプトクラシーやオフショア／オンショア・サービスの恩恵にあずかる者は、いまや世間の声におかまいなしに自分たちの目的に合わせてアメリカの政策を操作するようになり、ほかの国で行ってきたように、この国を解体しつつある。

そしてこれは、何十年もの歳月をかけて作られてきた物語であり軌跡でもある。物語は複雑で、さまざまな役割と主要人物が絡み合い、アメリカで資金洗浄をしようとする者とそれを阻止しようとする者が加わり、産業界や法域を超えてシャドーボクシングが繰り広げられる。ここから先は、一連の物語と登場人物を通して、私はさらに広範な現象を解き明かしていく。それらを読んでもらえば、私たちがどのような経緯をたどってここまで来たのか、そして、このままこの道を進みつづけるとどのような危機的状況を迎えるのかが明らかにされている。あまりにも大きすぎて見えないかもしれないが、しかし、一度見てしまえばもはや目をそらすことはできなくなるだろう。

第I部

定住強盗

「俺はカリフォルニアにいる。
それなのに、
なんで俺の会社がデラウェアなんかにあるんだよ」
リル・ディッキー(1)

第1章 唯一の奇跡

「やるだけのことはやるし、民主化も進めるつもりだが、
しかし、まともな選択肢がなければ、
そこにあるものをかき集めてやっていくしかないだろう。
必要なのはあの国の石油なのだ」
赤道ギニア担当のアメリカ政府高官(1)

独裁政治を敷く赤道ギニアの初代大統領

赤道ギニア共和国は中央アフリカの大西洋に突き出し、北にカメルーン、南と東をガボンというはるかに大きな国に挟まれ、その姿はまるで指にできたささくれのように小さな国である。テオドリンが生まれた一九六八年当時、この国はかつての宗主国スペイン帝国の名残をとどめていた。スペインの植民地経営は、クリストファー・コロンブスの航海やシモン・ボリバルの独立戦争などで知られるラテンアメリカに集中していたが、スペインはマサチューセッツ州ほどの面積しかない中央アフリカの小国も手に入れ、のちにこの国は赤道ギニアと呼ばれるようになった。

一九六〇年代後半、アフリカ全土で脱植民地化の波が最高潮に達すると、スペインに対しても、ヨ

ーロッパ諸国のアフリカ大陸撤退の動きに倣《なら》わなくてはならないという声が高まる。そして一九六八年末、テオドリンが生後まだ数カ月のころ、スペイン政府はついにその要求を受け入れた。赤道ギニアは独立を果たし、フランシスコ・マシアス・ンゲマが大統領に就任するが、直後から独裁政治を敷いた。はじめての大統領選挙で勝利すると、マシアス・ンゲマはそれから何十年も続く統治の姿をはっきりと打ち出していった。それは国家による略奪と人権侵害であり、その結果、二十一世紀を迎えるまで、赤道ギニアは国際社会から阻害されるパーリア国家に追いやられていった。

「マシアスはこの国をことごとく破壊した」。アメリカの財団「オープン・ソサエティ・ジャスティス・イニシアティブ」(OSJI)弁護士ケン・ハーウィッツは、私にそう話してくれた(2)。マシアスが関係していた犯罪は、大統領選の対立候補を殺害し、その死を「自殺」として公式に処理したといわれる容赦ないものから、赤道ギニアの国家財産をすべて自邸の床に埋めたとか、あるいはみずからを「赤道ギニアの唯一の奇跡」と称したという荒唐無稽な話までとさまざまだが(3)、いずれにせよ一〇年に及んだ彼の独裁政治のもとで、何万人もの国民が死亡または失踪している。一九七〇年代後半には自身の通称を「無慈悲な自由の使徒」と変え、ハーウィッツによるとマシアスは、「まぎれもないサイコパス」になっていた。ハーウィッツ自身、テオドリンの収奪について何年にもわたって調査しているが、「赤道ギニアがもっと大きな国なら、マシアスは(ウガンダの独裁者)イディ・アミンのように有名になっていただろう(4)」と初代大統領について評している。

マシアスは在任中、国内の政敵のリストアップをしていた。実は彼の甥もそうした政敵の一人だったのだが、その事実に気づいたときにはすでに手遅れだった。甥は国家警備隊の監督のほか、「アフリカでもっとも悪名高い刑務所」と呼ばれたブラックビーチ刑務所の所長を務め、とくに「唯一の奇跡」に反対する勇気ある人間の拷問を命じられていた。そして、この甥こそテオドリンの父親テオドロにほかならない。

テオドロ・オビアン・ンゲマ・ンバソゴは一九四二年に生まれた。細いメタルフレームの眼鏡にきちんとスーツを着込み、学者のような知的な雰囲気を漂わせている人物である。町ですれちがっていたら、会計士と誤解してしまうかもしれない。叔父マシアスの政敵を拷問しているときでさえ、威圧感を与えるような人物とはとうてい思えなかった。一九七九年に叔父に反旗を翻してマシアスを失脚させて処刑、その後、世界最長となる独裁政権の成立を宣言したときもそれは変わらなかった。

独裁政権に莫大な富をもたらした石油

赤道ギニアの国民は、オビアン政権が叔父マシアスの政権となんら変わらない事実にまもなく気づいた。大統領に異議を唱える者は姿を消し、独立したメディアも名ばかりのものになっていた。亡き叔父よりもさらに突拍子もない通称を思いつき、国営メディアを通じて自分は、「全能の神と永久に結ばれている」(5)と知らしめ、「誰の非難も受けずに人を殺す」ことができると説いていた。実際、彼と彼の政権はなんの責任を問われることなく、何十年にもわたって人の命を奪ってきた。(6)

半世紀近い恐怖政治の結果、オビアンはルワンダやガボン、カメルーンなどの独裁者はもちろん、アミンやザイール〔訳註＊現在のコンゴ民主共和国〕のモブツにも引けを取らない独裁者になっていた。国際的なＮＧＯ（非政府組織）の「フリーダム・ハウス」が発表した最新の報告によると、赤道ギニアの政府はサウジアラビアや北朝鮮と並ぶ、世界で六番目に抑圧的な政権だった。「国境なき記者団」もこの国のメディアの自由度は、ソマリアやカザフスタンより劣ると評価している。

半世紀近い独裁を通じて、オビアンは、残虐性の点では北朝鮮の金正恩あるいはシリアのバッシャール・アル＝アサドと肩を並べる警察国家を作り上げることにまんまと成功した。だが本当に驚くべき点は、支配者による国富の収奪に関しては金正恩やアサドさえ上回っている事実だ。「国家と支配者の一体化と汚職の厚かましさ――つまり、瀆職《とくしょく》に対する規範意識の欠如」の点においても、オビアン政権は、「単純な国家横領の比ではなかった」とハーウィッツは指摘する。(7)この国の独裁者は、国民の利益を心から考えているふりをすることさえ皆無に等しい。

大半の人びとが大統領を信じていない。国民の約80パーセントが絶望的な貧困状態に置かれ、自給農業を営むほかに生計の手立てはなく、貨幣経済とはまったく無縁の生活をしている。国民の半分以上がきれいな水さえ利用できない。子供たちの約15パーセントは五歳未満で死亡し、生き残った子供たちの三分の二が中学校を卒業できないという驚くべき状況である。国民の三人に一人は四十歳まで生きていくことができない。いずれも前政権のころとなんら変わりはなかった。アメリカの政府関係者はうんざりしながら、「政治指導者たちは無教養で、何も考えないまま圧政を強いているが、権力を保持する方法には通じている」とわかりやすく要約してくれた。

しかし、オビアンの政権は権力を維持できる決定的な手段をひとつ握っていた。石油である。(8)赤道ギニアを「国際的に孤立したパーリア国家〔訳註＊〕」と評したケン・シルバースタインは、オビアン一族の不正行為を調査する代表的な記者の一人だ。赤道ギニアがそうした状態で過ごしていた一九九〇年代、

訳註＊パーリア国家：国際社会から孤立もしくは疎外されている国家のこと。

この国の沿岸から石油が見つかる。それは赤道ギニアの地勢が授けてくれた恩恵であり、クレプトクラシーが出現する鍵となった。[9] 石油発見のおかげで、石油目当てにおもねるヨーロッパやアメリカ政府との関係も含め、あらゆることがスムーズに運ぶようになる。欧米諸国は見返りに、赤道ギニアを中央アフリカのドバイのような国、つまりエネルギー供給の拠点として不可欠な、きらびやかな独裁国家に変えてやれると申し出てくれた。富には保護がつきもので、オビアンは二つの点でその恩恵にあずかった。まず、石油が出れば出るほど、それまで新興の独裁政権には利用できなかった国際的な資源に手が届くようになった。第二に、彼の圧政や人権侵害に対して国際的な批判が起きていたが、政府の金で雇われた代理人や弁護士、ロビイストらの活動によって政権批判の声はかき消された。

「オイルマネーが流れ込んでくる前、この国には盗めるほどめぼしい金はなかった。だが、その金が入ってくるようになると、今度は盗みを阻む安全装置がなかった」と赤道ギニアのあるコンサルタントは言う。本来なら公共事業に投じられるはずの何十億ドルもの金が、政府によってオビアン一族の金庫に注ぎ込まれていくのを彼は見ていた。「政府には横領を監視する文化もなく、それを報じるメディア——もちろん自由なメディア——も存在しない。独立した司法機関もなく、国外で目を光らせている機関もないのは、この国が世界からまったく忘れ去られた存在だったからだ。そのせいで、ほかの国ではほとんど見られないような腐敗がはびこるのを許してしまった」[10]

石油が開けた扉の向こうについて夢を見ていたのはオビアンだけではない。当時二十代前半だった息子のテオドリンも、年間の石油収入が数億ドルに達するのを目の当たりにして、大統領の御曹司という立場をにわかに謳歌するようになった。世紀の変わり目を迎えていたこの時期、原油価格は上昇する一方で、国の歳入は右肩上がりを続けていた。数字はとてつもない金額に達し、具体的な数字を見ても、これが金だという実感さえなかった。しかし、テオドリンはなんの前触れもなく、事実上、無限の富を手に入れていた。父親とは異なり、その金を使うことが好きで、金を使っている自分の姿を人に見せつけることも好きだった。尽きることのない富を得たことで、テオドリンは産業界全体を覆せるほどの無限の可能性を手に入れていた。後述するように、アメリカが提供する巨大な抜け道を利用して、テオドリンは心ゆくまで資金を洗浄することができたのだ。

放蕩三昧の大統領の後継者

一九九〇年代前半、テオドリンははじめて渡米した。カリフォルニア州マリブにあるペパーダイン大学への留学が目的だったというが、少なくとも本人はビザの申請の際にそう主張している。しかし、勉学に専念するかわりにテオドリンが始めたのは、彼が常々望んできた名士としてのライフスタイルを探求し、謳歌することだった。それはハリウッドが映画として生み出し、世界中にばらまいてきた夢の生活である。入学したほぼ直後から、彼は当たり前の学生のように装うことさえしなくなった。寮で暮らさずに、高級で知られるビバリー・ウィルシャー・ホテルに部屋を借りていた。元教授の話では、彼はスポーツカーやリムジンを乗りまわしてキャンパスに来るのが好きだったが、「講義にはほとんど出てこなかった」という[11]。

ナイトクラブのＶＩＰ待遇、豪華な食事と高価な車、テオドリンはそのすべてが好きだったが、費用はどんどん重なり、請求書はじきに月に数万ドルにもなった。だが、彼にはそのツケを払ってくれる後援者がいた。赤道ギニアで石油の埋蔵調査を行っていたヒューストンの石油会社ウォーラー・インターナショナルである。オビアンに取り入るため、会社の重役たちは息子の面倒を見るのをいとわなかった。もっとも、それは決して容易なことではなかった。『ハーパーズ』誌によると、テオドリンの財務をなんとか管理するため、担当者は「髪の毛が抜けるほど苦労した」といわれる。[12]

豪華なホテルでのパーティー、高級車に乗り込んで深夜のドライブ、朝まで続く酒盛りなど、テオドリンは在学中、南カリフォルニアの魅力を心ゆくまで味わった。しかし、学生のふりをして過ごすことに疲れ、最後には退学を宣言する。父親は息子の学業不振に驚きはしなかったようだが、アメリカにとどまることは許さず、赤道ギニアに帰ってくるよう命じた。父親は息子にある仕事を用意していた。

オビアンが息子を自分の手元に置きたがっていた事実は、かならずしも驚くようなことではないが、二人を知る者たちによればこの親子は現在もあまり親密ではなく、以前から近しい関係にあったわけではなかったという。「赤道ギニアの典型的な子供は、父親とあまり強い絆を持とうとはしない傾向がある」と、前出の赤道ギニア人の活動家ツツ・アリカンテは教えてくれた。[13]テオドリンも例外ではなく、母親のコンスタンスといっしょに過ごしてきた時期のほうが長かった。最初は大叔父マシアスから逃れ、その後は父親の独裁政権から離れて少年時代の大半を隣国ガボンの親戚のもとで暮らした。

しかし、息子が成長し、父親が老いるにつれて、二人とも重大な問題に向き合わなければならないことに気づいた。自分の後継者として、オビアンが誰を選ぶのかという問題である。長男であるテオドリンは生まれながらの後継者だった。だが、独裁者の父親は息子の手腕や政治家としての資質をはじめ、そのほかの能力についてもほとんど買ってはいなかった(「テオドリンが大統領になりたい唯一の理由があるとすれば、自分の周囲にいる人間を皆殺しにできるからだ」と赤道ギニアの元当局者は私に教えてくれたことがある)[14]。大学をドロップアウトした息子に、オビアンはある提案をした。政治の世界に足を踏み入れ、独裁者にとって何が必要とされるのかを肌で知ってみてはどうかという提案だった。新設された林業省の大臣に息子を就任させようとオビアンは考えていた。

もちろん、テオドリンは林業経営や木材の伐採については何も知らない。広葉樹《ハードウッド》の木材より、強い酒《ハード》のほうがはるかに詳しい。しかし、産出が続く石油に追い越されはしたものの、木材は昔から赤道ギニアでは第二位の輸出品目である。父親は息子に対して、それほどの利益を生み出す産業を安心して任せられる人間になってほしいと望んでいた。同時になんでもいい、人を支配するうえで必要な何かを学んでほしいとも考えていた。それはテオドリンが最終的に父親のあとを継ぐときに必要な能力や資質、経験になるだろう。息子は息子で父の期待に応えようと胸を弾ませ、父が望む資産運用をそつなくこなせることを証明したかった。

不当な金を要求する〝伐採大臣〟

赤道ギニアで石油が発見されたとき、アメリカの石油会社はこの国の油田を採掘するためにいち早くオビアン一族に近づいてきた。オビアンと彼の一族を寿《ことほ》ぎ、豪勢な視察旅行を行い、接待のために惜しみなく金を使い、豪華なパーティーを催しては事あるごとにオビアンと彼の支配を讃えた。アメリカの石油会社は、オビアンのような公人に対してあからさまな賄賂を贈ることはできない。そのような賄賂は、本書の第15章で検討する「連邦海外腐敗行為防止法」(FCPA)で違法とされている。だが、有効な回避策があり、オビアン一族の警備会社に必要以上の費用を払ったり、アメリカの学校で学ぶ一族の子弟の学費を負担したりするなど、ほかの方法で応じることができた（ウォーラー・インターナショナルがテオドリンのために奉仕していたのもその一例である）。

本来なら、石油によってもたらされた富は国全体のものであるはずだ。ノルウェーやアラスカなどの産油地帯のように、教育予算や医療予算、インフラ整備に充当させることもできた。しかし赤道ギニアでは違った。新たに生み出された金はもっぱらこの国の上層部に流れ込んでいった。略奪的な政権は、政権基盤をさらに強固にし、独裁者にますます富を集中させるため、それを支援するネットワークを築いていく。それは違法ではなかったかもしれない。法律を書き替えれば、名目的にはすべて合法にすることがオビアンにはできたのだ。しかし、それは明らかに腐敗を極めた行為だった。

独裁者は毎月入ってくる何百万ドルもの金を要所ごとに渡していた。そのなかには諜報機関に流れていった金もあった。反対派の人物を徹底的にマークし、（最悪の場合）口を封じるためだ。軍に流れていく金もある。国軍の上層部を満足させ、クーデターを未然に防ぐためである。そもそもオビアンがクーデターで権力を握っていた。だが大半の金はオビアン個人か、あるいは彼の一族や側近のポケットに直接流れていった。側近は独裁者に忠誠を誓いつづけることで、いずれも許しがたいほどの大金持ちになっていた。

ありていに言うなら、赤道ギニアは、政治学でいう「資源の呪い」の最たる例なのかもしれない。石油のような単一の一次産品に大きく依存して成り立つ経済は、専制政治に向かっていき、独裁者を生み出す傾向に陥りやすい[15]。国民の多くが貧困にあえぎ、民主的な権利を奪われていく一方で、支配者層は自分の銀行口座が膨らんでいくことにしか関心がなかった。

テオドリンは、父親がこの国の石油産業をどう支配するかを見ており、毎月何百万ドルもの収益を自分のものにしている事実に気づいていた。同じ手口がこの国の林業にも使えると思いついた。大臣就任早々、テオドリンは赤道ギニアに進出している国外の木材輸出企業に対して、この国で操業を継続するのであれば、輸出総額の10パーセントに相当するマージンを手数料として自分に差し出すように要求した。アメリカ企業とは異なり、マレーシア、フィリピン、ヨーロッパ、アフリカの企業は、現地の当局者への賄賂を制限されていないのでこの要求に応じた。赤道ギニアの広大な森林を伐採する権利を得るには、どの企業もテオドリンに事実上の賄賂を渡すことを余儀なくされていたが、しかるべき金をテオドリンに払えばこの国の広大な国有林さえ切り倒すことができた（のちに彼は〝伐採大臣〟の異名で知られるようになる）[16]。

しかし、個人的な手数料だけではテオドリンは満足しなかった。一九九六年に事をさらに進め、国外企業に対して、赤道ギニアで伐採した木材1立方メートルにつき一〇ドルの「税金」を課したのだ。しかもこの税金には遡及性があり、過去にさかのぼって徴収できた。数社の企業が支払いを拒否すると、彼は即座にこうした企業の伐採用機械を差し押さえ、大量のブルドーザーやバックホーは自分のものであると主張した[17]。

テオドリンの腐敗した経営スタイルを象徴しているのが、スペインを拠点とする製材会社ABMとのやり取りである。現地でABMのオペレーションを統括していたアントニオ・カバネラスによると、テオドリンとの取引は、ジミー・バフェット〔訳註＊〕とジミー・ホッファ〔訳註＊＊〕を足したような人間と交渉するようなものだったと言う。カバネラスによると、「彼から呼び出しがあったとき、それはスーツに着替えて、ネクタイを締めてオフィスに来いという意味だった」と言う。「五時間も待たされたあげく、本人はショートパンツで現れ、それからこちらに向かってしかじかの金を自分に払え、しかも猶予は一週間しかないと命じていた」[18]。金を渡さなければ、一九七〇年代から赤道ギニアで操業してきたＡＢＭのような会社でさえ、すべてを失うことになってしまうのだ[19]。

一九九六年五月、テオドリンはＡＢＭに対し、過去にさかのぼって一五〇万ドルの税金を請求すると、支払い猶予は四日間だと告げた。ＡＢＭはためらった末、結局支払いを拒絶する。この国ではそれなりの政治的資本を築き上げ、政権の機嫌を取るため何十年にもわたってそれなりの評価を築き上げてきたとＡＢＭは考えたが、命令をはねつけられた息子にそんな思惑はまったく通用しなかった[20]。

拒絶されたテオドリンは、警察隊をＡＢＭのオフィスに送り込んだ。正面玄関から押し入った警察隊がなかにいた社員たちを追い払うと、ＡＢＭはこの国から跡形もなく消えたとテオドリンは宣言した。自分の申し出を厚かましくもはねつけたというのが理由だった。にもかかわらず、カバネラスの話では、「ただちにこの国を出る必要があった。依然として何百万ドルもの金を要求されていたからだ[21]」という。すでに国外退去の準備をしていたＡＢＭの現地代表に向かい、赤道ギニアでの事業をそっくり引き渡すよう強要したのだ。現地事務所の事実上の国有化で、そうすれば同社の売上はそっくりテオドリンの懐に流れ込んでくる。独裁者の息子はごていねいにも所有権の移転にともなう金額を提示したが、いつものとおり、実際の評価価格よりもはるかに低い、形ばかりの額だった。もちろん、それで終わりではない。カバネラスは逮捕され、結局、三〇〇万ドルの金を支払ってようやく解放された[22]。

テオドリンは、買収した会社の経営にはまったく興味を示さなかった。ＡＢＭが放棄した機材は、やはり赤道ギニアで操業していたマレーシアのシマーに売りつけている。シマーも国有林を伐採するために、テオドリンにはすでに賄賂を贈っていた。その後の裁判記録によると、シマーに課された代金は「著しく水増しされた金額[23]」だったという。そしてその金は残らずテオドリンのポケットに流れ込んでいった。

きれいな金に変える方法

赤道ギニアの林業が年間数億ドル規模である点を踏まえると、テオドリンのもとには常に七桁台のキックバックが入りつづけた。もちろん、国民はその恩恵にあずかれず、依然として世界の最貧国の住民にとどまっていたが、テオドリンは新たな〝税金〟を次々に思いついては、すでに巨大に膨れ上がった資産をさらに増していくことに夢中だった。

そして、盗み取った金をきちんと使える金に変えるにはどうすればいいのかと尋ねて回るようになった。

目をつけたのがペルシャ湾岸の国々で、とくにドバイに注目していた。世界屈指の大富豪のなかにも、ここで金を使っている者がいた。当時のドバイは、砂漠にぽつんとある、眠ったような町ではなく、天然ガスの埋蔵を背景に、すでに巨大都市へと変貌を遂げていた。ドバイに来たテオドリンは、

訳註＊ジミー・バフェット：アメリカの歌手、作曲家、作家。実業家としても知られ、自身のヒット曲名をブランド化したレストランの多店舗展開をはじめとする事業を手がけている。
訳註＊＊ジミー・ホッファ：一九一三〜七五年？　アメリカの労働組合指導者。一九七五年に失踪、一九八二年に死亡宣告。マフィアと結託して、不正行為を働いていたとされる。

周囲を見渡して自分と同じように考える人間が山ほどいることに気づいた。底なしの財産を持っている人間は、ここでは彼一人だけでなかった。彼は赤道ギニアという小さな水たまりにいる巨大なクジラではなく、その他大勢のうちの魚の一匹にすぎなかった。赤道ギニアの元政府関係者は、「ドバイは彼の趣味ではない。誰もが彼のように金があり、彼のような高級車を持っていた。あそこでは王子様の気分を満たしてくれない」[24]。

ドバイを離れたテオドリンは、短い期間だったがパリに滞在して資金の洗浄方法を探した。ガボンで暮らしていた子供時代にフランス語を学んでおり、スペイン語よりも得意だったからである。しかし、まもなくパリにもいられなくなる。ベントレーに乗ってシャンゼリゼ通りを猛スピードで走っている姿を写真に撮られたり、パリの通りで事故を起こし、別の高級車をめちゃくちゃに壊したりしてからはなおさらだった。しかたがないので、一日中酒を飲んで毎日を過ごしていた[25]。

だが、テオドリンにはもうひとつ選択肢があった。それは、彼のようなクレプトクラットたちがこぞって目を向けはじめていた選択肢で、何十億ドルもの汚れた金でも喜んできれいにしてくれる。群がるクレプトクラットの数は倍々と増えつづける一方だった。これ以上ないほど申し分のない方法だった。テオドリンも好きなだけ汚れた金を注ぎ込み、きれいな金に変えることができた。しかも、まったく合法的で、なにひとつ問いただされることもなかった。

第2章 アメリカ人のようにやってみませんか

「マフィアの世界には、事を終えたあと、痕跡という痕跡をひそかに片づけてくれる者がいる。彼らは特別な名前で呼ばれている。後始末屋《クリーナー》だ」
パナマ文書(1)

「匿名のペーパーカンパニー」

金融の秘密を保持するために生み出された最大の装置には実体がない。見たり、触ったり、覗き込んだりするのはもちろん、内部がどうなっているのかも確かめられない。それはまったくの〝虚構《フィクション》〟にほかならないからだ。書類上はたしかに存在するが、その資金を作った人物の名前とその出どころ、誰のために作られた装置なのかを隠すことだけを目的にしている。

その装置は「匿名のペーパーカンパニー」(2)と呼ばれている。通常の会社同様、匿名のペーパーカンパニーもすんなり登記はできる。数回の電話と何枚かの書類がそろえば、またたくまに新しい会社が立ち上げられ、しかも書類を見ただけでは、正規に設立された会社とペーパーカンパニーを見分けるのは難しい。だが、通常の会社なら登記後ただちに社員を雇い、ブランドを築き、製品やサービスを売り出すなど、企業としての体裁を整えていくが、匿名のペーパーカンパニーの場合、そのような合法的な手続きが踏まれることはほとんどない。それどころか、これまでにない規模のダメージを世界に対してもたらしてきた。多くの流血事件を引き起こし、ますます巨額の汚れた金を隠してきたと言っていいだろう。隠匿された不法な資産は、私たちの想像をはるかに上回る額に達している。そして、こうしたペーパーカンパニーは、アメリカが何十年もの年月をかけて編み出し、売りつづけてきたものなのである。

一九八六年、『ウォール・ストリート・ジャーナル』にある全面広告が掲載された。東アジアの読者に向けた広告で、にぎにぎしく書かれたページには、当時、デラウェア州の副知事だったS・B・ウーの笑顔の写真が掲載されていた。デラウェア州は、ニューヨークとワシントンDCに挟まれた東海岸に位置する、アメリカでは二番目に小さな州である。ウーは読者に向かってシンプルな質問を投げかけていた。「アメリカへの投資を考えてみませんか」。そして、その広告にはある提案が併せて記されていた――「アメリカ人と同じようにやってみませんか[3]」。強調のため、文字はすべて大文字で記されていた。

この広告を皮切りに、ウーはアジア歴訪の旅に向かった。デラウェア州の州務長官マイケル・ハーキンズとともに、ウーは訪問先の国々で実業家や投資家候補、あるいは政府高官と話し合った。台湾、中国、インドネシア、フィリピンに向かうウーとハーキンズにはある目的があった。アメリカ以外の国ではほとんど知られていない、あるいは知る必要もないデラウェア州に、海外からできるだけ多くの関心と資金を集めることである。

面談の席でウーは、富裕な政府関係者や実業家を相手に、彼らが必要としている資産の匿名化の点からデラウェア州について検討してみるように力説した。当時、この種の匿名会社をめぐる懸念はほとんどなかったので、ウーの話に眉をひそめる人はほとんどいなかった。それどころか、こうした斡旋はアメリカの幅広い支援活動の一環で、アメリカならではの資本主義の福音を広めるため、新しい市場を開拓していると見なされていた。デラウェア州もその市場のおこぼれにあずかることを望んでいた。それまでのデラウェア州政府の関係者で、ウーのような規模で公務を手がけた者は誰もいない。彼は中国大使と懇意になり、訪問国の輸出業者だけではなく、一九九七年の返還後、この行政地区から富を流出させている香港の富裕層との関係も築いた。

このときの歴訪を取材していた『ニューヨーク・タイムズ』の記事によると、こうした面談の際にウーが好んで使っていた小道具があった。二カ国語で書かれたパンフレットだ。そのパンフレットに書かれていたのは、「風刺雑誌『ナショナル・ランプーン』がもてはやされた一九七〇年代に書かれていた記事によく似ていた」が、「あなたを政治から守ります」と政情の不安な国で生きる者を相手に、いかにもの約束がはっきり打ち出されていた。(4)

パンフレットにはある具体的な言葉が記されていた。おそらく、面談した実業家や政治家もはじめて目にする言葉だった。その言葉とは、ウーたちが「匿名のペーパーカンパニー」と呼ぶもので、これを使えば、万一のことが起きても、数百万ドルという彼らの資産の存在自体を巧妙に消してしまえる。見たところ、不正でもなければ、法律にも反していない。デラウェア州ではこうしたペーパーカンパニーが完全に合法化されていたのだ。この施策を除けば、デラウェア州はいち早く独立を宣言した十三植民地のひとつだというぐらいの知名度しかない州にすぎない。一九八〇年代末から九〇年代初頭にかけて、アメリカでは多くの州政府の関係者が投資を呼びかける目的で外国を訪問しており、その意味では、ウーたちは他州の当局者との違いを打ち出すことができた。

そして、少なからぬ人間が「匿名のペーパーカンパニー」に興味を示した。『ウォール・ストリート・ジャーナル』に広告が掲載された一カ月後、フィリピンのデモ隊が腐敗を極めつくした大統領フェルディナンド・マルコスと妻イメルダ・マルコスを追放し、一族が多額の国家予算を横領していた事実を世界に向けて残らず公表したからである（イメルダが何千足もの靴のコレクションをしていた事実もこのとき明らかにされた）。新政府の当局者と長いあいだ我慢を強いられてきた捜査官は、マルコス一族が略奪した資金源を追跡し、国民に帰属するはずの財産を取り戻す作業を始めた。そうなれば、権力の座から追放されたマルコス夫妻は、不法な手段で手に入れた資産をいっさい好きなように使えなくなる。

権威主義の国で暮らす相手は、ウーの話に耳を傾けた。彼らは失脚したり、命綱の資産が干上がるのを目の当たりにしたりする可能性に脅えていた。遠く離れたアメリカの小さな州が販売している、資産を自由に移動できる魔法の手段、「匿名のペーパーカンパニー」について詳しく知りたがり、パンフレットを介して何ができるのかを理解した。デラウェア州が推奨する「匿名のペーパーカンパニー」を購入すれば、すでにその恩恵を楽しんでいる者と同じ法的保護にもれなくあずかれる。

パンフレットには、「本国で敵対勢力による反乱や侵攻などの緊急事態が発生した場合、あなたの会社の所在地を一時的または恒久的にデラウェア州に移転させることで、当州の法律によってあなたの会社を保護することができます」と書かれていた。[5] もちろん、ウーが指摘していたように、彼が会った政府関係者や実業家は、本国で反乱や侵攻が発生するのを待つ必要はなかった。彼らは自分の希望に応じてただちにこのサービスを購入し、「匿名のペーパーカンパニー」を設立することができた。

売り込みは成功し、ウーとハーキンズは、アメリカが提供する資産保護に大きな期待を寄せる新規顧客を次々と獲得していった。この歴訪でデラウェア州が稼いだ売上はおよそ一〇〇万ドル、同州で「匿名のペーパーカンパニー」を設立する場合、実際には一〇〇ドル程度しかかからない点を踏まえると、一〇〇万ドルはやはり驚くべき金額だ。だが、一〇〇万ドルはほんの始まりで、これから起こることを暗示していた。その年、『ニューヨーク・タイムズ』が報じたように、ウーとハーキンズは、「匿名のペーパーカンパニー」のおかげでこの州にいれば「誰もが金持ちになれる方法」を思いつく。まもなく、さらに大勢の人間が「幸せなデラウェア州」を目ざして押し寄せてくるようになった。(6)

汚れた金を合法的な金に変える

匿名のペーパーカンパニーは、私たちが「カンパニー」と呼ぶものに分類されている。商取引、契約、課税をはじめ、資本主義経済にともなうあらゆる活動を目的とする主体として公的機関に登録されている。似たような言葉で「コーポレーション」という言葉を聞いたことがあると思うが、「コーポレーション」も「カンパニー」の一部に含まれる。両者が提供するサービスは多くの点で重なるものの、厳密には「カンパニー」と「コーポレーション」にはいくつかの違いがある。ただ、アメリカが提供しているマネーロンダリングの点では、どちらを利用しても実際に大した違いがあるわけではない。犯罪者や腐敗政治家の目には、どちらもまったく同じ目的を果たすものとして映っている。つまり、金の出どころを曖昧にし、見かけは正当な手段で得た金に変えることができるのだ。

たとえば、ナイキやマイクロソフト、タコベルのような「コーポレーション」や「カンパニー」は、商品やサービスを提供して雇用を生み出している。また、少なくともその会社がなんのために存在するのかという点についても透明性は高い。経営者の素性についても特定は容易で、どのくらいの収益をあげているのかも簡単に調べはつくだろう。また生産活動――新しいスニーカーのラインアップや次の基本ソフト、ブリトーの新メニューなどは、グーグルでただちに検索することもできる。

しかし、ウーとハーキンズがせっせと売り込んでいた「カンパニー」は、これらの企業とはまったく異なる。もっとも、成長可能な合法的な企業も「匿名のペーパーカンパニー」も、設立する時点でとくに違いがあるわけではない。いずれもただちに設立可能で、登記の申請は州政府によって受理してもらえる。企業サービスプロバイダー（CSP）は設立手続きの代行サービスを提供する業者で、委託に基づいて必要な申請書類を提出し、手数料を払い、登録情報が最新のものであるのかもれなく確認している。しかし、そのCSPでさえ、申請時点で自分たちが手伝っているのは、将来性に富む新しい会社の登記なのか、それとも海外で暮らす腐敗したオリガルヒが資金洗浄のために使う会社なのか、それを見分ける方法はほとんどないのだ。

だが、決定的な違いがないわけではない。匿名のペーパーカンパニーの場合、実際に誰が背後にいるのかという情報についてはいっさいわからない点だ（専門的に言うなら、「受益所有権者」は誰なのか[7]）。株主や従業員はもちろん、実際に業務を行うオフィスも存在しない。明らかな事業目的もない。企業データベースで記録が見つかれば、いつ、どこで設立された会社で、登記情報を誰が州政府に提出したのかは知ることができるかもしれない。しかし、それ以外は何もわからない。

この「匿名性」こそ、ウーとハーキンズが売っていたものにほかならない。匿名性こそクレプトクラシーの王国にいたる鍵であり、汚れた金を合法的な金に変え、金の流れの痕跡を消し去るうえでどうしても必要なのだ。アヘンやフェンタニルの取引で数千万ドルを得た麻薬カルテルのボスが、当局や捜査官から資産を隠そうとしているのかもしれない。[8]人身売買の業者は、違法な風俗店の所有権を隠すのがおそらく目的なのだろう。[9]あるいは、自国の独裁者との対立に脅えるオリガルヒなら、資産をひそかに国外に流出させたいと考えているはずだ。[10]独裁者の一族は一族で、高まる革命の気運のもと、まもなく政権を握る民主派勢力の手から、それまで収奪してきた資産を守り抜こうと考えている。[11]匿名性を求める者、自身の資産、とりわけ非合法な手段で得た資産を守りたいと願う者は、「匿名のペーパーカンパニー」に救いを求める十分な理由がある。

一五〇件に及ぶ主要な汚職事件を分析した結果、世界銀行は、「受益所有権者を隠蔽《いんぺい》する目的で使用される主な企業組織のタイプ」は、匿名性の高いペーパーカンパニーである事実を明らかにした。[12]G20や経済協力開発機構(OECD)をはじめ、主要な国際協定の大半がペーパーカンパニーの廃止を求めているにもかかわらずこの結果なのだ。二〇一四年、金融犯罪を調べる研究者も、「正当なビジネスであれば、匿名のためにペーパーカンパニーを意図的に使う必要はほとんどない」と指摘している。[13]だが、ペーパーカンパニーの支持者はディズニーを例にあげてこうした評価に反対する。フロリダでディズニーワールドの用地買収を行う際、土地所有者から高額の代金を要求されるのを避けるため、ディズニーはペーパーカンパニーを使って秘密裏に作業を進めた。潜在的な競争相手に情報が漏れるのを避けるには匿名性が必要なのだ。[14]

しかし、そのような合理的な理由に基づくペーパーカンパニーの利用は限られ、ほとんどは設立目的である不正な使用例のなかに埋もれている。「組織犯罪が資金の機密を守り抜くことで成り立っている以上、資金の流れを追跡できないペーパーカンパニーは、機密性を担保するうえで決め手となる。ペーパーカンパニーこそ、大規模な不正行為を実現するうえでもっとも一般的で、そして不可欠な要因《イネイブラー》なのだ(15)」と研究者たちも声をそろえて説いている。

ペーパーカンパニーは独裁者の隠れ蓑

匿名のペーパーカンパニーで資金洗浄を行う一連の過程は、拍子抜けするほどシンプルだ。ダミー会社を介することで、自分の資産をほぼあらゆる場所、つまり、どのような業界やセクターであろうが、誰にも気づかれずに移すことができる。所有者の氏名はどこにも紐づけられていないので、うるさいジャーナリストも資金の流れは追えず、人権活動家も残忍な独裁政権とのつながりをたどることはできない。民主主義国の調査官でさえ、誰が反民主主義活動に資金を提供している黒幕なのか突き止められない。一方、ペーパーカンパニーは、必要とあればなんでもできる。不動産の購入、経済制裁の回避、政治資金の提供、誰にも気づかれないまま金融帝国を築くことさえできる。ペーパーカンパニーとはいわば、金に関してあらゆることが許される免罪符であり、何十億ドル、その気になれば何兆ドルもの資金を目立たないように動かすことさえできるのだ。

かりに、あなたがソ連崩壊後に誕生した独裁国家の支配階級の一員だとしよう。カザフスタンのような国である。そして、かの国の残忍な独裁者によって、カザフスタン鉄道のトップに任命されたと仮定しよう。長年の忠誠に対する報酬だと独裁者は言っているが、それは独裁者が信頼できる人間に仕事を任せる常套句でもある。

あなたは鉄道経営のことなど何も知らず、それどころか線路のゲージと「きかんしゃトーマス」の違いさえわからない。しかし、そんなことは問題ではない。カザフスタンのような独裁国家で全国的な鉄道事業を独占するとは、国民から金を搾り取り、鉄道に依存する企業が蓄えてきた内部留保を吸い上げるには申し分のない方法だとじきにわかる。こうして運賃の値上げが始まり、貨物輸送を必要としている企業への賄賂の要求が始まる。国営事業として、競争なしで新路線敷設の大型契約を落札しつづけるが、その新路線がどこにも建設されない場合も珍しくはない(全路線が支配されているので、国民ができることはあまりない。また、片棒を担いでいるカザフスタンの独裁者は、国内の独立系メディアや政敵をすでに骨抜きにしている)。

転がり込んでくる金はどんどん増えていくが、ひとつだけ問題がある。資産が爆発的に増えているにもかかわらず、その金は使えない金であることがはっきりしているのだ。西側政府、腐敗行為を調べる国際的な調査機関、数十年にわたって国全体を蝕む腐敗にいらだちを募らせている国民など、関係するあらゆる者がこの事実を知っている。それは不正に得られた金であり、汚れた金なのだ。

あなたにすれば、それでも金は使いたいし、あるいは国外に資産を移したい。ここここそ自分の居場所だとくつろげる、世界の富裕層というカーストのなかで暮らしたいが、そうした国々の政府は建前上、汚い金を見下している。さらに言うなら、カザフスタンでは、長い圧政に苦しめられてきた民衆がいつ革命を起こすかわかったものではない。そうなれば新政府の取り調べが始まり、会社の記録が調べられ、あなたの資産は残らず差し押さえられてしまう(隣国のキルギスでは、過去二〇年で何度もこんなことが起きている)。

こういうときこそ、ペーパーカンパニーを使うのだ。資金の洗浄から匿名まで、あらゆるニーズを満たすサービスを提供してくれる。ポケットからいつの間にかこぼれていた金はもちろん、疑わしい出どころへとつながる資金の痕跡を一掃し、明らかに汚いとわかる資金源と資金とのつながりを断ち切るので、問題のペーパーカンパニーの背後に誰がいるのか、当局者や調査機関も調べることができなくなる。

ご存じのように、ペーパーカンパニーを使えば、入ってきた汚い金は手品のようにぱっと消え、きれいな金や資産に早変わりする。そのため莫大な富をもたらした収賄や横領、権力者との関係にまでさかのぼれなくなる。だが、何十年ものあいだ独裁者に支配され、不正に浸ってきたカザフスタンのような国で登記されたペーパーカンパニーなら、素直に素性を信じることはできない。しかし、その会社がアメリカで登記されていたならどうだろう。話はまったく違ってくる。

ありがたいことにウーのような人物とはすでに面識がある。ペーパーカンパニーとはブラックボックスにも似た汚い金を変換させる魔法の装置で、洗浄された金は捜査官も当局にも解明できないという説明をウーたちから聞いているはずだ。彼らなら、アメリカのペーパーカンパニーを誰かれかまわず喜んで売ってくれるはずだ。彼らに電話をかけ、自分の名前がどこにも記載されていない、ペーパーカンパニーを作るように依頼する。社名は「○○○○LLC」［訳註＊LLCについては第3章96ページで詳述］と適当な名前を伝えておけばいいだろう。電話の向こうのアメリカ人担当者は、喜んで希望に添いたいと答えてくれるはずだ。実際、それは彼らにとっても得策で、サービスの対価として手数料を得ている。しかも、誰かのためにペーパーカンパニーを設立しても、それを規制する法律は存在しない。

一五分もしないうちに、あなたは突然ペーパーカンパニーのオーナーになっている。それは現代のクレプトクラシーを成り立たせている基本のユニットだ。一本の電話とわずかな手間、そして金の出どころなどまったく気にしないアメリカ人がいれば、その途端、魔法のブラックボックスが望みのまま使えるようになり、必要な資金を洗浄し、隠蔽することができる。不正に得た利益を洗浄しようとする多くの者にとって、ペーパーカンパニーこそ資金洗浄のネットワークを築いていく最初のステップであり、オフショア帝国を構築するための土台となる。

もちろん、ペーパーカンパニーを利用するには銀行口座が必要だ。だが、それも心配無用。独裁者の口の達者な娘婿が経営しているカザフスタンの銀行に電話して、作ったばかりのペーパーカンパニーの名前で新しい口座を開きたいと伝えればいい。「喜んで」と相手は二つ返事で答えてくれるはずだ。キーボードを何回か叩けば、新しい口座が開設され、アメリカのダミー会社の名義になる。それからこの口座に入金を依頼すればいい。とりあえず一億ドルほど振り込んでおこう(さらに一〇〇〇万ドルを追加で振り込む。これは独裁者の義理の息子とその一族への心ばかりのお礼である)[16]。

数分の電話、数回のやり取り、それで作業は完了。自分の名前はどこにも記されておらず、国際的な調査機関や国内に残っている数少ない独立系ジャーナリストも所有者までは追跡できない。だが、口座にはまぎれもなく金があり、豪邸や大型ヨット、ピカソの絵画、プライベートジェット、高層ビル、広大な地所に変わるのを待っている。さらにほかの銀行の口座や身元が隠せる国外の信託投資へと次々に姿を変えて、自分の好きな国、とくにアメリカのような国に送金するのを待っているのだ。この国は事実上、何年にもわたってペーパーカンパニーを野放しにしたまま、好きなようにやらせてきたからである。

何から何まですべてが匿名のまま行われている。

こんな話がいささか奇矯と思われるなら、過去数十年に出現した独裁者を振り返ってみるといい。

権力の座にあった大半の期間を、彼らは自国の富の略奪や国の破壊に費やし、その過程でアメリカの国家安全保障を脅かしてきた。世界中の独裁者の正体を一瞥するだけで、彼らが政権を強化するために使ってきたペーパーカンパニーが山のように存在する事実に気づくはずだ。

ムアンマル・アル・カダフィはどうだろうか。故人となったリビアの指導者は、自分の資産と国の財産を海外にあるいくつものペーパーカンパニーに隠していたといわれる。大虐殺を行ったセルビアの独裁者スロボダン・ミロシェヴィッチも同じだ。ダミー会社を利用して制裁措置を逃れる一方で、ボスニアやコソボの住民の殺戮《さつりく》を続けていた。ウラジーミル・プーチン、習近平、金正恩らはどうなのか。[17]彼らはいずれも[18]──一族や側近も含め[19]──国民や欧米の調査機関の目に触れないよう、匿名のダミー会社を介して何十億ドルもの膨大な資金を吸い取ってきた。[20]

そしてたいていの場合、こうした独裁者やその側近、強欲な新興財閥たちは、アメリカに頼ってそれを実行してきた。

アメリカはもっとも容易に幽霊会社を設立できる国

アメリカがクレプトクラシーの中心地に変貌を遂げた理由として、ひとつの決定的要因──もしくは抜きがたい堕落──があるとすれば、それはまさにアメリカで生まれ、アメリカで育まれてきた匿名のペーパーカンパニーにほかならない。この国ほど容易にダミー会社が設立できる国はないと言ってもいいだろう。アメリカ最初のペーパーカンパニーがいつ、どこで登記されたのかは特定できないものの、それを芸術の域にまで高め、ほかのどの国よりも効率的で、しかも利用しやすいものにしてきた。この効率性こそ、アメリカが年間数百万社ものペーパーカンパニーを生み出している主な理由のひとつで、世界のどの国どころか、マルタやキプロス、英領バージン諸島など、世界四〇カ所のタックスヘイブンを合わせた数を上回るほどの無数のペーパーカンパニーを生み出してきた。[21]

数年前、三人の研究者がペーパーカンパニーを登記するうえで、どこの国の手続きがもっとも容易かを明らかにしようと試みた。調査方法はいたって単純明快、前出の企業サービスプロバイダー(CSP)に何千通もの電子メールを送って裏を取ったのだ。CSPは、わずかな料金で登記に必要な書類提出を代行してくれるので、依頼する側は自分の手をわずらわせる必要はない。研究者は、時に応じて依頼主のために働くデンマークのコンサルタントのふりをしたり、パキスタンのような腐敗で名高い国の政府関係者を装い、国から持ち出した莫大な資産にこびりついた汚れを洗浄したいと話を持ちかけたりした。[22]

彼らが実際にやったのは、同じ質問の繰り返しだった。「ペーパーカンパニーを設立する場合、どれだけ簡単に登記できるか」という質問である。結果は驚くべきものだった。五分の一以上のCSPが、申請者本人の身分証明写真を求めなかったばかりか、ほぼ半数のCSPが申請者本人と確認できる公的書類の提出さえ要求しなかった。研究者の一人が断言しているように、「懸念されるのは、今回の結果から、ペーパーカンパニーを販売する側には、不正行為を招くリスクについて、ほとんど無関心であるのがうかがえる点だ[23]」。それがどの国よりも際立っていた国があった。アメリカである。この国で幽霊会社を設立することは、許しがたいほど容易だった。[24]

規制緩和に対するこの国特有の資本主義の精神《エートス》を踏まえれば、名目だけの企業の設立とはいえ、もっとも効率的な方法が生み出されるのも不思議ではない。さらに言うなら、アメリカには合法的で、公明正大な企業を設立するサービスを提供する産業がすでに確立されており、その機能がたまたまペーパーカンパニーを設立しようとする腐敗官僚や麻薬密売人、国外のオリガルヒに対しても完璧な形で提供されているのだ。

とはいえ研究者たちは、CSPを介してペーパーカンパニーを設立する手軽さにたじろいでいた。料金はわずか一〇〇ドル、電話でのやり取りは一五分程度、それだけで手続きがすべてすんでしまう。用意しておくのは新会社の名称、代行業者に振り出す小切手（アメリカの捜査当局の追跡を避けるなら、外国の銀行口座から直接振り込むといいだろう）[25]。必要であれば、「ノミニー」と呼ばれる人間が選べる。ノミニーは、ペーパーカンパニーの取締役、株主、共同経営者として登記できる名目上の第三者で、当局の訪問を受けたとき、会社にかかわっているのは自分だけだと主張できる。だが、心配には及ばない。アメリカの場合、ノミニーも実際のオーナーは誰なのか知る必要がないからだ[26]。それでも匿名性に不安があれば、ペーパーカンパニーをさらに何重にも積み重ねていくこともできる。ダミーがダミーを所有して、ついには州を越え、海を渡り、世界をめぐっていく。一重また一重とそれぞれの会社で匿名性が上積みされていくので、マトリョーシカ人形のようなペーパーカンパニーの入れ子構造になり、オーナーの本当の正体をそのなかに埋められる[27]。

さらに研究者たちは、アメリカのCSPのうち、依頼者の身元照会という最低限の確認を求めたのは10パーセント未満で、国際的な最善慣行《ベストプラクティス》に準拠していたのはわずか1・5パーセントにすぎなかった事実を突き止めた。彼らの話では、「国際的な基準に違反しても構わないと考える業者を探している者は、朝から検索を始めれば、おそらく昼食までには望みの業者を見つけられるだろう」と述べている[28]。さらに別の研究者は、「アメリカが世界の金融システムの中心的存在で、関係している企業も多い点を踏まえると、ペーパーカンパニーの規制に関しても、この国は世界最悪と断言していいもっともな理由がある」と記している[29]。

その一方で、ペーパーカンパニーの申請者に対してもっとも多くの情報提供を要求した国や法域は、典型的な〝オフショア〟のタックスヘイブン（ケイマン諸島やアイリッシュ海のマン島）や、ひと目で独裁政権とわかる国（ベラルーシやカダフィ時代のリビア）だった事実もこの調査で判明している。研究者の一人、ブリガムヤング大学のダニエル・ニールセンは、「調査から明確になったのは、世界のあらゆる法域において、ペーパーカンパニーがもっとも容易に設立できるのはアメリカだったことだ」と私に話してくれた[30]。

ＣＳＰの回答に、アメリカ人らしい例の傲慢ぶりが垣間見られる点は指摘しておいたほうがいいだろう。デンマーク人のコンサルタントを装って研究者が送ったメールに対し、あるＣＳＰは、「必要な個人情報についてはいっさい不要です。ヨーロッパの方々には理解しがたいようですが、わが国の憲法には『プライバシー』という言葉が明記されています[31]」と応じていた（合衆国憲法には「プライバシー」という言葉は記されていない[32]）。

研究者が汚職官僚を装って問い合わせたときもそうだった。腐敗大国パキスタンの役人のふりをした研究者に対し、あるＣＳＰは、パキスタンの方針や明らかな不正に対して非難を浴びせたが、次の瞬間、十分な金を払ってくれるなら、喜んで協力したいと明かしていた。このＣＳＰは次のような返答を寄こしている。

ご要望に応じた場合、テロへの資金を提供する隠れ蓑として利用される懸念がうかがえる以上、そのような問い合わせに関与したがる者はいないでしょう。ありていに申し上げるなら、きちんと機能する有用な（匿名のダミー）企業をアメリカで設立されるのであれば、名義を登記してくれる人物をこの国で探し、銀行口座を開設するなどの手配をしなくてはなりません。弊社としましては月額（五〇〇〇ドル）以下で業務に携わる意思はなく、また、それ以下の金額で請け負ってくれる業者を見つけることもできないでしょう。相応の手数料以下で作業を進めようというお考えであれば、相手の時間を無駄にしてしまうだけです。どうしようもない（メールの）アカウントを使っていることから、あなたが偽《にせ》の暇人であることはわかっています。真剣な提案であるなら、それを書き上げて送ってください。私たちも検討しましょう。前回のメールも今回のこのメールも無意味なたわ言です。そのくらいわかってほしいものです。こんなメールはわれわれを愚弄するだけにすぎません。[33]

つまり、金の折り合いさえつけば、あらゆることに目をつぶってもらえる。

もっとも、それは当然かもしれない。アメリカでは過去数十年にわたり、企業の負担を軽減する名目で規制緩和が経済界を通じて行われてきた。「経済活動重視」の精神は、一九八〇年代以降優勢を保ったまま、共和党と民主党の別なくアメリカの政治を支配してきた。本書で繰り返し触れるように、この精神はアメリカのクレプトクラシーに関係するいずれの産業界にも影響を与えてきた。いろいろな意味において、ビジネス行為に関する負担を軽減してきたことが、この国を世界最大のタックスヘイブンに変容させた決定的な理由であり、一ドルでも多くの資本をアメリカに引きつけてきた理由でもある。

結局のところ、規制緩和がもたらしたのは、クリーンで合法的な資本の流れだけではなかった。世界中の国から流れ込む汚い金に対しても、この国は快く門戸を開いてきたのだ。

州政府の「底辺への競争」

二〇二〇年二月、アメリカ財務省は、政府が取り組む資金洗浄規制に対し、ペーパーカンパニーが抜け穴を提供していると強く非難した。財務省が発表した文書によると、ダミー会社は、「国内外の犯罪者に、この国もしくは海外で手がける金融犯罪を曖昧にできる一連の処理方法を提供してきた。犯罪者はその方法を用いて、これまで犯行を繰り返し隠匿してきたばかりか、その方法は今後も利用することが可能だ[34]」。

ペーパーカンパニーを利用するのはオリガルヒや独裁者だけではない。アメリカ会計検査院は二〇一九年、ペーパーカンパニーがどのように犯罪に利用されているのか具体例をあげて公表し、国防総省もこの手口で何度もだまされてきた事実を認めた[35]。ある組織はダミー会社を利用して、旧ソ連の原子力発電所の維持管理に充てられた数百万ドルの予算を迂回させた。別の組織は負傷した退役軍人を装うためにダミー会社を利用していた。なかには国防総省との契約を丸ごと乗っ取り、米軍の装備品を巧妙に製造していた組織もあったというが、政府はその正体にまったく気づかなかった[36]。こんなことが可能だった理由はいずれもはっきりしている。必要とあればこの国では、誰でも好きなときにペーパーカンパニーが設立できたからである。それを禁じる法律も規則もなかった。

とはいえ、このような政府の報告書は何年も前から同じことを言いつづけてきた。財務省は二〇一五年の「国家マネーロンダリングに関するリスク評価報告書」で、ペーパーカンパニーの脅威に焦点を当て、とくに「(ソ連崩壊後の)組織犯罪集団」にとってこの種のダミー企業が果たす役割について訴えていた。犯罪組織がペーパーカンパニーに「格別の関心があるのは、アメリカの金融機関やアメリカ国内のペーパーカンパニーを介し、犯罪で得た利益の移転や隠蔽の巧妙な手段として組織的に利用していたからである」[37](こうした犯罪組織がペーパーカンパニーを使ってせっせと悪事を働いていたころ、同様の集団がトランプの大統領就任を後押ししていた。これについては第Ⅳ部に詳しい)。

幽霊会社の登記を阻み、せめて匿名性だけでも規制しようという試みは何年にもわたって続けられてきたが、結局、埒《らち》が明かなかった。理由は、アメリカならではの制度上の特性に根差している。大半の国では会社の設立は中央政府が管掌しているが、連邦制のアメリカでは規制の主体はワシントンではなく、オースティン(テキサス州)、ジュノー(アラスカ州)、サクラメント(カリフォルニア州)、インディアナポリス(インディアナ州)などの州都に置かれた州政府が監督している。そのため、州政府は法人誘致をめぐってたがいに競い合っているのが現状なのだ。こうした制度のもと、州政府は連邦政府の規制を気にすることなく、企業を誘致する対策や戦略について、独自の方法や戦略を編み出したり、修正したり、あるいは推進させていくことができる。誘致に成功すれば、州政府は企業の登記料で何百万ドルもの利益を計上でき、州の予算に充当することができる。

このような競争のもと、アメリカの各州は、法人の顧客――そのなかには匿名を求めている企業もある――に対し、効率性と手厚い保護をますます高めていき、いわゆる「底辺への競争[訳註*]」と呼ばれる状態に陥っている。そして、その底辺がどこにあるのかは誰にもわからないのだ。

訳註＊底辺への競争：外国企業の誘致や産業育成のため、政府が減税、労働基準・環境基準の緩和などを競うことで、労働環境や自然環境、社会福祉の水準が低下していく現象を意味する。グローバリゼーションや自由貿易の結果として国家間で起こることもあるが、個々の国家内やその下位の管轄（州、自治体、市）のあいだでも発生する。

第3章 すべてをコントロールして、何ひとつ所有しない

「その可能性を想像してみてください」
ワイオミング・コーポレイト・サービセズ(1)

経済活動に関与しない連邦政府

ウーが面談した大半の相手には、彼が副知事を務めるデラウェア州についてなんらかの知識などを持っておらず、その名前を知っている者すら皆無だった。もっとも、アメリカ人でさえこの州について知っている者は限られ、何を聞かれてもすぐに言葉に詰まってしまう。アメリカでもっとも小さな州のひとつで、全国的な話題の点でもメディアの関心はきわめて低い。合衆国憲法を真っ先に批准した州という以外、壮大なアメリカの歴史において、文化的な影響や傾聴に値する遺産を生み出してきたわけでもなかった。

第四十六代大統領ジョー・バイデンの選出州である点を除けば、有名な人物を輩出してきたわけで

もない。それだけに、「独立十三州」の一州であることが輝かしい業績として際立つ。テキサスと言えばカウボーイ、オレゴンは木材、ルイジアナならジャズと多くの州にはその州ならではのイメージがつきものだが、何を隠そうデラウェアには、そうしたイメージさえないのだ。だからこそ匿名を求める人間にすれば、不正に得た資産を隠しておくうえでこれほど最適な場所はなく、これ以上打ってつけの場所は思いつきもしないはずだ。

デラウェア州がクレプトクラットの世界屈指の避難地に変貌していく物語は、いまから何十年前、いや何世紀前もの昔にまでさかのぼる。この州がどうやってアメリカのオフショア／オンショアの世界で中心的な役割を担うようになったのか——あるいは、証券取引委員会（SEC）の元委員長がかつて評したように、「関心と言えば歳入にしか頭にない、アメリカで二番目に小さな州」[2]になっていったのかを突き止めるには、合衆国の創生期にまでさかのぼり、そのうえでこの州が合衆国憲法を批准するのに果たした役割ではなく、黎明期にあったアメリカ資本主義がどのように営まれていたのかという点に注目しなくてはならない。

独立への気運が高まっていた当時、現地で設立された会社はイギリス政府の管理下に置かれていたが、監督そのものは植民地の住民によって行われていた。首尾よく独立宣言を果たした直後から、新たに誕生した十三の州は、会社の監督は連邦政府ではなく、従来どおり旧植民地が行うと決めた。国の安全保障、外交政策、なによりアメリカの政治体制そのものをどうするのかなど多くの問題を抱え、建国当初の議員にはほかに選択肢がなかった。「第一級の歴史的な証拠からも、独立後、州議会が植民地時代の議会の前例に倣っていた事実を裏づけている」と説く論文もある[3]。

実際、当時のアメリカで設立された会社は、私たちが知る二十一世紀のアメリカ企業ではなく、旧宗主国の会社の形態にはるかに似ていた。また、現代の企業に比べると、このころの会社は活動がきわめて制限され、事業形態も教育機関や慈善団体(奇妙なことに墓地も例外ではない)のように厳しい制約を受けていた。実際、ある企業史家が書いているように、後世に比べると〝会社〟という組織そのものが「きわめて稀少な存在」[4]だったのである。

会社設立に関する当時の手続きがどんなものだったのかを見れば、稀少であった理由の一端がわかるはずだ。そもそも設立に際して、州議会で個別に法案を通過させるなど、非常に面倒な手続きを経なければならなかった(この方法がいまだに踏襲されていたら、州議会はその手続きにかかりきりとなり、ほかに何もできなくなっていただろう)。一八三〇年代になると、会社の監督を州政府から連邦政府に移すことで簡素化し、州議会の負担を軽減する案が出てくるようになる。だが、当時の連邦政府はジャクソン流民主主義を奉じる者たちが支配していた。彼らは先住民に対する民族浄化などの活動を除き、連邦政府の権力行使そのものに疑念を抱いていたので、会社の設立に関しても政府が関与しないことを望んだ。そのため、会社設立の修正案を支持する者は別の方法を模索しなくてはならなかった。合衆国政府に任せられないなら、州政府に課されている負担そのものを減らしてしまえばいいのではないのか。

この決断こそ文字どおりの意味で、その後一世紀半にわたって続く変化の始まりになるものだった。十九世紀が終わりを迎えるまで、会社設立にともなう煩わしい要件は徐々に緩和されていった。州議会は会社設立の申請を受けるたびに法案を通過させ、公聴会を開いて議論する必要もなくなる。南北戦争の直後や参政権の大規模な改革のときなど、連邦政府は折りに触れて手続きの管理を強化しろと説いたが、ジャクソン流民主主義を支持する者は、連邦政府の監督強化は望んでいないと声をあげた。

連邦政府ではなく、州政府に監督を委ねたほうが好ましいと彼らは考えた。そしてこの考えは、州の経済活動に連邦政府を関与させない精神をアメリカ国内で育んでいくことになった。ある研究者が指摘しているように、「事業や企業がどのように運営されているかを理解していた」者の多くは、「州や地域の自由市場を通じて、適切な水準の規制は図れるものと認識しており、連邦政府の監督や管理を強化させようとは考えていなかった[5]」のである。

法人登記の規制緩和で潤うニュージャージー州

十九世紀後半、アメリカ経済は大きな変貌を遂げていく。その途上、〝金ぴか時代[訳註*]〟を生み出すと、さらにそれを是正する〝革新主義時代〟を迎えるが、このころ、企業の設立は新たな時代に突入していた。鉄鋼や石油などの産業で独占企業が台頭してきたそのかたわらで、〝法人設立〟という〝産業〟の支配を目ざしていた州があった。ただし、その州はデラウェアではない。

その州ことニュージャージー州は、デラウェア州のすぐ北に位置している。そして、この州の経済は長らくニューヨーク州に支配されてきた。しかし、一八七〇年代、ニュージャージー州は経済を活性させる方法を思いつく。法人の設立規制を緩和して、州経済を押し上げるために必要な財源を確保

訳註＊金ぴか時代：資本主義が急速に発展し、独占が兆しはじめた南北戦争終戦の一八六五年から一八九三年恐慌までの期間を指す。政治と経済の癒着が進み、拝金主義に染まった成金趣味が横行して経済格差が拡大した。名称はマーク・トウェインの共著小説の題名に由来する。

しようと考えたのだ。企業を誘致し、法人税や手数料を徴収して州の歳入を増やすため、一連の改革を実行に移した。従来の設立認可状のもとでは、企業は数十年しか存続できなかったが、州の議員たちはこの期限を撤廃し、企業が永遠に存続できるように改正した。さらに企業がほかの企業の株式を保有することを認め、企業のなかに企業を作る、いわゆる「持株会社」の設立を事実上可能にした(それからまもなく、この「持株会社」が十九世紀末に巨大な独占企業へと発展していくうえで重要な一歩だったことをアメリカ人は思い知ることになる[6])。

　本書のテーマにとって大きな意味を持つのは、誘致した企業が州内での操業を義務づける規制も撤廃されていた点だ。登記した企業が州内で企業活動を行わなくても、歳入に繰り込まれる手段を当局は編み出していた。突然、コネチカット州のハートフォード、テキサス州ヒューストン、果てはホノルルで暮らす者までがニュージャージーで会社を登記し、拠点を築くことがないまま州が提供する新たな便益を享受するようになり、それまで会社設立を阻んできた地理的制約は過去のものになった。規制撤廃の効果はただちに表れ、その様子について『ニューヨーク・タイムズ』は次のように報じている。「言うまでもないが、ニュージャージー州には企業が殺到した。一九〇二年には(誘致した企業への課税と手数料によって)資産税が廃止できるほど歳入は膨大な額に達した[7]」。州の財源が爆発的に増えていく様子に州民は目をみはった。「まるでこの州でクロンダイク〔訳註*〕の金鉱が発見されたようだった[8]」と書いた作家もいる。登記のために駆け込んでくる企業のおかげで、まもなく州の財政はありあまるほど潤沢になり、州民に対する減税が始まる。法人登記の規制を改めることによる恩恵だと彼らには思えた。

　ほかの州もこの事実に気づいた。あまりにも多くの企業が移転したため、ニュージャージー州は

「庭園の州」〔訳註＊同州の愛称〕ではなく「裏切り者の州」だと他州の当局者が呼ぶほどだった。法人税や手数料を横取りされ、ニュージャージー以外の州は突然大きな損失を被っていたのだ。こうした結果は予測できただろうし、予測しておくべきだった。企業の移転は、自分たちもクロンダイクの金鉱を手に入れようとする他州の反応に火をつけ、続いて「企業に優しい」規制をめぐるルネッサンスの時代が到来し、州から州へと規制の撤廃が進んでいく。

ある研究者が指摘するように、世紀の転換期に起きた革新の結果、アメリカの各州は「底辺への競争」に陥り、[9]「企業を虐げる可能性がある規制」をさらに排除した新たな法律が整備されるようになった。[10]株主の明記、違法行為や事故に対する責任負担のような基本的な規制が突然どの州からも消えていった。こうした流れにともない、企業の実質的な所有者の公表、それを公表する条項も消えていった。この匿名性こそ売れ筋の特典であることが、のちにデラウェア州によって明らかにされる。匿名性と規制面での撤廃をペアにすると、ことのほかよく売れた。

ところで、ニュージャージー州の者すべてが、会社登記の中心地という新しい役割を州が担うことを評価していたわけではない。一九一一年から一三年まで州知事を務めたウッドロウ・ウィルソン〔訳註＊その後、第二十八代アメリカ大統領に就任〕は、こうした変化に疑問を感じていた一人だった。緩和された規制を悪用する者がいるのではないかと懸念したウィルソンは、改革の精神に駆られ、緩和されたばかりの規制のいくつかをふたたび強化し、以前の姿に戻した。こうした処置に対して、企業に雇われ

訳註＊クロンダイクの金鉱：アラスカ州と接するカナダのユーコン準州にあるクロンダイク地方で一八九六年に発見された金鉱のこと。発見のニュースが伝わるとシアトルやサンフランシスコから一攫千金を狙う人びとが殺到した。

たロビイストは非難の声をあげたが、聞き入れてはもらえなかった。州内の企業を以前のような状態に戻せなかったとはいえ、規制緩和の勢いについては事実上、歯止めをかけることはできた。

登記していた企業は突然の規制で、規制が少ない別の州を探さなければならなくなった。ただ、遠くまで探しにいく必要はなかった。南にわずか数マイル先にデラウェア州があった。

デラウェア州は、ウィルソンの決断につけ込み、ニュージャージー州から企業保護の王座を奪おうと虎視眈々と狙っていたのだ。当時の『アメリカン・ロー・レビュー』に掲載されている記事には、「デラウェア州は、ニュージャージー州の野菜農家や貝掘り人、砂丘の観光案内人、蚊《か》の駆除業者まで、州の金庫に入ってくるあらゆる金を享受している姿を目の当たりにして、嫉妬の思いで身を焦がしていた」。そして、「手遅れになる前に、おいしいお菓子が入った袋に汚れを知らない赤ん坊のような手を突っ込んでしまえと心を決めた[11]」。

デラウェア州の企業誘致産業

今日と同じように、二十世紀初頭のデラウェア州も知名度は低かった。州経済は小規模なサービス部門と、それよりさらに小さな工業部門を基盤に維持されていた。これという天然資源や観光資源にも恵まれず、ニューヨークとワシントンDCを往来する人間からせっせと利益を集めていた。規制緩和に手を出す前、ニュージャージー州とデラウェア州は多くの点で共通していた。

デラウェア州はウィルソンの新方針の影響が表れるタイミングをうかがっていた。その点ではもちろんほかの州も同じで、法人登記という金《きん》の鉱脈に突然背を向けたニュージャージー州の動向に目を凝らしていたが、その後釜をまんまと手に入れたのはデラウェア州だった。ニュージャージー同様、経済の中枢(ニューヨーク州)と政治の中枢(ワシントンDC)の中間地点という地の利がものを言った(会社登記のため「わざわざアラスカまで飛んでいきたいと願う人間はいない」と、あるジャーナリストはデラウェア州の絶好の地理的条件について述べた[12])。ウィルソンは規制を強化し、法人の顧客や企業の利益を脅かしたが、デラウェア州はそんな真似はしなかった。一九八〇年代にデラウェア州の知事を務めたピート・デュポンが言っていたように、「(デラウェアの州)議会は多くの議案を処理できなくても、会社法を最新の状態に保つことは当てにできる」ように努めた[13]。

ニュージャージーの規制緩和が滞ると、デラウェアの州政府がそのバトンを引き継いだ。ある意味これは、アメリカの資本主義の物語そのものだった。デラウェアの州政府はこうした展開を自州に企業を誘致する好機と見なし、そのために必要な改革を行っただけにすぎない。この国の資本主義を牽引してきた〝ビジネス礼賛〟の精神が、デラウェア州で文字どおりの礼賛運動——法人の厚遇と設立の優先——として結実したのだ。いずれも違法ではなく、かならずしも予想外のことではなかった。デラウェア州が手を出さなければ、ニュージャージー州から流失した税収はほかの州が手にしていたはずだ(その結果、州民は減税という恩恵に浴せたかもしれない)。その別の州とはやはり狭隘なニューハンプシャーのような州だったかもしれず、あるいは全米最小の州であるロードアイランドだったかもしれない。いずれにせよ、どこかの州が同様な措置を講じ、みずからの州に利益を誘導していたことだろう。デラウェア州は、たまたま最初に手がけることができたにすぎなかった。

企業ができるだけ容易に移転できるよう、デラウェア州は段階を踏みながら巧みに門戸を開いていった。まず、企業を優遇する会社法を整備して誘致を図ると、ニュージャージー州ですでに実施されていた法律の改正に加え、会社が株主から訴えられた場合に備えて、損害を被った取締役に対して企業が賠償できることを許可した（アメリカが訴訟社会へと変わっていく時代、これは貴重な保護措置だった）。しばらくすると、法人に対する州税も免除されるようになる。つまり、登記された新会社が州と実際に接触し、意思を伝え合う機会は、登記書類を提出する時点だけでよくなった。

　デラウェア州には他州にない強みがもうひとつあった。この州が二十一世紀になっても世界のオフショアの中心地として、主導的な地位を確かなものにしているのもその強みのおかげだ。それが衡平《こうへい》法《ほう》裁判所である。衡平法裁判所は一七九二年に設立され、アメリカの歴史とほぼ等しい期間にわたり、会社法を着実に整備してきた[14]。州の会社法の細部の見直しを図ることに特化した裁判所で、企業支援を進めるこの州の重要な武器庫であり、ほかの州では見られない。この制度について書かれた二名のアメリカ人学者の小論文によると、デラウェア州衡平法裁判所は、「専門性の高い司法と企業をめぐる複雑な紛争を迅速に解決する能力」を提供しており、アメリカのほかの州の会社法に比べると、デラウェア州にははるかに豊富な判例が効果的に蓄積されている。企業の法務を担当し、クライアントが直面する脅威に絶えず注意している弁護士にとって、これは天の恵みにほかならない[15]。

　一九二〇年代、企業誘致をめぐる「底辺への競争」で、デラウェア州は勝者の地位をほぼ確実にしていたが、政治学の言葉を借りるなら、デラウェアはいわば「規制の虜[訳註*]」の状態に陥っていた。州は企業レジームに依存し、歳入は企業誘致産業による収入に負うようになっていたのだ[16]。だが、状況はデラウェアに有利に働いていた。アメリカ国内の各州が企業誘致で狂奔状態にあったため、典型的なタックスヘイブンに課された汚名を長年にわたって避けることができたのだ。租税回避地としてデラウェア州を研究するノースカロライナ州立大学のブラッドリー・リンジーによると、「デラウェア州はケイマン諸島やバミューダ諸島と同じ烙印を押されてはいない。この小さな州に企業を誘致し、ほかの州を尻目にして利益を得るのも当然と言えば当然である」[17]。

たしかにデラウェア州がはばかる必要はなかった。一九三〇年代、登記した企業から得た利益は、州の総収入の42パーセントを占めていた。二〇二〇年代になってもこの比率はほとんど変わっていないが、その総額は驚くべき数字に達しており、企業に優しい体制を求める側から毎年一五億ドル近い収入を得ている[18]。その額はほかのどの州よりも多いだけでなく、売上税や資産税を課していない州にとって、巨大な財政的支柱になっている。

別の数字も見てみよう。「一五〇万」という数字だ。これはデラウェア州で現在登記されている企業の数で[19]、いまでも年間二二万五〇〇〇件を超える企業が設立されつづけている[20]。一世紀前に行われたデラウェア州の規制緩和は、州民のサービス向上を実現する財源の調達が目的だった。しかし、州の人口が一〇〇万人にも満たない現実を踏まえると、前出のブリガムヤング大学のダニエル・ニールセンが指摘するように、デラウェア州の州議員にとって、現在では「事実上の有権者とは、州民ではなく企業」という状況に直面している[21]。

秘密主義の実験室

二十一世紀を迎えても、デラウェア州の企業誘致産業は、誰もができるだけ容易にペーパーカンパ

訳註＊規制の虜：規制の虜とは、規制する側が規制される側の勢力に実質的に支配され、無能化する状態のことをいう。

ニーが設立できるよう、残業をしてまで依頼に応じつづけている。その結果、設立手続きが完了するまでの待ち時間は一時間弱にまで短縮されたばかりか、代行業者のなかには、わずか一〇分で登記可能な「優先サービス」を提供しているところさえ出現している。[22] 登録事業を管轄する州務長官のオフィスもこれらの申請に応じるため、金曜日の夜一〇時三〇分まで窓口を開いている。[23] そのかたわら、企業の透明性をめぐる改革を訴えるワシントンの連邦政府に対しては、ロビイストを雇ってその方針に対抗している。こうした手段に訴えているのはアメリカではデラウェア州だけである。[24]

さらにこの州では匿名性が提供されている。前述したように、匿名性については、連邦政府も州政府から登記業務をあえて取り上げようとはせず、連邦議会も州議会もダミー企業の「実質的所有者」に関する情報開示はいちいち要求してこなかった。そのため、デラウェア州は、希望する相手の素性にかかわりなく、法人向けサービスの一環として自由に匿名性が提供できると考えてきた。デラウェア州のある企業サービスプロバイダー（CSP）が自社のウェブサイトで宣伝しているように、CSPに対しては「実質的所有者の情報保持は求められておらず、また、身元を開示することも州は要求していません」[25]。大手CSPの最高経営責任者（CEO）であるデービッド・フィンザーも、ペーパーカンパニーの背後にいる人物の素性については、「基本的に（デラウェア州は）何も要求していない。この州には世界でもっとも大きな秘密を抱えながら、世界でもっとも手軽に設立された会社が存在している」[26]と語っている。

以上を踏まえると、デラウェア州そのものは社会のクズや悪党の巣窟ではない。資産を隠蔽したり、金の流れを秘匿したり、あるいは血塗られた金を追跡不可能な資産に変える必要があるとき、そうした連中が向かっていく先がこの州なのだ。政治学者のブライス・タトルが言うように、アメリカの各州は「民主主義の実験室」を自称してきたが、デラウェア州のこうした変容は、州政府そのものが「秘密主義の実験室」になりつつあることを示している。[27]

「死の商人」と結びつくペーパーカンパニー

ビクトル・ボウトもデラウェアに駆け込んだ国際犯罪組織の代表的な首領の一人で、州が提供する匿名性を利用して事業の拡大を図ってきた。ボウト本人はタジキスタン生まれの貧相なロシア人で、葉巻大に刈り込まれた口髭を蓄えている。だが、旧ソ連崩壊のどさくさにまぎれ、武器密売を手がけて自身の帝国を築いてきた(二〇〇五年公開の映画『ロード・オブ・ウォー』で、ニコラス・ケイジが演じる役はボウトをモデルにしている。ボウトの血にまみれた功績がどんなものかを知るには、この映画の主人公を調べてみるといいだろう[28])。

ボウトの取引先やパートナーは、中央アメリカから中央アジア、あるいはサハラ以南のアフリカの軍事指導者からタリバンの意向を受けた代理人にまで及んでいた。一九九〇年代から二〇〇〇年代初頭、不正な武器取引の規模の点では他を圧倒して寄せつけなかった。機関銃や山刀から、戦闘機や対空兵器まで扱っていたが、品目は問題ではなかった。肝心なのは商品を確実に顧客に届けることであり、そして、アメリカの当局者をはじめ、彼のネットワークを調査する者に取引にともなう資金のやり取りが知られないようにすることだった。

「死の商人《スーパーマックス》」と名指しされていたボウトだが、二〇〇八年、タイでついに逮捕され、現在はイリノイ州にある最高警備の刑務所に収監されている。もちろん、多くの国々を銃弾と血で染め上げたあとの話だ。[29] 裁判資料で明らかにされているように、ボウトがかかわっていた殺戮の大半は匿名のペーパーカンパニーに直接結びついていた。そのなかにはデラウェア州で登記された二つの会社が含まれていたので、アメリカの政府当局者は目と鼻の先の州に残されていた痕跡を探るため、何年もの時間をかけていたことになる。[30]

しかし、デラウェアを利用していた国際的な犯罪者はボウトだけではない。ジャック・エイブラモフは、おそらくポール・マナフォート〔訳註＊〕と並ぶもっとも悪名高いロビイストだろう。エイブラモフは、デラウェア州のダミー会社を使い、議会関係者と犯罪ネットワークとのあいだで交わされた数百万ドル単位の不正な簿外取引を仕切っていた。[31] また、「中西部のマドフ〔訳註＊＊〕」と呼ばれていたティモシー・ダーラム[32]は、何千人もの高齢の投資家から数億ドルをだまし取っていた。ダーラムもまたデラウェア州を中心に活動していた。セルビア人のスタンコ・スボティックもデラウェア州のペーパーカンパニーを利用して、国際的な密輸組織を仕切っていたが、結局、逮捕されて懲役刑を言い渡されている。[33] ラースロ・キシュというルーマニア人会計士は、かつてアメリカはタックスヘイブンであると(的確に)指摘した本を書いたことがある。ただ、その研究にいささか深入りしすぎたのか、デラウェア州で登記した一連のペーパーカンパニーを使い、何百万ドルもの金を隠匿したといわれる。[34]

こうした例は数え上げてもきりがない。国際的な犯罪者や腐敗した国外の政府関係者、銃の密輸業者やサイの密猟者、人身売買やインサイダー取引の関係者など、この手のたぐいの者たちは残らずデラウェア州に目を向けているとはいえ、あくまでもそれは明らかになった例にすぎない。二〇一七年にある弁護士が指摘していたように、「イスラム国がデラウェアで登記したダミー会社を利用している可能性も、いちがいに否定できない」のである。[35]

以上のことから、ひとつの決定的な結論にたどりつく。デラウェアはこの国でもっとも企業に優しい州で、しかも、世界でもっとも匿名性が担保されたペーパーカンパニーが存在するという事実だ。これらの役割を担うことで、デラウェア州は法人から利益を得てきた。すでに見てきたように、その多くは一世紀前に始まる改革から直接生み出された。その意味では、この州をオフショアの避難地に変貌させるとか、クレプトクラットや犯罪者が必要とする手段を生み出すことを前提としていなかった。にもかかわらず、植民地独立後の時代とソ連崩壊後の政治体制が整いはじめるころまでには、会社登記の規制緩和や衡平法裁判所などのような、この州がタックスヘイブンに変貌していくうえで必要なインフラはすでに整備されていた。つまり、S・B・ウーのような関係者が、この州を独断でオフショアの中心地に変えたわけではないのだ。それどころか、州の当局者は、誰がサービスを利用するかという問題を尻目に、整備されてきたさまざまな租税回避法や匿名性の提供を心から喜んで紹介してきた。

実際、誰がその恩恵を受けているのかについて、州政府が気にかけてきた形跡はほとんどうかがえない。州の公式サイトには、「デラウェア州は国内のほかの州あるいは合衆国がそうであるように、秘密の避難所ではない」と書かれている。本書が一貫して主張するように、この発言そのものが、実

訳註＊ポール・マナフォート：アメリカのロビイスト、選挙コンサルタント、弁護士。二〇一六年アメリカ大統領選ではドナルド・トランプ陣営に加わり、短期間だが選挙対策本部長を務めた。本書では第11章や第14章で後述する。

訳註＊＊バーナード・マドフ：史上最大のネズミ講詐欺とされる事件の首謀者で、元ナスダック・ストック・マーケット会長。日本の金融機関も含む世界の著名投資家を巻き込んだ事件で、被害総額は約七兆円にも達した。禁固一五〇年の判決を受け、服役中だった二〇二一年四月に連邦刑務所で死去した。

際のアメリカが秘密の避難所である事実を踏まえている。[36] この国で設立されたペーパーカンパニーが、何十万人もの死や何十億ドルもの詐欺、あるいは国家ぐるみの収奪に直接関与していないと言うなら、そんな主張はもはや笑いぐさにすぎない。イギリスの非政府組織（NGO）である「タックス・ジャスティス・ネットワーク」（TJN）は最近、デラウェア州は「匿名企業の世界最大の供給源である」と発表した。デラウェア州のこの程度の公式コメントでは、TJNが指摘する事実さえ否定することはできないだろう。[37]

かつてニュージャージー州からその地位を奪ったように、デラウェア州が大金を稼いでいる様子を目の当たりにしたほかの州も、資金の機密性を担保する独自の制度改革を打ち出すようになった。デラウェア州が吸い上げてきた資金を自分たちも引きつけたいと願っている。きれいな金だろうが、汚れた金だろうが、それは問題ではない。デラウェア州の地位はまだ奪われてはいないが、それぞれの州が資金に関する機密を保持する帝国を独自に築きはじめているのが現実なのだ。

ネバダ州の企業サービスプロバイダー

ネバダ州ファーンリーは不毛な砂漠地帯にある町で、カジノで有名なリノからだと車で東に一時間ほど走った距離にある。都市計画に基づいて建設された人口二万人の町だが、最盛期はすでに数十年前に過ぎてしまい、何年か前にある雑誌に書かれたように、いまでは「トラック・ステーションの町」[38] にすぎない。

芳しい評判ではないが、この町には世界的と誇れるものがひとつある。実はファーンリーは、ネバダ・ビジネス・インコーポレーテッド（NBI）という企業サービスプロバイダーの本拠地でもあるのだ。経営者はロバート・ハリスといい、社屋はベージュ色の彼の自宅だ。フォックス・ニュースのニュース番組「ノー・スピン・ゾーン！」と記されたドアマットが敷かれた玄関で訪問者を迎えてくれる。CSPの分野では、NBIはジャーナリストや研究者に門戸を開いている数少ない会社のひとつで、海外の独裁者や人身売買の業者がなぜアメリカ、とくにネバダ州のような州に関心を寄せるのか、その理由を垣間見ることができる。

オフィスはリビングルームを改造した部屋で、そこに座っているハリスは少し額があがっていて肌は青白い。一日中パソコンに向かって作業をしているからだろう。ペーパーカンパニーを登記する仕事をなぜ始めるようになったのか、その理由を語ってくれた。以前はバーテンダーとして働き、一攫千金を求めて集まってくる客を相手に、景気づけに手を貸していたという。年を重ね、少しずつ年をとるにつれ、クラブやカジノのオーナーが、彼の仕事仲間を若い女性従業員に置き換えていることに気づいた。彼はオーナーの心中を察した。

二〇〇一年、五十歳になったのを機に接客業から足を洗った。そのとき友人に勧められたのが、まだ誕生したばかりの企業サービスプロバイダーの世界だった。つまり、求めに応じてペーパーカンパニーの設立を代行する窓口になることだった。

それから約二〇年、ハリスはこれまでにおよそ数千の企業を設立してきたが、贅沢三昧にひたれるほど生活は豊かではなく、本人の話では年収は五桁半ばぐらいだ。収入を補うため、『聖書の予言』と彼が呼んでいる書物を販売している。そのうちの一冊の表紙に描かれているのはなぜか怪傑ゾロのマスクをかぶったイエスで、六個の光るボールをジャグリングしている。

一日の仕事について尋ねると、その手順について話してくれた。電話もしくは電子メールで依頼を受けたら、クライアントになるかもしれない相手に、ペーパーカンパニー設立にともなう詳細と何が必要になるかを詳しく説明する。相手が乗り気になれば作業に取りかかり、さらに相手が急ぐようであれば、わずか一時間で設立できると応じる。

クライアントの身元については詮索しない。もっとも、相手が自分から名乗り、金の出どころを教えてくれるなら、それはそれでかまわない。しかし、話さないなら話さないでもいいだろう。尋ねる理由はないからだ。ハリスには知る必要もないし、むしろ、調べが入ったときには、知らないほうが、隠さなくてはならない情報はそのぶん少なくてすむ。設立したペーパーカンパニーの背後にいる「実質的所有者を特定する圧力もない」と教えてくれた。「気をもむようなことは何もなく、圧力もない」[39]

ハリスに質問をしてみた。もし、組織犯罪のボスから電話がかかってきて、シンジケートのためにペーパーカンパニーを設立するよう依頼されたらどうするのか。ハリスは咳払いをしてから、椅子の背にもたれかかった。「ネバダ州の人間のすべてが犯罪者でもないし、金を隠そうとしているわけでもない」と答えた[40]。

たしかにそのとおりだ。ハリスがかかわってきた仕事が違法だと申し立てる根拠はなく、彼や彼の依頼主が刑務所に入るような行為をしたとは断言できない。ネバダ州政府と連邦政府のいずれの見地からしても、ハリスの行為はすべて容認されている。大部分のクライアントにはまったく問題はなく、完全に法の範囲内だ。このレトリックこそ、これまで何年にもわたって反クレプトクラシーの改正に反対してきた者が唱えつづけてきた根拠である。

ハリスのような小規模なCSPから、本書で紹介する銀行員や不動産仲介業者、ヘッジファンドの運用者は、自分の業界あるいは顧客は、やましいこととは無縁のれっきとした人物ばかりで、アメリカの資本主義が提供するサービスを利用しているだけだと、これまで再三にわたって主張してきた。腐ったリンゴが手から滑り落ち、カートに紛れ込んでしまうことはあるが、そのリンゴを探し出すためにカートそのものをひっくり返す必要はあるのか。同じように、アメリカ経済の隙間から、汚い金が紛れ込んでいないか確かめるために、この国の産業界そのものをひっくり返さなくてはならないのか。産業界とは、アメリカの資本主義が築き上げてきた壮大な体系そのものだ。

ハリスは決して例外的な存在ではない。それどころか彼のＮＢＩは、数十年前から始まったトレンドの縮図とも言えるだろう。だがそのトレンドは、デラウェア州ほど大きく報じられてはいないが、大勢の人間にとって破壊的な結果をもたらす点では変わりはないのだ。

ペーパーカンパニーの設立で毎年一億ドル以上の歳入

ギャンブル、売春、そしてアメーバのように増殖するラスベガスの奇抜なイルミネーションなど、ネバダ州は近代資本主義のあらゆる実験が行われてきた場所として知られている。[41] そのネバダ州が巨大なタックスヘイブンにまぎれもなく変貌した事実は、デラウェア同様、この州の歴史的な軌跡にしっかりと刻み込まれている。

しかし、変貌をたどるにはどこかに起点を設けなくてはならない。そのために、数十年前にさかのぼって考えてみる必要があるだろう。一九九〇年代初頭、ネバダ州は深刻な予算不足に直面していた。州都カーソンシティの州議会の議員は、デラウェア州の羽振りのよさを嗅ぎつけ、自分たちもその分け前にあずかろうと考えた。法人設立の管轄権は州が握っていたので、当局は関連する規制の撤廃を始めた。これまで見てきたように、ほかの州でも何度も行われてきた対応だ。

こうした施策にもかかわらず、ネバダ州の場合、予算の不足は拡大を続けた。規制は緩和したものの、二十一世紀を迎えた時点で、赤字は一億三〇〇〇万ドルにも膨らんでいた。[42] ネバダ州には個人所得税や法人税がないため税収は見込めず、新たに承認させるにしても、議会の三分の二以上の賛成が必要だったので、歳入を増やす道は限られていた。せっぱつまった当局はあるアイデアを思いつく。デラウェア州は何十年ものあいだ、資金の秘密保持の点では他州の追随を許さない地位を維持してきた。その王座をネバダは奪えないだろうか。ネバダ州を「西のデラウェア州[43]」にと議員たちは口々に唱えるようになった。

「(一九九一年の規制緩和の)きっかけは州の歳入問題だった」と教えてくれたのが、ネバダ大学ラスベガス分校のエリック・フランクリンだ。フランクリンは、ネバダ州が世界的なオフショアに変貌していった過程を研究している。「会社法に関する『底辺への競争』については多くの文献があり、『西のデラウェア州』という言葉は、『ビジネスに友好的』でしかも精いっぱい尽くそうという合い言葉にほかならない[44]」と話していた。

法人設立に関しては、すでに緩和されていた規制を残らず廃止し、そのなかにはペーパーカンパニーの実質的所有者の身元の確認という規則も含まれていた。州議員が目ざしていたのは、匿名を求める大量の資金と顧客に州の門戸を開放することだった。議員たち――そのなかにはのちの上院議員ディーン・ヘラーもいた――は、「教育強化包括法案」の一環として、完全な秘匿性を備えたペーパーカンパニーの設立を認める動議を提出し、それにともなう収入をネバダ州の教師の給与に充てることを提案していた。[45]「ほかに選択肢はなかった」と、この一件に詳しい関係者は話してくれたが、そう語る彼が私に匿名を求めていたから、なんとも皮肉な話だ。[46]

この動議はほぼ全会一致で可決された。誰が州内で法人を設立できるのか、その際に必要とされる個人情報の提出も撤廃された。なんの前触れもなく、ネバダ州でペーパーカンパニーを設立するのは、図書館の貸出カードを作るより簡単になっていた。州の財政にとってもこの可決は天の恵みとなり、二〇年後、ペーパーカンパニーの設立で得られる収入は洪水のように州に流れ込み、毎年一億ドル以上の歳入をもたらしている。「ネバダ州にとって、もっとも主要な財源のひとつだ」とフランクリンは言う[47](まさに天才的な動議だった。収入は州の教師のために使われているので、誰が反対などできるだろう)。やがてネバダ州は追跡不能な何百万ドルもの金を集めるようになり、何万件もの新会社を登記するようになる。もちろん、ダミー会社の背後にいる実質的所有者を特定する必要はない。州政府のある関係者は、「私が飼っている犬のジャックも、法律で自然人としての権利を認められれば(CSPに)なれるだろう。ジャックもこの州に住所があり、新聞《ペーパー》を取ってくるくらいのことはできる[48]」と話していた。

規制改革によって、ありとあらゆる正体不明の金や汚い金が資金洗浄のために集まってくるのはわかっていたが、その点についてきちんと話し合われることはなかった。誰が真っ先に利用するのかは容易に想像できたはずだ。「私たちの州は、なんとも嘆かわしいメッセージをいまだにビジネス界に発信していることでしょう。『悪徳業者、詐欺師大歓迎』と看板を掲げているようなものです[49]」と、ネバダ選出の元下院議員ダイナ・タイタスは語っていた。州が進んでタックスヘイブンに変貌したことについて、「ネバダ州は『法律無用』の看板を掲げているのも同然である」と評した研究者もいる。

タイタスは「ネバダは魂を売ってしまった[50]」とまで言っている。

デジタルの棚に陳列される合法的な会社

ロバート・ハリスのNBIのウェブサイトは、このような規制緩和がどのように根づいていったのかを示す格好のケースだ。NBIではわずか二四九ドルという料金で、あらゆる者を相手に会社の設立を請け負っている。クライアントにはコロンビアの麻薬密輸業者、ベトナムの人身売買組織、アメリカの政治に干渉しようとするロシアのオリガルヒもいる。もう少し料金を払うと「プレジデンシャル・パッケージ」が利用でき、公式の社印と新しい銀行口座が使えるようになる。さらに「名義人もしくはプライバシーサービス」を利用すれば、「あなたは自分の名前を公的な記録から完全に消すことができます[51]」(ハリスのウェブサイトには、NBIの「ビジネス原則は、キリストへの信仰に由来しています」という一文が添えられている)。

インコーポレイト123というCSPは、ハリスにとって州内の主な競争相手の一社だ。「二〇〇〇年、当社は法人設立サービスを提供するネバダ州の典型的な企業としてスタートすると、これまで〝海外《オフショア》〟のサービスプロバイダーだけが提供してきた業務や手続きが、当社のお客様にも有益であることにまもなく気づきました」と同社のウェブサイトには書かれている。インコーポレイト123が強みとするのは、「シェルフカンパニー」と呼ばれるサービスだ。シェルフカンパニーは売却目的で何年も前に作られた会社で、デジタルの「棚《シェルフ》」に取引を一度も行ったことのない状態で陳列されている。新品ではないが、いずれも合法的な会社だ[52]。

ハリスのNBIに比べると、インコーポレイト123ではあらゆる点で匿名性が謳われている。サイトのメインページの目立つ部分には、「すべてをコントロールして、何ひとつ所有しない」という言葉が箇条書きで掲げられている。[53] 別のページを下へとスクロールしていくと、ブロークンな英語で匿名に対する同社の理念が、詳細に記されている。

9・11以降、米国愛国者法が制定され、資金洗浄規制の名のもとに政府や大企業によって、個人のプライバシーやビジネスをめぐるプライバシーはますます軽視される状態が続いてきました。ネバダ州の企業サービスプロバイダーの多くもまた、政府機関や大企業から顧客に関する情報を求められると、抗いもせず情報を「提供」したり、「共有」したりしてきました(こうした要求は頻繁に行われ、法的にも問題があるにもかかわらずです)。しかし、顧客の情報を「提供」するような行為はわが社の良心が許しません。そこで、私たちはお客様にふさわしいプライバシーを提供するため、弊社のサービスを〝国際管理〟のもとに置いてきました。[54]

自社サービスを「国際管理」していると書かれているが、具体的にはどういうことなのか明言は避けられている。これについては二〇一六年に『USAトゥデイ』紙に掲載された記事がヒントになるはずだ。その記事では、インコーポレイト123の代表としてデービッド・バトリックなる人物が特定されていた。ただちに調べみると、バトリックの住所はネバダ州にはない事実が判明する。本人に連絡を取って確認すると、バトリックは自身の「居住国や市民権を明らかにすることを拒み、アメリカではないと答えた[55]」。

つまり、ネバダ州でも大手CSPの一社の代表が、ネバダ州の市民でもなければ、アメリカの国民でもなさそうなのだ。言い方を換えれば、アメリカ人ですらない人物が、この国で匿名を売り物にするペーパーカンパニーの設立を、手広くしかも大々的に行っているようなのである。さらに言うなら、匿名の顧客は何者で、どこの国の人間なのかわからず、その金が人権侵害や世界でもっとも残忍な政権に結びついているのかどうかさえ不明なままなのだ。

「パナマ文書」流出の影響

二〇一六年前半、パナマの法律事務所モサック・フォンセカから一〇〇〇万件を超える大量の内部文書が流出した。いわゆる「パナマ文書」として知られる機密資料で、この流出で資金の隠匿、場合によっては資金洗浄のためにパナマのオフショア会社を利用していた世界中の人物の名前、日付、金額などの詳細な記録が明らかにされる。大勢の人間が関連しており、そのなかにはイギリスの元首相のデービッド・キャメロン、アゼルバイジャンの独裁者イルハム・アリエフなど世界的にも有名な政治家の名前があったほか、ロシアの独裁者ウラジーミル・プーチンのために資金を隠している人物の名前も含まれていた[56]。

流出の影響は直後から表れた。カリブ海の近隣諸国同様、パナマも長年にわたりオフショア法域として、独自の租税回避サービスを産業として展開してきた[57]。だが、流出をきっかけに見直しが始まり、アイスランドやパキスタンでは政権が崩壊する契機となる。

パナマ文書の流出は、オフショアというカーテンの裏側を覗かせた事件で、その意義はいまだに変わっていない。文書の大半は租税回避地としてのパナマのサービスに焦点が当てられていたが、ネバダが州をあげて取り組んでいる資金の匿名化を最大限に利用している者の正体についても手がかりを授けていた。当局の関係者や研究者は膨大な文書からある事実を学んでいた。その事実とは、オフショアの世界の秘密と魔術に通じたモサック・フォンセカの背後に潜んでいた者たちにとって、ネバダ州が提供するサービスでは満足できなかったという事実だった[58]。

流出した文書によると、モサック・フォンセカの会計士は、顧客のために一〇〇〇件を超えるペーパーカンパニーをネバダ州で設立する作業を個々に手伝っていたという。彼らがなぜネバダ州を顧客に勧めたのか、その理由は簡単に説明がつく。「アメリカの事業体に所有権があれば、非アメリカ人であっても(身元に関しては)申告または開示する必要はなくなるので秘密が維持できる」と書かれていたからだ[59]。

はっきり言うなら、モサック・フォンセカが世界中の顧客に向けてネバダ州を熱心に売り込んでいたのは、この州の提供する高い匿名性を利用すれば、問題とされているペーパーカンパニーを誰が動かしているのか、誰にも知りようがなかったからである。さらに、ネバダ州のペーパーカンパニーには、企業の社会的責任にともなうデューデリジェンスは事実上要求されないので、匿名の法人設立は「大盛況」だとも説明していた[60]。

こうしたペーパーカンパニーの秘密が世間に暴露されていくにつれ、ネバダ州の議員が恐れていた、州が「悪徳業者と詐欺師」の巣窟と化していた実態が明らかになった。「モサック・フォンセカにつながる一〇〇〇社以上の登記を調べると、怪しげな所有者が何層にも積み重なって存在し、しかもそこに記されていたのは特定の個人ではなかった。所在地をたどっていくと、ほとんどが海外に行きつき、しかもその場所はバンコクの高層ビルから小さな島国の郵便局にまで及んでいた」[61]。こうした事実が調査によって判明する。

モサック・フォンセカを介してネバダ州でペーパーカンパニーを設立していた顧客は、世界中に広がっていた。パナマ文書に記載されていた企業のひとつ、クロス・トレーディングLLCは、サッカーの統括機関である国際サッカー連盟（FIFA）が関与していた贈収賄事件の中心的な存在だといわれている。また、流出企業のうちの十数社は、タイの新興財閥で、不動産や開発事業に投資する大富豪のジラティワット一族につながっていた[62]。当時、ブラジル政界を揺るがしていた石油と賄賂の横領スキャンダルに関連していた企業の名前も複数記されていた。ブラジルではこのスキャンダルを契機に、ついには政権そのものの信頼が失墜してしまい、極右思想を説くジャイル・ボルソナロ大統領が選出される[63]。

モサック・フォンセカとネバダ州の関係

パナマ文書の流出で、モサック・フォンセカがネバダ州のビジネスを維持するために何を行っていたのかについても明らかになった。国際的な資金洗浄を行ううえで、この州がいかに重要な存在であったのかが、あるケースを通じてはっきりとうかがえる。

二〇一〇年代初頭、ビリオネアのヘッジファンド・マネージャー、ポール・シンガーは購入したアルゼンチン国債一七億ドル分の資金を回収しようとした。だが、アルゼンチン政府は債務再編を通告して債権のカットを求めた。債務再編を拒絶したシンガーは、そのかわりアルゼンチンの国外資産を探し出し、それらを差し押さえてアルゼンチン政府との交渉の材料にしようと考えた。しばらくして、アルゼンチンのある検察官から、元大統領のネストル・キルチネルに近い大富豪のビジネスマン、ラザロ・バエスが、数百万ドル規模の横領事件に加担している一人である話を聞き出す。バエスらはネバダ州にある数百社のペーパーカンパニーを使い、横領の事実を隠匿していた[64]。調べてみると、これらのペーパーカンパニーはいずれも、M・F・コーポレイト・サービセズと同じネバダ州の住所になっていた。「M・F」と記されているように、この会社がモサック・フォンセカの関連会社である事実は明白で、実際、モサック・フォンセカは当時、こうした会社をネバダ州に何百も設立していた。「もしかしたら」とシンガーは考えた。これらの会社をたどっていけば、アルゼンチンの政府当局がひそかに保有している資産を特定できる方法が見つかるかもしれない。

ジャーナリストのジェイク・バーンスタインが著書のなかで詳しく書いているように、二〇一四年、シンガーの弁護士は、M・F・コーポレイト・サービセズの運営にかかわっていたパトリシア・アムナテギという女性に対して七時間にわたる質問を行った。供述の最中、アムナテギは自分がモサック・フォンセカのために働いていた事実を否定したうえで、M・F・コーポレイト・サービセズとモサック・フォンセカのあいだにはなんの関係もないと主張した。驚くのは社名の由来であるモサック・フォンセカの創業者ユルゲン・モサック自身がアムナテギの供述を支持し、「両社はまったく別の事業主体である」と述べていた点だ[65]。この発言でシンガーは行き詰まってしまう。匿名という隠蓑のせいで打つ手がなくなってしまったが、ここで引くわけにはいかない。パナマ文書がリークされたのは、それからしばらくしてのことだった。文書が公開されたことで、シンガーが疑っていたとおり、二つの会社はまったく同一の企業で、アルゼンチンの腐敗した支配層はネバダ州を利用して、横領していた金を隠したり、洗浄したりしていた事実が明らかにされた[66]。

モサック・フォンセカがネバダ州とのパイプを維持するため、どれほどの力を注いでいたのか、その事実もパナマ文書では暴露されていた。同社のIT担当マネージャーは、供述直後のアムナテギに電話をかけ、「両社がさらに無関係に見える方法について話し合った」事実を書き残していたと、バーンスタインの本には書かれている。さらにアムナテギのコンピューターをモサック・フォンセカからただちに切り離し、彼女のコンピューターに残る双方のやり取りを記録したログを消去する作業を進めた。ITマネージャーの記録には、これらの作業はすべて、モサック・フォンセカとネバダ州との関係が「捜査官にわからない」ようにするためだったと記されていた。また、社員をネバダ州に派遣して、「資料をきれいに片づけ、ひとつ残らずパナマに持ち帰らせた[67]」といわれる。

しばらくのあいだはこうした対策で隠しおおせた。モサック・フォンセカとネバダ州のパイプは、ワシントンの政府関係者やシンガーなど、誰にも知られないまま存続させることができた。しかし二〇一六年前半、パナマ文書が流出して世界中で大騒ぎを引き起こすと、フォンセカが行っていた浅ましい手口の全容とともに、ネバダ州とモサック・フォンセカの共生関係や、彼らが仕えてきた独裁者や犯罪者全員の氏名が残らず暴き立てられる。

さらにパナマ文書は、もうひとつの州の関連を明らかにしていた。その州は、アメリカという国がタックスヘイブンの憧れの地に堕落していくうえで決定的な役割を果たしていただけではなく、そもそも一般的な資金洗浄の手段を世界に広めてきた州でもあった。

隠れ蓑になったワイオミング州のＬＬＣ

フランク・バークは、自分が残した最大の遺産がオフショアの手法として使われるようになるとは夢にも思わなかったはずだ。一九七〇年代、バークは西半球で「ワイルドキャット」と呼ばれる石油の試掘を行っていた。そんなバークにとって、世界中の腐敗政治家や悪党に匿名性を授ける方法など、彼とはもっとも縁遠いものだったはずだと、本人をよく知る者たちも私にそう話していた。バークの関心は油層を探し当てること、そうやって家族を養うことだけに向けられていた。そして、試掘の過程で起こりうるかもしれない訴訟や損害賠償から自分と自分の仕事を守ることにあった。なにしろ、豊富な資金に恵まれた大手の競合他社が、彼と彼の仲間の試掘業者を絶滅の縁に追い込んでいたからである。

可能な限り市場を独占しようとする大手のエネルギー会社に悩まされていたが、バークと彼の掘削チームにはある考えがあった。パナマで見つけた「リミターダ」という企業形態を利用するのだ。「リミターダ」は一見するとそれほど複雑な形態ではないが、法人に負わされた責任から企業の所有者を守るだけでなく、パナマの法律に従って税制上の優遇措置を受けることもできた。法人責任を有限にすることであらゆる訴訟に対応できるうえに、高騰するコストを削減するため、バークのような試掘業者はこうした減税措置を常に探していた。(68)

当時、アメリカにはリミターダに相当する企業形態はなかった。バークには納得がいかない。どうしてこの国では事業主の責任を限定できる仕組みを確立できないのか。なぜアメリカの州は〝責任が限られた会社〟を設立することを自分に認めてくれないのか。バークのこうした考えから生まれたのが、現在のＬＬＣ《エルエルシー》（有限責任会社）である。いまでは場所や業界にかかわらず当たり前のように目にする企業形態で、ほとんどはまったく合法的な目的で利用されている。ＬＬＣは事業主を保護してくれる企業形態だ。企業から体力を奪う訴訟から事業主を救い出し、業績が悪化した場合、事業主に課される責任が制限される。だが、このような保護は、合法的な企業家だけに適用されるわけではない。後述するように、正体を隠せる場所を探しまわっているオリガルヒや泥棒政治家、さらには彼らの汚れた金を保護するためにもＬＬＣは利用されている。

そうした話はさておき、ＬＬＣを実現するため、バークはまずこの企業形態が有効なアイデアであることを議員たちに納得させなければならなかった。一九七〇年代半ば、自分のアイデアを売り込むためにアメリカに戻ったバークは、陳情するにはどの州議会が適当かを物色した。選んだのはアラスカ州だった。アメリカでもっとも人口の少ないこの州こそ有望と思われたのだ。「ニューヨークやカリフォルニアの議会に食い込むより、アラスカやワイオミングのような州のほうがはるかに簡単で、議員のところに気軽に行け、いっしょにコーヒーを飲んだり、ハンティングに行ったり、なんでもできるからです」と語るのは、アラバマ大学の法学部教授スーザン・ハミルである。バークは二〇一〇年に亡くなったが、ハミルは生前のバークにインタビューをしている[69]。しかし、アラスカ州議会の派閥争いに巻き込まれ、結局、バークの働きかけは頓挫する。とはいえ、それであきらめるバークではなかった。アラスカを去って、次にワイオミング州へと向かった。ハミルの話では、「ワイオミングの人びとは彼を快く迎え入れてくれた」という[70]。

バークは議員をコーヒーに誘ったり、ハンティングに連れていったりして、「有限責任会社」、つまりＬＬＣという企業形態のアイデアを売り込んだ。一九七七年、ワイオミング州の議員たちはバークの提案に食いついた。彼らにもこのアイデアが州にもたらす利益がよくわかっていた。デラウェア州のような州が、会社法を改正する様子を何十年にもわたって見てきたからである。ＬＬＣを利用して企業を誘致できれば、数百万ドルの手数料が得られると州議員たちは考えていたのだ。ＬＬＣに抱き合わせて、要望が高まる一方の匿名性にも便宜が図れるようにしておけば、さらに多くの企業を呼び込めるだろう。[71]

もちろん、ＬＬＣはごくありきたりな企業形態で、その多くはまったく合法的な目的に基づいて設立されている。ことに小規模経営の会社の大半がＬＬＣでビジネスを手がけるのは、設立が簡単であるばかりではなく、バークたちが考えていたように、それまで小規模経営の事業者を破滅に追い込んできた訴訟から、彼らを守ることができるからである（ＬＬＣの「ＬＬ」は「有限の責任《リミテッド・ライアビリティ》」という意味だ）。したがってＬＬＣだからといって、その会社が租税回避の手段であるわけでもないし、マネーロンダリングの一部を担っているわけでもない。

しかし、バークと仲間の試掘業者がＬＬＣに満足している一方で、彼が編み出した企業形態はまったく別の目的で使えることに気づいていた者がいた。バークが望んでいたのは、彼のビジネスと少なくなった顧客、やはり数を減らしていた試掘業者を守る手段だったにもかかわらず、案に相違して、彼が世に送り出したのは、ワイオミング州議会の協力のもと、匿名が担保されたペーパーカンパニーの完璧な亜種だったのである。

「バークたちは不動産の所有者の身元隠しや、資金を海外に移して租税回避の便宜を図ろうなどとは考えていませんでした」とハミルは言う。[72]しかし、現実に起きていたのはそういうことだった。ＬＬ

Cの企業形態は、企業の所有者と企業とのあいだに距離を置くことで、訴訟などに対して所有者の保護を強化している。ペーパーカンパニーを設立する際、LLCという企業形態が選ばれる主な理由のひとつでもある（前章で紹介したペーパーカンパニーの社名を「〇〇〇〇LLC」としたのもこうした理由からだ）。アメリカのペーパーカンパニーに関心があるクレプトクラットなら、詮索好きな目と予期しない悪影響に対して機密性が高い企業形態を選ぶはずだ。それがLLCなのだ。

後述するように、バークが編み出したLLCという企業形態は、わずか数年後にはオフショアの手段として利用されるようになっていた。ハミルが言うように、バークがその後のLLCがどうなったのかを目にしたら、「彼は草葉の陰で大泣きしているでしょうね」[73]。

ペーパーカンパニー設立費用が一〇〇ドル

ワイオミング州の話は、多くの点でデラウェア州やネバダ州で演じられてきた物語と同じだった。歳入の拡大策を模索していた州政府は、オフショア環境や資金の匿名性を高めるサービスを提供することがその方法だと気づき、そのようなサービスを求める市場が確実に存在する事実に納得した。ワイオミング州の議員や企業サービスプロバイダーは、「LLCを発明した州」として自州を売り込みはじめると、何千ものペーパーカンパニーが生まれ、まもなく州政府の財政は数百万ドルの収益で潤うようになった。デラウェアやネバダのように、ワイオミングも企業という金《きん》の鉱脈を掘り当てた現実に気づき[74]、やはりデラウェアやネバダがそうだったように、ワイオミングも新しい収入源にさらに魅了され、ますます手数料に依存するようになっていく。やはり、実質的な所有者が誰であろうとかまわなかった。

さらに言うなら、ワイオミング州にはほかの州にはない特徴がいくつかある。法人税がない点も企業の関心を引き、さらに会社に関する記録は州内で保管する義務はなく、州外あるいは国外でもかまわない（たとえば、遠く離れたトルクメニスタンに保管しておけば、匿名性はさらに担保されるだろう）。しかもある調査官が語ったように、これらはいずれもワイオミング州が提供する「秘密の特典」[75]の一部にすぎない。

そして、この「秘密の特典」には明らかに効果があった（ワイオミング州のある企業サービスプロバイダーは、「誰でも好きなように自分を名乗ることができる」と語っていた[76]）。バークの思いついたアイデアが定着して四〇年、現在では何万社ものLLCで州はあふれかえっている。人口最少の州であるワイオミングでは、州内の世帯数に匹敵するほどである。

ワイオミングの自慢は、ペーパーカンパニーの設立費用がアメリカでもっとも安価な点で、わずか一〇〇ドルで登記することができる。州都シャイアン選出の州議員ダン・ゾニッツァも、「ここまでうまくやってこられたのは、（設立手数料が）きわめて安いからでしょう」と私に語っていた。また、「ほかの州に比べると、ワイオミングでは株主の検索が少し難しく設定されており、会社名でしか検索できないようになっています。個人名では検索できません。また、個人を検索する場合、会社名を知る必要があります。正確な会社名がわからなければ、絶対に見つけられませんね」。

「私たちはこれを『企業に優しい』政策と呼んでいます」とゾニッツァは言い添えていた。[77]

大平原地帯に浮かぶ小さなケイマン島

こうした政策が進展した結果、一九九〇年半ばになると、ワイオミング州には汚い金が本格的に流入してくるようになった。

案にたがわず、流れ込んできた汚い金の大半は、数年前に崩壊したばかりのソ連から流出してきた資金だった。パーヴェル・ラザレンコもワイオミング州に引き寄せられた一人で、ラザレンコを通じて、ワイオミングは世界中のクレプトクラットたちに資金洗浄の拠点として知られるようになり、旧ソ連の汚れた金が堰《せき》を切って流れ込み、プロローグで紹介したイーホル・コロモイスキーのような人物もまもなくその恩恵をもれなく浴するようになる。

一九九〇年代中頃、パーヴェル・ラザレンコは二年にわたってウクライナの首相を務めた。二重顎のでっぷりとした人物で、体に合わない大きなスーツをまとっている。ソ連崩壊直後の大半の政治家がそうだったように、ラザレンコもまた、国の財源に手をつけ、腐敗したネットワークを拡大して、どんな不正な手段を使ってでも自分の権力基盤を確立することに関心を向けていた。

ロシアの天然ガスは、ウクライナを経由してEU（欧州連合）へと送られている。首相時代のラザレンコはその立場を利用して、ガス輸送から多額の収益をかすめとっていた（後述するように、これはきわめて容易にやり遂げることができた）。ラザレンコは金をだましとることにまんまと成功していたようだが、本来ならその金はウクライナの国民に渡るはずのものだった。汚職を監視する「トランスペアレンシー・インターナショナル」（TI）によると、ラザレンコは在任中、何億ドルもの金を収奪して洗浄していたという。インドネシアのスハルトやコンゴ民主共和国のモブツ・セセ・セコと並び、二十世紀でもっとも私腹を肥やしたクレプトクラットの一人に数えられている[78]。

しかし、不正行為によって、やがてラザレンコは追いつめられていく。一九九七年に始まった調査の結果、汚職の罪で起訴されると、ラザレンコはアメリカに潜伏して一連の騒ぎが収まるのを待とうとした。だが、アメリカの司法当局はそれを許さず、資金洗浄の罪でただちに告発した。逮捕後カリフォルニアで拘置されていたラザレンコは、二〇〇九年にアメリカの裁判所から八年の禁固刑と総額三〇〇〇万ドルの没収命令を受けている[79]。

アメリカ連邦検察官事務所によると、ラザレンコの判決には、「国外の汚職官僚に対する強いメッセージが込められていた。つまり、職務を悪用したにもかかわらず、アメリカに安住の地を求めても、かならず責任を問われるというこの国の意思の表明だ[80]」(しかし、赤道ギニアのオビアンやウクライナのコロモイスキーをはじめ、過去一〇年の事件を見ればわかるように、そのメッセージは彼らの耳には届いてこなかった)。

ラザレンコの有罪判決は、ワシントンでもウクライナでも歓迎すべきニュースだったが、この裁判を通じて、「国外の汚職官僚」が以前から知っていたもうひとつの現実が暴かれることになった。法廷資料に書かれているように、ラザレンコはアメリカの深奥部に位置する地域に資金を流し、そこで資金洗浄を行っていたのだ。その場所こそ、ワイオミング州都シャイアンの住宅街に建つ、小さなレンガ造りの家にほかならなかった[81]。

なんの変哲もないこの家は、眠ったように静かな町の穏やかな一画に建っていた。たしかにごくありきたりな家だが、実はここは何千ものペーパーカンパニーの家でもあった。『ロイター』が二〇一一年に報じた記事によると、「家のメインルームの壁は、企業ごとに『特別室《スイート》』と書かれた番号入りの郵便受けで床から天井までびっしりと覆われている」。ここは「大平原地帯《グレートプレーンズ》に浮かぶ小さなケイマン島」だと書かれていた。[82]

のちに私もこの家を訪れた。教会と理髪店のあいだに建っていた。家の所有者であるワイオミング・コーポレイト・サービセズは、州でも屈指のＣＳＰで、[83]ネバダ州やデラウェア州のＣＳＰ同様、この会社も顧客の匿名をもれなく守ることを謳っている。「法人とは州法によって設立された法律上の権利や義務の主体で、あなたの身代わり、忠僕、親友、そして囮《おとり》として利用できます。あなたがコントロールしているのはひとつの人格ですが（略）、その活動に対してあなたが責任を問われることはありません」と同社のサイトには書かれていた[84]（不快感を覚えるような強気のアピールだが、とくにこの会社が際立っているわけではない。州内のほかのＣＳＰのサイトでも、「あなたの名前はどこにも書かれていない！[85]」とか「明日朝までに完全な企業を提供！[86]」のような絶叫調で書かれている。もっとも、サイトの訪問者や潜在的な顧客に対して、彼らがこんな強烈なアピールをする必要があるのかどうかは不明だ）。

ワイオミング・コーポレイト・サービセズを経営するのが、地元のジェラルド・ピッツである。のちにピッツはマスコミの取材に応じ、自分の会社が設立したＬＬＣが「いいことにも悪いことにも使われるかもしれない」ことは十分に承知していると語り、少なくとも大半のＣＳＰよりも一歩踏み込んだ発言をしている。[87]もっともピッツ自身、ＬＬＣの実態は気にしないらしく、顧客のために銀行口座を開設したり、時には弁護士を顧客の会社の取締役に斡旋したりしていた。弁護士を取締役に加えることで、顧客との通信を裁判の証拠から除外できる秘匿特権が発生し、捜査の実態解明は不可能になる。

処置はいずれも法に基づいているとピッツは主張していた。法的という意味では、彼がラザレンコのために行ったことはたしかに違法ではないだろう。州法と連邦法のいずれの点でも問題はなく、まぎれもなく許容の範囲内だ。しかし、ラザレンコが骨の髄まで国庫をしゃぶり尽くし、何億ドルもの金を盗むのを目の当たりにした大勢のウクライナ国民には、そんなことはなんの慰めにもならない。それらの金は本来、学校をはじめ、消防や警察や救急などの制度の拡充、あるいは軍隊に投じられるはずだった。二〇一四年のロシアの軍事侵攻で併合されたクリミア人は、このとき自国の軍隊のもろさを思い知らされることになった。いずれにせよ、将来に備えてあらゆることに使われるはずの金だった。

パナマ文書が炸裂しても効果なし

もっとも、こうした話はいずれも未来にかかわる話だ。ところで、法廷に立ったラザレンコがワイオミングの租税回避の手口についてつまびらかにしていたころ、モサック・フォンセカは、ネバダ州のときと同じように、顧客をワイオミングに誘導し、この州は「資産をしっかりと保護してくれる」うえに、「資産の移動や銀行取引に州税はかからない」と説明していた[88]。

モサック・フォンセカの顧客にとって、ワイオミングはネバダほどの人気がなく、州内のペーパーカンパニーのうち数百社がモサック・フォンセカとリンクしているだけだった。しかし、二〇一六年にパナマ文書が流出すると、ワイオミング州の関係者はネバダ州の関係者以上に動揺していた。流出直後、州都シャイアンの当局は、モサック・フォンセカのワイオミング州の公式子会社であるM・

F・コーポレイト・サービセズ・ワイオミングに対して正式な監査を行ったと発表した[89]。この会社自体が、AAAコーポレイト・サービセズという名の別のCSPによって運営されていた。AAAコーポレイト・サービセズのオフィスは、シャイアンの広々としたダウンタウンの中心部にある。CSPを提供する十数社のうちの一社で、シャイアンの全域で、このようなCSPが細菌のように増殖を続けていた[90]。

州が行った監査の結果、M・F・コーポレイト・サービセズ・ワイオミングは、「CSPに課された必要な法廷情報が保管されていなかった」事実が判明する[91]。同社は営業を停止することになるだろうと州政府は発表した。州内に蔓延しつつある匿名を売り物にするCSPに対して、州政府がついに重い腰をあげ、取り締まりを始めるものと思われた。

だが、結局何も起こらなかった。それどころか当局は、匿名性の保護を強化する法案作成をただちに再開していた。

それればかりか、州務長官のエド・マレーは声明で、ワイオミング州は「州内で登記する企業のプライバシーを損なうようなことはしない[92]」という唖然とする方針を発表し、企業の監視方法の変更に関する検討やこの問題の調査の実施については明言を避け、透明性の強化を求める声にはいっさい応じないと断言していた。透明性と改善という、ほかの関係者なら口先だけでも賛同するような話にもかかわらず、マレーはそのような気遣いさえ示さないまま、クレプトクラシーがはびこる事態を招いた〝ビジネス支援〟という規制緩和の理念に立ち返った。

マレーは、『パナマ文書』が公開されたことで、ワイオミングのみならず、全米で登記されているペーパーカンパニーの透明性と、実質的所有者に関する情報の開示を求める声がふたたび高まっている」と述べ、「このような動きは、官僚主義を助長し、ワイオミングの産業育成やイノベーションに制限をもたらす」と語っていた。さらに、事実とはまったく異なるにもかかわらず、「ワイオミングは、デラウェアやネバダと同じように、ペーパーカンパニーの不適切な使用にともなう懸念について、もっとも積極的に取り組んできた」と結論づけた[93]。オリガルヒがこの州に殺到している事実、あるいは汚い金を持つ者なら誰彼かまわず、広く門戸を開けている事実について調べた研究者の調査について、マレーはひと言も言及しようとはしなかった。

タックスヘイブンをめぐり、世界がかつて経験したことがないほど大きな爆弾が炸裂したあとにもかかわらず、ワイオミングやデラウェア、ネバダの当局者は、勝手な判断で調査結果をひっくり返していた。改革どころか、これ以上ない大嘘をつき、決して何も変えないと誓っていた。匿名が担保されたアメリカのペーパーカンパニーこそ、現在のクレプトクラシーを築き上げてきた不可欠の要素であり、そのペーパーカンパニーがこれからも変わらずに生み出されていく。オリガルヒや腐敗政権の内部関係者、麻薬カルテルのボス、人身売買の業者に匿名性を授けつづけることで、彼らが銀行口座を開設し、何十億ドルもの資産を享受するのを許している。政治キャンペーンのために彼らが資金を提供しても、その流れをたどって彼らの身元を特定することもできない。もちろん、彼らが苦しめつづけてきた犠牲者のもとにその金が返されることなど金輪際ありはしない。

世界のほかの者たちが、元ウクライナ首相の手口を真似るようになるまでに時間はかからなかった。そしてまもなく、アメリカの中西部の町がクレプトクラシーによって堕落していく姿が目に見えてわかるようになる。その腐敗の痕跡は小都市のみならず、いまやこの国の主要都市のはらわたにも刻み込まれ、ホワイトハウスにまで続いている現実をまざまざとうかがうことができる。

第4章

首まで浸かる

「共産主義の超大国ソビエト連邦の崩壊こそ、世界の組織犯罪が指数関数的に増加することを促した唯一にして、もっとも重大な事件なのである（略）。富裕層が（ソ連崩壊後に）富を得ていく過程は、まさに史上かつてなかったほど壮大な窃盗にほかならない」

ミーシャ・グレニー[1]

アメリカ史上最大のマネーロンダリングを行ったオリガルヒ

プロローグで紹介したウクライナの大富豪イーホル・コロモイスキーは、国際的なマネーロンダリングの中心にいる強欲なオリガルヒだ。しかし、本人からはそうしたイメージは伝わってこない。ボサボサの髪に突き出た腹部、陽気な笑みを浮かべた童顔で、いつも人を笑わせてばかりいる優しいおじさんのようにしかたぶん見えないだろう。一見したところ、世間的にはなんの問題もない印象で、本人も人に話していたように、「ベンヤ」というあだ名で呼ばれていた。「ベンヤ」は、ソ連時代に製作されたアニメのライオンで、そのたてがみがコロモイスキーの髭に似ている。[2]コロモイスキーは、「優しいおじいちゃん、人がよくて、おもしろい年寄りというイメージを自分から作ろうとしている」

と、ダリア・カレニュクは私に話してくれた。カレニュクはウクライナの代表的な汚職防止活動家の一人だ。[3]

しかし、コロモイスキーは、友人や家族に冗談を飛ばす優しいおじさんなどではない。実際のコロモイスキーは〝マフィア〟であり、殺人の請負や武装民兵を組織し、さらには信じられないような詐欺事件などにも関与している、まぎれもない〝悪人〟だとカレニュクは言う。[4] 彼女の汚職防止活動をよく知る人は皆、そのとおりだと証言するだろう。その点ではウクライナとアメリカ双方の捜査当局も同じだ。これまでの捜査で、盗んだ数億ドルもの資金をコロモイスキーがアメリカ国内で洗浄していた事実が明らかになり、これは世界最大級のマネーロンダリングの一例だともいわれている。[5]

当然と言えば当然だが、身内のあいだでは、コロモイスキーは話好きで呑気なおじさんどころか、はるかにまがまがしいイメージを持たれている。ウクライナの中央に位置するドニプロ市にある彼の事務所を訪れた者にはそれがよくわかっているはずだ。彼の部屋にはテーブルや椅子など、ごくありきたりな家具のほかに、なんとも不思議なものがひとつ置かれている。全長五メートルはある大きな水槽で、そのなかにはサメが泳いでいる。来客をもてなしているとき以外、大半の時間はコロモイスキーも水槽には目もくれない。だが、客によっては無礼な者も少なくない。要求がいささか多すぎる者もいる。無礼を働いて許しを請いに来る者もいる。役人に賄賂を払い損ねたとか、払う相手をしくじったという場合もあるだろう。コロモイスキーの庇護を求める地元の役人の悪口を、たまたま言ってしまった者もいる。ひょっとしたら、コロモイスキーとのあいだに引かれた目に見えない境界線を越えてしまったのかもしれない。

実際にこの部屋を訪れた者の話では、そのような場合、コロモイスキーは相手の話を聞き終えると、おもむろに立ち上がって水槽のほうに寄っていく。それからボタンを押して巨大な水槽の蓋を開くと、用意されているカニの身や時にはバケツ一杯のエビを水槽に放り込む。動揺する客の目の前で、サメたちは餌に群がり、容赦なく餌を切り刻んでいく。たしかに、いささか滑稽であり、安っぽいアクション映画の一コマのパロディのようでもある。ウクライナのある政治評論家は、コロモイスキーは「荒唐無稽な悪党という人物で、ジェームズ・ボンドの映画によく出てくる悪役のように、趣味の悪いふるまいをぬけぬけとやってのける」と評していた(6)。

自分の真意を相手にわからせるとき、コロモイスキーが好んで使うのがこうした方法だった。それはアメリカ史上で最大とされるマネーロンダリングを行った方法であり、同様の手口でアメリカの大統領の側近たちに直接自分の意向を伝えていた。だが、当のアメリカの大統領はこうした不正行為をまったく気にしていないように見えた。

ソ連崩壊で莫大な富を築いたウクライナのオリガルヒ

イーホル・コロモイスキーは一九六三年、ソビエト連邦下のウクライナに生まれた。両親はともにエンジニアだった。工業都市ドニエプロペトロフスク(のちに現在のドニプロに改称)で育ったコロモイスキーは、ソ連の構成国の典型的な子供として幼少期を過ごし、長じて数学と物理や化学を得意とするようになる。その後、地元にある冶金工学の専門校に進み、ここで金属や合金の製造や成型を学び、冶金工学の学位を取得した(7)。

卒業を迎えたころ、彼が知っている少年時代のソ連は崩壊に向かって突き進んでいた。経済は停滞し、アフガニスタン侵攻の失敗で連邦内では不満が高まり、やがて連邦政府でも鎮められないほど激しいナショナリズムが醸成されていった。一九八〇年代、コロモイスキーは国の金属産業でキャリアをスタートさせるかわりに、自分が知っていると思っていたはずの世界が変わりはじめ、彼の足元で崩壊していく姿を目にしていた。一九九〇年代、起死回生のペレストロイカの一環として経済的な制約が緩和されると、コロモイスキーはそれまでには存在しなかった資本主義経済のチャンスを最大限に活用した。ゲンナジー・ボゴリューボフとオレクシー・マルティノフという二人の友人とともに、オフィス機器の会社を立ち上げ、モスクワとドニエプロペトロフスクを行き来しながら、ウクライナ国内で新規顧客を開拓していった(8)。

連邦の命運はすでに尽きていた。ウクライナを中心に起きた民族運動の抵抗に遭遇して、ソ連はまもなく一五の共和国に分離独立する。ロシアの革命家レフ・トロツキーの言葉を借りれば、ソ連は文字どおり「歴史の灰だまり」に追いやられてしまった。

ソ連崩壊で生じた空間に新たな潮流が押し寄せてきたが、どうやらコロモイスキーは誰よりも巧みにこの波を乗りこなしていたようだ。ウクライナ中部で暮らし、ソ連崩壊にともない、隣国モルドバの一部やロシアで起きたような流血事件は避けることができた。しばらくして、ほんの数年前には考えられなかったようなチャンスに恵まれる。ウクライナに誕生した新たなキーウ政府は事実上機能しておらず、経済活動を行おうにも独立したばかりのウクライナの国民は資金の調達に苦労していた。コロモイスキーと彼の仲間はその需要を満たすため、民間銀行を立ち上げ、(そのものずばりの)「プリヴァトバンク《プライベート》」と名づけた。民間銀行などソ連時代には到底考えられなかったが、もっともこの銀行そのものにこれという特徴があったわけではなく、小口融資の新機軸を編み出したわけでもなかった。要はタイミングがすべてだった。コロモイスキーたちはただちにニッチ市場を開拓した。地元企業を支援し、まもなくドニエプロペトロフスクで一気に預金者を獲得していった[9]。

しかし、ウクライナの政権は安定せず、財政は低迷する一方だった。そして、ソ連崩壊後、やはり四苦八苦しているほかの独立国と同様の政策に踏みきる。大規模な民営化を実施して、悪化する一方の財政の傷口をふさごうとしたのだ。規模は大きかったが、方針そのものはむしろ単純だった。ウクライナの全国民に対し、政府は私有化証券《バウチャー》を配布した。それぞれのバウチャーは、製鉄所やガス田など、国有だった企業の小規模な所有権を保証するものだった(アメリカ政府がすべての国民に、国立公園の小口の所有権を保証した金権を渡すようなものとでも説明すれば想像はつくだろう)。そして政府は、バウチャー――かつては国が管理していた資産の株式――の所有者にそれらを好きなように取引したり、交換したり、売ったりすることを許可した。だが、それまで国有だった工場やパイプライン、鉱山にすべての人間が利害関係を持つようになり、経済的な成功が手にできるかもしれない状況になれば、問題が起きることは避けられなかった[10]。

同じころ、まったく同じ政策を行ったロシアは惨憺《さんたん》たる結果を招いていた。一九九〇年代に始まったロシアのバウチャープログラムでも、すべての国民が自分のバウチャーを取引したり、売買したりできたが、当時、多くのロシア人は困窮していたため、バウチャーは食料や水(またはウオッカ)などの生活必需品を手に入れるために使われ、結局、民営化の機会を抜け目なく利用できたのはひと握りの人間だけだった。彼らはできるだけ多くのバウチャーを集め、国家が管理してきた資産、つまり、適切な管理をすれば巨大な利益が生み出せる収益性の高い事業部門の株式を手に入れていった。彼らこそ新興財閥「オリガルヒ」として知られる者たちだ。旧ソ連時代の国家資産の所有権を統合し、桁違いの大金持ちになった産業界の重鎮だが、元をただせば元KGB（国家保安委員会）の幹部、新進気鋭の実業家たちである。[11] 一九九〇年代末にかけ、彼らはウラジーミル・プーチンの大統領就任に進んで協力したといわれる。はっきりしたことはわからないが、新大統領をコントロールすることで、さらに莫大な資産を築き上げようとしていたといわれる。[12]

ウクライナではプーチンに相当する人物が権力を握ることはなかったが、バウチャープログラムでオリガルヒを生み出した点ではまったく同じだった。新たに勃興した階級は、国の経済や政治をやがて支配していく。彼らのなかには、国内の石炭市場を独占し、豊かな石炭盆地から産出された石炭を輸出に向けたことで、国内の石炭市場を窮地に追い込んだ者もいた。天然ガスの原産国ロシアとヨーロッパの消費国の中継点という地の利を生かし、天然ガスの輸出量をコントロールする者もいた。また、数多く存在するかつての国有工場に目をつけた者もおり、たとえばコロモイスキーのように冶金学の知識を持った者なら、こうした工場を巨額の収益をあげる企業に変えることもできた。[13]

プリヴァトバンクで得た利益を元手に、コロモイスキーはできるだけ多くのバウチャーを集め、ウクライナでも大手の工場をいくつも手中に収めた。どの工場をポートフォリオ（資産構成）に加えるかを決める際には、自分が学んだ知識に基づいて選んでいたと、のちに語っている。その話に嘘はないだろうが、そうした一方でコロモイスキーは「レイデル」、つまり「乗っ取り屋」としても名を馳せ、バウチャーで獲得できなかった工場は力に訴えてでも奪い取る場合も珍しくなかった。[14]

たしかに、芝居がかった手口を好むコロモイスキーの傾向は、ウクライナのほかのオリガルヒとは一線を画していた。目障りなロシアの石油会社を排除するため、会社のロビーに棺桶をずらりと並べたこともあった（サメの水槽を持ち込むより、棺桶のほうがはるかに扱いやすい）。また、『フォーブス』誌が報じたように、目をつけた製鉄所を手に入れるため、「何百人ものならず者を雇い、バットや鉄棒、ガス銃やゴム弾のピストル、チェーンソーで武装させて強引に奪い取った」こともある。[15] のちにコロモイスキー自身も『フォーブス』の記者を相手に、「自分に1パーセントの株をくれれば、その会社を乗っ取ってみせる」と豪語している。[16] ウクライナのジャーナリストが報じているように、コロモイスキーと彼の組織は地元の裁判官や判事に金を払うことを以前から習慣にしており、こうした行為を犯しても法的な責任は免れてきた。多くのオリガルヒ同様、彼が築き上げた富も不正な手段によって得られたいかがわしい富であり、何から何まで汚れていると見なされているのは、こうした違法性がはっきりとしているからだ。

二十一世紀を迎えるころまでには、ウクライナを代表する鉄鋼王として確固たる地位を築いていた。だが、コロモイスキーと彼の共同経営者は、単なる鉄鋼会社を超えた金融帝国の拡大に乗り出していった。彼らが築いたコングロマリット「プリヴァト・グループ」は、まもなくウクライナ全土の油田や天然ガス井の持株会社になっていた。ウクライナがヨーロッパへのガス輸送の中心地であることを踏まえれば、天然ガス市場への参入はもっともな判断である。しかし、進出はそれだけにとどまらなかった。その直後にはウクライナのメディア業界に殴り込みをかけ、最終的にウクライナを代表するテレビ局「1＋1」を買収して主導権を握った。[17]

エネルギーやメディア関連の企業を取り込んでいく一方で、プリヴァトバンクも拡大を続け、まもなく国内の小口預金の約40パーセント、銀行部門の総資産約20パーセントを獲得するまでになる。成長は主にコロモイスキーのリーダーシップに負っていた。[18] 一見すると、銀行、エネルギー、金属、メディアなど、無数の企業を配下に収めてきたコロモイスキーの物語は、たしかにウクライナのサクセスストーリーだった。

二〇〇〇年代半ば、コロモイスキーはさらに大きな野望を抱く。『キーウ・ポスト』紙によると、彼は「世界の合金鉄《フェロアロイ》市場の独占」を思い描くようになったという。つまり、ウクライナの鉄鋼王ではなく、国籍を超え、いくつもの大陸にまたがる鉄鋼の巨大企業になることを目ざした[19]。言うならば、「世界の鋼鉄男爵」である。二〇〇八年にはプリヴァト・グループを指揮して、世界最大級のマンガン工場を買収すると、引き続いてオーストラリアや中国などでマンガン鉱石の採掘権を手に入れている[20](アメリカ地質調査所によれば、マンガンは「鉄を鋼に変えるだけでなく、それ以上の働きをする」鉱物だという[21])。同じころ、ソ連崩壊で独立したジョージアでも、マンガン生産を支配するために必要な株式を買い集めている。このようなことを繰り返すことで、コロモイスキーはわずか数年のうちに世界のマンガン取引の半分近くを支配するまでになっていた。

だが、マンガン以外にもコロモイスキーが注目している市場があった。アメリカのオフショア市場だ。噂に聞くとアメリカは、オフショアの楽園へと急速に変貌を遂げているという。とはいえ、アメリカが提供する匿名性を最大限に活用するには助けが必要だ。あの国で最適な場所と最適な方法を探してくれるパートナーを探し出さなければならなかった。そして、コロモイスキーの念頭にはすでに何人かの候補者がいた。

二人のユダヤ人

一九九〇年代、コロモイスキーは、友人から「モッティ」と呼ばれていたモルデカイ・コルフというアメリカ人と出会っている。どのような経緯で二人がウクライナで出会ったのかは定かではないが、それまで両者が歩んできた道はこれ以上ないほど異なっていた。

現在のコルフは頭が禿げ上がり、眼鏡をかけている。典型的なアメリカの躾《しつ》けのもとで育てられ、本人もそうした躾けを喜んでいた[22]。生家は敬虔なユダヤ教徒の家庭で、一九七〇年代に両親と八人の兄弟姉妹とともにマイアミで育った。もともとブルックリンに住んでいたが、正統派ラビのメナヘム・メンデル・シュナーソンの要請を受けて一家は南フロリダに越した。シュナーソンは当時、世界でもっとも有名なユダヤ人の一人で、ハシディズム運動［訳註＊］の一派であるハバド・ルバヴィッチの指導者だった。

ただ、幼い子供を抱えた一家にとって、ブラウンストーンを貼ったブルックリンのレンガの家から移った、蒸し暑くて広々としたマイアミでの生活は、ある種のカルチャーショックでもあった。その理由は冬でも温暖な気候のせいだけではない。このころ南フロリダで暮らすユダヤ人家族はほぼ皆無で、「清浄《コーシャ》」な食材を手に入れることさえ困難だった。ラビであるコルフの父親が、「自分で鶏をさばき、（母が）その肉を塩漬けにしていた」とユダヤ系移民向けの新聞『前進《フォワード》』には書かれている[23]。頼りにできるものがあまりにも限られていた。のちにコルフの姉リア・ジェイコブソンが語っていたように、一家は「わずかな生活費で暮らしていた」が、父親のアブラハムは金銭ではなく一貫して信仰生活を重んじていた。アブラハムも、「もし、金のことを考えていたなら、（フロリダには）行かなかっただろう」と語り、「子供たちにも金は二の次だと言って育ててきた[24]」といわれる。

コルフは当初、父の跡を継ぐことを切望していた。ラビ学校を卒業したら実業の世界で働くのではなく、自分がまだ訪れたことがない国に行き、人道的な任務を手がけたいと宣言した。その国がウクライナだった。この任務は父親の教え――奉仕と自己犠牲――に基づくものであり、いずれもユダヤ人の信仰とユダヤ人としてのアイデンティティーに組み込まれている。コルフはそれを受け入れ、それから三年ウクライナに滞在し、その間、ロシア語を学び、ウクライナのあらゆるものに親しみ、小規模な商売にも手を染めた(本人も「電球からハンマーまで取引していた」とのちに語っている)。

しかし、ウクライナに滞在していた一九九〇年代前半のある時点で、コルフが掲げてきた任務の優先順位は変わる。まもなく「自己犠牲」が「ビジネス」に取って代わられていく。きっかけが何かはよくわからない。コルフは私の質問に答えず、インタビューの要請にも応じてくれない。どうやら、ある人物が彼の前に現れ、新しい方向に向かうように後押ししたようである。それがコロモイスキーだった。

二人は多くの点でこれ以上ないほど違っていた。一人はニューヨークからフロリダに引っ越し、体制移行期のウクライナで人道的な任務を模索する若いアメリカ人で、もう一人は勃興中のオリガルヒで、ライバルを脅かしながらウクライナの新興産業から可能な限り多くのものを奪い取ろうとしていた。二人が出会ったきっかけは謎のままだが、両者には明らかに共通するものがひとつあった。その点についてはコルフの父親も進んで認めてくれるだろう。それほど明解な共通点がひとつあった。実はコロモイスキーもユダヤ人で、しかもコルフの家族全員が所属するハバド・ルバヴィッチ派に深く

訳註＊ハシディズム運動：ユダヤ教における神秘主義的傾向の強い宗教運動。ヘブライ語の「敬虔なる者」に由来する。十八世紀半ばにウクライナ地方で始まり、東ヨーロッパのユダヤ人のあいだに急速に広まった。のちイスラエル、アメリカにも及んだ。

かかわっていた。ウクライナには何世紀も前から大勢のユダヤ人が暮らし、イリヤ・エレンブルグという高名な作家から、悪名高いボリシェヴィキのレフ・トロツキーのような人物を輩出してきた（二〇一九年の選挙で大統領に選出されたヴォロディミル・ゼレンスキーは、イスラエルの大統領に次いで世界で二人目のユダヤ人元首だが、ゼレンスキーについては第Ⅳ部で改めて触れる）。

ウクライナのような異民族国家では、コロモイスキーのユダヤ人としての経歴は、ビジネスや社会的な地位の点でほとんど問題とされないばかりか、海外ではユダヤ人としての人脈を新たに広げ、敬虔な信者として世間体を整えることができた。「彼はユダヤ人社会に深く関与し、魂を大切にする信心深い人間としてふるまっている」[25]と、前出の汚職防止の活動家ダリア・カレニュクも言っていた。二〇一四年、イスラエルの新聞『ハアレツ』は、コロモイスキーこそ世界で「もっともパワフルなユダヤ人であると手放しで賞讃していた」[26]。

評判をさらに高めるため、コロモイスキーは金も使った。当時、コルフが携わっていたドニプロのハバド・ルバヴィッチ派への最大の献金者がコロモイスキーだった。もちろん、こうした貢献はアメリカにある同派のコミュニティーでも注目されていた。「コロモイスキーとハバド・ルバヴィッチ、そしてアメリカの同派の信者の三者は、非常に密接な人間関係で結ばれている」とツヴィ・ギテルマンに教えてもらった。ギテルマンはミシガン大学の名誉教授で、アメリカの離散ユダヤ人の実態について主に研究している。もっとも、「それがどのような関係なのかは、私にもよくわからない」[27]ともギテルマンは言う。コルフ自身、ハバド・ルバヴィッチのネットワークにこれ以上ないほど深くかかわり、彼の父親も同派の組織で主導的な役割を果たしていた。そればかりか、コルフの兄弟姉妹のうち少なくとも三名は、現在でもハバド・ルバヴィッチ派のコミュニティーで活動している。[28]

最初の出会いがどのようなものであったにせよ、コルフとコロモイスキーはたがいの共通点をたちまち見つけた。三年間、ウクライナを転々として過ごしたコルフは、南フロリダに戻った。登記記録によると、帰国したコルフは、同じくウクライナで働いていた友人のウリ・ラーバーとともにオプティマ・インターナショナルという会社を一九九四年に設立している。この会社を足がかりにしてコロモイスキーはアメリカとのあいだにパイプを結んだ。それから二〇年以上にわたり、この会社はコロモイスキーの汚い金をアメリカに流し込む蛇口として機能してきたといわれている。[29]

鉄鋼業の工場を次々と買収

アメリカ国内のどこにコロモイスキーの金を投資すればいいのか、コルフがその候補を選び出すまでには大して時間はかからなかった。コロモイスキーが冶金学に通じている点を踏まえ、コルフはアメリカ国内で鉄鋼業が集中している地帯に見当をつけた。コロモイスキーはそのなかのある製鉄所に目をとめた。オハイオ州北東部の「スチールバレー」にあるウォーレン製鉄所である。ウォーレン市は、クリーブランドとピッツバーグの中間にあるヤングスタウンから車で一五分の距離に位置している。何百エーカーもの広大な敷地に建てられた工場で、好景気に沸く二十世紀半ばのアメリカ経済を支えるため、鋼鉄の塊を何年にもわたって生産してきた。工場のおかげで、ウォーレンはアメリカの製造業でも知られる存在になった。「このあたりの町で最初に公共の街灯が設置されたのがウォーレンで、ゼネラル・エレクトリックはここに電球工場を建て、パッカードもここで車を作っていた(略)。言うなれば、ウォーレンの町は当時のシリコンバレーだった」と、市議会議員のケン・マクファーソンは話していた[30]。

スチールバレーもほかの地域と同じように、工場はそこで働く人たちに経済的な命綱を授けていた。操業を告げる溶鉱炉が早朝に稼働すると、「大きな音が響きわたり、わずかだが家も震えた。その音で目が覚め、にっこり笑ってから寝直すのが日課だった」。父のあとを継いで冶金業を営むマクファーソンは当時についてそう語る[31]。

だが、一九七〇年代半ばになると、工場の老朽化が目立ちはじめる。溶鉱炉はもはや最先端のものではなくなり、サビも浮かんでくる。鉄鋼価格はおしなべて低迷し、中国やブラジルなど海外の競合他社のダンピング攻勢を受け、市場におけるウォーレンの生産量はますます縮小していく。工場の経営者は何度も入れ代わり、最終的にCSCインダストリーズの手に渡った。CSCは、設備の修理に再投資して好転を図ったものの、ほとんど変化はなかった。会社が破産を申請したのはそれからまもなくだった[32]。

破産手続きが進むにつれ、CSCは施設の買い手候補を探しはじめた。興味を示した一社があった。ウォーレン・スチール・ホールディングスLLCという会社で、二〇〇一年にデラウェア州で登記されたばかりだった。LLCの代表者はCSCに買収の可能性を持ちかけ[33]、両者は最終的な合意に達し、工場の所有権は一三五〇万ドルでウォーレン・スチールに完全に譲渡されることが決まる[34]。当時、CSCや市のお偉方がデラウェアで登記されたこのLLCについてどれだけ知っていたのかは不明だ。その後の裁判記録に書かれているように、この会社は、最盛期を過ぎた競合他社を選び、老朽化して生産性が低下した施設を活性化させることを考えていたアメリカ企業などではなく、コロモイスキーと結びついているオプティマ・インターナショナルの傘下の会社にほかならなかった[35]。

派手な買い物がこうして始まる。アメリカの鉄鋼業が目に見えて衰退していった時代、オプティマ・インターナショナルは、ウォーレンを皮切りに売りに出ているアメリカの工場を可能な限り手に入れていった。二〇〇六年前半、ウェストバージニア州のニューヘイブンという小さな町で一九五二年に建設された工場を約二〇〇〇万ドルで買収すると、[36] 数カ月後には一九二七年設立のミシガン州サウスライオンのシームレス鋼管工場を買収した。[37] その後も時を置かず、ケンタッキー、ウェストバージニア、オハイオの三州が隣接するケンタッキー州アシュランドで、競売に出ていた敷地45万平方フィート(4万2000平方メートル)の製鉄所を見つけ、一億一二五〇万ドルの大金で買い取っている。[38] さらにその直後、今度はケンタッキー州の反対側にある人口二五六六人の小さな町カルバートシティに建つ大規模工場を、デラウェア州で登記した別のLLCを使って購入、[39] 敷地40万平方フィート(3万7000平方メートル)の工場の最終売却価格は一億八八一〇万ドルだった。[40]

コロモイスキーの組織は、わずか数年でアメリカの製造業の中枢にある六つの主要工場を買収した。いずれの工場も地元経済を稼働させる心臓部だったが、そのすべてが一九七〇年代に広まった産業の空洞化の影響を受け、何年にもわたる製造業の不振の犠牲となっていた。それだけにどの企業も、喉から手が出るほど資金の注入を望んでいた。いまより明るい未来が築けるなら、資金の出どころなどどうでもよかった。そしていま、そうした企業のすべてがデラウェア州で登記された会社も含め、さまざまなペーパーカンパニーやコロモイスキーのネットワークに直接結びついた。億単位の買い物が終わったとき、コロモイスキーは世界的な実力者としての地位を確立し、一時はアメリカのシリコンマンガンの生産量の半分を支配するまでになっていた。高品質の構造用鋼を生産するうえで、シリコンマンガンは欠かせない合金だった。[41]

買収に際して、コロモイスキーとコルフがどんなふうに工場を特定したのかは依然として不明だ。だが、選定作業においてコルフが中心的な役割を果たしていたのは明らかだ。「コルフはデータと金額のことしか頭になかった」。彼といっしょに仕事をしたあるアメリカ人ブローカーはそう言う。二人に関連した訴訟に巻き込まれるのを避けるため、相手は匿名を条件に私に話してくれた。「コルフは地下室に一週間もこもり、少しだけ日の光を浴びたら、また地下室に戻っていた。どの買収もすべて彼が仕切っていた[42]」

コロモイスキーにとっては、工場を何社も買収することがアメリカで手がける最終目標ではない。旧ソ連から流出した富のプールを、突然開かれたアメリカの市場に流し込むことが目標だったが、それを実現するにはアメリカ人がもう一人必要だった。その人物がクリーブランドに現れたハイム・ショチェットだった。

クリーブランドの不動産市場に首まで浸かる

ハイム・ショチェットに会ったことのある者たちの話では、彼はいつもそわそわしており、どうやらそれは生まれついてのもののように思えたという。人がいっしょだと落ち着きをなくし、絶えずアイフォーンばかり見ている。話すときも同じで、冗談や皮肉を交えて質問をはぐらかすので、人とは打ち解けられない、神経過敏な印象を与えていた。概して言うなら、自信満々とはほど遠いタイプで、人を引っ張っていくリーダーではなく、リーダーの命令に従う側のほうだった。彼を知るあるアメリカの不動産業者は、「ショチェットはいつも〝割を食わせられる側〟のように思えた」と語ったが[43]、その一方で、「どれだけ抜け目がないのかわからない」と評していた者もいる。[44]

生まれはコルフと彼の家族が南フロリダに築いた世界によく似ており、マイアミのユダヤ人一家に生まれた。八人いた子供の六番目で、小さなころから意欲満々というタイプではなかった。マイアミ、ニューヨーク、トロントを転々としながら、煮えきらないままラビニカル・カレッジ・オブ・アメリカに進み、二〇〇六年にユダヤ学の学位を取得して卒業した。卒業後の身の振り方がわからなかったのでシンガポールに渡り、そこで一年間ボランティアとして働いた。南フロリダに帰ってきたころ、アメリカは大不況《グレート・リセッション》に突入しており、家族のコネを使ってなんとか仕事を見つけた。そして、レイチェルという女性と出会って交際が始まると、二人はまもなく結婚して双子の男の子が生まれる。レイチェルとの関係を通じて、気難しくて仕事中毒の彼女の兄と知り合った。義兄は常に新しいプロジェクトに取り組み、あちこち旅行して、ウクライナのパートナーから寄せられる指示をこなしているようだった。その義兄がモッティ・コルフだった。[45]

ショチェットは不動産や建築に以前携わったことがあり、趣味で建築プロジェクトの図面をこつこつ描いてきた。「建築には昔から関心があった」と二〇一二年に受けたインタビューでも語っている。「大きな建物、小さな建物、記念碑的な建物の工事が始まるときには、いつも目を輝かしてきた。そんな思いが高じて、彼らといっしょに仕事をしたいと考えるようになったのだと思う」[46]（「もっとも、自分が描いた図面が法律上の承認を得られるかどうかは疑わしい限りだ」とショチェットは照れくさそうに言い添えていた）[47]。ショチェットは義兄ならチャンスをくれるのではないかと考え、自分に何ができるのかを売り込んだ。建築や不動産への興味を何か価値があるものに変えてみたい。使い走りでも、不正な金の支払い役でもいい。国中を走りまわり、オプティマの資金――実はコロモイスキーの資産――

を投資する新しい物件を探す担当として使ってみてほしい。二人と仕事をしたことがあるアメリカ人の話では、「ショチェットはコルフの事業にかかわりたかったが、コルフは『だめだ、だめだ、絶対にだめだ』と言っていた」。だが、「最後にはうんと言わせた」[48]。

ショチェットがオプティマに入社したころには、すでに会社はアメリカの鉄鋼市場で確固たる地位を築いていた。しかし、コロモイスキーはほかの分野にも足がかりを求めた。ほかに支配できる市場で、ウクライナの当局や捜査機関に嗅ぎまわられることなく、自分の資産を安全に寝かせておける場所だ。決して人目を引かない市場でなくてはならなかったが、鉄鋼市場はすでに彼の資金で飽和していた。それなら不動産はどうだろう。

ショチェットたちは物件を探すため、ケンタッキー州やテキサス州を見てまわったが、結局、二人の目を引いたのはオハイオ州のクリーブランドだった。近隣のウォーレン市と同じように、クリーブランドでも最盛期の面影は明らかに過去の話になっていた。人口減少と不況の影響で、とくに町の中心部はすっかりさびれていた。ショチェットを知る人の話では、クリーブランドには彼の友人がおり、この町の学校に通っていることがわかった。この機会を利用して、ショチェットがこの町で自分の力をコロモイスキーやコルフに見せつけようと考えても不思議ではない。

ショチェットは、不況のさなかに「この町の不動産市場にやってきた。(彼とコルフは)自分たちはもともとマイアミを拠点とする製造業のマネージャーだが、海外の出資元がアメリカの不動産投資に関心を示しているのでこの町に来たと説明していた」。地元で不動産ブローカーを営むデービッド・ブラウニングは、ショチェットについてそんなふうに記憶していた。ショチェットはほかの客とは明らかに違っていた。別のブローカーは、「彼はまだ二十二歳で、デザイナーズ・ジーンズで正式な取引の打ち合わせに臨んでいた（略）。とてもちぐはぐな印象だった[49]」と言っている。

だが、クリーブランドは彼を拒めなかった。それどころか、ある不動産業者が言うように事実上、「この町にはじめて入ってくる外からの資金」だった。大不況にあえぐクリーブランドにとって、ショチェットは天の恵みにほかならなかった。この金は遠く離れたソ連のガス田から得た利益をもとにした一族の資産で、自分が代表者として扱っていると彼は明言していた。だが、町の人びとは、そんな話を気にしていなかった。その話が妥当かどうかではなく、彼が一族の金を好きなように使うのを手伝えるほうがうれしかった。この話については第Ⅲ部で改めて触れることにする。

やがて彼は、クリーブランドの不動産市場に〝首まで浸かり〟、ダウンタウンだけではなく町全体を支配し、この町を立ち直らせようとする一族を代表する男の姿を前面に打ち出していった。やはり地元で投資銀行を営むマーク・フォーゲルは、「彼はこの町を気遣い、町の繁栄を願っている人間だと請け合ってもいいぐらいだ」と語っている[50]。

だが、いっしょに仕事をした者たちに対し、ショチェットは彼の表立った主張とは明らかに異なる別の一面を示す場合があった。それははるかに負の側面を帯びていた。やがて、落ち着きがないという彼の癖はまったく別のもの——つまり恐怖に変わっていった。

ある不動産業者から聞いた話では、「ショチェットはやってくると、いつもこんなことを言うようになっていた。『君たちは僕がどんな人間を相手に取引をしているのかまったくわかっていない。もしも、彼らの期待に応えられなければ、僕は大変なことになる。とどのつまり、僕を殺せるとまで彼らは言っていた[51]』」という。

第5章 納税者に対する侮辱

「内務省は近々ティーポット・ドーム油田の契約を結ぶ意向で、業界もそんな臭いに感づいているようである(略)。その臭いについて、あなた方が大統領に告げるべきであると私は考えている」
ウォルター・ティーグル(1)

国際商業信用銀行の破綻で資金洗浄と横領が発覚

資金洗浄を目的に殺到する汚い金について、アメリカは長年見て見ぬふりをしてきた。そればかりか、ペーパーカンパニーがそうした金を使って望みどおりの資産——本書でこれから説明するように不動産や投資ファンド、贅沢品や貴重な美術品——に置き換えてきた現実に見向きもせず、ダミー会社を所有する者の名前や身元を暴こうともしてこなかった。

さらに、前出のワイオミングの州議員ダン・ゾニッツアが言っていたこの国の「企業に優しい」改革がもたらした現実にさえ無視を決め込んだ。こうした改革の結果、あると思われてきたセーフガードは破られ、何十億ドルもの追跡不能な資金がアメリカに引き寄せられてきた。アメリカの金融界は、汚い金の潮流が合法的な資金の流れとひとつになり、この国であふれて落ち着き先を探している国際資本という大海の一部になっていく現実を目にしはじめていた。こうした現実についてさえこの国は素知らぬ顔をしていた。

アメリカはすでに何十年も前からこうした問題の存在は知っていたはずだ。国際商業信用銀行（BCCI）の一件が裏づける汚い金の実態である。

国際商業信用銀行は一九七〇年代半ば、パキスタンの銀行家ハッサン・アベディと、アブダビ首長国の首長ザーイド・ビン・スルターン・アール・ナヒヤーンによって設立された。ほかの金融機関とは異なる独自の銀行だと見なされ、植民地独立を果たした南アジアから南米の世界各国を主な取引先にして、第三世界の大黒柱として自行を売り込んできた。西側諸国とは基本的に取引はしなかったが、そのかわり、欧米の銀行がそれまで見過ごしてきた、忘れられた市場の安定と成長の貢献に特化し、とくに小規模な預金者を大切にしていた。

こうした方針は一〇年以上にわたってうまくいった。パキスタンとアラブ首長国連邦の数カ所を拠点にスタートしたBCCIは、まもなくポストコロニアルの銀行業界で巨大企業へと成長し、一九八〇年代後半には七〇カ国以上で事業を展開、総資産は約二〇〇億ドル（二〇二〇年のドル換算で約五〇〇億ドル）にまで達していた。ハッサン・アベディは二〇〇〇年までにBCCIを世界最大の銀行にするという目標を掲げていたが、誰の目から見てもその目標に向かって順調に進んでいるように思えた。(2)

印象的だったのは、欧米の他行のやり方に逆らう方法で大きくなった点だ。利益率を重視して金持ちの預金者を取り込むかわりに、まったく別のビジネスモデルを掲げ、なによりも道徳的な企業であることを目ざした。「道徳的でなければ、物質的な目的は達成できない」とアベディは語り、別の機会には「BCCIの精神には道徳的な側面が浸透しているので、経営にともなう負担はそれによって軽減される」とまで述べた。そうした考えに従い、途上国を「貧困と病気から救済」することを目的にした「第三世界基金」という財団を設立し、ノーベル平和賞もどきの賞さえ創設した。やがてBCCIはアメリカやイギリスなどにも支店を開設していくが、進出先の銀行業界はBCCIの経営に疑わしげな視線を向けた(3)。

一九九一年、BCCIは経営破綻する。前代未聞の総額一〇〇億ドルの資金洗浄と横領が発覚した。衝撃の波が地球を一周すると、南北両半球とそれまでアベディと彼の銀行を疑ったことのない各国の政府を震撼させた。道徳では、預金者が預けた何十億ドルもの金をアベディらが自分の懐に入れるのを止められなかった。彼らは改竄《かいざん》された報告書で世間をあざむき、BCCIを事実上ポンジ・スキームの拠点に変え、ひそかに金を盗み出しながら銀行の資産は万全と装っていた。「なんとも皮肉な話だが、アベディと彼の仲間は第三世界向けの金融機関を謳いながら、途上国の預金者から金を奪い取る装置に銀行を変えていた」と、ジャーナリストのピーター・トルーエルとラリー・ガーウィンは一九九二年に語っている。「恩恵を受けたのはペルシャ湾の富裕な首長、世界中のBCCIの関係者、当の銀行の経営者たちだった(4)」

数十億ドルの金が忽然と消えた。その金はサウジアラビアの政府関係者や族長たちがまんまと手に入れていたが、彼らによってBCCIは高々と舞い上がり、それから地上に激突した。その点ではこの銀行の上客だったサダム・フセインやフィリピン大統領のフェルディナンド・マルコス、麻薬王でもあったパナマ大統領マヌエル・ノリエガも同じだった。連邦検事ロバート・モーゲンソウは、BC

ＣＩの破綻について「史上最大の銀行詐欺」だと評した[5]。

その後の調査でＢＣＣＩの経営実態が明らかになる。幹部らはペーパーカンパニーを設立して横領した金の流れを隠蔽、別のダミー会社を使って合法的な銀行を買収して詐欺の片棒を担がせ、だましとった金を欧米で洗浄していた。また、上層部が当時のアメリカ大統領ジミー・カーターのような人物と親密だった事実が判明する。一九八八年の大統領選では、ＢＣＣＩ傘下の企業が民主党候補のゲイリー・ハートの資金調達にもかかわっていた。そればかりか、ＢＣＣＩを調査していたジャーナリストがロンドンの路上で襲撃され、調査資料を強奪されてしまい、公表の機会は永遠に奪われていたのだ[6]。

ＢＣＣＩの崩壊は、規模と範囲の点で例を見ないものだった。しかし、最終的な使途不明金はさておき、この事件を通じてひとつの事実が明らかになる。破綻直後からクレプトクラットや国際的な犯罪組織がこぞってＢＣＣＩの手口を真似するようになったのである。ＢＣＣＩはある青写真を生み出していた。それは現代のクレプトクラットが用いる手段の嚆矢《こうし》となる事例のひとつであり、資金洗浄やオフショアの主戦場としてアメリカやヨーロッパをターゲットにしていた。そして、もうひとつ明らかになったのは、規制緩和という改革に沸き立つ西側諸国に対して、この青写真は警告の赤信号でもあった。冷戦の終結で緩和はさらに進み、新たな体制を迎えたどの国も資本主義に関心を示すようになった。だが規制緩和は、クリーンで合法的な金だけをアメリカに呼び寄せていたわけではなく、世界中であふれていた汚い金を呼び寄せる灯台の役割も果たしていた。

防止効果のない法律

国際的なマネーロンダリングについて、アメリカ政府は何十年ものあいだまともに応じてはこなかった。知識がなかったわけではない。コロンビアの麻薬カルテルや中央アフリカの密輸業者は利益の出どころを隠す必要があること、その資金を使ってプライベートジェットやマイアミのコンドミニアムなどを購入していた事実については、ある程度認識はしていた。しかし、冷戦末期に制定されたいくつかの法律を見ても、高度な金融犯罪を対象にしたものは皆無に等しく、国際的なマネーロンダリングがもたらす脅威に対して、政府がいかに無関心だったかがうかがえる。

一例をあげるなら、銀行秘密法（BSA）が制定されたのはようやく一九七〇年のことだった[7]。この法律は国内の銀行に流れ込む汚い金に対して、はじめて本格的に取り組んだ試みだった。当時の銀行業界はこの法律に激怒したが、それも当然だった。「銀行を規制しようとするワシントンは自分を何様だと思っている」「銀行の取引先に線引きをしようとする官僚は身のほどを知らない」。元上院調査官のジャック・ブルームは、「業界そのものは、『われわれは銀行家で、顧客の行動には責任を負わない』という考えで凝り固まっていた」と語る。当時、業界がそう考えるのももっともだった。「ニューヨークのような土地では、慣習法と制定法で二〇〇年にわたり、顧客が何をしようが銀行は文字どおり免責されてきたからだ[8]」とブルームは言う。

しかし、いまから振り返れば、銀行秘密法の規制など高が知れたものであることがわかる。銀行に課されたのは、一日当たり一万ドルを超えた場合に限って「通貨取引報告書」を提出する程度のことだった。提出したとしても、顧客の資金の規模や資金源にかかわらず、銀行は希望する相手と取引できた。しかも施行から一〇年、この法律が適用されることはなかった。

一九八〇年代になると、国境を越えたマネーロンダリングに対する政府の関心が高まり、一九八六年には「資金洗浄規制法」が制定される。[9]「資金洗浄規制法」はマネーロンダリングに対抗するうえで転機となる法律だった。のちに上院で行われた公聴会で指摘されたように、この法律は「マネーロンダリングをひとつの独立した犯罪と認定した世界ではじめての法律」だった。[10]言い換えるなら、法律が制定される一九八六年まで、マネーロンダリングは犯罪だと明確に規定する法律は世界には存在しなかった。

新しい法律で、麻薬密売、詐欺などの犯罪で得た利益やテロ行為に関連する金の取引ははっきり禁止されるようになった。さらにこの法律によって、アメリカならではの「民事没収」が可能になり、あらゆる種類の資産――プライベートジェット、自動車、カワサキの水上オートバイ、エルビス・プレスリーのギター、NBAのポートランド・トレイルブレイザーズのサイン入りジャージなど――が没収の対象になり、政府は有罪判決の有無にかかわりなく資産を差し押さえられるようになった。それから数年後、マネーロンダリングに対するアメリカの防止体制はさらに強化されていく。その後も法整備が行われ、マネーロンダリングに故意に協力した銀行への罰則が強化され、顧客が資金洗浄を目的にサービスを利用していると疑われる場合、銀行は連邦政府に「疑わしい取引報告」(SAR)を提出することが新たに義務づけられる。[11]

しかし、銀行秘密法がそうだったように、法律は執行されなければ意味がない。そしてSARの要件でさえ、そうした穴をさらに広げるだけでしかなかった。新しい法律にともない、銀行は顧客の身元、預入金、疑われる不正行為、行員に対する買収行為の有無などをＳＡＲに記したうえで財務省に提出しなければならなくなった。だが、銀行にはそれ以上の法的義務は課されておらず、ＳＡＲさえ提出すれば、引き続きその顧客と取引が継続できた。その顧客の正体がコロンビアの麻薬王パブロ・エスコバルの妹やセルビアの独裁者スロボダン・ミロシェヴィッチの甥であっても例外ではなく、シュリンク包装された札束が詰まったダッフルバッグを何十と持ち込んできたとしても、取引を停止する義務はなかった。

銀行は不審な資金の流れに気をつけろと政府は言うが、しかし、そのような怪しげな客でも銀行は業務を停止する義務を負わず、取引を継続することができた。腐敗監視団体の「グローバル・ウィットネス」も、「アメリカの銀行はＳＡＲを提出することで、むしろビジネスに専念している。ＳＡＲに基づいて行動し、消えた資金の痕跡を追うかどうかは法の執行機関しだいだ。しかし、当局が仕事に忙殺されていたり、面倒くさがっていたりして、ＳＡＲに書かれた情報を追跡しなければ、銀行は疑わしい取引のたびにＳＡＲは提出するだろうが、腐敗まみれの独裁者の息子との取引はやめはしない[12]」とかつて指摘していた。

まもなく冷戦終結という数年の期間、アメリカの銀行はそんなふうに運営されていた。ＳＡＲの事務処理にしばらく手間は取られても、書き上げてしまえば望みの顧客の応対に戻ることができた。ＳＡＲは形式だけのものにすぎず、しかも銀行側が怪しいと思ったときにだけ書けばよかった。

マネーロンダリングの規制と〝ビジネス優先〟の精神

一九九〇年代初頭にＢＣＣＩ（国際商業信用銀行）が破綻すると、同行が系列会社を介して民主党の大物政治家にひそかに献金していた事実をはじめ、ＢＣＣＩが多数のアメリカの銀行を秘密裏に運営する一方で、パキスタン大統領のジア・ウル・ハクのような独裁者が振り出した小切手を現金化していたなど、さまざまな事実が明らかになる[13]。

だが、もっとも驚いたのはＢＣＣＩの実態ではなく、怪しい金や汚い金がアメリカに忍び込み、この国の銀行や人間の手に渡るのを食い止めるうえで、銀行秘密法や資金洗浄規制法がほとんど機能していなかった現実が明らかになった点にほかならないだろう。「ＢＣＣＩが破綻する以前、国外の銀行がアメリカで活動することはなんでも認められ、無秩序としか言えない状態だった」と前出のジャック・ブルームは言う。ブルームは民主党上院議員のジョン・ケリーのもとで調査官として協力し、ＢＣＣＩを破綻に導く追及や圧力をかけてきた。「理屈のうえでは、国外銀行は本国政府が規制することになっていた。しかし、当時のアメリカ政府は、『アメリカ人を顧客としない限り、われわれも君たちの邪魔はしない』と言っていた。だからＢＣＣＩは好き勝手な真似ができたのだ[14]」（ブルームははっきりと物を言うタイプで、政府当局がＢＣＣＩに提示した大甘の取引を「クソいまいましい」と吐き捨てるように言っていた[15]）。

ワシントンの政策担当者にすれば青天の霹靂《へきれき》だった。このスキャンダルをきっかけに、政府の関心は急拡大を続けるクレプトクラシーと、そこでアメリカが果たしている役割に向けられていった。ブルームによると、「制度上、自分たちの管轄下にある銀行が、犯罪行為に手を染めている問題が連邦当局に突きつけられたのだ。この問題が検討されるようになると、アメリカで活動する国外銀行の規制が深刻な問題としてにわかに浮上してきた[16]」。

ワシントンの有力者たちも注目していた。当時のブッシュ政権［訳註＊大ブッシュ］では大統領が陣頭に立ち、ＦＡＴＦ《ファトフ》こと金融活動作業部会［訳註＊「マネーロンダリングに関する金融活動作業部会」とも］の設立を進めた[17]。資金洗浄防止の国際基準を策定し、不正なネットワークに対抗する国際協調を図る画期的な多国間機関がＦＡＴＦだった。設立からすでに三〇年以上が経過したいまでも、資金洗浄防止を進める第一線の国際機関として原則や規制を策定し、基本的な透明性を確保する取り決めを遵守するよう各国政府に勧告を行っている[18]。マヌエル・ノリエガやサダム・フセインのような独裁者が資産を隠蔽し、活動資金の供給手段に利用されるなど、国際的なマネーロンダリングへの脅威が高まっている事実を、ジョン・ケリーのような著名な政治家が公然と指摘したことで、一見するとアメリカは、不正な金融ネットワークを取り締まる体制を整えたようにも思えた。

しかし、誰もがこうした規制に賛成していたわけではない。ブルームには忘れられない思い出がある。第一次ブッシュ政権が終盤を迎えて、ブッシュの後押しによってすでにＦＡＴＦが設立されたころの話だ。「ケリーが（マネーロンダリングを防止する）法案を議会に提出していたころ、部外者を決め込み、私やケリーのほかのスタッフに向かい、『アメリカの金融を永久に破壊するつもりか』と怒鳴っていた財務省の次官補がいた。すっかり逆上して（略）、『なんてことをしている。こんな真似は絶対にしてはいけない。この国の経済を破壊してしまうぞ』。私たちにすれば、笑うよりほかない相手だった。哀れだったたね[19]」

しかし、国内の金融機関に海外の資金が流入するのを遮断すれば、アメリカの金融そのものが崩壊するのではないかという懸念は、改革の初期の取り組みを停滞させるには十分だった。反対派の主張も理不尽なだけではなかった。大量の資本が世界から流入している以上、新たな監視や規制を導入すれば、影響は連鎖的に高まり、合法的な資金と違法な資金の双方に影響が及ぶかもしれないと反対派は主張していた。不正な資金も合法的な資金も同じ経路をたどって流れ込んでくる以上、不正な資金の流れを断とうとすれば、合法的な資金の流入も低調になるのは避けられない。さらに言うなら、〝ビジネス優先〟の精神が根づいている国では、こうした規制が成功する見込みは薄かった。

少なくとも規制に反対する〝ビジネス優先〟の支援者らは、そう言って声をあげた。だが、ブッシュに続くクリントン政権は、国家安全保障と反腐敗のリーダーシップを訴える手段という双方の点から、マネーロンダリングの規制に関心を示した。ジャーナリストのミーシャ・グレニーが言うように、「クリントン政権は、(マネーロンダリング防止)対策をもっとも重要な政策課題のリストに加えた[20]」。

ホワイトハウスは、外国公務員に対する贈賄を犯罪と認定する国際的な取り決めを締結するキャンペーンに着手した。締結国となるフランスやドイツなどから来た公務員や実業家には、信じられないことに、それまでこうした収賄は所得と見なされず、課税が控除されていたのだ[21]。冷戦が終結すると、なんの前触れもなく国境を越えて洗浄を求める資金が流れ込みはじめ、ひたすら高まっていく脅威として影を落とすようになる。のちにクレプトクラシーと呼ばれる腐敗体制は、こうして確立されていった。

腐敗政権の背後にはシティバンク

アメリカがいかに国外の汚い金に門戸を開いているのか、ワシントンでその事実について認識を改めたのは新政権だけではなかった。上院の常設調査小委員会（ＰＳＩ）もこの問題に関心を向けるようになった。紆余曲折はあったが、ＰＳＩは長い歴史を誇る小委員会で、トルーマン政権［訳註＊在任一九四五～一九五三年］のもとで発足した。超党派の議員で構成され、名称からもわかるように立法府による調査を目的としている。[22] 当初は第二次世界大戦時の不当利益からナチスの戦争犯罪までと、あらゆる事案を対象に調査を行っていた。しかし、期待されたスタートを切ったにもかかわらず、ウィスコンシン州選出の上院議員ジョセフ・マッカーシーが共産主義者を暴き立てる場として臆面もなく利用したことで、設立の趣旨は大きく逸脱する。

幸いにも、赤狩りの汚点はその後払拭され、最終的にはイタリア系アメリカ人のマフィアの問題、年金詐欺やクレジットカードの不正使用、米軍の不正行為や政府の学生支援事業の悪用など幅広い分野に関する調査を手がけ、多方面にわたって成果を残してきた（「ＰＳＩ」とは「かなり恐ろしい調査《プリティ・スケアリー・インベスティゲーション》」の略と皮肉った調査対象者もいたほどだ）。[23] 前述の資金洗浄規制法はＰＳＩと公聴会を直接のきっかけにして誕生した法律で、組織犯罪懲罰的損害賠償請求法（ＲＩＣＯ法）も同様な手続きを経て制定された。イタリア系アメリカ人のマフィアを国内の組織犯罪勢力として認定し、事実上葬り去ることに成功している。[24]

一九九〇年代半ば、ＰＳＩは新たな捜査分野を探していた。そこに起きたのがＢＣＣＩの一件だった。この事件をきっかけに現代のオフショア取引、国境をまたいだ資金洗浄、さらに、それらに付随するあらゆる行為が明るみに出された。こうして、ＰＳＩはワシントンで関心を集めているマネーロンダリングやオフショア金融の仕組みに関する調査に着手した。調査からまもなく一〇年というころ、委員会に新しいメンバーが加わったことで、海外の汚い金に対するＰＳＩの関心は一気に高まる。その人物はのちにアメリカの反マネーロンダリング活動の顔となる。

一九七九年、カール・レビンはミシガン州の民主党上院議員としてはじめて選出された。一九九〇年代半ばには同州の専任上院議員になり、率直な話しぶりとやるべきことはかならずやり遂げる人物という評判を得ていた。眼鏡をかけ、がっしりとした顎をしていた。「レビンは常に事実《ファクト》を重んじた」と彼を評した者がいる。[25] 専任上院議員になると所属する委員会を選べるようになる。彼が才能を発揮するうえでまさにおあつらえ向きの委員会があった。それがＰＳＩである。少数党筆頭委員としてＰＳＩに参加したレビンは、調査の方向性をただちに変え、資金洗浄ただ一点に集中させた。誰がそこから利益を得、取り返しのつかない状態に陥る前にそれをどう阻むかである。あるスタッフの話では、「私たちはいろいろな仕事を手がけていたが、レビンはマネーロンダリング対策にこだわり抜いていた」という。[26]

レビンの名前が知られるまでに時間はかからなかった。わずか数年で、アメリカの反マネーロンダリング体制に彼は〝革命〟を起こしていた。[27] タイミングにも恵まれていた。レビンがＰＳＩに参加したちょうどそのころ、メキシコで起きたある事件をきっかけに、国境を越えた資金洗浄は、それまで多くの人たちが考えていた以上に由々しき問題だと考えられるようになっていた。

一九九五年、メキシコの警察は失脚したばかりの大統領の実兄ラウル・サリナスを殺人容疑で逮捕した。当局の話では、サリナスが殺したのは彼の義理の兄に当たる高名な政治家だった。それだけでもすでに十分すぎるぐらい劇的な事件だが、逮捕の直後、怖じ気づいたサリナスの妻はスイスへと逃れたものの、今度はその妻がスイスで逮捕される。名門プライベードバンクのピクテ銀行で八四〇〇万ドルを引き出そうとしている最中だった。[28] それからまもなく、スイスの当局は、サリナスのスイス国内の総資産は約一億一四〇〇万ドルであることを明らかにした。[29]

もちろん、サリナスにはこれほど巨額な資金の出どころを説明することはできなかったが、汚職まみれのメキシコだ、資金の大半は汚れた金だと見てまちがいはなかった(メキシコの大統領一族は高給取りではあるが、それほどではない)。さらに興味を引いたのは、スイスに置かれていた資産に関する文書から、不正資金の一部が迂回経路をたどってチューリッヒに振り込まれていた事実だった。その多くはアメリカの大手銀行シティバンクを直接経由していた。まず、シティバンクはメキシコからニューヨークに資金を移動、その後、同行のスイス支店の口座に入金し、サリナス夫妻が使えるようにしていた。[30]

レビンとスタッフにとって、サリナスの一件は格好の事件だった。好奇心をそそる隣国の陰謀事件だ。アメリカ政府もメキシコシティで起きている大規模な汚職と、その政治的な意味合いは無視できない。しかも、アメリカを代表する金融機関であるシティバンクが突然窮地に立たされ、サリナスとの関係をいっさい否定しはじめたのである。レビンは一も二もなくこの事件に飛びついた。スタッフはただちに資料を請求して、あらゆる記録に目を通した。サリナスが資金洗浄のネットワークを拡大させるのに、シティバンクがどれほど積極的に支援し、けしかけていたのか、概略が判明するまでにそれほど時間はかからなかった。[31]

調査の結果、サリナスはシティバンクのエイミー・エリオットという女性をことのほか頼りにしていた事実が判明する。彼女はシティバンクでプライベート・バンキングを担当していた。プライベート・バンキングは、富裕層を主な対象に資産管理を行うサービス部門で、その際、顧客の収入源について問われることはない。

エリオットはサリナスの資産保全のため、ニューヨークやスイスなどに無数のシティバンクの銀行口座を開設していた。サリナスと彼の妻がメキシコのほかの銀行からメキシコシティにあるシティバンクの現地法人に小切手を振り込むたび、現地のマネージャーはその金をただちにニューヨークに送金、ニューヨークではエリオットの指示のもと、サリナスが使えるようにスイスやロンドンの銀行に金を流していた。事実上、サリナスの金庫番としてエリオットが直接指揮をとっていた。しかも、仕事は単に莫大な金額を送金するだけではなかった。エリオットと彼女の同僚は、秘密保持を求める顧客を守るため、どの口座からもサリナスの名前をはずしていた。そのかわり、ペーパーカンパニーをサリナスの口座の名義人として割り当てていた[32](エリオットは社内向けにサリナスを「極秘クライアント2号」と名づけていた。さらに、「ボナパルト」という架空の名義で口座さえ開設していた[33])。

調査が始まると、シティバンクの弁明は迷走した。当初、サリナスにまつわる汚職疑惑については何も知らなかったと愚にもつかない主張をしていたが、その後、自分たちは何もまちがったことはしていないと何度も繰り返すばかりで、実情を素直に認めようとはしなかった。たしかに法律どおりに解釈すれば、彼らはかならずしも法を犯していたわけではない。資金の出どころがサリナス一族の汚職に由来する事実を銀行が知っていたとしても、アメリカの法律ではそうした資金を扱うこと自体違法とされず、顧客のためにペーパーカンパニーを設立することも同様だった。サリナス家の資産を保全する一方で、エリオットは形式上アメリカの法律に従っていた。「疑わしい取引報告」（SAR）を提出している限り、サリナスの手に入ってくる汚い金の洗浄を問題なく手伝えた。当時、アメリカの銀行が国外で不正に得られた利益を扱う際、唯一の法的要件はSARの提出だった。

「預かった資金が国外政府の汚職で得られたものである事実を知っていても、アメリカの資金洗浄規制法は、シティバンクが預金を受け入れることを禁じていなかった」と、レビンの主任調査官の一人だったエリス・ビーンは書いている。「当時、当該の汚職行為が国外で行われている限り、アメリカの銀行がその資金が不正に得られたものであると知ったうえで保全しても罪には問われなかった[34]」のである。

しかし、シティバンクの不正な顧客はサリナス一人ではないことがPSIの調査で明らかにされる。ニューヨークにあるシティバンクのプライベート・バンキング部門は、アフリカのガボンで何十年も独裁を続ける政治家のためにもペーパーカンパニーを設立していた。行内の資料には、独裁者の莫大な富は「自分で築いたもの」と記されていた。そればかりか、ナイジェリアの軍事独裁者の一族にも同様のサービスを提供し、独裁者とその側近が国庫から収奪した何千万ドルもの資産を移動したり、隠蔽したりすることに手を貸していた。エリス・ビーンの話では、新事実が次々に出てくるので、調査官のなかには「〝悪の一元論〟という調査理論を提唱する者もいた」という。この理論は、「当時、目を凝らして調べれば、世界的に知られる独裁者の腐敗政権の背後には、金融機関としてシティバンクが控えている事実がかならず見つかる[35]」というものだった。レビン本人も、「こんな取引を続けることは、この国のあらゆる納税者に対する侮辱にほかならない[36]」と言っていた。

しかし、レビンらもまもなく気づくように、こんな取引をやっている国内銀行はシティバンクだけではなかった。銀行秘密法や資金洗浄規制法が抜け穴だらけなのをいいことに、銀行は望みどおりの顧客と取引し、ペーパーカンパニーを好きなように使い、誰彼かまわず相手の身元を隠蔽していた。銀行にはそうすべきあらゆる動機があり、実際、こうしたサービスを求めるニーズも明らかに存在していた。世界中のクレプトクラットが資金の逃避先や隠匿先に目を凝らし、オフショアの取引先をますます求めるようになったので、ニーズは高まる一方だった。銀行は送金で利益を得ていたので、汚い金を歓迎する理由には事欠かない。しかも取引を阻む規制機関はもちろん、法律や監視機関も整備されていない。銀行の役員、中間管理職、実際に顧客の相手をする担当者の動機はみな同じで、とにかく収入源を拡大することだった。アメリカの法律に明らかに違反さえしていなければ、それは公平なビジネスだった。

銀行には悪意はなかった。幹部が腐敗官僚と直接交渉する場合を除けば、関係者は自分が誰の金を動かしているのか知らず、知ることもできない。これこそ、本書で紹介するクレプトクラシーで何度も見ることになる展開だ。資金洗浄を求める需要が高まり、汚い金の流れが拡大しつづければ、洗浄方法や資金の秘匿性を保証する手段など、現代のクレプトクラシーにふさわしいやり口を供給する側の動機も高まっていく。

いずれにしろ、レビンの調査が行われる以前の時点で、シティバンクのような巨大企業が世界最悪の連中を相手に、なんの規制もないまま好き勝手に便宜を図っていた。アメリカのほかの銀行についても推して知るべしだが、なぜシティバンクだけが〝汚い金〟という拡大する一方のパイを独り占めにできたのだろう。

世界中の汚い金を集める巨大な磁石

レビンらの調査はその後も続き、新たな発見が積み重ねられていった。たとえば、銀行が国外銀行の名義で国内の別の銀行にコルレス口座［訳註＊コレスポンデント口座］を開設することが日常的に行われていた。コルレス口座を使えば、国外の銀行はアメリカの銀行で事実上活動できるようになるばかりか、口座を管理しているのが国外の銀行のため、資金洗浄に関してはアメリカ国内の最低限の規制すら適用されることはない。そればかりか、ニューヨーク、マイアミ、ロサンゼルスなどの国内銀行に預金されていても、当局には差し押さえる法的権限さえなかった。調査官や民主化の活動家が、こうした口座の資金が独裁者によって略奪されたものであるのを知っていても、政府には打つ手がなかった。その様子をたとえるなら、銀行が右手に何百万ドルもの汚い金を持っているのは政府も知っているが、その政府が実際にできるのは、左手に持っている金を凍結することに限られていたようなものである。[37]

コルレス口座を利用した国外銀行に「架空銀行《シェルバンク》」がある。シェルバンクは実在の建物を持たず、書類上だけの「銀行」として存在するものだが、書類上だけにもかかわらず、アメリカの銀行に好きなだけコルレス口座を開設できるので、エイミー・エリオットのような銀行員は、シェルバンクを利用してあらゆる機会や保護、さらに支援をほしいままにしている。そればかりか、やっかいな規制や当局による口座の凍結を心配する必要もなくなる（ＢＣＣＩも同じ目的で、カリブ海の英領アンギラ島にシェルバンクを設立していた。この島では希望する者には誰にでもシェルバンクのライセンスを売って利益を得てきた）。[38]二十世紀末の時点で、世界にはこのようなシェルバンクが何千と存在しているが、その理由は言えば、資産を隠すため以外には考えられない[39]。

エリス・ビーンは、「アメリカの銀行はよく考えもせずに他行で口座を開設してきた。その銀行が物理的な拠点など皆無のオフショア銀行で、しかも不正行為で知られる守秘法域で運営され、アメリカの口座を使って怪しげな取引を行っているようなところでも躊躇しなかった」と言っている[40]。のちにレビンも書いているように、「こうした無頓着な対応は、銀行なので信用できるという前提に基づいていた。なかには腐敗の拠点になっている銀行もあるとは考えられていなかった[41]」。

レビンらの調査を通じて、アメリカのマネーロンダリング防止法が有効という主張は一掃された。それどころか、アメリカの銀行は世界中の汚い金を集める巨大な磁石と化し、現行の法律では当局も手の打ちようがない実態が明らかになる。一九九九年、レビンは共和党の上院議員アーレン・スペクターと共同して、マネーロンダリングに対して立法措置を講じる法案を作成した。シェルバンクの営業禁止、コルレス口座の監視強化、国外からアメリカの銀行に流れ込む何十億ドルもの資金に対し、基本的なデューデリジェンスを課すことなどが盛り込まれていた。

法案は上院銀行委員会で諮られたが、委員長を務めるテキサス州選出の共和党上院議員フィル・グラムの支持基盤にはテキサス州の銀行が含まれていた。テキサスの銀行は、メキシコや中央アメリカなどの国から北上して殺到するダーティー・マネーの目的地として人気があった。テキサス州銀行協会の会員銀行にすれば、これまでどおりのビジネスを変える理由はどこにもない。そしてグラムは、事実上、協会の声を代弁するスポークスマンだった。「われわれの法案に対して、グラムは冷たい沈黙で応えていた」と、レビンのスタッフの一人は語っている[42]。

これ以降、レビンの反マネーロンダリング活動は勢いを失っていく。ジョージ・W・ブッシュ[訳註＊小ブッシュ」が大統領に選出され、ワシントンでは規制緩和が息を吹き返し、銀行を規制し、監視を強化しようという気運は衰えていった。父親の大ブッシュがひと役買っていた反マネーロンダリング運動でさえその点では変わりがなかった。「ブッシュと彼の閣僚にとって、唯一正しいマネーロンダリング防止策とは、そうした防止策を講じないことだった」と、ジャーナリストのミーシャ・グレニーは著書で述べている。(43) 反対派にすれば、規制はアメリカのビジネスを邪魔するものでしかなかった。一九八〇年代以降、経済界では規制緩和に重点が置かれつづけ、アメリカの産業界も何十億ドルもの資金が流入してくるのを目の当たりにしていたので、これらの規制を実現するのは不可能に思えた。

しかし、レビンはあきらめなかった。二〇〇一年夏、共和党の上院議員を含む六人の賛同者を集めたレビンは、さらに規制を強化した防止法案をふたたび上院銀行委員会に提出した。テキサス州銀行協会の意向を受けたグラムは、法案を委員会で諮ることは受け入れたが、しかし前回同様、二度目の法案も日の目を見ないうちに握りつぶしていた。

それから数週間が過ぎた九月十一日、この日を境にすべては一変する。

9・11同時多発テロ以降、風向きが変わった

ニューヨークやワシントンDC、ペンシルバニアで攻撃の余燼《よじん》がまだくすぶっていたころ、連邦議会の議員と調査官はただちに動き出していた。アフガニスタンの洞窟にいる過激派が、アメリカがかつて見たこともないもっとも破壊的なテロ攻撃の資金をどうやって調達したのか。アメリカでの活動資金や訓練費用を彼らはどうやって得ていたのか。アメリカ史上最悪のテロになる全費用はどうやっ

て支払われていたのか。そして、誰がそれを手助けしていたのか――国際的な資金がどのような流れを経て、国境を越えたテロ攻撃の資金源になったのかを彼らは解明しなければならなかった。

解明までに時間はかからなかった。事件から二週間後、レビンは次のように証言している。実行犯は、「フロリダ州、ニューヨーク州、ペンシルバニア州などにあるアメリカの銀行で現金、小切手、クレジットカードを使ったり、電信送金を行ったりしていた」。防犯カメラには実行犯が「アメリカの銀行のATM」を自由に使っていた様子が録画されていた。その方法や手口はサリナスやBCCI、さらに世界中の独裁者たちが資金を洗浄するのとまったく同じだったが、それだけではなかった。彼らは、金融システムの合法的な資金の流れに、テロで汚された資金を紛れ込ませていた。そして、どの金が9・11の資金源になっているのか、それを見分ける方法は誰にもわからなかった。レビンは、「テロリストたちがわれわれアメリカの金融機関を悪用しているのは明らかだ」と断定した。[44]

それ自体は驚くべきことではなかった。しかし、9・11直後から、野放図に流れ込む汚い金がもたらす脅威がようやく理解された。「9・11で法律を制定する契機がもたらされた」とブルームは振り返る。「それまで、法案が提出されてもことごとく拒否されてきたが、なんの前触れもなく、大きな変化を起こす機会が訪れた」[45]。レビンも、「問題の進展について、大きなきっかけを授けてくれたのはやはり9・11だった」[46]と私に話していたぐらいだ。

風向きが変わり、レビンら改革派の背中を押すようになったのは明らかだった。ブッシュ政権の上級エコノミストの一人も、「状況は一八〇度変わった」と述べていた。「9・11以降、アメリカでは反マネーロンダリング体制が、かつてないほど強化されるようになる。規制にともなう副次的な影響を懸念する声は問題ではなかった。ひと言で言うなら、規制はなくてはならないもので、しかも強ければ強いほど、負担が大きければ大きいほどよかった。それにともなう代償に上限はなかった」[47]

レビンらがそれまで策定してきた改革法案は、幸いにもこうした状況でも通用するものだった。そして、国家安全保障に関する改革法案――のちに「愛国者法」と呼ばれる包括的テロ対策として制定――を連邦議会に提出する準備が始まると、レビンはこの機会を見逃さなかった。自分が提案する資金洗浄規制法の改革案がともなわなければ、国家安全保障の改革は〝見かけ倒し〟で終わると、ほかの議員を説得した。腐敗防止の活動家レイモンド・ベイカーが記憶しているように、レビンは声を大にして、「資金洗浄はアメリカ人の大量殺戮をたくらむテロリスト集団が資金源を調達する手段で、放っておけば今後も変わらずに続いていくだろう」と説いていた[48]。そして、レビンが提案した資金洗浄防止案は、グラムから上院銀行委員会の委員長を引き継いだ民主党上院議員ポール・サーベンスの支持を得て、愛国者法に組み込まれることになった。

だが、事はすんなり運んだわけではなく、ちょっとしたもめ事があった。レビンたちのもとに古くからの顔なじみが訪ねてきたのだ。シティバンクである。米国銀行協会の後押しを受けたシティバンクのロビイストたちは、議員らを追い詰め、スタッフたちを脅して、テロと資金洗浄規制法の改革との関連性など取るに足りないと訳知り顔で断言した。関連を裏づける文書や映像、公聴会で聴取された意見などおかまいなしだった。「どうすれば、9・11にこうした資金が関係していると考えられるのか」と彼らは問いただした。ベイカーの話では、ロビイストたちは、「資金洗浄規制法の強化を法案に盛り込むことに徹底的に反対する運動を始めた」。彼らは「儲かるビジネスを守るために必死だった」。

これ以上ないほど乱暴な応酬が続いた。「シティバンクの役員と議会スタッフとのあいだで怒鳴り合いの口論が議会のホールで繰り広げられ、礼儀も何もあったものではなかった[49]」という。のちにシンクタンク「グローバル・ファイナンシャル・インテグリティ」を設立するベイカーは、「ニューヨークで悲惨極まりない事件が起こり、全米が衝撃を受けていたばかりのころ、同じニューヨークの最大手銀行がワシントンに乗り込み、対テロリストの資金洗浄防止を強化する法改正に異議を唱えるなど、どうすればこんな真似ができるのか、私には到底理解できなかった[50]」と書き残している。

しかし、レビンはひるまなかった。要求する条項が法案に盛り込まれなければ、愛国者法そのものの成立を支持しないと主張して、銀行からの圧力にも屈しなかった。上院銀行委員会は、全会一致で彼の改革案を可決した。その改革案がようやく愛国者法に組み込まれた瞬間、主任調査官のエリス・ビーンは「夢のようだった」と記憶している[51]。それももっともな話だ。

同時多発テロが起きた翌月の十月下旬に、ブッシュは法案にサインした。独裁者や暴君、麻薬密売人に尽くすことで利益を得てきたアメリカの銀行の栄光の日々は、ブッシュの署名とともに幕を降ろした。アメリカの銀行は、もはや自由にシェルバンクで口座を開設できなくなり、当局の差し押さえを逃れるために資金をコルレス口座に移すことも不可能になった。プライベート・バンキングを希望する客がいても、もはや双手をあげて歓迎できない。上院銀行委員会の委員長ポール・サーベンスが加えた条項で、アメリカの銀行は資金洗浄の防止について独自のプログラムを構築しなければならなくなった。こうして、汚職で得た国外の収益をアメリカの銀行が扱うことがようやく刑法上の罪として扱われるようになったのである[52]。

「この改正法は、三年に及んだ資金洗浄に関するわれわれの調査で明らかになった問題点のほぼすべてに対応していた」。現在、ミシガン州デトロイトにあるウェイン州立大学ロースクールの「レビ

ンセンター」で運営に携わるビーンはそう記し、「これは監督する側の大勝利だった」と書いている。(53)

レイモンド・ベイカーも、この法律は「透明性に基づく規制改革の輝かしい実例だ」と述べていた。(54)

〝一時的〟な規制の適用除外措置

愛国者法そのものは施行以来、なにかと非難されつづけてきた。だが皮肉なことに、資金洗浄に関する法律としての愛国者法は、アメリカ、そしておそらく世界が今日まで経験してきた法律のなかでも、多くの点でもっとも優れた法律だった。

しかし、それにもかかわらず汚れた金はいまも裂け目や抜け穴から染み込み、法の隙間や免税措置を利用して資金の移動手段を見つけている。汚れた金は常に洗浄されることを求めているのだ。愛国者法は資金洗浄を排除する点では評価に値したが、抜け穴がある点ではそれまでの規制と変わりはなかった。大きな成果をもたらしたにもかかわらず、愛国者法も取るに足りない、ささいな抜け穴をふさぎきれなかった。同時にそれは、アメリカが世界最大のオフショア取引の安息地へと大変貌を遂げていくうえで、新たな章の始まりを告げることにもなってしまった。

その抜け穴は、財務長官に規制の適用除外を認める権利が授けられていることから生じていた。この措置は安全装置のようなもので、規制によって万一問題が生じた場合に備え、財務長官には対象となるアメリカの金融部門を規制から守ることができた。安全装置のスイッチがいったん入ってしまうと、新たな適用除外の金融部門が突然現れ、まもなく資金洗浄が本格的に始まる。資金洗浄を排除しようとするアメリカの政策は一歩前に進んだが、この措置が講じられると、たちまち一歩後退する結果を招いていた。
二〇〇二年前半、ブッシュ政権下の財務省は、この歴史的な資金洗浄規制法の対象から複数の業界を除外すると発表した。声明そのものはアフガニスタン侵攻とそれに続くイラク戦争の混乱にまぎれて注目されなかったが、規制の対象外とされた事業者は多岐にわたった。巨額の資金を管理する不動産業者、その売買を仲介するエスクロー口座［訳註＊第三者預託口座］に関係する業者、同じように何十億ドルもの資金を手がけるプライベート・エクイティ・ファンド［訳註＊未公開株式投資ファンド］とヘッジファンドのマネージャー、さらにプライベートジェットや何百万ドルの自動車など、「超」がつく高級品を販売する事業者が対象だった。財務省の説明では、これらの企業は新たな規制がもたらす影響を〝研究〟するため、資金洗浄規制法の基本的なチェックを〝一時的〟に免除されると説明していた。
除外された企業は、資金洗浄の防止について独自のプログラムを構築する必要がなくなり、資金の出どころや、その金が誰とつながっているのかなど、それらの点に関してもいかなる適正評価手続きを行う必要がなかった。そればかりか財務省は、国内の弁護士や美術商、オークション会社などに対しても、新たな規制法が求めるプログラムは適用されないと明らかにした（この件については次の第6章で詳しく見てみる）。すでに触れたように、デラウェア州、ネバダ州、ワイオミング州では何千もの数のペーパーカンパニーが出現していた。これらの会社をめぐり、実質的な所有者を特定する義務を課すのかどうかという質問があったが、こうした質問に財務省が答えることはなかった。[55]
このような流れが規制を否定する考えに基づくものなのか、あるいは資金洗浄の業務を拡大するという明確な意図のもとで行われたのか、それを示す証拠は何もない。結局のところ、新たな規制はこれまでとは質的に異なる取り組みだった。それはアメリカ経済の主要な柱である銀行に大きな改革を迫り、経営資源を別の方向に変えさせ、銀行に入ってくる合法的な資産と違法な資産のすべてを最終的に精査することを強いていたが、精査は容易ではなかった。なぜなら、合法と違法の区別なく、資金も資産も同じ経路をたどって流入してくるからだ。それにもかかわらず、あらゆる金を詳細に調べることに突然変更された。

規制が金融業界にどのような影響を与えるかわからない以上、財務省としては、アメリカ経済の全部門が不用意にその影響を受けない点をはっきりさせておきたかった。そこで、政府が最適な方法を整えるまでのあいだ、不動産やプライベート・エクイティ・ファンド、贅沢品の販売業者は適用外としたのである。合法的でクリーンな国外の資本とアメリカに向かって流れ込んでくる汚い金をどうやって選別するのか、その方法を政府が見つけ出すまでの処置だった。

アメリカの金融機関で、実際に新しい規制に対応しなければならないのは銀行に限られることになった。もちろん、証券会社、マネーサービス事業、投資信託、保険会社にも同様な措置が講じられたが、少なくとも銀行や規制の適用除外を認められた企業に比べれば、その規模はたかが知れていた。だが、規制を推進する改革派にとって、この〝一時的〟な除外措置は痛恨の極みだった。不意打ちのような措置について、当の財務省は、「新しい規制が個々の産業界にどのような影響を与えるのか、それに関してさらに情報を得るためだ」と言っていた。それからまもなくした二〇〇三年前半、財務省はこれらの除外措置について、関連事業団体の意見やパブリックコメントを求めると発表した。規制拡大に先立ち、財務省としてはこれらの規制で産業界そのものの成長が阻まれないことを確認しなければならなかった。

しかし、パブリックコメントの結果がどうだったのかは誰も知らない。財務省がその調査結果を明らかにすることはなかった[56]。

除外措置から約二〇年が経過した現在、これらの〝一時的〟な措置のほぼすべてが、いまだに効力を失っていない[57]。

第II部 富裕な有名人のライフスタイル

「まっとうな仕事につきなさい。（略）
私からすれば、
彼らはスーツを着た
売春の斡旋業者や違法薬物の密売人にすぎないのだ」

上院議員シェルドン・ホワイトハウス[1]
「クレプトクラットを支援するアメリカ人について」

第6章 シャベルでキャビアをすくう

「赤道ギニアに行って数週間したころ、
彼らが言うには、『この国の人間は新聞には興味がなく、
『なぜここには新聞がないのか』と尋ねた。
本を読むことにも大して関心がないからだ』という。
この国に図書館がないのもそのせいだ」

元アメリカ国務省高官[1]

ワシントンの老舗銀行リッグスの破綻

リッグス銀行は、テキサス州がメキシコから分離独立し、マーティン・ヴァン・ビューレンが第八代大統領に選出された一八三六年にワシントンで設立された小さな銀行である。ワシントンで暮らす者にとって、この銀行は常に異質な空気、異質なオーラを放ってきた。たたずまいは小規模なブティックのようだが、この町の顧客には「大統領の銀行[2]」とアピールし、外交官や政治家、彼らの随行員を相手に事業を営んできた。「大統領の銀行」を裏づける伝統も備わっていた。顧客はエイブラハム・リンカーンにまでさかのぼり、資金の調達は電信の発明から、ロシアからのアラスカ購入までとあらゆる事案にかかわってきた。この国の首都にあるもっとも古い銀行のひとつで、ある新聞記事は

「由緒ある銀行[3]」と評した。

二十一世紀を迎えてもその名声に変わりはなかった。ほかの巨大銀行が新たな方向性を打ち出していくなかで、リッグスはワシントンの権力者や駐在する外国の高官に限って取引をしていた。リッグスは、「小さいながら有力な銀行で、ニッチな市場を独占している。大使や国家元首とその家族、ワシントンで暮らす他国の政府関係者にサービスを提供してきた[4]」と上院調査小委員会の一人が教えてくれた。

ある調査によると、最盛期にはワシントン周辺の外国公館や大使館の95パーセント以上と取引し、〝大使館ご用達《エンバシー・バンキング》〟を自称していた[5](のちにリッグス側は、「国務省の外交官証明書を持っている相手には喜んで口座を開設していた」と語った)。一九八一年からリッグスの会長に就任したジョセフ・アルブリトン統括のもと、二〇〇〇年末に向けてリッグスは顧客を順調に増やし、総資産は約六〇億ドルにまで達し、ワシントンに拠点を置く銀行としては最大になっていた(とはいえ、シティバンクのような世界的な巨大銀行に比べれば、まだまだ〝ブティック〟と呼ぶにふさわしい規模だった[6])。競合するほかの銀行に比べると、リッグスはいたずらに規模を拡大しようとはせず、教養ある上品な顧客にふさわしい銀行であることを常にアピールしていた。

だが、二〇〇三年前半、その仮面が剝ぎ取られる。ワシントンの捜査官が9・11の実行犯の資金源を追跡する過程で、テロに関連するサウジアラビアの怪しい資金とリッグスとのつながりが出てきたという噂が流れはじめた。サウジ大使のバンダル・ビン・スルターン王子と妻が保有する数千万ドルの資金が、リッグスの何十もの口座に隠されていた事実が発覚し、王子と実行犯をつなぐ無視できない関係をめぐる疑問が次々と出てきた[7]。それだけではない。リッグスは法の隙を探りつづけ、アメリカに流入してきた汚い金の一部を長年にわたって手に入れてきたとも噂されていた。金の一部は赤道ギニアからのものだった。突然噴出した石油とともに巨額の富もこの国に流れ込んできたが、独裁者一族はその富をどのように扱っていいのかわからなかった。話では、リッグスは双手をあげて独裁者のオビアン一族を歓迎したという。だが、それ以上に重要なのは、一族がとがめられることなく、アメリカに自分たちの金を持ち込む方法を見つけた点だった[8]。

リッグスのワシントン本店からほど遠くない場所で、カール・レビンと彼のスタッフは、リッグスとオビアン一族の関係をめぐる噂や評判を耳にしていた。依然として上院の常設調査小委員会(PSI)に所属していたレビンは、自身が膨大な時間をかけて取り組んできた資金洗浄規制法に不満を持っていた。改正法そのものは、禁止事項や処罰規定の点では世界的にも厳しいものだったが、問題は条文そのものではなく法律が遵守されるかどうかだった。法律とは結局のところ、執行されてはじめて効力を発揮する。レビンはそれを知りたかった。銀行は本当に新しい規制を遵守しているのか。また、監督する立場にある省庁、とくに財務省は実際に職務をまっとうしているのだろうか[9]。

「赤道ギニアとリッグスについて、ある記事を読んだときだ」とレビンのスタッフの一人は記憶している。リッグスとオビアンとの関係が取り沙汰された記事を読んだとき、レビンの「レーダーが作動した[10]」。「これだ」とレビンは口にした。リッグスの一件は、9・11をきっかけに強化された改正法がどれだけ効果的に機能しているのか、あるいはアメリカの銀行が依然として腐敗した政権と関係を続け、汚い金を処理するロンダリングの場になっているのかを検証するテストケースになるはずだ。

二〇〇三年三月、レビンたちは召喚状の発行や書類の収集、聴き取り調査の手配などを始めた[11]。彼らが集めたリッグス関連の資料はまもなく膨大な量に達した。書類の綴りを詰めた箱は一〇〇箱以上にも及び、さらに多数の電子資料が集められた。資料のなかには数千ページに及ぶ銀行取引明細書、電信送金、電子メールなども含まれていた。わずか一年のあいだに彼らが見つけたものは、制度改革を手がける社会や政治基盤を根底から揺るがすものであり、その範囲はチリからイギリスにまで及んだ。さすがのリッグスも無傷ではいられずに二〇〇五年に破綻、ワシントンの老舗銀行は永久に消滅した。

明らかになったオビアン一族とリッグスの関係

上院調査小委員会の質問が始まると、リッグスは当初、赤道ギニアとは無関係だと装っていた。たしかに、同国のために数十個の口座を管理している事実は明らかにしたが、それは赤道ギニアに限った話ではなく、国外のほかの顧客のためにも口座は管理している。最初の口座が開設されたのは一九九六年一月、それからまもなくして石油で得た富が口座に流れ込んでくるようになった。いずれの預金も何も問題はなく、それは当時もいまも変わらないとリッグス側は主張した。どの金もまったくクリーンな金だと銀行は断言していた(12)。

レビンもスタッフも、そんな話など素直に信じなかった。ひとつには、オビアン政権そのものにあった。この政権はとりわけ拷問や人権侵害、汚職の横行で知られ、その深刻さは他に例を見なかった。だが、疑惑の大半はサイモン・カレリというこの銀行の中年社員の存在に端を発していた。シティバンクのエイミー・エリオットと同じように、カレリはプライベート・バンキングを担当して、リッグスの上級副社長にまでのぼりつめた。調査小委員会がリッグスの口座を調べてみると、その口座からもカレリの名前が次から次に出てきた[13]。

　レビンや彼のスタッフと最初に会ったとき、カレリは自分の役割、リッグスと赤道ギニアのなれそめ、またレビンが推進する愛国者法の要件にどう対応したのかという質問に答えるのを避けようとした。国外の汚れた金をアメリカの銀行が扱うことがすでに禁じられているからである。だが、オビアン一族に不利な証拠がすでに山のようにある以上、カレリとリッグスは一族との仕事を継続している事実をどう説明するつもりなのか。カレリ同様、リッグスもはじめはオビアン一族との関係については素直に認めなかった。「(カレリについては)真っ当な銀行家だと最初は言っていた」と調査官の一人は記憶している。そのうえで、リッグスは「カレリと彼の仕事を疑う理由はないと主張した[14]」。しかし、何かがあった。カレリが時折示す不安、調査官への返答によどむ様子には、レビンやスタッフの注意を引く何かがあった。カレリの件になると、スタッフ全員の「いかがわしい取引を探知するレーダー」がすぐに鳴りはじめたと別の調査官は話していた[15]。

　理由はすぐにわかった。オビアン一族の特定の口座に関する情報については、リッグスもカレリもレビンらに教えていたが、それ以外の数十に及ぶ一族関連の口座の情報を明らかにしていない事実に調査官は気づいた。自行の会計システムはいまだ手作業で処理されており、それが原因でこれらの口座を見落としていたという奇妙な説明を銀行はしていた(それが事実なら、リッグスはアメリカの銀行で唯一、電子化が完備されていない会計システムの銀行ということになる)。こんな説明を受け、レビンはさらに多くの書類の提出を求める令状を発した。今度は資金洗浄規制プログラムに関する書類だ。このプログラムは、国外の不正な金の処理に銀行がかかわらないよう、愛国者法に基づいて金融機関に義務づけられていた。しかし、書類が送られてきたころ、レビンたちのもとに予想もしなかったニュースが飛び込んできた。質問に応じるために姿を現すどころか、カレリは国外に逃亡、赤道ギニアに亡命してしまったのだ[16]。

その時点でカレリに対するリッグスの態度は一変した。一九九〇年代半ば以降、オビアン一族とのあいだで行ったあらゆる違法行為の責任をカレリに押しつけてしまった。「リッグスは当初、カレリは真っ当な銀行家だと言っていたが、突然、彼が赤道ギニアに逃げ出したので、銀行側の態度は一八〇度変わった」とある調査官も話していた。つまり、「カレリはただのクズな人間になってしまった[17]」。銀行の対応は文字どおり一夜で変わった。カレリは銀行が以前主張していたような人物ではなく、腐ったリンゴだと非難され、いきなり逃げ出した追放者になっていた。その後、銀行側の弁護士たちは「寝返った」とある調査官は記憶している。弁護士たちは、「あなたたちが望むものは、これで何でも手に入れられる」と話していたという[18]。

新しい関係書類が次々に送られてきた。そのなかには、カレリが日頃どんなふうに金を処理していたのかを記した文書があった。彼にはスーツケースを手にしてリッグスに現れる習慣があったという。スーツケースのなかにはシュリンク包装された現金が詰まっていた。カレリはオビアン一族にかわり、資産を全額現金で個人的に預け入れていたのだ(「そのような現金の扱い方に銀行がみずから姿勢を正し、疑問を抱かないのであれば、信じようがない」とレビンは皮肉っていた[19])。ほかにも、カレリがリッグスの幹部とオビアンの側近――時にはオビアン本人――との会合をセッティングしたことを記した文書もあった。リッグスの会長を長年務めてきたジョセフ・アルブリトンは、オビアン一族との関係を深めることを目的にした専門部門を、みずから監督していた[20]。

実際、オビアン一族とリッグスの幹部との会合や、その会合でカレリが果たしていた役割ひとつ取っても、リッグスは自分たちがやっていることを十分認識していたことは火を見るよりも明らかだ。アフリカでもっとも腐敗した政権と取引していることが銀行にはよくわかっていたはずだ。上院調査小委員会の調査を通じて、リッグスの上層部にはオビアンの金を扱えるならなんでもするという姿勢がはっきりうかがえた。リッグスのこうした姿勢は、オビアン一族が臆面もなく資金洗浄を要求していた事実に関係していた。あらゆる証拠が一族の腐敗を裏づけていたのだ。リッグスは、知らなかったではすまされなかった。

しかし、アメリカの大半の銀行員——中間管理職や出納係、さらに役員の多くでさえ——は、クレプトクラットと取引をしていても相手の正体を決して見抜けない。オビアンのような一族はともかく、ほかのクレプトクラットは、サービスを提供する富裕な顧客の一人としてさり気なく溶け込んでいるからだ。彼らには、アメリカ国内に絶えず流れ込んでくる合法的な資金の波に汚れた金を紛れ込ませることができた。それを区別することは、毎週何十人もの顧客を相手にする銀行員には手にあまる場合がほとんどで、どれだけ条件に恵まれていても見抜くことは容易ではない。

以上の話を要約すると次のようになる。オビアン一族はリッグスのような銀行を利用し、罪に問われることもないまま、何年にもわたって汚れた金をまんまと洗浄しつづけてきた。それを阻止できたのは、世間の注目を浴びる上院の調査によってだけだった。それなら、オビアン一族ほど目立たないクレプトクラットたちは、いったい何を気に病む必要があるだろうか。

石油の採掘代金をオビアン一族の口座に

カレリはオビアンの資金を可能な限りリッグスに流していただけではない。資金の存在が部外者に万が一知られた場合に備え、その存在を巧妙に隠蔽するため、リッグスの社員が複数のペーパーカンパニーの設立さえ手伝っていた事実が別の文書によって明らかにされる。その点では、前述したシティバンクと変わりはなかった。中心となったのはオトン社というペーパーカンパニーで、一九九九年にバハマで登記された。リッグスは、オビアン一族に用意された一〇〇〇万ドルの現金をこの会社にかわって何度も受け取っており、こうした行為は愛国者法施行後の二〇〇二年にも変わらずに行われていた。オトン社は「木材の輸出企業」であるとリッグスは主張していたものの、従業員はおらず、独裁者の隠れ蓑にほかならない事実をリッグスはよく知っていた（文書によると、オビアン一族は〝カカオの栽培と取引〟で利益を得ているとリッグスは主張し、恐怖の独裁体制についてはひと言も触れていない）[21]。

それだけではない。レビンたちの調査の結果、さらにリッグスは、アメリカの石油会社がオビアンと彼の政権に支払うための口座を開設していた事実が判明する。つまり、オビアンは何百万ドルという石油の採掘代金を赤道ギニアの国庫ではなく、リッグスにある一族の口座に入金するように指示していた。そんな口座の開設にこの銀行は協力していたのである。預けた金は、オビアン大統領本人がワシントンを訪問した際にリッグスに立ち寄ってサインするか、あるいは道楽息子のサインだけで簡単に引き出すことができた[22]。

取引を洗い出し、関連文書の精査をようやく終えたとき、レビンたちはその結果にたじろいでいた。

一九九五年から二〇〇三年にかけ、リッグスはオビアンのために開設した何十もの口座に七億ドルもの莫大な金を受け入れていたのだ[23]。リッグスが自行の口座に汚い金を迂回させることで、一族はその金を〝大統領の銀行〟も認めた染みひとつないクリーンな金として引き出し、思いのまま使うことができた。一族にとってリッグスは、底なしのＡＴＭと変わりはなかった。さらに驚いてしまうのは、途方もない巨額の入金によって、赤道ギニアの政府はリッグスにとって唯一最大の顧客になっていた事実である[24]。

二〇〇〇年代前半、リッグスはアメリカ大統領やその側近を顧客とするのではなく、世界でもっとも腐敗した政権のひとつに大きく依存するようになっていた。おそらくもっとも際立っていた点は、何十とある口座のうちひとつとして当局に報告することもなく、規則どおりに精査さえ実施していなかった点に尽きるだろう。一族の金で得られる手数料を踏まえ、またとない取引についてわざわざあら探ししないのが一番だと銀行は判断していた。

「手元にある報告書によれば、ここに書かれている人物はまぎれもない独裁者で（略）、しかも人権を踏みにじり、祖国をあたかも自分の領土のように治めている。しかし、これだけは言っておかなければならない。オビアンへの対処とサダム・フセインの対処について、両者にはいかなる本質的な違いも認められない」。二〇〇四年の公聴会で、レビンはスタッフが発見した事実についてそのようにコメントしていた[25]。

規制の虜——官僚と業界の癒着

レビンらによって明らかにされたリッグスとシティバンクの実態は、一見ほとんど違いはなかった。いずれもプライベート・バンカーが積極的にかかわり、度を超した汚職にまみれた顧客を相手に好きなようにふるまっていた。彼らの痕跡を隠すためにペーパーカンパニーの設立に手を貸したり、両者のつながりを世間の目から隠蔽したり、唖然とするほどの巨額な資金を自由に扱いながら、何百万ドルものきれいな金を生み出したりしていた。それらの金は海外から流れ込んできた汚い金である。シティバンク同様リッグスもまた、腐敗の点では世界でも屈指の顧客たちに進んで手を貸してきた。また、金の出どころにおかまいなく、資金の流れをそのままにしていた点でも両者は同じだった。

しかし、腐敗政権や海外の犯罪者と結びついたシティバンクと、リッグスがオビアン好みのマネーロンダリングの装置に変貌していったのには、ひとつだけ決定的な違いがあった。法律である。シティバンクの不正行為は、愛国者法によってアメリカの銀行セクターに新たな規制がかけられる前に行われていたが、リッグスはそんな規制など存在しないかのようにふるまってきた。のちにレビンが指摘しているように、リッグスは「愛国者法の制定以前からマネーロンダリング防止の義務を無視し、制定後も無視を続けた[26]」。

リッグスとオビアンのケースからも明らかなように、国外の汚れた金が奔流となってワシントンに流れ込んでくると、資金洗浄規制法のように社会の支持があり、しかも勢いづいている規制でさえ流入を阻むことはできない。レビンとＰＳＩが調査を通じて知ったように、愛国者法の法案が提出され、審議されていた期間もリッグスはオビアン一族の金を処理し、それどころか二〇〇三年後半まで、一族に関連する口座の危うさを気にもとめずに取引を継続していた。この時点でオビアン一族との関係が疑われてからかなりの期間が経過しており、調査小委員会の審問もすでに始まっていた[27]。

強気に出られた理由はまもなく判明した。銀行規制の一環として、財務省の担当者にはマネーロンダリング対策(AML)の手続きが遵守されているかどうかを監督する任務が課されていた。国外の政府要人のために開設した口座に不正な手段で得た利益が預けられていると思われる場合、オビアンのような顧客に関しては、規制は主に、国外の不正行為で得た利益について銀行が便宜を図っていないか確かめることに重点が置かれていた。リッグスが繰り返し行っていたように、銀行が明らかにコンプライアンスを無視していた場合、財務省の担当者は銀行を取り締まり、マネーロンダリングに関する新たな手続きに従わせることになっていた。

だが、リッグスを担当していた当局者はそうではなかった。しかも、ただ仕事を怠っていたのではなく、銀行の不正行為を進んで隠蔽し、リッグスがオビアン一族の洗浄装置に変貌していくことにさえかかわっていた。同行の法令遵守を担当していたのは財務省通貨監督庁(OCC)の主任検査官(EIC)で、調査小委員会の調べで明らかになるように、この検査官は対象の銀行と「一定の距離を置くかわりに、リッグスの擁護者のようになっていた」。その検査官であるR・アシュレー・リーは、リッグスの担当官としてすでに数年の経験があり、すぐ近くの建物で9・11後の新たな資金洗浄規制法について論議されている期間もその職にあった。だが、リーにとってこの規制は単なる提言にすぎず、自分の判断で好きなように無視していたようだ。どうやら彼は、国外の不正な資金を取り扱う問題についてはこれまで銀行規制に真剣に取り組んでこなかった以上、いまさら改めて始める理由はないと考えていた節がうかがえる[28]。

リッグスに制裁措置を講じることについて、リーはたいていの場合反対していた。マネーロンダリングを監視するほかの検査官が口々に訴えても、リーはオビアン一族がリッグスを使って資金を洗浄するのを見ているだけで、何も手を打とうとしなかった。彼の部下の一人は、リーはどう見ても規制に違反しているので、「この銀行についてわれわれが手をこまねき、何も明らかにしない事実にたまりかね、その思いをはっきり伝えなければならなかった」と書いている。それにもかかわらずリーは、依然としてリッグスの業務を是認し、機会があるたびに制裁措置の引き延ばしを図り、リッグスは「指摘された(マネーロンダリングの)対策の不備を是正すると約束している」とか、「現在、改善措置を計画している」と主張していた。だが、何年たっても何も変わりはしなかった[29]。

それだけなら、PSIの調査にとってリーは、相手の話をうのみにするお人好しな検査官で、救いがたさの点ではリッグスの強欲に匹敵する無能な人物にすぎなかった。しかし、リーとリッグスの関係にはそれだけではすまない一面があったことをレビンらは知る。二〇〇二年、リーが主任検査官を退官する旨を発表すると、リッグスはただちにリーをスカウトし、高額な給料が約束された役職を提示した。第三者の目にはいかにも不適切に見えたが、理屈のうえではリーにはこの話を自由に受け入れる権利があった。それに、監督対象との癒着を利用して利益を得てきた官僚は、何もリーがはじめてだったわけではない[30]。

しかし、連邦政府の退職後規定では、職を辞した官僚は最低二年間、現職の銀行規制当局の職員と会合で同席することが禁じられていた。だが、リーはこの規定を無視し、退職直後からほとんど間を置かず、リッグスの公式代表として姿を現すようになった。驚くのは、こうした会合に出席していた事実をリー本人が否定しなかった点に尽きるが、その言い訳は不条理を極めていた。上院調査小委員会の報告書によると、「(調査小委員会が)会合への出席についてただすと、リー氏は出席した事実を認めたものの、熟慮のうえ相手とは口をきかないと決めていたので、規定には違反していないと主張した[31]」という。つまり、在職中はリッグスのマネーロンダリングについて何年も沈黙を貫き、リッグスに正式に雇われてからも沈黙したままでありつづけた。

これこそまぎれもない「規制の虜」の一例で、規制当局と規制される業界があまりにも親密になると、両者を分かつ境界線は事実上消えてなくなる。もちろん、リッグスとリーの関係がはじめての例というわけではないが、リッグスとの関係を通じてオビアンが何億ドルもの金を不正に得ていた点を踏まえると、アメリカ史上、もっとも高額な「規制の虜」だったのはまちがいないだろう。

チリの独裁者ピノチェトの隠された資金

調査をさらに進めていくと、鍵となる重要な事実がもう一件発見される。レビンやスタッフが予期していなかった事実だった。何百箱にも及ぶ資料、何千という数の文書、さらに重要な手がかりになるかもしれない関連資料をふるいにかけて調べるため、レビンは一人でも多くのスタッフを必要としていた。前出の調査官ローラ・ストゥーバーはそうした調査要員の一人で、小委員会では粘り強い犯罪捜査官として知られていた。ストゥーバーはリッグスが提出した預金勘定元帳について、時間をかけて綿密なチェックを行い、手がかりになるかもしれない名前を探していた。そして、彼女の目を捕らえたある名前があった。

「台帳に〝O・ピノチェト〟という名前があり、『何かしら、これ』と思わずつぶやいていました」。現在、カリフォルニア州司法長官室に勤務するストゥーバーは私にそう話してくれた。[32] ピノチェト――南米チリで長年にわたって忌まわしい軍政を敷いてきた独裁者アウグスト・ピノチェトのラストネームだ。一九七三年、ピノチェトはクーデターで政権を奪うと、その後何千人もの命を奪ってきた(暗殺部隊を組織して、ワシントンに亡命した政敵を殺害したことでも知られている)。しかし、ピノチェトのファーストネームは「O」ではない。このピノチェトは家族か一族の者かもしれなかった。

ストゥーバーは改めて調べた。一族の者の名前でないことはすぐにわかった。名前の人物はピノチェト本人だったことが判明する。オビアンだけではなく、ほかにもリッグスに何百万ドルもの金をせっせと預けていた独裁者がいたのだ。疑いようのない事実だった。台帳を次々に調べ、そこに記された名前と数字をたどっていくことで、一九九〇年代半ばから、ピノチェトが洗浄目的で自身の金をリッグスに出し入れしていた事実をストゥーバーは突き止めた。ピノチェトがほかの銀行に預けた金を調べていくと、チリの独裁者が使っていたさまざまなパスポートのスキャン画像が出てきた。写真のピノチェトは多彩な変装をしており、禿げかけた頭を見せている写真、口髭を生やした写真、眼鏡をかけている写真もあった。口座を開設する際にさまざまな名前を使っていた事実も判明する。自分の本名(アウグスト・ピノチェト・ウガルテ)をもじった名義、ピノチェトの暴政を支えた軍の高官たちの名前もあった。合計で三〇近い口座がチリのクレプトクラットに紐づけられていたのだ。一九九〇年に大統領を辞任(その後ただちに終身上院議員に就任)したが、優雅な生活を続けられたのもこうした口座のおかげだった。[33]

さらに、銀行ならではの緻密さのおかげで、リッグスの文書にはこの銀行が進んでピノチェトが不正に得た金を取り込もうとしただけではなく、その資産隠しから資金洗浄にも手を貸していた事実が記録されていた。不正蓄財をしているあいだも、チリではピノチェトの犠牲にされてきた大勢の人たちが正義を求めていた。文書によって、リッグスは積極的にピノチェトを勧誘し、その資産は「家族と給料」に由来すると記されていた事実が明らかになる(どうやら、独裁者がまっとうな生活を送っているように取り繕おうとしていたようだ)。ピノチェトの口座を担当したプライベート・バンカーのキャロル・トンプソンは、年に何度も元独裁者と会っていたほか、リッグスはオフショア法人をピノチェトに提供して、資金の流れの隠蔽さえ手助けしていた[34]。

一九九八年、遅まきながらピノチェトがロンドンで自宅拘束され、イギリスの裁判所によって全資産の凍結を命じる決定が下されたあとも、リッグスはピノチェトが資産凍結を回避するために協力していた。ペーパーカンパニーの口座に資金を移して隠蔽し、ピノチェトが自由にアクセスできるように手配していたのだ。繰り返すが、ピノチェトは二十世紀後半に現れたもっとも悪名高い虐殺者の一人で、政敵をヘリコプターから突き落として処刑していたことで知られる。リッグスはそんな人間の資産凍結を回避するためにわざわざ力を貸していたのである[35]。

ピノチェトの一件にもR・アシュレー・リーがかかわっていた。ピノチェトが必要としている金融サービスをリッグスが提供しているのを知ったときも、リーはとくに懸念を示さなかった。それどころか、通貨監督庁のデータベースからピノチェトの口座に関するあらゆるデータを消去し、かわりに一枚の紙のコピーにまとめ、財務省内で閲覧を希望する者の目からデータを事実上隠すという信じがたい事件を引き起こしていた[36](この事件はリーがリッグスへの華々しい転進話を受ける一カ月ほど前に起きている)。

驚くのはそれだけではない。ＰＳＩの調査結果が公表されるまで、なぜかピノチェトは金に汚い政治家という評判は免れていた。チリの国民は、ピノチェトは権威主義的な政治家で、この国の民主化の道を阻む血に塗られた存在だと見なしていたが、立場を利用して蓄財に手を染める人物とは思っていなかった。だが、レビンらの調査によって、そうした評判は完全に崩れ去ってしまった。「私たちも金には執着のない人物だと思っていただけに、チリでは大騒ぎになりました」とストゥーバーは言う。「これほどの影響をもたらすとは思ってもいませんでした。たしかにゆるがせにはできない問題ですが、ここまで大きな騒ぎになるとは予想外でした[37]」

大きな騒ぎが起きていた。チリの国民に残っていたピノチェトの評価は自壊した。政治家としての関心は唯一秩序に向けられ、私腹を肥やすことではないという、何十年にもわたって取り繕ってきた見せかけは粉々に砕け散っていた。アメリカの秘密主義の後ろ盾がもはやなくなり、犯してきた不正行為は誰の目にも明らかになった。醜聞がチリの新聞を賑わせると、ピノチェト時代を懐かしむ者たちのあいだに残っていた愛着も吹き飛んでしまう。レビンも、「ピノチェトは愛国者として評価され、冷酷な独裁者ではあるが、少なくとも正直な人間だと思われてきた。われわれはそうした彼の評価を破壊したのだ[38]」と私に語っていた。

アメリカのクレプトクラシーの縮図

何百箱にも及ぶ資料、何千という数の文書、何百万件という金融取引を調べ終えたレビンらは、調査について決定的な結論を下した。二〇〇〇年代半ばの時点で、リッグスは事実上、クレプトクラットたちが資金を洗浄する装置に変貌を遂げていたのである。この銀行は、愛国者法で制定された新たな資金洗浄規制は機能するという主張を愚弄していた。法律が執行されず、財務省の主任検査官が本来なら監視すべき銀行に鞍替えするのを許すようでは、新たな法的規制は議会文書に書かれた文言に見合うものではなくなってしまう。

「オサマ・ビン・ラディンは、現代を知る彼の新兵たちは、〝西洋の金融システム〟が抱えている〝亀裂〟について、〝自分の手相〟のように熟知していると自慢していた」。二〇〇四年の上院公聴会で、リッグスとオビアンの不正行為に関するPSIの調査結果を発表したレビンはそのように語っていた。「このような恐ろしい声明は、テロリスト、腐敗した独裁者、さらにわれわれの金融システムにつけ込んで敵対する者たちに対し、防衛を強化しようという新たな試みをむしろ鼓舞するうえで役立つ。（略）だが、リッグスの事例を見ると、その道はまだまだ遠いようだ[39]」

結局、リッグスはリーによって長いあいだ避けてきた改善策は果たせなかった。科された四〇〇〇万ドル超の制裁金――金額として当時アメリカ史上最大の額で、うち一〇〇〇万ドルはピノチェトの暴政の犠牲になった何千もの被害者を救済する基金に充てられた――を嫌々ながらも払ったあと、最後にはオビアン関連の口座を閉鎖し、同行最大の顧客からも手を引いた[40]。直後から収益が悪化し、事実上の倒産に追い込まれ、結局、アメリカ国内の別の銀行への身売りが決まる。リンカーンも利用した〝大統領の銀行〟は、組織ぐるみでマネーロンダリングを行っていた事実が発覚したことで致命的なダメージを負い、ついに消滅した。

とはいえ、リッグスの上層部の多くは刑務所には行かなかった。オビアンとの取引を担当していた上級副社長のサイモン・カレリは、銀行詐欺やマネーロンダリングなどを含む複数の容疑で有罪とされた。だが、宣告された刑期はわずか二年で、この国の首都であまりにもあからさまな資金洗浄を画策し、それを進めてき担当者の刑としては十分ではなかった。だが、リーやピノチェトのプライベート・バンカーを務めていたキャロル・トンプソンが無罪放免になった点を踏まえれば、まだしもまともな判決と言えるだろう。リッグスの会長を長年務めたジョセフ・アルブリトンは、身売りする二年前の二〇〇二年にすでに辞任しており、経営権はプレイボーイで知られる息子のロバート・アルブリトンに譲っていたが、息子は息子で事件の全容を知らないと主張した[41](ロバート・アルブリトンは現在、ニュースメディア「ポリティコ」の代表を務め、事件について自分が知らなかったのは、ヨーロッパで遊んだり、スキーをしたりして過ごしていたからだと言っている[42])。

つきつめてみると、リッグスの物語とはアメリカのクレプトクラシーの縮図のようなものだった。新しい法律が整備されたにもかかわらず、アメリカの金融界の一員(リッグス)は、一連の国外政府の関係者(オビアン一族)との取引を続けていた。一見したところ、その関係は銀行に安全や機密性を求める大半の顧客に対し、銀行がサービスを提供する行為と酷似していたが、決定的に異なる違いがあった。オビアン一族が世界でもっとも残忍な政権の当事者だったという事実である。

だが、リッグスはその点について懸念する必要はなかった。取引を監督するはずのアメリカの役人がかかわっていたからである。当の役人にその気がなければ、いったい誰が関心を示すだろう。リッグスにとって唯一の誤算だったのは、レビンと彼のスタッフが最終的に調査に乗り出し、世界中の国の前でリッグスを見せしめにしたことだった。

一方、オビアン一族は先に進むだけだった。リッグスの口座はもう使えない。だが、巨額の富をもたらす赤道ギニアの石油と政治権力の支配は揺らいでいない。それなら、彼らの汚れた金を洗い流す新しい出口を探すだけでよかった。リッグスに積み上げてきた数億ドルの汚い金は、突然、新しい住み家を探しはじめた。アフリカ大陸にいるテオドリンは、その解決策を見つけたと思った。ひとつの道が閉ざされても、一ダースもの別の道が開かれている。抜け穴は口を開けて利用されるのを待っているのだ。

そして、リッグスに関するレビンたちの調査がようやく終了したころ、テオドリンは古巣の南カリフォルニアへと戻った。もはや遠く離れた国から来た留学生でもなければ、授業をサボり、朝まで飲み明かしていた学生でもなかった。いまのテオドリンは、運転手や家政婦、不動産管理人、プロの料理人、退職した警察官で構成される警備チームなど、彼の身のまわりを世話する大勢の人間を引き連れていた。

ここカリフォルニアこそ、テオドリンが国境を越えた次なる資金洗浄を画策するために選んだ場所だった。そして、一人の関係者が言っていたように、テオドリンはここを拠点に愛国者法の抜け穴につけ込み、目についた装飾品やくだらないガラクタをことごとく買いあさる。その様子についてある人物は、「ありったけのキャビアをシャベルですくって食べるようだった[43]」と、二〇〇九年の『ハーパーズ・マガジン』に語っていた。

第7章 メンサが認めた天才

「この国が迫害された者、訴追された者の避難地であるのは私たちの誇りだが、しかし、専制君主や独裁者、国を略奪した者たちのゴミ捨て場になったことはない」

エドワード・ケネディ[1]

南カリフォルニアの広壮な豪邸

上院でリッグスに関する公聴会が開かれているころ、テオドリンは南カリフォルニアの敷地に建つ高さ12フィート（3・7メートル）の木製の門の前に車を停めた。門の両脇には一対の小塔があり警備員が見張りをするのにはこれ以上の場所はない。頭上にはヤシの木がそびえ、伸びた葉がわずかに揺れていた。暖かな日差しのもと、テオドリンはヤシの木から目をそらして道の右側を見た。この道をたどっていけば、ブリトニー・スピアーズ、メル・ギブソン、ケルシー・グラマーなどの有名人の家があることは知っていた[2]。

しかし、それらの家に興味はなかった。欲しいのは目の前に建つこの家だ。門のすぐうしろには車道が続いている。右手にはテニスコートがあり、その隣には砂色のゲストハウスがあった。車道を進んでいくとすぐ左手に水平線が現れ、その先には太平洋が広がっている。実際、ここを訪れた者は、この景色を見て「果てしないプール」とたとえていた。草原のような広大な庭は16エーカー(6万5000平方メートル)ある。庭は切り立った崖の端で唐突に終わって海になだれ込み、その先に見えるのはただ海だけだ(3)。

敷地内を走る車道は馬蹄を逆さにしたような形をしており、その奥に建つ屋敷は住居というよりも宮殿のようだと訪れた者たちは言っていた。スペイン風の小さな教会のようでもあり、広壮な豪邸のようでもある。崖の上に建つこの建物の面積は1万5000平方フィート(420坪)で、六つの寝室と八つのバスルームがあり、玄関ホールの広さはどの家よりも広く、建物のかたわらにはホットタブと広々としたプールが備わっていた。クローゼットの総面積だけでも数千平方フィートもあった(4)(「自分の家よりも広いクローゼットがあった」。この家を訪れた者からあとでそんな話を聞いた(5))。

一九九一年に建てられたこの屋敷は、まさに一国の王子にふさわしい物件だった(6)。はじめて屋敷の前に立った二〇〇四年、そのときテオドリンはこの物件を手に入れなければならないと心に誓った。ワシントンでは議員たちが彼の一族の不正行為について公式に論じていたが、そんなことは問題ではなかった。テオドリンにとってはどうでもいい問題だった。自分はもちろん、その金についても計画についても、彼らは指一本触れることはできない。

だが、ひとつだけ問題があった。リッグスに注いできた全資産に突然注目が集まってしまったのだ。その金は彼の一族がだまし取ってきた金で、本来なら赤道ギニアの学校や病院、道路や図書館を整備するために使われるはずだったが、ニュースを通じて、彼の金は汚れた金だと誰もが知るようになった。レビン上院議員の公聴会を通じて、リッグスのマネーロンダリングが世間に知れわたり、テオドリンは自分の名義で口座を開設することはもちろん、この国の銀行に望みどおりに送金したり、シュリンク包装した金を行員に預金させたりすることができなくなっていた。新たな金の預け先を探すために助けが必要だった。そのために何をすればいいのか彼にはよくわかっていた。必要なのはアメリカ人の弁護士だった。

規制法の抜け穴だった弁護士

すでに触れたように、愛国者法に盛り込まれた資金洗浄規制法は、銀行をはじめ、アメリカの金融機関にそれまでになかった多くの制限を課すとともに、国外の不正行為で得た資金のマネーロンダリングに関する犯罪を新たに規定していた。規制は一時的に免除されたとはいえ、銀行とともに不動産業者や贅沢品の販売業者、ヘッジファンドやプライベート・エクイティ・ファームなどの投資顧問会社などが、アメリカの議員によって新たな規制に従う標的にされた。

しかし、規制対象には重大な見落としがひとつあった。弁護士である。前述した国際商業信用銀行（BCCI）の破綻のようなスキャンダラスな事件で重要な役割を果たしていたにもかかわらず、規制法は弁護士について言及していなかった。金の出どころについてクライアントに確認したり、その金が汚れた金かどうかチェックする基本的なデューデリジェンスを果たしたりする法的な義務を弁護士は負っていなかった。[7] 弁護士にとって重要なのは、クライアントがアメリカ人であろうとなかろうと、彼らが法的サービスを必要としていることだけ。しかも、金を持っている相手であるほどよかった。

実際、アメリカの弁護士にとってマネーロンダリングに関する規制はある種の矛盾をはらんでいた。好きなようにクライアントを選べ、オリガルヒや独裁者であっても、汚れた金を使えるようにしたがっている相手にサービスを提供できるからだ。この国の法曹界を代表する職能団体のアメリカ法曹協会(ABA)は、弁護士にいくつもの指針を発表し、汚れた金を扱うのを避ける方法、あるいはクレプトクラットの資金洗浄のネットワークを避けるにはどうすればいいのかなど、明確な助言を授けてきた。いずれも心理学でいう「イネイブラー」、つまりダーティーな資金がアメリカに流入するのを「可能にする《イネイブリング》」者にならないための対処法だった。(8)

だが、これら〝最善の措置〟は提言にすぎない。遵守するかどうかはまったくの任意で、法的な拘束力もなかった。アメリカでは弁護士の選択しだいで、従ってもいいし、無視することもできた。(9)この国の法律の点からしても、あるいはアメリカ法曹協会をはじめとする法曹団体の見地からしてもなんの意味もなかった。(10)ほかの国では、弁護士が汚れた金を扱うことに関してすでに措置を講じられてきた。EUが加盟国に対して、マネーロンダリング防止政策を義務づけるように命令を出したのは一九九一年にさかのぼる。だが、アメリカの法曹部門は依然として変わらず、資金洗浄に関する規制要件は存在しなかった。(11)

腐敗監視団体の「グローバル・ウィットネス」が二〇一六年に公開した囮《おとり》調査の映像には、アメリカに流れ込んでくる汚い金に、この国の法曹界の一部の人間が嬉々としてすり寄っている様子が映されていた。同団体は、アフリカの大臣——不正蓄財をした数百万ドルの汚い金を移動させたがっているテオドリンのような人間——の顧問を装い、十数人のアメリカ人弁護士と会い、アメリカ国内に資金を隠す最善の方法について助言を求め、それをどの程度進んで実行する意志があるかを確認した。

「われわれは、『発覚することなく、資金をアメリカに持ち込まなければならない』と相手に問いかけた」。調査の結果は衝撃的だった。一人を除いて、すべての弁護士が間髪を容れずに話に応じ、アメリカ国内でどう資金を洗浄するのがベストなのか、その大臣とのつながりをどうやって隠すかといった詳細な検討を始めた[12]。

もちろん、匿名のペーパーカンパニーの設立は定番のテーマだ。クライアントと資金の関連を隠せるだけでなく、弁護士が設立にかかわっていれば、弁護士・依頼者間の秘匿特権という恩恵にあずかれるので、問題のクレプトクラットの正体について問われたとしても、さらにワンステップの厳重な方法で秘密を隠せる。それればかりか、さらに踏み込んだ話もあった。録画された弁護士のなかには、汚れた金を法律事務所の銀行口座に直接流し込むことを提案した者もいた。事務所の資金と混ぜ合わせ、問題の金が完璧に合法であることを保証する隠蔽方法を提案していた。

「グローバル・ウィットネス」の面談を意図せずに受けることになった弁護士のジェームス・シルケナットは、アメリカの銀行に課された新しい規制をどうすればアフリカの大臣が回避できるのかを詳しく語った。その鍵は、どの銀行が規制の実施に積極的でないかを弁護士に特定させることだった。「(シルケナットは)銀行によって顧客の審査が甘いところがあると説明し、そのような銀行を特定したことがあるとも語っていた」とグローバル・ウィットネスの報告書には書かれている。シルケナットはさらに、「銀行がどこまで具体的に顧客確認のプログラムを実施し、どの程度まで調べ上げるのか確認しなければならないだろう」と語っていた[13](思わぬ展開だが、シルケナットはアメリカ法曹協会の代表だった)。

小規模な法律事務所だけではない。同じころ、大手法律事務所のシャーマン・アンド・スターリングとディーエルエイ・パイパーは、一〇億ドル規模のマレーシアの汚職事業に深く関与し、[14]スキャデン・アープスは、ウクライナで怪しげなロビー活動を支援しながら数百万ドルも荒稼ぎしていた。[15]どうやら法律事務所の規模の大小は関係ないようだ。汚れた金を抱えたクライアントに対して、どの法律事務所も喜んで惜しみなく手を差し伸べてきた。

繰り返すが、これらの行為はいずれも違法ではない。アメリカの弁護士はどのようなクライアントの仕事でも自由に受けられる。クライアントのためにペーパーカンパニーや信託財産を設定し、きわめて高額な買い物をすることもできる。捜査官がやってきても、秘匿特権を盾に詳細を明かすことさえ拒めるので、クライアントの秘密に関しては、さらに手厚い匿名性と保護を提供できる。

国際商業信用銀行の破綻、メキシコのサリナス一族に関する公聴会、愛国者法とこの法律の施行で明らかにされたリッグスのスキャンダルなどは、いずれもアメリカの金融機関の資金洗浄の現実に強烈な揺さぶりを与えてきた。しかし、アメリカの弁護士は、これという影響を被ることはなかった。テオドリンが金の新しい使い道——南カリフォルニアのマリブの豪邸を購入する最適の方法——をアメリカで探しはじめたとき、この国の弁護士のなかでも、法の抜け穴について正確に知っている弁護士を選ぼうとしたのは、実はそうした理由からだった。調べた結果残ったのが、カリフォルニア州の弁護士マイケル・バーガーである。クレプトクラットが必要とする有効な抜け穴、そして合法的な抜け穴について、バーガーほど完璧なガイドはいなかった。[16]

不動産業者は愛国者法の適用除外

バーガーとかかわった調査官にとって、彼はあまりいっしょにいたいとは思えないタイプの人間だった。それどころか、ある上院調査官は〝いけ好かない《スリムボール》〟とバーガーを評し、別の調査官は〝一流の弁護士〟でないのは明らかだと断言していた。[17] 司法省の検察官は、バーガーの仕事を振り返ると、彼が好んで手がける案件は、「自分なら、そのためにロースクールに行ったのではない」と言いたくなるたぐいの内容だったと話していた。しかし、バーガーはそんな評価を気にしていないようである。秀でた額と屈託のない笑顔が印象的な弁護士は、みずからを明らかに高く評価していた。彼の法律事務所のホームページには、「バーガー氏は天才だとメンサ［訳註＊］も認めた会員で、どれほど困難な法的問題でも創造的な解決策を生み出す知的能力を備えている」と書かれている。[18]

その後、議会や裁判資料で明らかにされるように、テオドリンにとってバーガーが理想的な弁護士だったことにはもうひとつ理由があった。バーガーのやる気だ。法の抜け穴を突破し、テオドリンが必要とする匿名のペーパーカンパニーを設立したばかりか、マネーロンダリングのチェックがもっともゆるい銀行を次から次へと探し出し、見つかるたびに新しい銀行に切り替えていくのをいとわなかった。カリフォルニアのスーパースターになることを夢見るアフリカのクレプトクラットにとって、

訳註＊メンサ：人口の上位2パーセントのIQ（知能指数）を持つ者が参加できる国際グループ。一九四六年にイギリスで創設され、現在世界100カ国以上、10万人以上の会員がいる。

彼はまさに打ってつけの弁護士だった。

ロサンゼルスを拠点とするバーガーがテオドリンと最初に会ったのは二〇〇四年で、ワシントンでレビンらによるリッグスへの非難攻撃と、オビアン一族の汚職の実態を暴いた痛烈な報道がちょうど始まったころだった。だが、事件の詳細や新事実が暴かれても、バーガーが動揺しているようには見えなかった(二人がどのようにして出会ったのかは不明だ。本書の執筆に際してバーガーのコメントを求めたが、秘匿特権を理由に回答は拒否された)[19]。テオドリンは、ここからすぐ北のマリブの海岸に建っている物件についてバーガーに話した。王子たる自分にふさわしい屋敷で、それを手に入れるためにぜひ手伝ってほしいと告げた。数十万ドルの報酬とてつもない特典を手に入れるため、バーガーはさっそく仕事に取りかかった。

最初にしたのは知人への電話だ。相手は不動産業者で、バーガーとは一九九〇年代前半からの知り合いである。ニール・バディンはミネソタの出身だったが、一九八一年からロサンゼルスで不動産業者として働いてきた。バディンがのちに語った話では、このときのバーガーの電話ではじめて彼はテオドリンの名前を知ったという。ワシントンで開かれていたオビアン一族の不正蓄財をめぐる公聴会については詳しく知らなかった。バーガーから電話があり、裕福なクライアントが「デリケートで複雑な取引」について手を貸してくれる人間を探しているという話を聞いたとき、バディンは二つ返事で依頼を了解した[20]。

疑ってかかる理由はなかった。すでに述べたように、財務省はバディンのような不動産業者は資金洗浄規制法にともなう基本的なチェックの適用外としていた。当時、バディンはアメリカ最古の不動産会社コールドウェル・バンカーで働いていた。バーガー同様、バディンもテオドリンの資金の出どころの調査、彼もしくは彼の一族に関する詳細調査（DDR）どころか、グーグルで通り一遍のチェックをする法的な義務さえ負っていなかった。さらに、クライアントとしてのテオドリンの身元についても特定する必要はなかった。バディン本人も「警戒を促すようなものはまったくなかった」とその後訴えている。[21]数年後、上院の調査官にバディンが話しているように、不動産業者は「（テオドリンの資金調達について確認する）義務は負っておらず、その種の質問は客の機嫌を大いに損ねてしまう[22]」のである。

バディンの言うとおりだった。銀行と同じように、書類上、不動産会社にとってもクレプトクラットと富裕層の顧客はほとんど違いがなかった。汚れた金はアメリカの不動産市場に流れる資金の奔流に紛れ込み、セレブリティやメディア王、アメリカンドリームを成就させたビリオネアが投資したほかの金と見分けがつかなくなっていた。不動産業者は愛国者法の適用除外のおかげで良心に呵責を覚えることなく、購入資金をチェック――資金の出どころを確認、相手はアメリカで自分の欲望を満たそうとしている泥棒政治家ではないのか――する義務から免れていた。それでもあえて資産について探りを入れれば、そんな好奇心とは無縁の業者に乗り換えられるリスクを冒してしまうことになる。さらに言うなら、相手が匿名性の高いペーパーカンパニーを使っていたら、業者はどうやって見破ればいいのだろう。取引の背後に控えるデラウェアのダミー会社が、何十億ドルもの不正な利益を手にした人物によって秘密裏に運営されている事実など、カリフォルニアの不動産業者、ワシントンの銀行員、必要書類を提出する弁護士たちには容易に見分けられるものではない。

そして、取引にともなう多額の報酬を踏まえれば、法を犯していないかどうか、わざわざ問いただす必要などあるだろうか。

追いつ追われつのゲーム

その年の十月、バディンはビバリー・ウィルシャー・ホテルのスイートルームではじめてテオドリンと会った。颯爽と現れたテオドリンはオーダーメイドのスーツにワイドリムの眼鏡をかけ、モデルのようにスリムな女性の腰に腕を回していた。「思った以上に堂々としている」という印象を受けた。もちろん、目の前に座る相手に自分を売り込むことにはまんまと成功した。一カ月後、バーガーから電話があり、テオドリンが彼を雇い入れる意向だと知らされた。委託契約書を作成していたテオドリンとバディンの念頭には、マリブの海を見下ろすあの物件を手に入れるという同じ目標があった。「それまで目にしたなかでも、指折りの物件のひとつだった」とバディンも言っている。金額など二の次だった[23]。

バディンがマリブの不動産業者と契約書作成に取り組んでいたころ、バーガーはテオドリンに依頼された別の仕事をしていた。汚れた金がリッグスで保管できなくなり、テオドリンは隠匿できる別の方法を探さなくてはならなかった。ほかの大勢の者たち同様、バーガーもその点は心得たもので、どこを頼りにすればいいのかよくわかっていた。アメリカ国内に匿名のペーパーカンパニーを設立することだった。二〇〇四年十月、バーガーはビューティフル・ビジョン・インクというダミー会社を設立する書類を提出すると、それからまもなくアンリミテッド・ホライズンと名づけた二社目のペーパーカンパニーを設立した。テオドリンと示し合わせたとおり、両社の申請書には彼の名前はいっさい記されていない[24]。

ビューティフル・ビジョンを登記した直後、バーガーは地元にあるバンク・オブ・アメリカの支店に立ち寄り、ペーパーカンパニーの名義で二口の当座預金口座を開設した。銀行の記録によると、バーガーは両社のオーナー兼社長だと名乗っていた。口座を設けたバーガーは、テオドリンの弁護士として利用できる法の抜け穴をかいくぐっていく。すでにテオドリンはバーガーの預かり金口座に多額の金を振り込んでおり、バーガーはその金の一部をペーパーカンパニーの口座に移していった。繰り返すが、火を見るより明らかなテオドリンの不正蓄財との関連について調べる法的義務は、バーガーにはなかった。書類上、この送金はバーガーの法律事務所の口座から、ペーパーカンパニーの口座に資金を移しただけにしか見えなかった。資金洗浄の可能性を警戒する銀行や銀行内部の人間には、資金の本当の出どころについて何もわからなかった。バーガーはわずか数カ月で、テオドリンが請求書や経費の支払いに必要な約一〇〇〇万ドルの金を新しい口座に移す手助けをしていた[25]。

しかし、リッグスの悪評がワシントンからさかんに伝わってくるようになると、バンク・オブ・アメリカも気が気ではなくなり、多額の現金が送金されていたペーパーカンパニーの口座の動きを詳細に調べるようになった。内部監査で口座の取引を精査すると、ラスベガスやハワイのホテルの支払い、赤道ギニアからの送金など、疑わしい金のやり取りが次々に見つかった。ペーパーカンパニーの背後で口座を利用している人物がテオドリンだと気づくのに時間はかからなかった。開設から一年も経たないうちに、バンク・オブ・アメリカはいずれの口座も閉鎖した。もっと早く閉鎖できた事実をバンク・オブ・アメリカはその後認めたが、同行のマネーロンダリング防止の手続きはおおむね効果を発揮した。それは愛国者法の規定の正しさとカール・レビンらの尽力の正しさを裏づけるものだった[26]。

ただし、問題がひとつあった。バンク・オブ・アメリカは、バーガーが長年利用してきた預かり金口座は閉鎖せず、継続を認めていた点だ。そもそも、ペーパーカンパニーに何百万ドルもの金を流し込むきっかけを作ったのがこの口座だ。ダミー会社の口座を閉鎖する一方で、赤道ギニアにあるテオドリンの口座から預かり金口座に繰り返し送金することを銀行側は認めた。結局のところ、預かり金口座の閉鎖を銀行に求める法律や規制は存在しなかったからである。バンク・オブ・アメリカとしては法律の条文に従っただけにすぎない。ペーパーカンパニーの口座は閉鎖されたが、それ以外の点については、以前のように続けられることを銀行は事実上認めるしかなかった[27]。

後日、捜査官が知るように、銀行のこの判断がテオドリンの大がかりな資金洗浄を成功させる鍵となった。カリフォルニア州を拠点とするユニオン・バンク・オブ・カリフォルニアもロンダリングに利用できる銀行だった。新たなペーパーカンパニーの名義で口座を開設し、バンク・オブ・アメリカにある別の預かり金口座を仲介するという同様の手口で、テオドリンはさらに数百万ドルの金をユニオン・バンク・オブ・カリフォルニアの口座に移していた。バーガーはこの銀行に彼の法律事務所の口座を開くことで、新たな資金の流れを整えていた(なんとも皮肉だったのは、銀行の内部監査で複数の口座取引に関して警告が出されていたにもかかわらず、銀行はその警告に何カ月も対応できなかった点である。銀行のマネーロンダリング防止システムの欠陥について、同時期、司法省と交渉していたのが主な理由だった[28])。

ペーパーカンパニーの口座に何百万ドルもの金が出入を続ける様子を注視していた銀行は、最終的にその金がどこから流れ込み、何に使われているのかさらに詳しく調べた。案の定怪しい金だった。そして、バンク・オブ・アメリカとは違い、ユニオン・バンク・オブ・カリフォルニアはバーガーが果たしていた役割についても指摘した。銀行の調査報告書には、「調査の結果、マイケル・バーガーは複数の法人を利用して、テオドリンの身元とともに、国際電信取引によってリスクの高い法域(赤道ギニア)から数社を経て段階的に送られてきた金を偽装していた。一連の行為は資金洗浄に相当すると思われる」と記されていた[29]。これ以上動かしがたい調査結果はなかった。国際的な資金洗浄行為に対して、バーガーが便宜を図っていたのは明らかだった。銀行側は迅速に対応して、バーガーの預かり金口座を含め、いっさいの口座をただちに閉鎖した[30]。

しかし、バーガーとテオドリンはたじろがなかった。カリフォルニア州には利用できる銀行はまだたくさんある。二人が目をつけたのがシティバンクだった。ほんの数年前、メキシコのサリナス一族のの一件で調査の中心となった銀行だ。バーガーは複数の口座を新たに開設したが、それらの口座について「取引の履歴と矛盾している」ことに銀行は気づき、被害が拡大する前に口座は閉鎖された[31]。のちに裁判所に提出された文書には、口座を維持するためにバーガーが嘘をでっち上げ、事実をごまかしていたことがつまびらかにされている。当局者も、「銀行が(アンリミテッド・ホライズンの)口座について問い合わせたとき、バーガーは、クライアントの一人が、自分の妻に知られないよう、ある女性従業員に内密で給料を支払うためと嘘をついた[32]」と申し立てたといわれている。

バーガーは、テオドリンのむかつくような汚職の全貌を紹介する記事をファイルしていた。だが、クレプトクラットの資金の移動に協力する自身の役回りについては、彼は気にしていないようだった。一〇万ドル単位の報酬に加え、テオドリンはバーガーが知らなかったライフスタイルを彼に紹介していた。あのプレイボーイ・マンション〔訳註*〕で開かれる「キャンディ・ハロウィーン・バッシュ」と呼ばれる盛大なパーティーなど、南カリフォルニアの各地で催されたパーティーにバーガーを連れていっていたことがのちに文書で明らかにされている。

バーガーは感に堪えない調子で、「きわめつきのVIPな待遇に感謝します」というメールを送っていた。「私があなたの弁護士であると、あなたの友人に紹介してくれたことに感謝します。あなたのために働けることは私の誇りです。（略）料理も飲み物も極上で、邸宅やあたりの景色もすばらしく、DJやペットのホワイトタイガーもどれも最高にクールでした」。プレイボーイ・マンションのパーティーのあとには、いささか恥じらいながら、「最高の時間を過ごせました。たくさんの美しい女性と出会い、それが夢ではないことを裏づける写真やメールアドレス、電話番号が残っています。もし、あなたが花嫁を探しているという噂が広まれば、世界中の女性があなたに夢中になるでしょう（略）。あなたの忠実な友人で弁護士であるマイケル・バーガー」[33]というメールを送っていた。『フォーブス』の記者は、「バーガーはクレプトクラットのおこぼれにあずかれる腰巾着の役得に満足しているようだ」[34]と皮肉っていた。

テオドリンは、カリフォルニア在住のもう一人の弁護士の助けを借りていた。ジョージ・ナグラーは、弁護士としてはバーガーよりも筋がよく、ハーバード大学のロースクールを卒業しており、仕事についても少なくともバーガーより慎重だったという（上院調査小委員会のある調査官は、「ナグラーは（バーガーほど）卑劣な人間ではなかった」と語っていた[35]）。テオドリンの資金の出どころをめぐる疑惑についても、ナグラーは素直に認めた。実際、議会の調査官に対して、「（テオドリンの）資金の出どころが怪しいことは十分気づいていた」とも語っていた。しかし、繰り返しになるが、このような疑念について、ナグラーらアメリカの弁護士になんらかの義務を課すような法律や規則は存在しない[36]。

同じことがふたたび繰り返された。テオドリンの代理として、ナグラーもスイートピンク社やスイートウォーター・マリブLLCといった名称のペーパーカンパニーをいくつも登記した。さらにこれらの会社のために、すでに口座を開いたことがある銀行（ユニオン・バンク・オブ・カリフォルニア）や新規の銀行（カル・ナショナル・バンク、シティ・ナショナル・バンク、パシフィック・マーカンタイル・バンク）に口座を開設した。新しい口座には、赤道ギニアから直接送られてきた金、あるいはナグラーの法律事務所の口座を経由して送金された数百万ドルが注ぎ込まれていき、銀行に捕捉されるまで、テオドリンはアメリカで自由に使えるようになっていた(37)（ラップ界の大物スター、イヴが名義人として名を連ねていた口座もあった。次章で紹介するように、このころからテオドリンと彼女がつきあいはじめていた点を踏まえると十分納得できる話だ）。

こんなことが飽きもせず繰り返されていた。銀行が気づくころには時すでに遅く、同じような資金洗浄に利用されていた銀行はほかにもたくさんあった。ある調査官はその様子を「追いつ追われつのゲーム」とたとえた。テオドリンはたしかに世界でもっとも独裁的な国に関係するクライアントだったが、バーガーとナグラーは、どのようなクライアントとも自由に仕事ができたので、二人にすればこのゲームはこれ以上ないほど容易だった(38)。「鏡に映った自分の姿を彼らはどう見ているのか。その姿が見えるようになるまでには、この先いくら金を使えば気がすむのだろう(39)」。テオドリンの犯罪調査に何年も費やしてきた腐敗防止コンサルタント、リック・メシックは、私にそう語っていた。

訳註＊プレイボーイ・マンション：雑誌『プレイボーイ』の創刊者ヒュー・ヘフナーがかつて所有していたロサンゼルスの邸宅。一九二七年に建設、一九七一年にヘフナーが一〇〇万ドルで購入した。数々の伝説的なパーティーが開かれ、ハリウッドの過剰ぶりを象徴していた。

マリブの豪邸を手に入れたテオドリン

何も知らない銀行にバーガーとナグラーがテオドリンの資金をせっせと流し込んでいるころ、不動産購入の代理人バディンは、マリブの大豪邸の販売代理店との交渉を進めていた。大きな買い物だけに、テオドリンの意向にできるだけ沿いたいと彼は考えていた。だが、それは口で言うほど生やさしくはなかった。電話をかけてもテオドリンは決して出ようとはせず、予定されていた打ち合わせは何度もすっぽかされた。ワンフロアしか離れていない場所にいるにもかかわらず、いたずらに何時間も待たされつづけた[40]。

それでも粘り強く交渉を進めた。数えきれないほどの交渉を重ねてきた二〇〇六年一月初旬、バディンと販売代理店は、双方がもれなく納得できる数字で合意に達した。家の価格は三〇〇〇万ドル、さらに家具類を七五万ドルで買い取るという、その年、アメリカで成立した住宅の販売案件としてはもっとも高額な一件だった。銀行と弁護士、そしてペーパーカンパニーを操ることで、テオドリンは豪邸以上のものを手に入れていた。アメリカの法の抜け穴につけ込むことで、またもや彼は匿名を謳歌していた。報告書に記されているように、この家の購入代金について、テオドリンはスイートウォーター・マリブLLC名義の口座で支払うことを選んでいる。バディンがのちに証言したように、家の証書や権原証書にテオドリンの名前が記載されないように配慮していた[41]。

販売代理店は、ファースト・アメリカン・タイトル・カンパニーにエスクロー口座を開設した。販売代金は同社がワコビア銀行に送金して売り主に支払うことになった（エスクローとは、通常なら売り主と買い主のあいだで直接行われる物の受け渡しと代金の支払いが、第三者を仲介して行われる仕組みのことをいう）。しかし、ここにも法の抜け穴があった。財務省の〝一時的〟な免除措置で、エスクロー口座を管理するエスクローエージェントは資金洗浄の規定から除外されていた。銀行は、エスクローエージェントに対して、基本的なマネーロンダリング防止のチェックを行う義務があったが、その後、エスクローエージェントが口座を管理すると銀行の監視は終了する。エスクローエージェントは、財務省のこの措置を魔法の杖のように使っていっさいの義務を免れることができた。

一方、銀行は、エスクロー口座に入ってくる資金を監視して精査する法的な義務を負ってはいない。上院の調査文書で明らかにされるように、銀行の資金洗浄規定には「エスクローエージェントが独自に顧客を規制することに負っている」とあるが、エスクロー口座を運営する側にその規制を課す法律はまったく存在していない。ワコビア銀行の担当者がのちに調査官に語ったように、資金は「いっさい問われることなく」口座に入ってきていた[42]。

これはリアルタイムで進行していたアメリカのクレプトクラシーだった。ペーパーカンパニーがあり、クライアントの資産の正体について知る義務がない弁護士がいて、基本的な資金洗浄規制を回避できる業界と手段（この場合は不動産業界とエスクロー口座）があった。匿名性と法的保護、小切手を現金化する以外に何も義務を負っていない業界――クレプトクラットたちにとって必要なものはすべてそろっていた。

だが、これがすべてではなかった。後日、バディン本人が明らかにしているように、テオドリンはバディンをはじめ、この取引にかかわった全員にそれぞれ秘密保持契約書に署名させていた。テオドリンが購入に際して果たした役割について、バディンは第三者に話すことがその時点で法的に禁じられた。にもかかわらずバディンは、この秘密保持契約書の締結は危ないものではないと言い張っていた。それまでにも、「日ごろから有名人のために」このような契約書を結んでいたからだ。しかしテオドリンは、彼がはじめて契約書に署名した、貪欲で飽くことを知らないクレプトクラットだったようである。[43]

二〇〇六年四月、売買取引は完了した。テオドリンの不正行為はアメリカ議会の調査対象として注目を浴びていたが、それにもかかわらず彼は、この国の仲介業者を使ってすばらしい邸宅を手に入れていたのだ。しかも、購入までの一連の過程は法に触れず、身元が明らかにされることもなかった。

アメリカのペーパーカンパニー、アメリカの弁護士、アメリカの不動産をひとつにしたテオドリンの手口は、考えようによっては、この国のクレプトクラシーを可視化した鮮明なモデルだった。そして、汚れた金に支えられたあらゆる政権の利益を図るため、このモデルはアメリカ中で繰り返されてきた。制裁を逃れるため、イランの政府高官はマンハッタンの高層ビルを匿名で購入した際にこの手法を使っている。[44] ベネズエラの少数独裁政治の関係者が南フロリダの高級不動産を匿名で購入したときもそうだ。[45] ナイジェリアの不正政治家がヒューストンの住宅市場に汚い金を注入したときもこの方法が用いられた。[46] ウズベキスタン[47]やガンビア、[48] コンゴ共和国[49]の独裁者の子弟が、アメリカの海岸のあちらこちらの土地でマネーロンダリングする際も例外ではない（第Ⅳ部で見るように、トランプが手がける不動産を取得する際にも使われた手口である）。

過去二〇年ものあいだ、この手口を通じてアメリカの住宅市場には何十億ドルもの資金が流れ込み、その結果、不動産価格は暴騰した。だが人権侵害者たちは、この手法のおかげでみずからの残虐行為の成果を思う存分享受できた。

マリブの豪邸を手に入れたことで、セレブリティにいたる道が大きく開けると、テオドリンはスターダムへと昇っていく次のステップをただちに考えはじめた。時を置かず大勢の使用人が採用された。マリブの屋敷周辺を活気で満たすためだ。給仕や清掃員などの使用人で地所はあふれ、テオドリンの指示に従い、彼が屋敷を出入りするときには全員が玄関に並び、拍手とともに見送ったり、出迎えたりするのが決まりになった。一族の目にあまる汚職が明らかになった、ちょうど一年半前のリッグスの公聴会など、まるでなかったかのようである[50]。

テオドリンが長年求めてきたアメリカの王族の生活を始めたころ、彼の豪邸から何千キロも離れた南フロリダでは、一人の連邦捜査官が朝食のテーブルに座って新聞をめくっていた。「ライフスタイル」のページで、彼の目をとらえた記事があった。アフリカの王子がありったけのロレックスを買い集めているという話で、捜査官の好奇心をかき立てる何かがあった。この瞬間、テオドリンに対する追跡の口火が切られる。これがきっかけとなり、一〇年後、マリブの豪邸はふたたび人手に渡り、テオドリンのアメリカのクレプトクラシーとしての夢は結局、永遠に消え去ってしまう。

第8章 鯉の医者

「襲われたんだ
撃たれたんだ
すご腕の犯人に」
マイケル・ジャクソン[1]

捜査部隊の新しいリーダー

二〇〇三年、ジョージ・W・ブッシュ政権は、「腐敗の防止に関する国際連合条約」（国連腐敗防止条約）の採択を全面的に支持した。この条約は汚職や汚れた金に対抗するうえで必要なあらゆる指針を提供する、それまでにはない画期的な多国間協定だった。[2] その直後、ブッシュは大統領令七七五〇号を発令すると、汚職で利益を得たと告発された外国公務員（およびその家族）のアメリカ入国を今後いっさい禁じる処置を講じた。[3]「政府高官によるハイレベルの汚職、あるいはクレプトクラシーは、深刻かつ腐食的な権力の乱用である」とブッシュは後日述べている。[4]

ワシントンでは大統領令に倣って、新たな決定がくだされていた。連邦議会の提案によって国土安全保障省が設立されると、翌二〇〇三年三月にはその下部組織として合衆国移民関税執行局(ICE)が配置された。[5] 移民関税執行局はトランプ政権時代、移民の国内取り締まりに関してもっとも注目を浴びる組織になるが、[6] 当時の移民関税執行局は、アメリカ国内の反クレプトクラシー体制のもとである種の亀裂に陥っていた。国内の汚職行為には伝統的にFBI(連邦捜査局)が目を光らせ、CIA(中央情報局)は国外の汚職行為を追跡しており、海外の腐敗政治家は資金洗浄の必要性から、アメリカにますます目を向けるようになっていた。

移民関税執行局の捜査は両者の領域にまたがり、アメリカに流入してくる国外資金を監視し、その後、各州を経由して流れていく資金のルートを追跡していた。移民関税執行局の上層部は二〇〇三年、ホワイトハウスの例に倣うように、海外腐敗行為捜査部隊の設立を発表した。新設された組織は、「クレプトクラシーによって不正に取得されたアメリカ国内の資産を特定し、それを追跡して凍結、さらに回収する」ことで、この国で構築されたネットワークを通じて活動するクレプトクラットを取り締まることを目的にしていた。[7]

しかし、政府の取り組みの大半がそうであるように、これらの活動も理念と実践をめぐり、これ以上ないほどの矛盾が生じていた。調査を始めてみると、ニューヨークの不動産に不正行為で得た資金を投じていたカンボジアの独裁的な首相、[8] ラスベガスで優雅な生活を送るマレーシアの悪徳金融家、[9] 西海岸を頻繁に行き来する中央アジアの問題人物[10]などといった、この種のクレプトクラットのネットワークが一挙に浮上したものの、そのなかには新任の汚職防止捜査官が経験したことがない法律や法域の問題が含まれていた。設立からわずか数年で捜査部隊は、調査対象となる可能性がある人物を特定していたが、その一方で活動を阻む官僚主義の壁や、匿名性が担保されたペーパーカンパニーの内実を開示させる難しさなどの問題に直面していた。

二〇〇六年、これという成果をあげられないまま、捜査部隊は先細りしていくと思われた。しかし、人事異動にともなって新しいリーダーが就任する。責任者となったボビー・ラザフォードは、南部出身の新しいアイデアを受け入れられる人物で、ラテンアメリカの麻薬ディーラーが南フロリダのドラッグ市場をどのように満たし、その資金をどうやって移動させてきたのか、一六年間監視してきた。就任当初、主にラテンアメリカとカリブ海地域、とくに麻薬カルテルが台頭してきた地域に捜査の焦点を当てるとラザフォードは聞かされていた。だが、彼には別の考えがあった。「カリブ海をはじめいろいろな地区の麻薬事件で長いあいだ〝どさ回り〟をしてきたので、この地域の件にはこれ以上かかわりたくなかった」と私に話していた。ボゴタやカラカス、メキシコシティにはびこるドラッグのネットワークや仲介人、麻薬の運び屋は、カリブ海に浮かぶ島伝いに最終目的地であるアメリカに向かう。これまでと同じ連中を追うことにラザフォードは飽きていた。もう少し大きな視点で考える時期を迎えていた。(11)

部隊の本部はマイアミに置かれていたが、ラザフォードは自身の就任にともない、捜査範囲を広げようと考えた。狙う相手と同じように、部隊もグローバルに展開しようと考えたのだ。彼らの組織は、「マネーロンダリングをたくらむ連中と同じ発想に基づく部隊として存在する。ただし、標的とするのは盗品――つまり金をアメリカに持ち込もうとしている中央アメリカや南アメリカの政府高官だった。組織を引き継いだとき、私は（部員たちに）『南アメリカに限定する必要はあるのだろうか。全世界を相手にすべきではないのか。まだ誰も手がけていない領域だ』と話した。実際、どの組織も手がけていない。そして、それをやる組織が自分たちだと全員に説いた」。当時、大方の注目はイラクや国際的なテロ活動に集まっていたので、ワシントンの反発はあまりなかった。「本部の人間も全員異動したばかりでよくわからず、私の提案に従ってくれた」[12]とラザフォードは説明してくれた。

ラザフォードの部署は大所帯ではなく、捜査官の数は多くても数十人だった。この陣容でオフショアの世界を遊泳するクジラを狩るのが仕事だ。彼らはまずクレプトクラットの候補者を調べて囲い込んでいった。そのなかには、不正を働く台湾の政治家や汚れたオイルマネーをテキサス州の中心地に秘匿しているナイジェリアの州知事もいた。だが、本国の政府関係者の協力が得られなかったり、匿名の壁に阻まれて追跡の道が閉ざされたりしたため、これらの事案は棚上げにされた。

ある朝のことだった。出勤前のラザフォードは新聞を開いて、そこに書かれた見出しに目を通していた。見知らぬ名前が目にとまる。「(テオドリン・)オビアンがロレックスなど高級品を買いあさっているという記事があった」とラザフォードは言う。「社交界関連のような記事で、アフリカから来た大物が、政府の地位を利用してアメリカに滞在し、あれこれ買い求めてパーティー三昧にふけっている。だいたいそんなことが書かれていた」

「『この男はいったい何者だろう』と考えていた」[13]

高級車から船舶まで贅沢三昧

のちに提出された資料によると、その男はなんの前触れもなく越してきて、信じられないような贅沢な暮らしを始めたという。当のテオドリンは、カリフォルニアの美しい海岸を見渡せる、宮殿のようなマリブの新居で次のステップを考えていた。アメリカ人の弁護士を意のままに操り、資金のネットワークを監督させ、資金の洗浄に好都合な銀行を物色させていた。ペーパーカンパニーを手に入れ、汲めども尽きない汚れた金が入った底なしの壺を手に入れたかに見えたが、その金は父親の政権とみずからの汚職行為で得たものだった。

カリフォルニアの豪邸はすでに人で賑わっていた。庭師やアシスタントを雇い入れる一方で、テオドリンは赤道ギニアから元警察官だった人間を何人も呼び寄せ、自身の警備に当たらせた。警護班のなかには、終日マリブ界隈で飲みまわっている彼に従っている〝追跡班《チェイスチーム》〟も含まれていた[14]（テオドリンは夜九時まで寝込んでいる場合も珍しくなかった。起きているあいだはパーティーにふけっていたといわれている）。

もちろん、使用人たちには給料を払わなくてはならない。だが、「問題ではなかっただろう」とバーガーは言っていた。ペーパーカンパニーと法律事務所の口座のおかげで、それとは知らないアメリカの銀行を経由して、テオドリンは不正に得た利益から数万ドル以上を引き出し、その金を警備員や一流のシェフ、彼を乗せて町を走る運転手に給料として渡していた。テオドリン宛の請求書を調べた結果、新しく作った池を管理する〝鯉の医者〟と呼ばれた担当者に七五〇〇ドルを送金していたペーパーカンパニーの口座も存在していた[15]。

給料に不満はなかったが、警備を担当していた者たちは、テオドリンの「運転は手がつけられなく」、赤信号などおかまいなしにいつも突っ込んでいったと、のちにこぼしている。お抱え運転手の一人は、車内に残された〝小便の入ったビン〟の後始末をしなくてはならなかったとぼやいた。テオドリンは前をはだけたローブ一枚で家のなかをうろつき、「この家の門を一歩入ったら、ここは赤道ギニアだ」と脅していたと非難する使用人もいる。この使用人は、テオドリンが持ち歩いているナイキの空箱の中身がシュリンク包装された札束だと気づいた。ガールフレンドやエスコートガールに買い物先で好きなドレスを買ってやる金だった[16]。

テオドリンがマリブで暮らしていたころ、彼は何十人、おそらく何百人ものガールフレンドとつきあっていた。そのうちの一人の女性がこのクレプトクラットに恋をしたと報告されている。調査官の話では、「彼女はぞっこんだった。（あの男に）惚れ込んでいた」。テオドリンは、「ロデオドライブで五万ドルの買い物三昧を楽しんで、彼女に山のようなプレゼントを贈った。彼女はまぎれもなくその男に恋をしていた。母親にも、『ママ、私は王子様に出会ったの。私の人生は永遠に変わる』と話していた」。だが、ひとつ問題があった。彼女の誕生日に会う約束はもちろん、男のほうは彼女をすぐに忘れた。「ようやく気づいたとき、男は『しまった。彼女のことをすっかり忘れていた』と言って、二人のアシスタントを彼女のもとにやり、ロデオドライブのショッピング三昧に連れ出した。『で、買い物はしたのか』という私たちの質問に、その女性は『もちろん』と答えた[17]」

インテリアデザイナーとの四〇〇万ドルの契約を交わした弁護士のバーガーは、デザイナーの手数料を数パーセント下げられたことに意気揚々としていた。「費用を節減できて気分がいい。あなたのために働けるのは気持ちがいい」とテオドリンにメールを送っていた。あるときテオドリンのアシスタントの一人からバーガーに連絡があり、ボスが「ジャンピングスティルト」［訳註＊西洋竹馬］というものを買いたがっていると伝えた。「これを足に装着して通りを走っている男を見て以来、ボスも欲しがっている」とメールには書かれていた。この問い合わせにバーガーは、「アンリミテッド・ホライズンというペーパーカンパニーを経由して支払うのが一番いい方法だろう」と答えている（テオドリンがこの竹馬で家のなかを跳ねまわったかどうかは不明だ[18]）。

玩具はこれだけではない。わずか数年で、マリブの邸宅は三二台という信じられない数の最高級の車やバイクでいっぱいになっていた。自分でディーラーを始めるには十分な台数で、新しい店を開くための在庫にも事欠かない。海岸沿いの道路を車で駆けめぐりながら、目についたものは何でも自分のものにしていた。本人がやることと言えば、ペーパーカンパニーの口座に紐づけられた個人小切手を切ることだけだったのが調査によってわかっている。照合表の備考欄には「フェラーリ」「ランボルギーニ・ロードスター〈二〇〇五年モデル〉完済」などと記されていた。[19]

居並んだ車は壮観だった。二〇〇万ドルのマセラティと一三〇万ドルのブガッティもあった。七台のフェラーリに四台のロールスロイス、ベントレーも四台、さらにマイバッハとメルセデスがそれぞれ二台あったほか、ポルシェ、ランボルギーニ、アストンマーティンも一台ずつ所蔵していた。ビバリーヒルズにあるフェラーリのディーラーで何十万ドルも使ったかと思えば、数週間後には、やはりビバリーヒルズのランボルギーニの販売店でさらに何十万ドルもの金を車に費やすという日があった。あまりにも多くの台数を所有していたので、保管できるスペースがなくなり、購入した車の何台かはロサンゼルスのピーターセン自動車博物館で預かってもらっていた。[20]

だが、自分のコレクションを披露する機会を彼は逃さなかった。ジャーナリストのケン・シルバースタインは次のように書いている。「ある夜、酒を飲みに出かけたテオドリンは、行きつけのホテル・エルミタージュの入り口近くにブガッティ・ヴェイロンを停めた。見物人が足をとめて車を賞讃している様子を見て、（運転手を）タクシーでマリブに送り返し、二台目のブガッティをその隣に停めさせた」（身のまわりを世話する者に、「青い靴を履いているから、今日は青いロールスロイスを用意してくれ」などとよく言っていたという）[21]

ある情報提供者の話では、高級車の優良顧客ということでは、ある時期のテオドリンは、マリブのみならず、全米でも屈指の上客と見なされていたという。[22] そして、すべての車はアメリカのペーパーカンパニーの口座を経由して購入されていた。ここでも同じように、ディーラーはテオドリンの金の出どころを不安視する必要はなかった。彼らにとってテオドリンは、車を買ってくれるほかの富裕層の顧客となんら変わらない存在だった。振り出された小切手が換金でき、自社の駐車場からとぎれることなく納車が続けば満足だった。

テオドリンの関心は船舶にも広がっていった。二〇〇六年のクリスマスには七〇〇万ドルを投じて、マイクロソフトの共同創業者ポール・アレンが所有する303フィート(92メートル)の豪華ヨット「タトゥーシュ」を借りきり、彼のガールフレンドとしてもっとも有名なグラミー賞受賞のラッパー、イヴをもてなした。[23] この船に魅せられたテオドリンは、さっそく世界最大級のスーパーヨットを自分も建造すると宣言し、ドイツの造船メーカーであるクッシュヨットに200フィート(61メートル)のカスタムヨットの設計を依頼している。前述したロシアのイーホル・コロモイスキーのオフィスのように、船内にはサメが泳ぐ水槽が置かれ、そのほかに映画館、レストラン、指紋認証によるドアなどを備えていた。総額は三億八〇〇〇万ドルだった。[24]

「プロジェクト・ゼン(禅)」というコードネームで呼ばれた巨大ヨットの設計が完成したころ、テオドリンは小型ボートにも手を伸ばし、[25] フロリダ州フォートマイヤーズのディーラーから、一隻当たり約一〇〇万ドルの高性能レーシング・ボートを複数隻購入している。もちろん、資金の出どころは聞かれはしなかった。「ゴーファストボート」と呼ばれるこれらのボートは最高速度が時速200マイル(320キロ)近くに達し、彼が要求したといわれるヘリコプターのエンジンを搭載すれば、さらに速く走らせることもできた[26]。

だが、万事が順調だったというわけではない。二〇〇九年、購入したゴーファストボートの一隻をマウイに搬送しようとした際、ボートがトレーラーから滑り落ちてしまい、かなりの修理が必要になった。また、マウイのマリーナは、ボートに必要な有鉛ガソリンを扱っておらず、1バレル（159リットル）当たり数百ドルのガソリンをわざわざ取り寄せなければならなかった。船の修理が終わり、燃料を入れ、地元の人間に操縦させて、テオドリンはお気に入りの美女数人を乗せて海に出た。日帰り旅行を終えて女性たちを降ろした直後だ。操縦していた男性がテオドリンのアシスタントに急ぎの電話をしてきた。修理した部分がふたたび破損し、開いた穴から水が入ってきたと言うのだ。ボートはすぐに転覆してしまった。テオドリンは怒ったが、船を引き揚げるためにホノルルから〝特別チーム〟を呼び寄せると、ヘリコプターでメンバーを運び、何台ものトラックを手配してようやく船を救い出すことができた[27]。

自家用ジェット機GVの購入

船の次がジェット機だった。ガルフストリーム社のGV（いまどきの業界用語で言うなら「ジーファイブ」）は、5万フィート（1万5000メートル）を超える上昇高度で飛び、巡航距離は1万キロ以上にも及ぶ。ロールスロイスの最高級ターボエンジン二基を搭載し、音速に近いスピードで飛行する。NBA（全米プロバスケットボール協会）のダラス・マーベリックスのオーナーであるマーク・キューバンやグーグルの元CEOであるエリック・シュミットが所有し、アップルの天才スティーブ・ジョブズも持っていた。二〇〇六年はじめ、テオドリンは自分も彼らのクラブに入る必要があると思い立った。[28]
弁護士の助けを得て、テオドリンはインドネシアの裕福な一家が所有するGVが三八五〇万ドルで売りに出されているのを見つけた。機体そのものはオクラホマシティで登録されているので、このジェット機は理論上、アメリカの法域のもとに置かれ、アメリカの法律の対象とされていた。テオドリンにとって幸いだったのは、数千万ドルの飛行機の売買をめぐり、資金洗浄規制法やクレプトクラシーを規制する法律が存在しない点だった。プライベートジェットの販売会社は、高級ヨットや高級車同様、アメリカの銀行が負っているような要件から免除されていた。[29] クレプトクラットは、当局者や規制官の手が文字どおり届かない、はるかな高みを飛行していたのだ。
しかし、ここでちょっとした問題が生じてしまう。このような高額の買い物の場合、契約が成立しても検査がまだ続いている段階では、売り手も買い手も、前述したエスクロー口座を使って商品の受け渡しと代金の支払いを行うことが多い。テオドリンのジェット機購入も例外ではなかった。身元を隠すため、彼は別のペーパーカンパニー——エボニー・シャイン・インターナショナル——の口座を使い、数千万ドルの支払いをオクラホマ州の法律事務所マカフィー&タフトが管理するバンク・オブ・アメリカのエスクロー口座に一括して送金した。[30] マカフィー&タフトは、プライベートジェットの商談の際、エスクローエージェントをよく手がけていた。
マカフィー&タフトは当初、新しい取引に積極的に取り組んでいるように見えたが、やがて難色を示しはじめる。アメリカの不動産業者や高級品販売業者と同じように、彼らも愛国者法による面倒な規制の対象外だったが、この法律事務所はマネーロンダリング防止プログラムを独自に採用していた。しかもそのプログラムは、汚れた資金を嗅ぎ分けるため、法的な規制をはるかに上回るほど厳密だった。三月、エボニー・シャイン・インターナショナルから頭金の受領後、マカフィー&タフトの代表者はさらなる情報提供を求めた。それはほかの法律事務所や、テオドリンの周辺にいる人間たちが絶対にしなかった要求だった。マカフィー&タフトはテオドリンの弁護士に対して、エボニー・シャインに関して「もう少し情報が必要だ」と書き送り、「資金の出どころ」[31]についても説明を求めてきた。

だが、返答はなかった。その一方で、一回につき数百万ドル単位の入金が続いた。四月四日、エスクロー口座に赤道ギニアの銀行から二六〇万ドルの最初の支払いがあった。二日後にも同じく赤道ギニアの銀行から二六〇万ドルが振り込まれる。翌日、今度は一度に五〇〇万ドルを超える金が送金されてきた。その間、エボニー・シャインの実質的な所有者は誰なのか、なぜ汚職で知られるあの赤道ギニアから百万ドル単位の入金が続くのかとマカフィー&タフトは問いただしたが、テオドリンの弁護士は質問にとりあわなかった。[32]彼らには答えるつもりはなかった。それまで、テオドリンの金を拒んだアメリカ人や企業はほとんどいない。断る義務が課されていなければなおさらだった。

マカフィー&タフトの問い合わせは続いた。エボニー・シャインに関する沈黙と赤道ギニアから送られてくる何百万ドルもの金に驚き、最終の支払いを確認した数日後、今回の取引はキャンセルして、資金は返却するとテオドリン側に通告した。法律事務所の代表は、「エボニー・シャインから怒りの電話がくると予想していたが、連絡はまったくなかった[33]」と証言している。マカフィー&タフトがなぜ取引から手を引くことを決めたのかをめぐっては、最終的な理由は不明のままだ。赤道ギニアの案件にかかわり、マスコミに叩かれたくなかったからかもしれない。あるいは、競合事務所よりも強固な企業モラルを掲げることで、可能なかぎり汚れた金に手を出さないと考えていたのかもしれない。つかの間とはいえ、資金洗浄規制法が適用されない業界でも自主規制が可能——政府による規制の追加を必要としない――かもしれないという理念の正しさを示しているように思えた。

しかし、そうした思いも長くは続かなかった。キャンセルからわずか数日後、テオドリンたちはインシュアード・エアクラフト・タイトル・サービス（ＩＡＴＳ）という別のエスクローエージェントを見つけていた。新しいエージェントは、テオドリンが、ＧＶを所有するマーク・キューバンやエリック・シュミット、スティーブ・ジョブズの仲間入りを手伝えるのは弊社にとっても喜びだと口にしていた。法律事務所でもモラルに準じた方針に従える事実をマカフィー＆タフトが証明したちょうど一週間後、ＩＡＴＳは報酬が得られる限り、そんなモラルはまったく必要とされていない現実を見せつけた。

それから数週間後、本当の買い手が誰なのか、問題の数千万ドルの資金は実際に誰のものなのか、ＩＡＴＳが知らないまま売却手続きは完了した。ＩＡＴＳの社内弁護士は、売り手と買い手の両者に、取引は法律に準じてとどこおりなく終了したと嬉々として報告した。たしかにそのとおりだった。上院の調査官も、「数百万ドルの航空機の売買を仲介するアメリカのエスクローエージェントは（エボニー・シャインのような匿名のダミー会社と）取引する際、顧客の身元を確認し、航空機購入の資金源を審査したり、あるいは特別な予防措置を講じたりする法的な義務を負っていない[34]」と報告書にも書いている。

テオドリンは新しい玩具をただちに使いはじめた。フライトレコードを見ると、その後数年で彼の行動範囲はバミューダからドバイ、ブラジル、フランスなど世界中に広がっていたことがわかる。二〇〇七年三月から二〇〇九年十一月だけでも、実に三五回もアメリカを行き来していた[35]（そのうちの一回のフライトではラスベガスにふたたび立ち寄り、フォーシーズンズの一泊五〇〇〇ドルのプレジデンシャル・スイートに宿泊している。その際の請求書には、本人の直筆でテオドリン王子と書かれていた(36)。ガールフレンドやモデル、エスコートガールなど、ついに私の王子様を見つけたと思い込んだ女性たちが常に同乗しており、テオドリンといっしょにすばらしい目的地へと向かった。

マイケル・ジャクソンの死

しかし、どんな女性を乗せようとも、テオドリンが好んで自家用機に招いていたゲストにかなう女性はいなかった。それがジャネット・ジャクソンだった。二人がどんなきっかけで出会ったのかは不明だが、二〇〇〇年代後半までには友人関係にあったのは明らかで、ジャネット・ジャクソンはテオドリンのマリブの邸宅の〝常連客〟になっていたという(37)。ある連邦捜査官に聞いた話では、ジャネットのほかにも、知名度は劣るがジャクソン兄弟の次男ティトと三男のジャーメインともテオドリンは仲がよかった。「マイケル・ジャクソンの家族は(テオドリンといっしょに)頻繁に飛行機に乗っていた(38)」。もっとも、テオドリンがアイドルだと崇める人物に会ったかどうかは記録されていない。テオドリンだけではなく、彼と同世代の多くがその人物を崇拝していた。二〇〇九年六月にマイケル・ジャクソンが急死すると、自分がヒーローと慕う人物と親しくなる機会は永久に失われる(39)。前述したジャーナリストのケン・シルバースタインが書いているように、テオドリンはロールス・ロイス・ファントムを運転してマイケル・ジャクソンの追悼式に出向いた。子供のころから崇めてきた人物に会う機会はついになかった(40)。

だが、別の方法でキング・オブ・ポップを偲び、彼のレガシーを守りつづけることはできる。そう考えたテオドリンはあるアイデアを思いついた。そのアイデアとはマイケル・ジャクソンの遺品をひとつでも多く買い占めることだった。なんでもいい。どんなつまらないものでも記念品でもいい。金メッキされたレコードやネバーランドのささやかな小物、マイケルが偶像となり、伝説となった瞬間に直接結びついたゆかりの品々を可能な限り収集するのだ。そのためにいくらかかろうとも問題ではなかった。

幸いなことに、アメリカ政府が提供してくれる法律の抜け穴のおかげで、ここでも容易に実行できる方法があった。この国では、サザビーズやクリスティーズなどの大手オークションハウスをはじめ、美術品や収集品の販売業者も反資金洗浄にともなうデューデリジェンスの規制は受けていない。アメリカは世界最大の美術品市場で、その規模は約三〇〇億ドル、全世界の売上の約44パーセントを占めている。[41]それにもかかわらず業界そのものは、長いあいだいかなる行政監督も受けてこなかった。この種の商品を販売するオークションハウスには、「資金洗浄を防止し、顧客の身元を確認するための詳細な手続きが義務づけられていない」事実が、二〇二〇年の上院報告書で明らかにされている。たしかに、美術商やオークションハウスが自主的に反マネーロンダリングの方針を採用することはできるが、「(オークションハウスが)購入者の身元を確認したり、あるいは競売を通じて購入者が資金洗浄を行っていないことを確認したりする法的要件は存在しない[42]」。

率直に言うなら、アメリカのオークションハウスでは、金さえあれば、誰もがどんなものでも、好きなだけ購入できるのである。

マネーロンダリングに利用されるオークションハウス

権利関係が錯綜する音楽業界で、マイケル・ジャクソンの遺品の多くを売買する権利を獲得したのは、ロサンゼルスを拠点とするジュリアンズ・オークションだった。マリリン・モンロー関連の商品やモハメド・アリゆかりの品、バーブラ・ストライサンドの小物など、あらゆる需要を掘り起こしてきたジュリアンズ・オークションにとって、マイケル・ジャクソンの遺品を手がけるのは当然の流れだった。二〇〇一年、ダレン・ジュリアンによって創業されたこのオークションハウスは、メモラビリア（記念品）市場の波に乗って成長してきた。他方でその波には犯罪者たちもすでに関心を寄せていた。「一九九〇年代後半のオークションビジネスではクラシックカーが主流で、麻薬で得た金をロンダリングする手段として利用されていた。（略）当時、私が働いていた車のオークション会社は、依頼主が麻薬のディーラーだったと判明したため、家宅捜索を受けたことがある」とジュリアンは私に話していた。

そんな過去があるにもかかわらず、オークションハウスを利用し、汚い金を貴重な品々に換える潜在的な手段として、クレプトクラットが目をつけていることを不安視している気配は、彼にはうかがえなかった。汚い金もきれいな金も価値は同じで、問題はオークションハウスに客が集まるかどうかなのだ。「結局、肝心なのはその金で何をするのかであって、どうやって手に入れたのかは、私たちには関係がない[43]」とジュリアンは屈託なく答えていた。

マイケル・ジャクソンの遺品が出品されるオークションで、テオドリンが存在感を示すようになるまでに時間はかからなかった。二〇一〇年半ばに始まった一連のオークションは、ほかの地域で行われている伝統的な競売スタイルに従って進められた。前方の演壇に入札者がずらりと座り、競売人がその前に立って対象となる物品の由来と出どころについて簡単に紹介したあと競売が始まる。買い手が競って入札を行うそばから、競売人はどんどん数字をあげていき、最終的には一人の買い手が残る。

ジュリアンのオークションでは、テオドリンはアシスタントの一人に担当を命じていた。ワンダ・ケリーというロサンゼルス在住のすらりとした若い女性で、マイケル・ジャクソンの遺品に興味を示すほかの入札者に競り勝っていた[44]。その後の捜査や残された領収書によると、ケリーは喜んでこの仕事に応じていたという。この年、ビバリーヒルズ、ラスベガス、マカオで何度となくオークションは開催されているが、テオドリンのチームは電話でも入札に応じていた[45]。

頭文字がともに「MJ」のマイケル・ジャクソンとバスケットボール界のスーパースター、マイケル・ジョーダンのサイン入りバスケットボールを、テオドリンは二四万五〇〇〇ドルで手に入れた[46]。銀色に輝くMTVビデオ・ミュージック・アワードのトロフィー「ムーンマン」は六万ドルで落札。マイケル・ジャクソンの代表曲のひとつ「今夜はビート・イット」のゴールドレコードもあった。「スリラー」のミュージックビデオに登場するマイケルのサイン入りジャケット、生前の顔で作った〝ライフマスク〟もあった。いずれも何十万ドルも出して落札したものばかりだ。等身大のマイケルの像もあった。マイケルはこの像をネバーランドの牧場の何カ所かに点在させていた。テオドリンはさらに何千ドルもの金を出してこの像を買い集めていた[47](マイケル本人といっしょに過ごせないのなら、六つの等身大のレプリカで我慢するしかない)。

オークションの様子を映したビデオが一本残っている。二〇一〇年夏にラスベガスで行われた際の映像である。(48) パウダーブルーの上着を着た競売人の中年女性が演壇の中央、「ジュリアンズ・オークション」と刺繡された横断幕の前に立っている。かたわらにはポール・マッカートニーやリンゴ・スターなどの有名人の写真が並んでいる。彼女が見下ろしているのは、ざわついている何十人もの競売の参加者で、値をつけるときに掲げる手札《パドル》を持っていた。「皆さん、聞いてください。今日はちょっとしたことを考えています。パドルを持っている人全員が一度は入札できるように、このオークションは一ドルからスタートします」と話している。声はしだいに大きくなっていき、参加者のどよめきもその声に合わせて広がっていく。「そうすれば、お子さんたちにも自慢できるでしょう。今日、ご自分がこのオークションに参加したことをお子さんに伝えてください」と訴え、参加者たちを指さしながら、「このオークションに参加して、『あの手袋に入札した』とかならず話してあげてください」と、その声はもう絶叫に近い。

彼女の右手に置かれたモニターが光って、〝あの手袋〟が映し出された。マイケル・ジャクソンの伝説に通じている者なら誰でも知っているあのアイテム、手首にスナップボタンがついたコットンの白い手袋だ。何百個ものスワロフスキーのクリスタルビーズが手縫いでちりばめられている。「バッド」でマイケル・ジャクソンが使っていた伝説の手袋で、彼が象徴する文化の頂点にあるアイテムだ。彼の名声を語るうえでもっともまばゆく、かならず触れなければならない遺産である。

オークションが始まった――「一ドル！」――パドルというパドルがいっせいにあがる。参加者に向かって競売人が数字を連呼する。パドルが上下に振られ、数字はたちまち渦を巻くようにせり上がっていった。金額はまたたく間に六桁、一〇万ドル台に達した。観客たちの興奮は高まる一方で、悲鳴や叫び声、つぶやきやあえぎ声が出し抜けに飛び交う。一四万ドルに達したところで、一瞬間《ま》が空いた。「一四万ドル、いいですか？」。別のパドルがあがった。一五万ドル。さらに一六万ドル。競売人はふたたび間を置き、固唾《かたず》を飲んで待っている観客を見渡した。「一六万ドル、一六万ドルでいいですか？《フェア・ウォーニング》」と言うと、もう一度観客を見まわして手をあげた。「一六万ドルでいいですか！《ゴーイング・ワンス》　一六万ドルでいいですか！《ゴーイング・トゥワイス》　落札——」

その瞬間、観客たちは割れんばかりの拍手を贈った。競売人の女性は落札者に向かって微笑みかけ、「どうぞ、皆さんにご挨拶を」と言った。最前列でグレーのドレスを着た若い女性がゆっくり立ち上がり、観客に向かって膝を曲げてお辞儀をした。観客のなかで彼女が何者か気づく人はほとんどいなかったはずだ。だが、後日捜査官が特定したように、落札したその女性こそワンダ・ケリーだった。オークション終了後、ケリーも言っていたように、「たとえばの話だけど、あの手袋を落札できなければ私はこの会場を出ていけなかった(50)」。

手袋や残りの落札品の支払いは容易だった。オークションハウスは落札者が支払う金の出どころについて気をもむ必要はないので、赤道ギニアにあるテオドリンの口座から直接振り込まれた金を受け取るだけでよかった。とはいえ、ケリーの背後にいるのが自分であることをテオドリンは世間に知られていいわけではない。あるオークションで、マイケル・ジャクソンのクリスタルソックスを八万ドル、ジャケットとシャツを一四万ドルと、ほぼひとそろいの衣装を落札したあと、テオドリンのアシスタントの一人は、オークションハウスに「(テオドリンの)名前がどこにも出ないように確認してください。(略)記名が必要な箇所には私の名前を記入してください。これは非常に重要です」と書き送っている。

テオドリンは〝見えない存在〟にしておかなければならないと書き添えられていた。オークションハウスは喜んでそれに応じ、「前回の取引と同じ形式で、明細請求書を書き直しておけばよろしいでしょうか」(前回の形式とは、すべての落札品を一ページにまとめ、カタログのページ番号を追加したうえで〔テオドリンの〕名前を書き替えること)と確認して、担当者は指示されたとおりに落札品を次々に書き込んでいった。[51]

わずか数カ月のあいだで、マイケル・ジャクソンの遺品の大部分は、オークションハウスを経由して、ネバーランドからそのままテオドリンの手に渡っていった。そして、マイケルが亡くなって一年そこらで、テオドリンが収集した思い出の品々は、世界でもっとも豪華なマイケル・ジャクソン・コレクションとなっていた。

「テオドリンとの取引で不愉快になったことなど一度もなかった」とジュリアンは私に語っていた。「熱心なマイケル・ジャクソンのコレクターであるのはまちがいない。(略)それに、いつも礼儀正しかった」。では、彼に向けられた金の疑惑についてどう考えているのだろう。「彼は顧客なので、それなりの礼儀を払わなくてはならず、客観的に見るのはやはり難しい。私たちのビジネスを助けてくれたし、なんと言っても申し分のない顧客だった[52]」とジュリアンは言っていた。

マイケル・ジャクソンの手袋

そのころマイアミでは、海外腐敗行為捜査部隊のラザフォードは壁にぶつかっていた。テオドリンの事件を調べるため彼が担当を命じた捜査官は、いずれも最後には行き詰まり、やる気を失っていた。なんらかの情報を得るために国外の機関に問い合わせても、むしろ欲求不満は募るばかりだった。

移民関税執行局にはFBIの捜査官が行使できるような組織的な力、官僚的な権限はなかった。また、テオドリンが抱えていたペーパーカンパニーのネットワークに翻弄され、匿名の網につまずく者もいた。一人また一人と辞めていくか、あるいは別の部署に転出していった。

だがまもなく、ラザフォードはロバート・マンサナレスという捜査官の存在を知る。マンサナレスは髪を短く刈り込んだ無愛想な人物で、「能なし」とか「ゲス野郎」などという罰当たりな言葉が勝手に口を衝いて出てくることでも知られていた。二〇〇八年にラザフォードの配下に加わり、マネーロンダリングや汚職の捜査はすでに経験していたが、それらは国内の事案に限られていた。だが、テオドリン事案の枠が空いており、ラザフォードはマンサナレスこそ自分が求める捜査官ではないかと考えた。

マンサナレスのほうは、「火中に放り込まれたようなものだ」と私に話していた。「『テオドリン・オビアン』も『赤道ギニア』もまともに発音できず、『クレプトクラシー』もその点では大差なかった」。彼が知っていたのはロンダリングだった。しかも、「クレプトクラシー」のようにオリガルヒや政府の要人が国そのものを略奪し、略奪した資産をアメリカのような国に隠匿している事実は、彼がこれまで見てきた事例とは比べものにならないほど巨大だった。「専門用語にうとく、どれもはじめて耳にするような言葉だった。たしかに汚職事件は扱っていたが、国内の事案ばかりだった。自分にはまったく別世界の事件に思えた」

とはいえ、突き詰めれば、汚い金はやはり汚い金でしかなく、出どころの違いにかかわりなく、洗浄された金は洗浄された金にすぎない。ラザフォードからテオドリンの捜査を依頼されたとき、マンサナレスに迷いはなかった。「どう言って断ればいいのかも知らなかったこともある」[53]（ラザフォードは後日、マンサナレスについて「金脈を掘り当てた」と言っている[54]。

捜査にかかわった直後からマンサナレスは仕事にのめり込み、過去の報告書や記録を調べつくした。かつての上司たちに叩き込まれたことを覚えていた。「上司の一人はいつも口を酸っぱくして私に言っていた。まず、支払済み小切手を調べろ。そうしたら、ふたたび支払済み小切手だ。最後も支払済み小切手しかない。とにかく支払済み小切手を調べろ」と話していた。彼が探していたものは、ほかの捜査官がまとめた膨大な書類のなかにあった。ボートトレーラー会社への支払いの一覧で、小切手がわかったのは思いがけない幸運だった。しかも、換金したトレーラー会社はオフィスからさほど遠くない場所にある。「干し草のなかから針を見つけたような幸運だった[55]」

車に飛び乗ると、マンサナレスはその会社に向かった。マネージャーを見つけ、身分を明かすと、手にしていた小切手で支払った購入者に心当たりはないかと尋ねた。「もちろん。王子様のボートだ」とマネージャーは答えた。

「王子様？」と聞き返した。

「ああ、アフリカから来た男性で、たしかに王子様だった。ボディガードも引き連れていた」。テオドリンだろうか。マネージャーはその「王子」はフロリダでボートを作っていたと話し、ボート会社の連絡先を教えてくれた。

さっそくそのボート会社に連絡を入れた。何を探しているか伝え、テオドリンが購入したと思われるボートの代金がどのように支払われたのか、金融関連の書類を探していることを伝えた。ボート会社の代表は、誰の話かよく知っていると答えた。「そのときの電話で、『ところでマンサナレスさん、ボートは一隻ではなく三隻ですよ』と言われた」。会社は喜んで協力するとも言ってくれた。

書類を受け取るためにボート会社を訪れたマンサナレスは、そばに座っていた女性従業員と話を交わした。〝王子様〟の話になって、時速200マイル(320キロ)の船がどうして必要なのかと話しているとき、相手の女性が「あの人が手袋を持っているのは知っているわよね」と口にした。マンサナレスは相手に向きなおった。何を言っているのかわからない。自分がここに来たのはボートについて聞くためで、ファッションの話ではないはずだ。「そこで、『手袋って、いったいなんの話?』と聞いていた」

「マイケル・ジャクソンの手袋よ」

「あのスパンコールがついた?」

この時点ではまだ誰もマイケル・ジャクソンの手袋の件については知らなかった。マンサナレスはもちろん、彼の同僚も知らず、当時のテオドリンのネットワークに関係する者以外、誰も知らなかった。しかし、南フロリダのボート会社で働いているこの女性は、どうやら例外だったようだ。その話はどうやって知ったのか、マンサナレスは聞いてみた。「彼のアシスタントが話してくれたの。彼女、自慢していたわ」

彼女の言うアシスタントが誰かについては、マンサナレスはすでに知っていたが、この「マイケル・ジャクソンの手袋」についてはもっと調べなくてはならない。オフィスに戻ったマンサナレスは、パソコンの前に座ると検索を始めた。オークションを撮影した動画はすぐに見つかった。ワンダ・ケリーが手袋を落札していた。競売人がいる。競り上がっていく金額。ケリーが競り勝ち、立ち上がって礼をしている。動画を見終えたマンサナレスは電話を取り、テオドリンを立件するために移民関税執行局と共同で取り組んでいた検察官にただちに連絡した。

「私は、『(テオドリンが)マイケル・ジャクソンの手袋を落札したオークションを映した動画を転送する』と伝えた」。電話の向こうが一瞬静まった。

「相手はこう言っていたよ。『手袋って、なんの話だ？』」[56]

第9章 アメリカ合衆国VS「スリラー」のジャケット

「かつては『生きるべきか、死ぬべきか』が問題とされたが、
いまは『持っているか、いないのか』が問題なのだ」
オイスタイン・アクセルベルグ(1)

汚い金で購入されたマイケル・ジャクソン・コレクション

クリスタルがちりばめられたマイケル・ジャクソンの手袋購入の背後にテオドリンがいることを突き止めたマンサナレスは、手袋の購入の段取りを可能にした人物にただちに接触した。ジュリアンである。彼のオークションハウスこそ、マイケル・ジャクソンの遺品を買いあさるテオドリンの買い物三昧を何年もサポートしてきた。はじめて面談したとき、ジュリアンは顔を真っ青にしていた。何か悪いことをしてしまったのか。法に触れたのだろうか。嫌疑がかかっているのか。関心があるのは、テオドリンの資産の追跡だと言って、マンサナレスは相手を落ち着かせた。つまるところ、ジュリアンのようなオークションハウスは、資金洗浄やクレプトクラシーの規制に関する基本的な要件を免れ

ている。ジュリアンが心配する理由はなかった。「何も悪いことはしていない。絶対に何もしていない。報告すべきこともない。そんな義務など負っていない。ゼロだ。まったくなんの義務もない[2]」とマンサナレスは言っていた。

ただし、召喚状が来るかもしれないと伝えた。テオドリンがどんなふうに背後で金を動かし、どうやって手袋の購入資金を工面したのか追跡するためだ。ジュリアンは喜んで協力すると答えたが、テオドリンについて、ジュリアンはマンサナレスに知っておいてほしいことがひとつあった。マンサナレスの話では、ジュリアンは「相手は金ばなれのいい上客だ」と訴えていたという。マンサナレスは一瞬考えた。この話は手袋に関する話だ。スワロフスキーのビーズがあしらわれた一組の手袋についての話だ。その一件だけにすぎない。このとき、新たな疑問が頭をもたげた。調査すべき品物がほかにもあるのではないか。聞き出さなくてはならないマイケル・ジャクソンの遺品や記念品がほかにもあるかもしれない。

「意味ありげな沈黙が続いた」とマンサナレスは言う。ジュリアンが突然黙り込んでしまったのだ。やけに場違いな沈黙に思えた。だが、以前にも出くわしたことがある沈黙だ。それはまったく別の糸口がある事実を裏づける沈黙だった。ジュリアンが答える前に、マンサナレスは話を続けた。召喚状の範囲を拡大して、テオドリンや彼のネットワークが購入したほかの品物も対象にするとジュリアンに伝えた。「思ったとおりだった」と数年たったいま、マンサナレスは笑いながら話していた。

マンサナレスら当局者にとって、一本だった追跡の糸が突然何本にも増えた。ジュリアンが召喚状に応じたことで、日付、名前、記録、取引などが記載された文書が次々と運び込まれてきた。そのなかには、テオドリンにかわってオークションで競り合ったワンダ・ケリーからのメールもあり、テオドリンの痕跡を隠すように伝えていた。「あるメールでケリーは、『みんな聞いて、忘れないでね。(テオドリンは)幽霊のままでいなくてはならないの。誰にも彼だとわからないように』と訴えていた。こんなやり取りも、召喚状一枚で暴かれると察しがつくほど彼女は賢くなかったようだ」とマンサナレスは言う。

そして、マンサナレスが「フェチ」と呼ぶ、マイケル・ジャクソンに対するテオドリンの執着の詳細な全容が明らかになった。マイケルの銅像やさまざまな賞品、金メッキされたレコードや金色の靴下、フェルトの中折れ帽や写真、楽譜——テオドリンが新たに集めた、広大なコレクションのすべてがそこにあった。それらはいずれも、彼がアメリカに直接持ち込んだ汚い金で購入されていた。マイケル・ジャクソンを偲ぶ記念品の世界が手招きしていた。単一のコレクションとしては、文字どおり世界最大のコレクションだ。「情報を取り込めたことで、この勢いに乗って捜査を少しずつ進めていけるだろうと考えるようになった」とマンサナレスは語った。「裁判にでもなれば、一件はさらに人目《セクシー》を引くことになるとすぐに思った。あの件にはそれだけのセックスアピールがあった」[3]

クレプトクラシーからの資産回収戦略

ワシントンでは新政権がこの件に注目していた。一九九〇年代後半にレビンが行った公聴会を通じて、アメリカの銀行システムの地下深くに浸透している汚れた金という地下水の存在が暴露されてから一〇年、国の政策担当者は延び延びにされてきた問題解決の糸口を模索しつづけてきた。ブッシュ政権では汚れた金がテロリストの資金調達に果たす役割に焦点が当てられてきたが、新政権の政治家は全体的な視点に基づいてこの問題をとらえようとした。

なんと言ってもオバマ政権は、傷つき、血を流しつづける金融システムを訴えることで政権を獲得した。その金融システムは、アメリカの経済安全保障が不正のもとに成立していた事実をあまさず露呈していた。そして、オリガルヒや誇大妄想的な独裁者と結びついた不正な富をめぐる問題は、その後もワシントンで論議されてきた。オビアン一族とリッグスの関係をめぐる話は、課された義務を怠っていたにもかかわらず、銀行は「大きすぎてつぶせない」という欺瞞に満ちた物語をめぐって、多くの点で前例となるものだった。それだけに、崩壊した金融システムの修復にこだわる政権が、アメリカに押し寄せてくる国外の独裁者や腐敗政治家の資金をターゲットにするのはごく自然のなりゆきだった。

まもなく、アメリカの汚職防止の取り組みをめぐり、オバマ政権はタリバンやそのテロ活動との戦いから、クレプトクラシーというはるかに大きな問題へと方向転換を図った。二〇一〇年夏、ウガンダで開催されたアフリカ連合の首脳会議を訪問中の司法長官エリック・ホルダーは、この問題に特化した新しい組織を政府に設立すると発表、出席者に向かい、「アメリカの司法長官として、汚職撲滅を国内の最優先事項として取り組むことを決定した。本日、合衆国司法省が『クレプトクラシーからの資産回収戦略』(KARI)を開始することを喜びとともに発表したい。この戦略は、国外政府関係者による大規模な汚職活動を撲滅し、公的資金を意図された本来の用途、つまり本会議の参加国の国民のために回収することを目的としている(4)」と述べた。

名称からもうかがえるように、KARIは、政権によって収奪された汚い金を原資に購入された資産を特定し、それらを差し押さえて回収することを目的に新設された。組織は専任の検察官によって編成され、アメリカの汚職防止の枠組みの隙間を突いてくるクレプトクラットを取り締まるとホルダーは説明していた。「汚職行為を阻止して違反者に責任を負わせ、公的資産を保護するため、すでに実施されている取り組みに基づき、この任務に専従する検察官チームを組織している」[5]。司法省刑事局で資金洗浄部門や資産回収部門に従事する人員も投入されるので、KARIの新設で、「腐敗官僚が盗んだ資産の安全な隠し場所をアメリカに求めることができなくなるよう、万全の手が打たれる」と語っていた司法省関係者もいた[6]。

法律上、アメリカ政府は汚職行為を犯した者の入国を禁じることはできる。しかし、入国は拒めても、豪邸やプライベートジェット、高額な奢侈品《しゃしひん》はそのまま所有でき、手を汚した官僚はアメリカ国外にいても、所有権を保持できるのだ。その後の政権がビザの発給停止を取り消してしまえば、オリガルヒや汚職官僚は待ってましたとばかりに再入国し、それを阻む手段は何もない。

だが、新たに構想されたKARIでは、「資産回収戦略」とあるように資産の回収が実施される。「市民資産没収」として知られるこの手続きは、アメリカ国内では長い歴史があり、汚職や横領で得た資金で購入された資産の所有権を政府が差し押さえることができるのだ。そればかりか、KARIではそれまでにない措置として、押収した資産そのものが暴政によって収奪された本国の国民に返還される手続きが取られる。ホルダーの発表直後、司法省次官補のラニー・ブルーアーは、「このような資産を発見した場合、司法省は盗まれた資産を没収し、正当な所有者、すなわち収奪された当該国の国民と政府に返還する」と述べていた[7]。

司法省のある検察官の話では、資産の「凍結－没収－返還」という一連のプランは、反クレプトクラシー政策が抱えていた大きな問題のひとつを解決するものだった。私腹を肥やす問題の政治家や役人が、自分や自分の資産が捜査の対象になっているという情報を得たり、あるいは犯罪捜査を突然受けたりしても、汚職の有無にかかわらず、外交特権という当局者に授けられた恩恵を使えば、飛行機に乗って本国に帰ることができる。帰国さえすれば、身柄の引き渡しや訴追を心配する必要はなくなる。「自分が連邦政府の捜査を受けていることに気づけば、もう二度とアメリカに入国することがないのは言うまでもない(8)」

だが、不正に得た金を注ぎ込んで手に入れた資産のほとんどは、飛行機に乗せて帰国できない。不動産などはアメリカ当局に差し押さえられる可能性がある。さらに、市民資産没収のような事案は、刑事訴追に比べてはるかにハードルは低い。その検察官の話では、「アメリカでは被告人不在のまま刑事裁判は行えず、しかも証拠に関する負担がともなうばかりか、公訴事実の認定をめぐり、合理的な疑いを超える証明が必要になる。だが、民事事件では証拠の優越性を満たせばいい。さらに時効の問題もあった。刑事訴追は時効が五年だが、民事没収の場合、時効はもっと長く設定されている(9)」と言う。

司法省に新設されたKARIは、クレプトクラットに狙いを定め、民事没収を使って彼らがアメリカ国内で手に入れた資産の押収に専念することになった。この国に押し寄せるクレプトクラットを撃退する戦いは、エスカレートしていく一方だったが、その戦いにおいてKARIの創設は政府がそれまで講じてきた対策のなかでもっとも先見性に富んでいた。この新構想のもと、誰よりもターゲットとされていた人物がいた。それがテオドリンだった。

インフラ事業にかかわった外国企業の惨状

発足した司法省の新チームは、その後、マンサナレスとラザフォードと連携した。二人とも移民関税執行局が主導するテオドリンの捜査を行っており、捜査は引き続き二人がリードして、司法省の検察官は実際に差し押さえた資産の関連書類を照合してつなぎ合わせる作業に取りかかった。調査の目的は、テオドリンがアメリカの資産購入に注ぎ込んできた金は、世界でもっとも腐敗した政権が収奪した金である事実を裁判官に納得させることに尽きた。

捜査のためマンサナレスとラザフォードは、テオドリンを生み出した赤道ギニアの政権について調査を始めた。大勢の関係者から話を聞き出さなければならなかったが、接触した赤道ギニアの政府関係者から大した情報を得られないのはすでにわかっていた。彼らはオビアン一族に脅されているか、あるいは利益を得ていた。そこで二人は政府関係者ではなく、パイプラインや道路、宮殿などの赤道ギニアのインフラ事業にかかわった関係者を探すことにした。オビアン政権の政権基盤を支えたヨーロッパの企業で、前述したように一族の底なしの欲望に飲み込まれ、すべてを失った企業も少なくはなかった。

二人はロンドン、ローマ、マドリッドを訪れたが、物見遊山な気分はすぐに消えた(「一年に七回もロンドンに行くと、さすがに飽きてくる」とラザフォードも言っていた)。渡欧のたびにホテルのロビーやレストラン、アメリカ大使館などで、オビアン一族の醜悪な内幕を目の当たりにしてきた者との面談が行われた。彼らは命からがら赤道ギニアから逃げ出すことができた。マンサナレスの話では、「面談した相手の多くは、赤道ギニアでまともなビジネスができると思っていた請負業者だった。仕事が始まって数カ月すると、テオドリンか彼の父親（通常はテオドリン）が、彼らの仕事や持ち込んだ製品や機械類に税金を課してきた。それから、それまで開かれていた大統領との関係が突然閉ざされてしまう」[10]。

二人が聞き出した話では、ビジネス上の取り決めは一夜にしてひっくり返されたという。テオドリンと彼の父親は、気が向いたときに、政権の命令に素直に従わない外国企業の機材、つまり事業活動そのものと、それにともなう利益のすべてを差し押さえた。業者に残された手段はいち早くこの国から逃げ出すことだった。「夜中に出国しなければならないほどの脅迫を受け、機材も残らず置いていかなければならなかった。残してきた機材は政府によって不正に押収されていた。かわいそうに、面談した多くはそんな被害を受けていた」とマンサナレスは話していた。国外脱出に間に合わなかった者、政権の命令を拒んだ者は、建設機材や掘削装置だけではすまなかったという話も聞いた。「（一族のために働く暴漢は）彼らを木製の台に拘束して、足の裏を鉄パイプで血がにじむほど打ちすえていた。足を引きずって歩いている者がいれば、拷問を受けたとすぐにわかった」[11]と言う。

命からがら逃げてきたにもかかわらず、業者のなかには「もしかしたら、大きな誤解だったのかもしれない」と、まだ相手を信じている者もいた。一族が自分の意図を見誤っただけなのではないか。赤道ギニアに戻れば、すべてうまくいくかもしれない。「あの国で建設業務に従事していたイタリア人がいた。機材いっさいとともに赤道ギニアに向かった業者は当初こそ大歓迎されたが、数カ月後には国から叩き出された」とマンサナレスは話していた。何もかもなくして、そのイタリア人業者は仕事が立ち行かなくなった。「イタリアで彼から話を聞いたとき、通訳を介して私は、『いいですか。もうかかわってはいけない。あの国には戻ってはいけない。何をしでかすかわからない連中だ。命を奪うことさえできる』と忠告した[12]」

それからしばらくして、マンサナレスに電話がかかってきた。例のイタリア人業者が、彼の忠告を無視して赤道ギニアに戻ったという。押収された機材の代金を取り返すためだった。電話で聞いた話では、「現地に渡った彼が車に乗り込んだときだ。エンジンをかけたその瞬間、車が吹き飛んだという」。誰の仕業か考えるまでもない。「この事件後、あの国には絶対に足を踏み入れてはいけないと念を押されるようになった。とくに司法省の人間と私に対してだ。毒を盛られるからだという。奴らは獰猛《どうもう》な野蛮人で、情け容赦のない残忍な一族だ[13]」

アフリカの腐敗政府の実態

マンサナレスとラザフォードは、捜査を通じてテオドリンがほかの資産をアメリカ国内のどこに隠しているのかヒントを得ていた。やはりテオドリンだ。正体を隠すためにこの国で資金を循環させているにもかかわらず、自分が脚光を浴びる機会があればその機会に飛びついていた。マイケル・ジャクソンゆかりの品々を誰が隠し持っているのか、その噂話はボートの販売業者に聞いてみるだけでよかった。カリフォルニアで高級車を扱うディーラーは、車のコレクションに対するテオドリンの天井知らずの執着について喜んで話を聞かせてくれた。太平洋を見下ろす宮殿の新しいオーナーの正体について、地元の人間は早々に気づいていた。テオドリンはマリブの新しい王子様だった。

「私は麻薬捜査の出身だ。何をやっているのか常に秘密にしようと努めて、潜入捜査を進めてきた」

とラザフォードは言う。「ドラッグの世界では、証拠を隠滅して足がつかないようにすれば、すぐにでも取引が始められる。その点では（テオドリンの場合も）まったく変わらないはずだが、奴は痕跡を隠そうともしなかった。証拠隠滅も図ろうとはしない。ひたすら前を行くだけだ。それがテオドリンという人間で、われわれにとってはそれが幸いした(14)」

捜査を進めていたのはマンサナレスとラザフォードだけではない。彼らが動いているあいだ、司法省の検察官も協力を続け、証拠をひとつひとつ積み重ねて事件の実態を明らかにしていった。この時期、テオドリンの積年の宿敵がふたたび登場する。上院議員のカール・レビンが上院の常設調査小委員会（ＰＳＩ）の有能な調査官を引き連れて現れたのだ。

リッグスの資金洗浄事件以降も、レビンらは不正がはびこる世界でたんねんに調査を進めてきた。調査対象は国連を舞台にした横領、タックスヘイブンを利用した租税回避、世界各国で行われている不正行為など、それまで以上に広い汚職の世界に及んでいた。しかし、二〇一〇年代早々、レビンとスタッフらは9・11以降、さらに愛国者法以降に取り組んできた問題について再度検証しようと考えていた。法の抜け穴の現状や、アメリカの資金洗浄対策を根底から覆すような新たな抜け穴が出現していないか確認したかった。それを調べるうえで、テオドリンほど格好な存在はなかった。

常設調査小委員会の鉄槌は二〇一〇年二月に下された。「国外の不正事案からアメリカを守る」と題した三二八ページに及ぶ報告書を発表、そのなかでレビンらは、不正を働いた国外の人間がこの国の弁護士や不動産業者、エスクローエージェントやペーパーカンパニーを利用して、汚い金をどうやって洗浄しているのか詳細に解明した(15)。

さらにアメリカで資金洗浄を行っている腐敗政府の実態を調査したレビンらは、アフリカのガボン政府がジェフリー・ビレルというアメリカ人ロビイストを使い、装甲車を合法的に購入していた事実を突き止めた[16]。さらにナイジェリアの汚職政治家アティク・アブバカルが、妻であるアメリカ人のジェニファー・ダグラスを介して、ひそかに約四〇〇〇万ドルの資金をアメリカ国内に送金していた事実や[17]、アメリカに設立したペーパーカンパニーを利用して、アンゴラの悪党たちがピエール・ファルコンヌという武器商人の金をどうやって隠匿していたのか、その事実についても明らかにしていた[18]。

報告書のなかでも詳細を極めて言及されていた箇所では、おなじみのあの男が変わらない手口を使っていた事実が暴かれていた。約九〇ページにわたる記述に加え、五三カ所に及ぶ脚註を交え、テオドリンがニール・バディンのような不動産業者、マイケル・バーガーのような弁護士、インシュアード・エアクラフト・タイトル・サービス（IATS）のようなエスクローエージェントを利用して、汚い金をどうやって移動させて隠蔽し、さらにそれらがいかに合法的かと彼らが主張してきた様子が事細かに描かれていた。豪邸購入の詳細ないきさつ、高級車をどのようにして収集してきたのかについても詳しく報告されていた。資金を動かしたり隠したりするのを助けていたおべっか使いの弁護士についても詳しく書かれていた。所有する全資産の本当の所有者を隠すため、依然として機能しているダミー会社も存在していた。報告書に書かれていたのは、リッグスが金融界の地図から消えたあとも、テオドリンがどのように資金洗浄を続けていたのか、その全容にほかならなかった[19]。

だが、このような詳細な報告書があるものの、アメリカにおけるテオドリンの活動にはまだ疑問が残っていた。レビンのスタッフの一人から聞いた話では、テオドリンとアメリカの協力者は、「きわめて奇妙な行動を取っていた」と言う。「（テオドリンが所有する）自家用ジェットの発着を調べていると、（メキシコ国境のすぐ向こう側にある）場違いな空港に降りていたことがわかった。空港の関係者に話を聞くと、テオドリンはここに飛行機を着陸させ（略）、やってきた装甲車両に機内に置かれた箱をすべて積み込んだと言っていた」。テオドリンがこの埃っぽいメキシコの空港で何をしていたのか、箱の中身が何かについてはレビンのスタッフもまったく見当がつかなかった。だが、報告書にはテオドリンと彼の取り巻きがわざわざ購入していた自家用機は、見せかけの大物のライフスタイルを誇示するような機種ではなかった。「プレイボーイが乗りまわすような飛行機ではなく、知られてはまずいものを扱うときに使われる貨物機だった」とスタッフは言う。「麻薬の密輸に関係しているかもしれないし、現金を運んでいたのかもしれず、国境を越えてメキシコに何かを持ち込んでいたのかもしれない。（略）いずれにせよあの機体は、遊び人が乗りまわすようなものではなかった[20]」

二〇一〇年に公表されたこの報告書は、常設調査小委員会が前回行ったオビアン一族の資金洗浄問題ほど話題にはならなかった。理由はさまざまだったが、とくに当時はまだ金融危機の影響が色濃く残り、経済的な苦境がニュースの中心だった。だが、二〇一〇年報告書は、リッグス以降、テオドリンがどのように資金洗浄を行っていたのかを明らかにし、活動にかかわっていたアメリカ人を残らず暴き立て、彼らのクライアントが不正に得た利益をアメリカで洗浄しつづける際、どのような抜け穴を使っていたのかを解き明かしていた。

暴かれたテオドリンの不正

レビンらがテオドリンに関する最新の報告書を作成しているころ、マンサナレス、ラザフォード、司法省の検察官たちも、アフリカの〝王子様〟についてはすでに同じ結論に達していた。非公式の交渉や召喚状、何十回も渡欧して繰り返された面談、何千枚もの書類を調べたうえで、アメリカ国内のテオドリンの全資産の差し押さえに対し、裁判所がゴーサインを出す訴状の準備に取りかかった。前述した市民資産没収の手続きを踏まえ、テオドリンの資産が汚れた金で購入された事実を立証できれば、その資産をもれなく差し押さえ、オビアン一族の圧政に苦しむ赤道ギニアの国民に財産を返還することができる。

アメリカ国内のテオドリンの資産を凍結して押収するため、最初に目をつけたのはマイケル・ジャクソンに関するコレクションだった。だが、マンサナレスが言うように、判事はこの一件に共感を寄せていたが、コレクションについては「あまり肉が残っていない骨」[21]と感じていた。マイケル・ジャクソンゆかりの品に狙いを定めて立件するだけでは、「クレプトクラシーからの資産回収戦略」が最初のケースとして取り組むには十分ではなかった。判事のアドバイスに従い、さらに大きな突破口に狙いを定めたほうがよさそうだった。そして、これまで以上に捜査を掘り下げ、最後にはテオドリンの不正利得を記したプレスリリースを公表する。彼の資産の全容に関する一連の記録がついに明るみに出されたのだ。この発表で著名人の仲間入りを果たしたいと願った男の夢は徐々に崩壊していく。

プレスリリースには、自家用ジェット機の購入とともにエスクローエージェントとのひと悶着も書かれていた。フェラーリ、ブガッティ、マセラティのコレクションもあった。さらに海外当局との折衝で明らかにされたブラジルや南アフリカ、フランスに所有する邸宅も記されていた。それらの物件も不正蓄財で得られた資金で購入されていたが[22]、国外の不動産を差し押さえる令状を発行する管轄権は、アメリカ政府にはなかった。だが、マリブに建つ大邸宅がある。この屋敷の存在はレビンらも発見していた。何エーカーにも及ぶ広大な地所と水平線を見渡せる無限の景観、そこに建つ屋敷はアメリカ側の捜査官全員の家を合わせても広さでは上回っていた。判事の署名さえあれば、アメリカにあるこの宮殿は差し押さえられると捜査官たちは考えていた。

時期は特定できないが、何が起きているのかテオドリンもある時点で気づいていた。リッグスの内部崩壊を逃げきり、法の抜け穴を衝いて資金洗浄の規制をかいくぐって金の流れを変え、つかの間だったとはいえ、書類に記された彼の資産はまぎれもなく合法的なものとして通用してきた。しかし、その運もついに尽きたのだ。

腐敗を極めたオビアン一族に焦点を当てたレビンたちの調査、そしてラザフォードがたまたま目にした新聞記事をきっかけに、テオドリンがアメリカで手に入れてきた資産は突然重荷と化した。彼が不正に得てきた汚れた金は、高級車や自家用ジェット、豪邸、マイケル・ジャクソンの遺品としては世界最大のコレクションに姿を変えていた。有形の資産になったことで、司法省が「資産回収戦略」の声明で明らかにしていたように、それらは押収することが逆に可能になっていたのだ。これまで、望みのままにあらゆるものを手に入れてきた男から、その資産が奪われていく。

テオドリンは逃れることができないジレンマに陥ったようなものだった。銀行で金を循環させていれば、差し押さえられず、好きなところに金を流すことができた（銀行に預け入れた現金が流動資産と呼ばれるゆえんだ）。だが、その資産が銀行の口座ではなく、目に見える実体を備えた資産になったとたん、それはたちまち奪い去られてしまうものとして存在する。言い換えれば、銀行にある汚い金は即座に移動できるが、現実の世界にある「きれいな」はずの資産は、押収の危機にさらされていた。「資産回収戦略」が目をつけていたのはこうした抜き差しならない二項対立であり、結果的にテオドリンが気に入っていたアメリカの資産は彼の手から奪われてしまう。

自分の行為の結果が問われる現実をテオドリンは（おそらく彼の人生ではじめて）知ったが、気づいたときにはすでに遅すぎた。マンサナレスとラザフォードは調査結果をすべて整理した。オバマ政権から反クレプトクラシー活動の先鋒として任命された司法省の検察官は、調べ上げた詳細をまとめ、テオドリンへの訴訟準備を始めた。二〇一一年十月、司法省はカリフォルニア州とワシントンDCの二カ所でテオドリンを起訴、目的は彼が所有するジェット機や豪邸、車やマイケル・ジャクソンのコレクションの没収だった(23)。

だが、テオドリンは一歩も引かなかった。司法省が動き出すと、彼の弁護士は没収に関する訴追がまだ始まっていない限り、「依頼主はこの国から資産を持ち出さない」と誓っていた。しかし、テオドリンにとってこんな約束など何の意味もなかった。赤道ギニアで彼が餌食にしてきたヨーロッパの建設業者なら、たやすく反古《ほご》にされることなどわかりすぎるぐらいわかっていた。この誓約の直後、エマヌエル・アサモアという彼の配下の人間が赤道ギニアからマリブへと向かった。当時、捜査官はこの事実に気づいていなかった。アサモアに命じられた仕事は、マイケル・ジャクソンのコレクションをできるだけ多く国外に持ち出すことだった。二日後、アサモアは荷物といっしょにフランス経由で赤道ギニアに飛んだ。もちろん、荷物のなかには世界一有名なあの手袋も含まれていた（赤道ギニアに戻ったテオドリンは、首都の文化センターにマイケル・ジャクソンの遺品の一部を収蔵したが、密輸された残りの記念品が現在どこにあるのか、あるいはどこか別の国の豪邸に隠されているのかについてはいまだに不明だ）。

差し押さえを逃れたのはそれだけではない。テオドリンの全資産はアメリカから持ち出さないと言って弁護士は当局を説得したが、高級車の大半は側近たちの手でフランスに送り出され、アメリカの法律を逃れるためだけに、地球の裏側にまで運ばれていた。同様にガルフストリームもアメリカの領空外に持ち出され、押収の手が及ばない場所で自由な飛行を楽しんでいた㉔。

しかし、なかには持ち出せないまま残されたものもある。理由は不明だが、五〇万ドルのフェラーリがマリブのガレージに置かれたままだった。等身大のマイケル・ジャクソンの像はまるで混乱した野次馬のようにマリブの敷地に散乱していた。なにより豪邸が残されていた。この屋敷こそテオドリンの誇りであり、彼の宮殿だ。彼が唱えていたアメリカのセレブリティ、アメリカの王族そのものを象徴していた。太平洋の海沿いにそびえる巨大な邸宅は、テオドリンの貪欲と、彼にこの屋敷をもたらしたアメリカの法の抜け穴と協力者たちを象徴する証《あかし》にほかならなかった㉕(「とにかくけばけばしさを極めた屋敷だった」。この家にはじめて入ったときのことをラザフォードは覚えていた。「派手なだけではなく、とにかく大きな家だった。どの部屋もやたらに広くて、大きな家具を置かなければならなかったが、あんな家具を選ぶ者は誰もいない㉖」)。

テオドリンと彼の弁護士は、捜査官との交渉はなんとか引き延ばせたが、明らかな不正行為を行っていた事実を隠しおおせはしなかった。「アメリカ合衆国vsマイケル・ジャクソンのサイン入り『スリラージャケット』一着とマイケル・ジャクソンに関係するその他の歴史的記念品」という名称で始まった裁判について、司法省が和解を発表した際、報道向けにリリースされた資料には厳しい内容が書かれていた㉗。

司法省次官補のレスリー・コールドウェルは、「徹底した横領と執拗な恐喝で、(テオドリンは)みずからの贅沢な生活を支えるために臆面もなく国の財産を略奪し、国内の産業から資金を脅し取ってきた。その一方で同胞である国民は極貧の生活を送っていた」と述べた。「賄賂やリベートで数百万ドルを手にしたあと、(テオドリンは)アメリカで汚職によって支えられた贅沢三昧を始めた。だが、今回の和解で推定三〇〇〇万ドル相当の資産の放棄を余儀なくされ、祖国で収奪されたほかの資産をアメリカで秘匿することはもはや不可能になった。これによって『クレプトクラシーからの資産回収戦略』の最終目的——外国公務員による大規模な汚職行為で得られた利益から安全な避難場所を奪い、職権乱用の被害を被った国民のためにそれらの資産の回収を図る——を完全に果たしていた」[28]。押収された全財産は、本来その財産が帰属する相手、すなわちテオドリンと彼の一族が何十年も収奪してきた赤道ギニアの国民のもとに送り返されることになった(しかし、オビアン一族が政権を私物化している現実を踏まえると、どうやって資産を返還するのかは依然として不明のままである[29])。

「テオドリンの件は、『資産回収戦略』の発表後、最初に起訴された事案だったので、いわゆる〝テストケース〟として大勢の人間が注目していた」と司法省の検察官の一人は話していた。「そしてこの事案を通じて、『資産回収戦略』に関連する訴訟は有効であることがわかった[30]」と語っていた。

差押書に書かれていたように、テオドリンはウイルスのように絶えず動きまわり、アメリカのクレプトクラシーが提供する制度の間隙や業界にはびこりつづけた。テオドリンと彼の協力者たちが最大限に利用していたのが、アメリカの経済界で長年進められてきた規制緩和だった。〝経済優先〟の流れと緩和で隙間が生じ、金の出どころにかかわりなく、その隙間を目ざして一ドルでも多くの資本や企業の収益が引き寄せられてきた。多くの点において、テオドリンはこうした規制緩和の当然のなりゆきとして生み出された。

アメリカ企業に匿名のまま迅速なアクセスができるようになったのは規制緩和のおかげだ。この国の弁護士も規制緩和のおかげで望みの相手と仕事ができるようになり、その過程でクライアントの資産を隠すことさえ可能になった。アメリカの不動産業者や高級品の販売業者、あるいは美術商やオークションハウスもまた、「きれい」「汚い」にかかわりなく、世界中の金が扱える。払える金さえあれば、この国の経済の恩恵にあずかりたいと願う者に対して、アメリカは双手をあげて歓迎してきた。その意味では、テオドリンのようなクレプトクラットがこの国に姿を現したのは当然と言えば当然だった。

とはいえ、最終的にテオドリンの存在は暴かれたものの、彼に対する起訴と和解の結果、資産回収には限界があることも明らかになった。「テオドリンが不正に得た資産を誇示しながら、まったく責任を問われなかった姿を見慣れている一般の赤道ギニア人にとって、アメリカでの訴訟は、実際に目に見える形での正義を実感できる機会だった。だが(略)、事のなりゆきやその後の結果について、いまのところはまだ十分ではないと考えている」と、赤道ギニアの活動家ツツ・アリカンテは言う。前述したように、テオドリンと彼の父親が支配する政権を打破するため、アリカンテは長年活動してきた。「しかし同時に、『クレプトクラシーからの資産回収戦略』のおかげで、テオドリンなどのクレプトクラットの資産が(略)、これ以降(アメリカで)歓迎されなくなるという希望を抱けるようになった。テオドリンの一件を通じて、われわれは小さな勝利を大切にし、クレプトクラットに少しでも大きな説明責任を負わせるために戦いつづけることを学んだ[31]」

一方、マンサナレスは、事件をたどる糸がまだ残っていると考えていた。「『プライベートジェットを押収したいかって?』。もちろんだ」と言っている。「『マイケル・ジャクソンのコレクションを残らず押収したいか?』。当たり前だ。『それらを国外に持ち出すことに加担した人間を残らず逮捕したいかだと?』。当然だ」

では、テオドリンの汚い金をアメリカで洗浄するのを喜んで手伝い、それで利益を得ていながら、結果として刑務所に入る必要さえないアメリカ人はどうだろう。「『マイケル・バーガーのもとに出向いて、手錠をかけてやりたいかだと？』。もちろん、答えるまでもない[32]」と答えていた。

クレプトクラットに対する見せしめ

しかし、二〇一〇年代初頭の反クレプトクラシーへの取り組みをいま振り返ってみると、敗北ではなく勝利のほうがはるかにまさり、好機も見逃してはいなかった。テオドリンのたくらみも最後には阻んでいた。「率直に言うなら、それまでできるとは誰も思わなかったことをわれわれはやってのけていた[33]」とマンサナレスも言う。こうした試みにはほかの国も注目していた。テオドリンの不正をアメリカが暴いた直後、ブラジルやフランスの法執行機関も続いて、それぞれの国でテオドリンが購入していた資産の詳細を突き止めると、それらを押収して凍結した。

テオドリンがアメリカで築いた帝国が崩壊した事実は、アメリカのマネーロンダリング対策と、この国に忍び込もうとする不正なネットワークを根絶する取り組みにとって大きな意味があった。たしかにテストケースとはいえ、当初考えられていた以上の成功を収めていたのだ。発足したばかりの「資産回収戦略」のもと、検察官と捜査官から構成されたワシントンの合同チームは、不正な資金の洗浄を後押しする合法的なネットワークに狙いを定めた。そうすることで、この国で資金洗浄の必要を満たしていたクレプトクラットを罰することができる事実を見せつけていた。

さらに言うなら、国の内外で盛り上がりはじめていた反クレプトクラシーの気運に対し、ホワイトハウスの新政権は進んで力を注いでいく姿勢を明らかに示すことができた。この国に宿る統率力、資源、創意力などのすべての力を動員して、マンサナレスが言う「クルプトクラシーの申し子」を押しとどめていた。それはテオドリンのあとに続くすべてのクレプトクラットに対して、二度と同じような真似をさせないための見せしめでもあった。(34)

第III部

アメリカで暗躍する者たち

「ロシア人に金を渡しても、何も成果は得られない。
金はスイスの銀行口座に隠匿されるか、
オリガルヒのビジネスに注ぎ込まれていく」

ローレンス・サマーズ

「ソ連崩壊後の混乱時、ロシアに対して
なぜ復興援助計画が発動されなかったのかに答えて[1]」

第10章 優良投資家

「不動産ほど完璧なものはなかった。不動産とは金を洗浄するために編み出されたのかもしれない」
トム・バージェス[1]

大不況に見舞われ、さびれた町

二〇〇〇年代後半、世界中でソーシャルメディアが爆発的に普及する前のころ、あるユーザーがサービスを始めて四年目のユーチューブに、とある町を世界に紹介する動画をアップした。訪れた者などほとんどいないその町――クリーブランドはオハイオ州北部の州境に位置している。「急ごしらえのクリーブランド観光ビデオ」と題された動画は、その後、「バイラル・ビデオ」というネットで広く拡散していく動画コンテンツの走りのような動画で、再生回数は何百万にも達し、膨大な数の人間が見るという現象を引き起こした。

その理由は見ればすぐにわかる。ビデオは市の観光局から受け取った一四〇〇万ドルもの予算に基づくと、あくまでうそぶく地元のコメディアンが制作したもので、手ぶれの多いハンディカメラの映像が特徴の五〇秒間の映像だ。曇り空のもとで撮影された映像は、カビのような灰色から薄汚れた茶色とどんよりした色調が続いている。「今日のクリーブランドは楽しいぞ!」というバックの陽気な歌とともに、誰もいない広場や朽ち果てたスタジアム、驚いているハトといったショットに次々と切り替わっていく。(2)

跳ね橋を映したショットの向こうには、使われていない六本のタワーサイロが建っている(「ここにも昔は産業があった」と歌が入る)。別のカットでは打ちっ放しのコンクリートの広場を通過していく列車を映している(「この列車が町から仕事を奪っていく」と歌)。むさ苦しい姿で、ぶらぶらと歩きまわる男たちの姿を追ったショットもある(「流れ者の数ではクリーブランドは全米一」と歌がかぶさる)。このビデオが何百万回も再生されると、続編と称してもう一本町の観光ビデオが作られた。続編にはカモメや公衆電話を使っている時代遅れの風景、壊れた窓、ひっくり返った巨大な看板、腹を見せて浮かぶ川の魚、スレートグレーの曇り空などが登場する。汚れきったカヤホガ川(「汚染のせいで炎を上げる様子を見てくれ」と歌)のそばにある工事現場の作業は止まったままだ(「一八六八年から建設中」とナレーション)。目的もないまま通りを行き来する男、人気《ひとけ》のない店先、緑のないコンクリート(「この町の主な輸出品は死にたくなるような絶望」と明るく歌い上げる)。ナレーターが意気込んで歌っているように、ここは「ビデオデッキと同じ値段で家が買える」町なのだ。(3)

これが二〇〇〇年代後半のクリーブランドだった。この国のほかの都市が移住者を引き寄せる新たなマグネットに変貌を遂げているとき、クリーブランドでは明るい未来を求めて別の町へと住民が去っていた。アメリカ経済の新興都市として一度は栄えた町だが、二〇年前から人口の減少が始まっていた。その時期は、この国の産業の中心地で空洞化が本格化した時期に重なる。しかし、死のスパイラルに陥ったのは二〇〇〇年代に入ってからだ。大不況《グレート・リセッション》に見舞われたクリーブランドでは、ダウンタウンがさびれ、産業も廃れた結果、二〇一〇年の人口は、ピークだった一世紀前の半分以下にまで落ち込み、その後も減少はやまなかった(4)。

そして、すでに第4章で見たように、マイアミから一人の男がやってくる。真っ黒な髭を生やし、ありあまるほどの金を持っていた。二十歳をわずかに過ぎたばかりで、自分が何をしているのかよくわからない様子だったが、両親が所有している金に関して何かを話し(あるいは天然ガスがらみだったか)、クリーブランドが立ち直る事業に手を貸したいと言っていた。ハイム・ショチェットという男は、自分にはこの町の明るい未来が見えると言っていた。それは、この町のほとんど誰にも見えないものだった。あるいは新しい大統領の言葉を借りれば、それは「希望」だ。のちにクリーブランドのある市議会議員は、ハイム・ショチェットの来訪について、「喉がカラカラに渇いている人間に、水を差し出すようなものだった(5)」と語っている。

マネーロンダリングの餌食になったクリーブランド

ハイム・ショチェットがクリーブランドにやってきた二〇〇八年、前出のオプティマ・インターナショナルはまだ本格的な活動はしていない。この会社はロシアのオリガルヒ、イーホル・コロモイスキーが所有するアメリカ法人で、コロモイスキーがウクライナに所有する銀行や合金鉄工場といった巨大な資産を背景にしていた。そして、ショチェットの義兄モルデカイ・コルフに率いられたオプティマ・インターナショナルは、ミシガン州、オハイオ州、ウェストバージニア州などのラストベルトの忘れられた地域に残る多くの製鉄所をすでに買収していた。オプティマが発表したプレスリリースには、同社は「この地域の可能性を見抜いていた[6]」と書かれていた。

しかし、ウクライナのコロモイスキーと直接つながっていたコルフは、さらに壮大な計画を抱いていた。オプティマの戦略そのものの見直しである。戦略を変えれば、コロモイスキーは本格的にアメリカ市場に進出できるようになり、すでに見てきたように、アメリカにはびこる匿名性が利用でき、デラウェア州で登記したペーパーカンパニーのネットワークを使って九桁、一億ドル単位の買い物も隠しおおせる。しかも、そうした買い物について、市の当局者も疑いは向けない。そのために戦略を変えるのだ。アメリカの不動産は、大規模なマネーロンダリングを実行するには依然として有効な手口だった。

ただ、テオドリンが購入したような豪邸やプレイボーイ好みの派手な物件、マイアミやマリブのような海が一望できる広大な敷地は、コロモイスキーのような人間には役に立たないだろう。詮索好きなウクライナの調査官や税務当局から資産を隠す方法を探すため、いつも汲々としていた。こうした物件を購入すれば、あまりにも目立ってしまう。何かほかに手はないだろうか。たとえば商業用の不動産はどうだろう。なんの変哲もないオフィスビルのような物件である。しかも、ニューヨークやマイアミのような派手な町ではなく、世界的な超富豪とはまったく無縁の町や地域にある物件はどうだろう。

目ざすはオハイオ州クリーブランドだった。

ショチェットはこのアイデアに飛びついた。自分ならクリーブランドを訪れ、そこで人脈を築き、物件を選定して買い付けることもできる。ウクライナの汚れた金を積み上げ、出どころを隠したまま、クリーブランドの中心地に金を直接注入するのだ。第4章で触れたように、ショチェットはあっという間に町の人たちに強烈な印象を残していた。彼が「動かせる」と言っていた金額だけが理由ではなかった。二十二歳の彼は移り気で落ち着きがなく、色をなして感情をさらけ出す傾向があり、不動産のマネジメントという地道で堅実な世界とはおよそほど遠いタイプだった。地元で不動産ブローカーを営むデービッド・ブラウニングは、「彼はのたまうのがとても好きな人間だった」と言う。「彼にとってそれはたぶん怒りの表明だったのだろう。相手がどう反応するのか知りたくて、会話のはしばしでよくのたまっていたものだ。そんな話し方も彼のスタイルの一部だった[7]」

そうではあったが、ショチェットの言っていたことは正しかった。広域クリーブランド商工会議所の不動産部門の責任者であるデブ・ジャニックは、「彼に尋ねたことがある。『なぜクリーブランドで、どうしてこの時期に来たのか』。買収が可能なこの町の市場性だとショチェットは考えていた。しかし、それだけではない。この町について語る彼の話からそれがはっきりわかった。この町に残る歴史的な建造物であり、町の密度だ」。ほかの人間は老朽化したオフィススペースや空き家の窓を見ていた。あるいはこの町から仕事を取り上げていく列車や、主な輸出品は〝死にたくなるような絶望〟に目は向いていたが、「ショチェットはそれらとは違う何かを見ていた」。

地元で投資銀行を営むマーク・フォーゲルは、「人がかならずしも好ましいと思わないものに目をとめ、それを使って何かをするというセンスが彼にはあった」と語る。それは「ビジネスというよりもアート」と呼ばれるようなものだった。フォーゲルはショチェットの資質がよほど気に入り、のちにブルックリンで催された彼の結婚式にも出席している。「この町でこれほど活動的な人間がいることが実に心地よかった。クリーブランドという町を思いやり、その町がふたたび活性化するのを望んでいる人物と言ってもよかった」と話を続けた。クリーブランドに来たころ、ショチェットはニューヨークにパイプがあるような口ぶりだった。「(ダウンタウンを)三ブロック歩いて見てまわったとき、思わずくすりと笑っていた」とあるレポーターに話している。「この町のダウンタウンは、ニューヨークのミッドタウンによく似ている[8]」

町に突然流れ込んできたショチェットの資金について、彼と取引をしていた者の話では、その出どころについて彼の説明は一貫していなかったという。ある者には両親の資金と答え、別の人間には、旧ソ連の天然ガスに関係しているというつかみどころのない話をしていた。「家のコネの関係で真っ先に不動産業界について考えた。しかし、クリーブランドには自分の意志で来た。僕たちの出資者に対して、決定と仕事について説明責任を負っているのは僕だけだ[9]」と答えていたころもある。

ウクライナのプリヴァトバンクにつながっていると、うっかり口を滑らせたときもある。少なくとも一度だけのようだが、興味がある者にとっては、悪名を高めつつあったウクライナのオリガルヒに彼の資金が直接つながっていることを示す明確な手がかりだ。しかし、注意を払う者は誰もいなかったようだ。天からの恵みのように町に降り注ぐショチェットの資金について、誰も深く考えようとしなかった。「彼は市場に行くのが好きで、ほかの建物を歩いて見てまわり、いろいろな人に会うのを楽しんでいた」と、やはり地元の不動産業者ブライアン・ハータックは言う。「大きな不動産イベントの常連というわけではなかったが、彼と話をして、物件のオーナーや開発業者、有力な弁護士の名前が出れば、ショチェットはほとんどと言っていいほど会いに出向いた[10]」

しかし、ショチェットが口にする話や町に対する賞讃の言葉、クリーブランドはかくあるべきという彼の夢について、町の誰もがただちに受け入れていたわけではない。その点は忘れてはならないだろう。彼に対する違和感がどうしても拭いきれなかった。すんなり納得できないものがあった。「どこかが決定的に誤っているのがはっきりしていた」とショチェットと彼のネットワークに詳しい地元の不動産業者が話してくれた。「私は裏社会とはまったく関係がない人間だが、これは不動産投資に関する話ではないとわかった。何か腑に落ちない点があった」。数字や計画に関する何か、そしてショチェットが口にしている約束には何か引っかかるものがあった。「率直に言って、マネーロンダリングとしか思えなかった[11]」とこの業者は話していた。

当のショチェットは、何億ドルもの資金をクリーブランドに注ぎ込み、ほかの人間なら、検討する価値があると思えない物件に投資すると説いている。誰もそんな場所が国際的なマネーロンダリングの拠点になると疑わないような場所だった。しかし、市側にすればそれでも十分だった。こうした投資の背景について、ショチェット本人に話を聞いた地元の記者の説明では、彼は忽然と「クリーブランドの町に現れ、誰も手を出さないときに、物件を買いはじめていた」と言っている。当局や分析官の話によると、アメリカ史上最大規模となる資金洗浄計画はこのようにして始まっていた[12]。

クリーブランドのビルを次々と買収

コロモイスキーの金をクリーブランドに投資するため、ショチェットとオプティマはまず購入候補となる物件を選定しなければならなかった。最初にショチェットの目にとまったのは、一九八三年に建てられた「ワン・クリーブランド・センター」という巨大なビルだった。ダウンタウンの真ん中に鑿《のみ》を突き出したような形で建っており、両隣にはダンキンドーナツとテイクアウトできるパブがあった。オフィススペースは三〇階を超え、広さは50万平方フィート（1万4000坪）もあった。ダウンタウンでもひときわ個性的な建物の一棟で、目をわずかに細めて見ていると、アルミ製の巨大なカミソリのような形にも見えてくる。クリーブランドにショチェットの存在を告げるうえで、このビルほどその目的にかなった物件はなかった。[13]

ショチェットといっしょに働いていた不動産業者の話では、当時、このビルは高い入居率を維持していた。オプティマが買収に乗り出した時点で、オフィススペースの約90パーセントが埋まっていた。だが、全般的な景気動向やほかのオフィスビルのテナント流出を踏まえると、このビルの見通しも決して明るくはない。それだけにショチェットが提示した八六三〇万ドルという買収金額に地元の人は驚いた。わずか数年前にこのビルが売りに出された際の価格よりも30パーセント以上も高い値段だったのだ。[14]「もう少し待てば、もっと安値で買える」と取引にかかわった地元の人間が忠告したが、「しかし、彼は待たなかった」[15]という。そして、これほど好条件の取引を断る人間もいなかった。

この取引をきっかけに、オプティマがクリーブランドに突然乗り込んできた。『クリーブランド・プレイン・ディーラー』紙はショチェットについて、「自信に満ちた」「積極的で頭の回転が速い交渉役」で、「クリーブランドのダウンタウンに帝国を築いた」と書き立てた。[16]マイアミにいたコルフがこのニュースを聞いてどんな反応を示していたのかはわからない。だが、自分の妹がなんらかの理由で結婚した、むさ苦しくて移り気な二十歳そこそこの若僧が、自分の予想に反して、実際にこの取引をまとめ上げた。それは動かしようのない事実だった。ビルはエリー湖から吹いてくる風を切り裂くようにして建つクリーブランドを代表する建物だ。そんな建物をショチェットとコルフとコロモイスキーで手に入れられるなら、ほかのどんなビルだろうと買収できるはずだ。

四ブロック東に建つ、別のオフィスビルにも彼らは目をつけていた。「55パブリック・スクエア」というビルで、床面積は42万平方フィート（1万2000坪）あり、ダウンタウンの名を冠した広場に半世紀にわたりそびえつづけてきた。[17] かつてクリーブランドでもっとも高いビルとされ、裁判所に近い立地だったこともあり、ワスプエリート《ホワイトシュー》の法律事務所が多く入居していた。このビルが売りに出ていたのだ。ワン・クリーブランド・センターの取引を終えると、ショチェットは55パブリック・スクエアを扱う仲介業者との交渉を始めた。ビルそのものは、ワン・クリーブランド・センターよりも小さく、築年数もかなり経っていたので評価額はせいぜい二六〇〇万ドルか二七〇〇万ドルだったが、確実に購入するためにショチェットは別の数字を考えていた。「三四〇〇万ドルではどうだろうか」[18]。そして、ローンや第三者機関の融資ではなく、現金での決済を求めていた。

「ビルが売りに出されると、さっそくハイム・ショチェットが私のもとに現れたのを覚えているが、売買にともなうデューデリジェンスさえ彼は果たさなかった」と、この取引の背景についてショチェットに説明を求めた仲介業者は教えてくれた。その業者は、ニューヨークを拠点とする会社に勤務していた。マンハッタンの本社に電話を入れ、ショチェットのオファーについて相談した。「本社に電話すると、『その男の素性について調べてくれ』という返事だった」。底なしの景気後退の時期に、衰退していく町に現れ、最後には八桁の支払いを気前よく提示する。しかも評価額に何百万ドルも上乗せした金額だ。そんな人間などいるわけがない。だが、調べてみるとショチェットはシロだった。「何も見つからなかった」と取引から十数年経過した時点で、その業者は恥ずかしそうに答えていた。「（評価額を）七〇〇万から八〇〇万ドルも上回る金額で、しかも現金で買いたいと相手は言っている」。

ためらう理由はない。「この取引を実現させるためなら、這ってでもニューヨークに行って説得するつもりだった」と笑いながら相手は話を続けた[19]。

最初の買い物で町の人たちの目が覚め、二度目の取引で今度は注目が集まった。この町のおしゃべり好きな人たちは、「ショチェット」と誰もが同じ名前を口にするようになった。だが、二十歳そこそこの青年の仕事はこれからだ。ダウンタウンでもっとも目立つビルを二棟手に入れたが、ビルはまだたくさん建っており、彼に買収され、彼のポートフォリオ、そしてコロモイスキーのポートフォリオに組み込まれるのを待っていた。

次の物件が「ハンティントン・ビル」だった。本書のプロローグで紹介したあの建物である。130万平方フィート(3万7000坪)の巨大な物件で、『クリーブランド・プレイン・ディーラー』紙は「この町のダウンタウンに建つもっとも大きく、もっとも有名なオフィスビルのひとつ」と紹介している。ショチェットはこのビルを一八五〇万ドルで買収した[20]。

「ペントン・メディア・ビルディング」は、ワン・クリーブランド・センターの斜め向かいに建つ、50万平方フィート(1万4000坪)の大型ビルである。このビルの買収によって、「ダウンタウンの不動産市場全体をカバーでき、オプティマの矢筒にもう一本の矢が加わった」とショチェットの仲間は話していた。ショチェットはこの物件に四六五〇万ドルの値をつけていた[21]。

「クラウン・プラザ・ビルディング」はクリーブランドで二番目に大きいコンベンション・ホテルで、四七二室の客室のほかに2万平方フィート(560坪)の会議スペースを備えていた(経営破綻したリーマン・ブラザーズの支社がその一画に入居していた)。「豪華さの点では、僕たちのホテルに匹敵する物件はダウンタウンにはないだろう」と購入当時、ショチェットは語っていた。彼が提示していた価格は九〇〇万ドルだった。

二〇一一年十月にクローズドした最後の物件は、それまでの取引とはいささか異なっていた。それはアメリカのクレプトクラシーが使うもうひとつ別の手口をうかがわせるもので、立ち止まって考えてみる価値がありそうだ。実はこの取引の仕上げに際して、ショチェットは「クリーブランド・インターナショナル・ファンド」という地元の投資会社とジョイントベンチャーを立ち上げ、共同で出資しないかと持ちかけていた。投資会社はエディ・ザイというイランからの移民が経営していた(23)。

ザイがどうしてジョイントベンチャーを結成したのか、その理由は不明だ。だが、彼は中国やブラジルなどの外国人を対象とした、いわゆる〝ゴールデンビザ〟というプログラムを利用して資金を調達していた。あまり注目されていないが、現代のクレプトクラシーにとって見逃すことができないほど重要な手段になっている。ゴールデンビザは、アメリカでは「EB‐5」として政府公認のもとで発売されている。海外の富豪がアメリカ政府にわずかな費用(通常は一〇〇万ドル程度)を支払い、アメリカ国内で雇用創出プログラムを開始することを誓約すれば、その見返りにこの国の永住権と最終的には市民権へのパスを得られる。このプログラムを利用すれば、オリガルヒやクレプトクラットは、資金の出どころに関係なく、アメリカの市民権を事実上金で買うことができるのだ。アメリカのゴールデンビザは、キプロスやマルタで行われている、いわゆる〝黄金パスポート〟と呼ばれるプログラムとほとんど変わりはない。これらのプログラムは、世界中の汚い金、とくに北京やモスクワのような腐敗の巣窟から汚れた金を引き寄せていることが判明している(24)。

しかし、そのアメリカ版である「EB‐5」に対してはほとんど関心が払われておらず、批判もされてこなかった。もっぱら中国の裕福な新興財閥が利用し、大規模なマネーロンダリングや銀行詐欺などの事件と何度も関連しているにもかかわらずだ。[25] 分析官のベリンダ・リーは、「EB-5プログラムの申請者の経歴については、ほとんど何もわかっていない。（アメリカの移民局の当局者が）入手できる唯一の情報は、申請者自身が申請書に記入したものでしかない[26]」と書いている。唖然とするのは、申請書の大半はいまだに手書きのままで、デジタルコピーも存在しない。「EB-5」の申請書の背後に潜む犯罪者や汚れた金を調べるのは、干し草の山のなかから針を探すような作業だが、どの干し草の山を探せばいいのか、それさえわからないのだ。

以上を要約するとこうなる。ショチェットがザイと手を組んだ理由は依然として不明だが、ザイは国外の新興財閥がアメリカの市民権を得る手助けをしていた。そうした人物と知り合っておくことは、アメリカに潜り込む方法を探しているクレプトクラットやオリガルヒにとっては賢明な判断だと言えるだろう。

クリーブランドの不動産王となったウクライナのオリガルヒ

ショチェットを通じて、コロモイスキーがクリーブランドで所有する敷地は数百万エーカーを超えるまでに広がり、金額にして何億ドルにも達していた。ウクライナの新興財閥と彼の代理人は、この町きっての物件と土地の所有者になっていた。[27]「こんなことははじめてだった。彼らは心からクリーブランドのことを考えていた」と当時、販売に携わっていた不動産業者は言う。コロモイスキーの組織にはなかったが、本人が口にしていたように、ショチェットにはこの町のために「大局的な見地に立った計画」があった。わずか数年で、実体のないオプティマを「クリーブランドの中心街で最大の不動産保有企業」に育てていた。ウィキペディアにはそう書かれている。[28]『クリーブランド・プレイン・ディーラー』紙も、ショチェットはいまや「誰もが聞いたことがないほど、非常に重要な人物」と書いていた。[29]

少なくとも外見上はそう見えた。だが、内部の関係者にすれば話はまったく違っていた。からくり屋敷の鏡の向こう側で実際に何が起きているのか、少数の選ばれた者はそれを目にしていた。「彼らはいわゆる〝外部の資金〟をこの町に最初に引っ張ってきてくれた。だが、最初から怪しかった。(略)うさん臭い点がとにかく目についた」と、ショチェットらの活動をよく知る人間は言う。もちろん、その大半はショチェットに関係していた。自分が何をしているのかまったくわかっていないように見えたという。ろくろく検査もせず、必要以上の金を払って買収していたのは、将来性が見込めない物件ばかりだった。

だが、やはり目についたのは支払い方法だった。当局関係者や当局の活動に詳しい者の話によると、ショチェットとオプティマは現金決済を好んで用いていた。必要な金額を個人小切手に書き込んで現金を振り出すという、いたって明瞭な支払いである。銀行の融資や不動産融資会社、サード・パーティー・ファイナンス(TPF)は決して使わない。使うのは小切手帳とペンだけで、ほとんどの場合、最終的な見積価格より数百万ドル高い金額が書き込まれていた。銀行を利用すれば、返済方法や借り替え、不況時の対応など、経済状況が変化しても複数の選択肢でしのぐことができ、また銀行を関与させることで、融資担当者は交渉に数週間、場合によってはそれ以上の時間をかけて話を煮詰め、融資額や関連する数字を調べ上げるのが普通だ。しかし、オプティマはただ建物が欲しいだけで、問題はそれに尽きたと、内部から買収を見ていた者は言う。

ショチェットがろくに調べもしない物件を評価額以上の金額で買おうとしても、誰もそれを押しとどめることはできなかった。なんだかんだ言っても、彼が振り出す小切手は換金できたからだ。アメリカでは誰も聞いたことのないウクライナのオリガルヒのために、ショチェットはクリーブランドのダウンタウン全域を見てまわるようになり、やがてほかの町や都市でも買収を繰り返していくようになる。

モトローラの巨大な〝クジラ〟を買収

彼らが買収を手がけたのはクリーブランドだけではない。オハイオ州ウォーレン、ニューヨーク州バッファロー、インディアナ州グリフィス、ケンタッキー州アシュランドとカルバートシティ、イリノイ州シセロ、ミシガン州ジブラルタル、ウェストバージニア州レタートなどでも、オプティマは町や地域の活力を支える製鉄所や関連工場を買収し、買い値の総額は数億ドルに達していた。[30]そのかたわら、都市部の不動産市場にも資金を投下して、ダラスのビジネスパークとルイビルのオフィスタワーの二つの物件を計一億二四〇〇万ドルで購入した。[31]

ショチェットとオプティマは行く先々の町で同じことを口にしていたといわれる。われわれは雇用と夢をもたらし、町を再開発して活性化させる。アメリカのラストベルトは世界から忘れられ、町や工場、鉄を打つ槌音がこだまする渓谷に誰も目を向けてくれない。だが、ショチェットは違う。オプティマもそうだ。

中西部のシカゴとミルウォーキーの中間に位置するハーバードでも、ショチェットは同じ言葉を口にしていた。この地域にあるほかの町同様、ハーバードも最盛期からすでに数十年が経過していた。だが、一九九〇年代後半、巨大通信会社モトローラの会長が驚きの声明を発表する。この町に製造工場を建設するというのだ。いくつかの良縁に恵まれたおかげだった。まもなく建設が始まる。完成すればこの町ばかりか、周辺地域でも最大の施設になる予定だった。320エーカー(130万平方メートル)の敷地に建てられた150万平方フィート(4万2000坪)の施設はオフィスと工場を兼ね、巨大な「V」字型をしており、一翼はオフィス棟で、もう一翼は工場棟だった。「とてつもなく巨大な建物で、まるで小さな大学のようだった[32]」と地元のエド・ソリスは言う。費用は一億ドル、施設の運営にはなんと五〇〇〇人という従業員が必要で、この施設で次世代の携帯電話を作り、二十一世紀の世界の通信市場をリードするとモトローラは話していた。地元の経済開発公社の代表チャーリー・エルドレッジによると、「文字どおり町は圧倒された」。モトローラと地元の建設グループは、予想される労働者をもれなく収容するため、六カ所の分譲地の開発にただちに取りかかったという[33]。

いまとなっては思い出すのも容易ではないが、当時、携帯電話の世界でモトローラを超える企業はなかった。アップルやサムスンなどの巨大企業に先立ち、前例となった携帯電話事業者がモトローラだった。世紀が変わっても、業界のリーディングカンパニーでありつづけると考えるのが当然で、地図にも載っていない田舎町に一億ドルもの投資をするほどの自信があった点を踏まえればなおさらだった。

しかし、ハーバードの工事が終わり、ふと業界を振り返ったとき、あらゆる競合他社が自分たちを追い越していた事実にモトローラは気づいた。デジタル化がどんどん進む世界で、自分たちはアナログでもいられると思っていたが、ユーザーはそう考えていなかった。わずか数年で、モトローラのビジネスモデルの底が抜けてしまった。なんの前触れもなく、ハーバードで建設した施設の意味がなくなっていた。当初考えていたような携帯電話工場ではなくなっていたのだ。ハーバードの町の未来の証ではなく、将来を見通せなかった企業の無知の証となっていた。そして、この施設は漂着したクジラのように横たわり、何年にもわたって買い手が現れるのを待ちつづけた。

そして、ショチェットが現れる。クリーブランドで見事にやりおおせた手口で、空っぽのままの施設に対して一六七五万ドルを彼は提示した。[34] モトローラの出資額には遠く及ばなかったが、ほかに有力な買い手がいなかったことを考えると、この価格は地元の人たちが望んでいた以上だった。彼らは喜んでその申し出を受け入れる。可能性の兆しがふたたび見えてきた。経済開発公社のロジャー・レーマンは、「希望の明かりは永遠に灯されつづける」と当時語っていた。[35]

楽観主義の波がにわかに町に打ち寄せるようになった。その波はいずれも長いあいだ空き家だった建物、無人のまま長く置かれていた町の生命線から発していた。

「ずっとそこに置かれつづけ、呪われた建物のようだった[36]」とソリスは言っていた。

第11章 西部開拓時代にも法律はあった

「ギリシャ人は知っていた。民主主義は全体主義や権威主義、あるいは少数独裁政治が放つ魔力に容易に屈することはない。だが、それ以上に民主主義そのものが簡単に堕落してしまうことも知っていた」
トニー・ジャット(1)

ウクライナの騒乱

コロモイスキーのネットワークがアメリカで帝国を築いていたころ、彼が暮らすウクライナでは国家の崩壊が始まっていた。二〇〇〇年代半ばには親欧米派の人物の政権が続き、国富を食いつぶし、その過程で富を国外に流出させていた支配層の汚職に終止符を打つことを約束していた。だが、二〇〇〇年代終わりを迎えたころ、改革派は疲弊して挫折や分裂を繰り返していた。その結果、二〇一〇年の大統領選でウクライナの国民が支持したのは、野党のヴィクトル・ヤヌコーヴィチだった。数年前に起きた抗議運動でいったん政府を追われたが、今度は別の道を約束していた。

ヤヌコーヴィチを知る者にとって、彼はただの野蛮な愚か者であり、隣国ロシアの独裁政府を羨望の眼差しで見ていた守旧派にすぎない。しかし、二〇〇〇年後半の大規模な景気後退にあったこの時期、ヤヌコーヴィチにはとっておきの切り札があった。ポール・マナフォートというアメリカ人である。独裁者になる可能性を秘めた者でも、選挙にかならず勝てる人間に変える才能を持っていた。選挙陣営に雇われたマナフォートは、ヤヌコーヴィチの印象を人当たりのいい、穏やかな人間というイメージに変え、出口の見えない時代にその道を指し示すことができる指導者というキャンペーンを展開した。マナフォートのこうした活動のおかげで、ヤヌコーヴィチは二〇一〇年のウクライナ大統領選に勝利する。(2)

しかし、メッキが剝がれるまでに時間はかからなかった。ヤヌコーヴィチや彼の取り巻きが国庫からせっせと略奪に励んでいた二〇一三年十一月、モスクワの圧力を受けたヤヌコーヴィチは、EUとの提携交渉の調印を突然打ちきる。この決定を不服として、キーウの中心街にある「マイダン」の名称で知られる独立広場に青と黄色のウクライナの国旗とEUの旗を掲げたデモ隊が集まるようになった。凶悪な治安部隊と対峙していたが、デモ隊は日を追って徐々に勢いを増し、緊張は高まる一方だった。二〇一四年二月、ついに銃撃が始まり、非武装の抗議者たちに向けて治安部隊の狙撃手が銃弾を浴びせ、数十人が死亡する。デモ隊を刺激して、騒乱〔訳註＊マイダン革命〕を拡大しただけに終わった事実に気づいた独裁者は、尻尾を巻いてロシアに逃亡した。(3)

いまにして思えば、ヤヌコーヴィチにとって逃亡は正しい選択だったのかもしれない。失脚直後、ジャーナリストたちはキーウ郊外にある彼の大豪邸に押し寄せた。飼育されていたダチョウから最高級のパンまでとありとあらゆるもの(ヤヌコーヴィチ本人のヌード写真まで)を見つけただけでなく、豪邸以外の別の場所で彼の不正蓄財を直接示すさまざまな文書を発見した。(4) そうした文書のなかには、オフショアの支払いに関する文書、秘密の元帳、マナフォートのような特定のアメリカ人に関する文書があり、ジャーナリストたちはこうした人物の素性についてもまもなく詳しく知るようになる。(5)

自前の資金で国民防衛軍を組織したオリガルヒ

しかし、これらの文書はあとで触れることにしよう。なぜなら、二〇一四年の騒乱後、ウクライナで起きた喧噪の日々から、コロモイスキーとアメリカのクレプトクラシーの話を再開する必要があるからだ。ヤヌコーヴィチの失脚後、ウクライナでは不安定な政情が続いた。その隙を衝いてロシアがウクライナに侵攻、クリミアはロシア領だったとクレムリンはかねてから主張してきた(だが、クリミアの先住民であるクリミア・タタール人は弾圧していた)。その後ロシアはウクライナ東部にも侵攻、その過程でルハンスク州とドネツィク州を占拠する。ウクライナの軍隊はあっという間に崩壊した。大統領在任中の三年間、ヤヌコーヴィチはウクライナ軍の備品を切り売りして、戦車は廃棄されて連隊は丸裸になっていた事実が明らかになる。(6) クリミアはロシアに奪われ、さらにそれから数週間後、東ウクライナ全域が消滅して失地回復を進めるロシアに組み込まれた。(7)

ここでコロモイスキーがふたたびウクライナの物語に姿を現す。この機を境にコロモイスキーは銀行と製鉄会社を支配し、サメを偏愛する単なる新興財閥に収まらない存在へと変貌していく。ロシアの意向を受けた親ロ派勢力がウクライナ東部の領土を侵食していく様子を目の当たりにしたコロモイスキーは、ある考えを抱いていた。ロシア人に立ち向かう勢力を自前の資金で立ち上げられないだろうか。ドニプロペトロウシク州の都市ドニプロとその周辺地域では親ロ派勢力が台頭しており、彼らを撃退しようと躍起になっている何千もの愛国者に自分が資金と装備を提供し、国民防衛軍を組織してみてはどうだろう。

ウクライナの新政府はこの考えに飛びついた。コロモイスキーをドニプロペトロウシク州の暫定知事に任命すると、民兵を組織化できる大幅な権限を授けた。彼の側近の話では、コロモイスキーはただちに仕事に取りかかり、数千万ドルを投じて一万五〇〇〇人のウクライナ人を武装させ、新設した旅団を親ロシア派の分離主義者を制圧するために派遣した。側近の一人は、「われわれは中央政府との合意のもとにこれらを連携して行い、（キーウ政府も）ウクライナ東部の再統合勢力として影響力を行使することを認めている(8)」と語っている。

言うまでもなく、すべては国益のためではなかった。「国を救うことは、同時に（自分の）資産を守ることでもあった(9)」とコロモイスキーの腹心ボリス・フィラトフは語っている（サメが泳ぐ水槽は健在だった。キーウから親欧米派の新しい役人が来訪して面談する際、コロモイスキーはいつもデスク脇のボタンを押してエサを与えた。彼の背後にある水槽が赤く染まっていく様子に、相手は神経をとがらせていた(10)）。しかし、愛国者というカードをコロモイスキーは徹底的に利用した。プーチンを「チビの異常者(11)」と呼び、分離独立派の兵士を捕虜にした者には一万ドルの報奨金を支払うと約束していた(12)。ある大隊長は、ロシア兵にはぜひ「（ドニプロにまで）来てもらいたい。そうすれば、ここで仕留められる」と口にしていたという(13)。

しかし、ロシア軍も国内の親ロ派の民兵もそこまで進軍できなかった。再編成された国軍とコロモイスキーのもとに結集した何千もの国民防衛軍に阻まれ、まもなく身動きが取れなくなったのが最大の理由だった。「彼が民兵を組織した。いまだに愛国的で親ウクライナを掲げるオリガルヒと見なされ、ドネツィク州で起きたような占拠から（ドニプロペトロウシク州を）救った人物だと思われている」とあるウクライナ人ジャーナリストは話していた[14]。二〇一四年末、ウクライナ東部は広い範囲で膠着状態に陥る。それはプーチンと彼の側近が考えていた以上の地域に及び、結局、ロシアが占拠した範囲は彼らが当初望んでいたよりもはるかに少なかった。『ウォール・ストリート・ジャーナル』が命名したように、コロモイスキーはウクライナにとってまぎれもない〝秘密兵器[15]〟だった。のちにコロモイスキーも、「実に多くの人がコロモイスキーは偉大で、この国でただ一人の愛国者だと考えている[16]」と自身について三人称で語っている。

軍事力を背景にした凶暴なオリガルヒ

二〇一五年前半、コロモイスキーは利益基盤をさらに強固なものにしようとしていた。ウクライナ最大の銀行をすでに支配していただけではなく、複雑に絡み合ったこの国の天然ガス採掘企業の中心を押さえていた。しかも、いまではドニプロペトロウシク州の知事でもあった。その州はヨーロッパやほかの西側諸国の未来を大きく左右する鍵となる地域のひとつだ。だが、ヤヌコーヴィチにかわり、新たに大統領に就任したペトロ・ポロシェンコは、コロモイスキーの行動に制限を加えようと考えていた。新大統領もオリガルヒの一人だった。二〇一五年三月、政府が新たに打ち出した改革にともない、国内最大の石油・ガス複合企業ウクルトランスナフタ社の支配権がコロモイスキーから取り上げられる。それまでは彼にきわめて近い協力者が会社の代表を務めていた[17]。

この処置にコロモイスキーは怒りを爆発させる。その様子はのちに投稿されたユーチューブにアップされている。動画には迷彩服に目出し帽をかぶった数十人の男たちが重そうな箱や服、武器を運び込みながら、夜陰に紛れてウクルトランスナフタの本社に押しかけている様子が映っている。彼らは入り口を閉鎖してドアに金属製の格子を取り付け、取材に押しかけた記者たちを追い返していた。「自分たちはコロモイスキーの民兵で、支援者を助けるために来た」と、所属をうっかり漏らした者がいた。(18)

その直後、コロモイスキー本人が現れ、外で待つ記者たちのほうに歩いていった。ストライプのブレザーに黒のTシャツを着ており、表情は穏やかだ。だが、「なぜここにいるのか?」という記者のひと言で一変する。「ウクルトランスナフタが乗っ取られたのかと、なぜ聞こうとしない? ロシア人がどうやってこのビルに潜入したのかを聞かないのか? それともコロモイスキーに会いにきただけか?」。ここでも自分を三人称で呼びながら、吐き捨てるようにそう言っていた。「われわれはウクルトランスナフタ本社をロシアの工作員から解放した。それなのに、お前やお前の仲間はここに座ってこの建物を見ているだけだ。浮気性の亭主を待ちわびている馬鹿な女房と変わりはない」

質問をした記者は返す言葉もなく、唖然としてその場に立ちすくんでいたが、コロモイスキーの嘲笑はやまない。「なぜ何も言わない? 何も聞くことはないのか? どうした。尻のあいだに舌が挟まってしまったか?」(19)

それは異様な混乱に満ちた光景だった。ちょうど一年前に起きた騒乱で大統領を逃亡に追いやったこの国にとって、その光景はすでに過去のものとなっていたはずだ。しかし、そこにいたコロモイスキーは、国内の金融や鉄鋼、天然ガスなどの産業界を牛耳るまぎれもないオリガルヒで、記者に向かって容赦なく毒づき、自分に反対する者には目出し帽をかぶった殺し屋を送り込む人間だった。ウクライナのあるジャーナリストは、コロモイスキーは「サイコパスのような人格の持ち主だ」[20]と私に語っていた。当時、キーウのアメリカ大使館に勤務していた職員は、「コロモイスキーはきわめて危険な人物だと思われる。おそらくもっとも凶暴なオリガルヒの一人で、自分の手を汚すことさえ決していとわない（略）」。

「軍事力を背景に動き出した最初のオリガルヒの一人だった」[21]とも、その大使館職員は語っていた。

スイスのタックスヘイブン銀行が大打撃

話をアメリカに戻そう。コロモイスキーの意向を受けた者たちが中西部やラストベルトで彼の帝国を築いていたころ、ワシントンではテオドリンを阻んだ勢いに乗って、反クレプトクラシーの気運がますます高まり、レビンと彼のスタッフは、ホワイトハウスの新政権と新たな関係を築いていた。「クレプトクラシーからの資産回収戦略」（ＫＡＲＩ）をきっかけに、オバマに率いられたアメリカ政府は、クレプトクラシーで用いられるさまざまな不正な手口と戦い、それらの規制に政治資源を向ける姿勢を示すようになっていた。そうなれば、不正が横行する国外政権を空洞化させ、オリガルヒが支配するウクライナのような国に揺さぶりがかけられる。アメリカ国内の銀行に資金洗浄を防止する基本的なチェックを遵守するようレビンが圧力をかけてから一〇年が経過し、風向きが突然変わり、汚職防止活動にかかわる勢力に追い風が吹くようになっていた。とはいえ、本章でこれから見るように、汚れた金やオフショアの世界との戦いは一進一退の繰り返しだった。一歩前進するごとに、予想もしなかった後退を明らかに強いられる場面がともなった。

はじめのうちは勝利が続いていた。二〇〇七年後半、ブラッドリー・バーケンフェルドという中年で赤毛のアメリカ人男性によって、レビンのスタッフのもとに衝撃的な内部告発がもたらされた。バーケンフェルドはスイス最大の銀行UBS[訳註＊]で何年か働いた経験があり、そこで衝撃的な事実を目の当たりにしていた。彼の話では、業務の守秘性について、スイスの銀行は企業努力の結果高い評判を得ており、実際それ自体は悪質でもなければ、唾棄されるような筋合いのものではない。だが、バーケンフェルドが次々に詳述するUBSの業務は違った。話を聞いたレビンのスタッフが頭から湯気を立てて怒るような内容だった[22]。

バーケンフェルドはスタッフに、UBSはとくにアメリカの富裕層に狙いを定めて営業していたと話した。相手は節税法を絶えず探している顧客だ。スイス銀行法の恩恵に浴したいと願っていたが、それが許されればアメリカ政府は歳入不足で苦しむことになる。UBSの〝最強部隊[23]〟は年に何度もアメリカに渡り、「この国の顧客をターゲットにして、海外に資産を隠すよう説いていた[24]」という。マイアミの美術展やヨットの内覧会、あるいはゴルフやテニスのトーナメントにせっせと足を運び、提供できるサービスについて顧客の耳元でささやきつづけた。UBSのアメリカ事業部に所属していたバーケンフェルドもこの活動に携わり、アメリカの顧客を相手に、政府から資産を隠すさまざまな戦術を積極的にアドバイスしていたのだ。「アメリカ国内にあるオフショア銀行の取引記録を残らず破棄すること。スイスの銀行のクレジットカードを使えば、当局にはわからないと説き、個人所

訳註＊UBS：スイス三大銀行と呼ばれたクレディ・スイス、スイス・ユニオン銀行（UBS）、スイス銀行コーポレーション（SBC）のうち、UBSとSBCが一九九八年に合併して発足した銀行。チューリッヒとバーゼルに本店がある。

得税に関しては虚偽の申告を行う」[25]などと吹き込んでいた。行員のなかには歯磨き粉のチューブにダイヤモンドを入れて密輸し、顧客の資金移動を手伝っていた者もいたなど、きわめて印象的な話もあった[26]。

この告発にレビンの調査チームは青ざめた。しかし、アメリカの裕福な顧客に政府をたぶらかす方法を指南しているスイスの銀行はUBSだけではなかった。その後の調査で明らかにされるように、スイスの巨大銀行クレディ・スイスは、さらに抜け目のない巧妙な手口を使っていた。見られて困るような書類を破棄する作業を進んで請け負っていたばかりか、顧客の機密に関する銀行資料を『スポーツ・イラストレイテッド』誌のページのあいだに隠して保存していた[27]。アメリカの富裕層もこれ以上ないほど喜んでこの申し出に飛びついていた。その後提出された文書によって、スイスの銀行には五万件以上に及ぶアメリカ人の秘密口座が保有されている事実が明らかになる。それはアメリカの顧客がスイスの口座に預けている二〇〇〇億ドルの一部にすぎず、スイスの銀行の守秘性を利用して、課税を回避していた数十億ドルの資金にほかならなかった[28]。

バーケンフェルドの暴露に対するオバマ政権の反応は素早かった。政権の発足から一カ月後、アメリカ政府はUBSに七億八〇〇〇万ドルの制裁金を科し、アメリカ政府を欺くために共謀していた事実をスイスの巨大銀行に認めさせた[29]。こうした対応に「オフショアの世界では激震が走った」と、レビンのスタッフだったエリス・ビーンは記している。「スイス銀行の秘密にはじめて亀裂が入ったことで、文字どおりの衝撃が世界中で響きわたった。（略）世界最大のタックスヘイブン銀行に対するアメリカの大きな勝利だった[30]」。それからまもなく、アメリカ政府はクレディ・スイスにも二六億ドルという途方もない額の違約金の支払いを命じた[31]。

アメリカのこうした対応は、それまで数十年にわたって銀行秘密という法規定で守られてきたスイスの銀行部門に風穴を開けることになった。オフショア取引にかかわってきたスイスの金融部門は決定的な打撃を受け、疑惑の資金とその隠匿に手を貸してきた者すべてを混乱に陥れた。「アメリカの対応はとくにスイスの銀行秘密、そしてオフショアの機密保持全般にとって、はじめて致命傷を与える処置となっていた」と、スイスの金融問題を専門に扱う弁護士のピーター・コートセアヌーはのちに書いている。「ＵＢＳのスキャンダルにおいて、アメリカはいっそうの透明性を訴える旗手になっていた[32]」

それだけではない。ＵＢＳと銀行秘密というスイスの表看板そのものに猛攻を加えてからわずか一年後の二〇一〇年、オバマ政権に倣って今度は連邦議会がある法案を可決する。「外国口座税務コンプライアンス法」（ＦＡＴＣＡ《ファトカ》）と名づけられた税法で、国外のあらゆる金融機関に対し、アメリカ人の顧客が保有する資産を合衆国内国歳入庁（ＩＲＳ）に報告することを義務づけていた。また、この法律を遵守しない銀行には30パーセントの源泉徴収税を課すと通告するとともに、アメリカの銀行を利用して、母国の課税から逃れている可能性のある外国人の情報を共有することを他国政府に誓わせていた[33]。

法律としてはきわめてシンプルだったので、ほかの国もこぞってＦＡＴＣＡに倣おうとした。ＦＡＴＣＡにインスパイアされたプログラムとして、もっとも知られているのが「共通報告基準」（ＣＲＳ）である。非居住者の口座情報について、提携国の税務署が非居住者の居住する国の税務当局と情報を共有することが義務づけられている[34]。二〇一四年に始まったＣＲＳには、またたく間に一〇〇カ国が参加し、事実上、口座情報を共有する巨大なプールとなっている[35]。どの対策もアメリカ政府の成果であり、イギリスの『エコノミスト』紙が、「金融の透明性に関する世界的な革命の先駆け(36)」と書いたプログラムのおかげだった。

金利制限を廃止したサウスダコタ州

新政権が世界的なオフショアと脱税に打撃を与えたと自画自賛していたころ、それに拮抗する勢力がすでにうごめいていた。その勢力が現れてくれれば、それまでのアメリカ政府が築いてきた成果の大半が台なしになる恐れがあった。

アメリカ中西部にあるサウスダコタ州は、先述したデラウェア州に似ている。資源が乏しく、これという特徴もなく、アメリカでは真っ先に思い浮かぶような州ではない。それは何十年も前から同じだった。四人の大統領の顔が彫られたラシュモア山を除けば、サウスダコタと言われて思いつくものはほかに何もないような州である。

だが、一九八〇年代、金融機密の世界を覆す人物がこの州から登場し、サウスダコタ州をアメリカでもっとも新しいクレプトクラシーの拠点に変貌させる。

ウィリアム・ヤンクロウは精気にあふれ、先見の明も備えた人物で、仲間からは「ワイルド・ビル」と呼ばれていた。目と目のあいだが広い顔立ちをしていた。『ガーディアン』紙に「底なしの逸話の宝庫」と書かれたことがある。「人質事件の現場にライフルを持って駆けつけた」とか「竜巻の発生した現場に急行したとき、車ごと道路から吹き飛ばされた」。通算して一六年間サウスダコタの州知事を務め、サウスダコタの政界を支配する巨人として、人口一万人ちょっとの州都ピアで豪腕を振るう術《すべ》を完璧に備えていた。だからこそ一九八〇年代初頭にサウスダコタの経済が破綻したとき、州民の目が残らず彼に向けられた。サウスダコタには、製造業を誘致できるようなインフラが整っておらず、観光では喚起できる雇用も限られている。内陸に位置しているので交易や輸出入の拠点になるとも思えなかった[37]。

だが、ヤンクロウにはあるアイデアがあった。同じように経済的な好機に恵まれなかったデラウェア州の政治家たちも当時考えついていたかもしれないアイデアだ。一九七八年、アメリカの最高裁判所はある判決を下した。世間にはあまり注目されることはなかった判決だが、この判決でアメリカの銀行は今後、低い上限金利に制限されなくなった。それまでの銀行金利は、銀行や信販会社が不当に高い金利を設定するのを防ぐため、〝反高利貸し〟法とでもいう一連の法律によって何十年にもわたって最小限に抑えられてきた。

この裁定が下されたのは、銀行が〝クレジットカード〟と呼ばれるものに手を出しはじめた時期と重なる。金利を払う意思がある限り、利用者はこのカードを信用して金を借りることができる。金利の上限撤廃とクレジットカードの普及という流れを踏まえ、ヤンクロウはあるアイデアを思いついた。そして、ニューヨークの銀行に探りを入れてある質問をする。サウスダコタがもしも、銀行にとっては迷惑な「高利貸し」規制を撤廃したら貴行はどう応じられるか。あるいは、貴行が自由に金利を設定できるようにしたらどうするか[38]。

銀行は熱心に耳を傾けた。とくに熱心だったのがシティバンクで、知事が金利の上限制限を廃止するなら、シティバンクは何百もの雇用を提供できるだろうと答えた。「五〇年前にこの法律が定められてからというもの、どの州が銀行を受け入れてくれるのか彼らにも確信がなかった」とヤンクロウは後年語っている。「私にとってこの話はクレジットカードの交渉などではなく、雇用に関する取引だった。州のビジネスチャンスがかかっていた」

ヤンクロウとシティバンクはただちに合意に達した[39]。一九八一年、ヤンクロウはサウスダコタに残っていた金利制限の廃止を指示する。影響は銀行と消費者の双方にただちに表れた。金利が爆発的に上昇し、それにともない消費者が抱えていた負債の金利も跳ね上がってしまう[40](これについてヤンクロウは、「信じられない話だが、消費者金融と呼ぶものに、社会として対処する知恵を持ち合わせていなかった。本当に信じられないほどだった。『その知恵を育てるのを助けたと思いますかだと?』。答えはイエス、もちろんだ[41]」と後年話していた)。だが、州政府は気にしなかった。「ある人間にとってサウスダコタは、中部の変哲もない《フライオーバー》州にすぎない。実際、多くの人がこの州の上空を飛行機に乗って通過していくだけなら、彼らが持っている金をなんとかここに着地させる方法を考えなくてはならなかった[42]」と、州の最高裁判所判事の一人も後年語っている。

しかし、ヤンクロウはその方法は考えなかった。金利の上限を容易に撤廃できるなら、ほかに撤廃するだけの価値がある制限があるのではないか。彼の念頭にはすでにある考えがあった。信託という制度だった[43]。

「永久信託」という資産隠し

信託にはクレジットカードよりはるかに長い歴史があり、サウスダコタはもちろん、アメリカの歴史さえ上回っている。そもそも中世に端を発する制度だが、仕組みそのものはきわめて単純だ。ある人(委託者)が資金や資産の法的管理を別のある人(受託者)に託す。受託者はその資金や資産の管理に責任を負い、将来的にその利益を別のある人(受益者)に与える。たとえば、父親(委託者)が土地の法的な所有権を自分の友人(受託者)に託し、将来のある時点で、友人はその父親の孫たち(受益者)に土地の所有権を譲り渡す。これでおしまい。きわめて明解だ。一見するとそうではあるが、事がそれほど単純でないのは、一般に信託は秘密裏に行われ、公的な精査が及ばないからだ。[44]「信託ほど手強い仕組みはない」と指摘するのはジャーナリストのニコラス・シャクソンだ。「通常、いかなる公的な記録にもその証拠は残されていない[45]」のである。

信託が何世紀ものあいだ続けられてきたのもそれが理由だ。啓蒙時代はもちろん、二度の世界大戦のあいだでも信託は行われ、戦後、アメリカが世界の覇者にのし上がっていく時期にも信託は行われつづけてきた。一九八〇年代前半の時点でも、信託は中世のころと同じように、広範に利用されていた。そして、ヤンクロウが登場したことで、信託はまったく別なものへと変貌を遂げていく。

金利制限を廃止したヤンクロウは、直後に新しいアイデアを思いついていた。サウスダコタが信託の存続期間の上限を撤廃したらどうなるだろう。一般的に信託の存続期間は一世紀、あるいは委託者の死亡から数十年とされ、この期間を過ぎると残った資産は分配しなければならない。そうでなければ、おかしなことになってしまう。しかし、ヤンクロウが望んでいたのはまさにそのおかしなことだった。一九八三年、サウスダコタ州議会は「信託の永続性に関する規制」、つまり秘密性の高い信託の存続期間を制限する規制を廃止した。こうした一連の過程で、サウスダコタ州は従来型にかわる「永久信託」あるいは「ダイナスティ信託」と呼ばれる新たな信託手段を世に送り出した。[46]サウスダコタ州議会によると、永久信託は無期限に続いて終わりがなく、委託者が望みのままに続けることができる。理論的にはサウスダコタが海に沈むまで、あるいは太陽が燃えつきるまで存続できる。人間の寿命を超えて存続し、しかも秘密を維持できる点でも申し分なかった。

もちろん、ダイナスティ信託を設定するには弁護士がいる。会計士もマネージャーも欠かせない。彼らの運営を監督するサウスダコタの人間も必要だ。金利制限廃止と同様、永久信託という新しい産業はサウスダコタに何千という雇用をもたらし、自分の財産を信託にまとめ、永久に秘密にして相続税を逃れたい者にサービスを提供している[47]。

当初こそ永久信託は嘲笑されたが、ヤンクロウが爪弾きにされることはなかった。サウスダコタの規制緩和を見て、ほかの州政府もその恩恵にあずかろうと考えていたのだ[48]。二十世紀末の時点で、サウスダコタに倣って多くの州が独自の永久信託を導入した[49]。とはいえ、サウスダコタは優位性を失わなかった。一九九七年、秘密の永久信託を利用するために何十億ドルもの資金がサウスダコタに集まりはじめたことを受け、ヤンクロウは「信託推進本部[50]」を結成した。推進本部《タスクフォース》は議員や信託業界の有力者で構成されていた。ある州議員の話では、信託業界が「実質的に自分たちのために自分たちで法律を書いている[51]」と思えるような調整や改革を提案していた。サウスダコタ大学で信託を研究し、推進本部のメンバーでもあるトム・シモンズは、「これはスポーツのようなものだ。相手より数ポイント先に進んでいなければならない[52]」と私に話していた。

その改革とはどのようなものだったのだろう。サウスダコタの信託は世間、つまりジャーナリスト、税務署、収奪された資産を追跡する人権活動家から完全に秘密にすることができただけでなく、信託に関する裁判所の文書からも永久に非公開が保てた。つまり、ほかの行政機関と情報がいっさい共有されなかった。また、資産を隠したがっている者は、信託を利用するためにわざわざサウスダコタに移住する必要もなければ、地元の銀行を利用する必要さえなかった。サウスダコタで信託を営む専門家によると、州内で設定されたほぼすべての信託は、「私に言わせればペーパーカンパニーのようなもので、基本的には私書箱あるいは事務所があり、年に二回誰かがここに来て取締役会を開き、規制上の要件を満たしている。だが、常駐して実際に働いている者はいない」[53]。

現在、サウスダコタ州の信託で資産を隠している者は、子供や孫といった受益者さえ必要としない。自分を受益者として信託が設定できるからだ。つまり、匿名の永久信託が持つ機密性を盾にして、詮索好きな世間の目から自分の資産を隠しつづけている[54]。

もちろん、まったく合法的な理由に基づいて設定・維持されている信託も多い。金遣いの荒い子弟を抱え、浪費を抑えるために組まれた信託もある。教育を唯一の目的にしたもの、あるいは障害を抱えた子供が親の死後も生活していけるように設けられた信託もある。しかし、サウスダコタ州が導入したのは、それらとは本質的に異なる信託だ。つまり、代々続く新たな王朝《ダイナスティ》を生み出すことを明らかに意図したもので、相続税や財務の透明性のような愚かな行為にかかわる必要はない。サウスダコタが保証したのは、誰の目からも逃れられる匿名性で、しかもその匿名性は永遠に守りつづけられる[55]。

「みずからの資産を守ろうとする富裕層向けに、サウスダコタ州が提供した法律は、プライバシーと財産保全の点ではアメリカで最高、いや世界でももっともすばらしい法律だ」[56]とあるファイナンシャル・アドバイザーは『ガーディアン』紙に語っていた。サウスダコタ州の議員は「ラシュモア山で知られたこの州を〝大草原《プレーリー》のバミューダ〟に変えていた」と評した関係者もいる[57]。サウスダコタのあるジャーナリストが二〇一六年に書いていたように、「スイスを忘れよう。富裕層が現金を隠しておくために世界でもっとも適した場所とは、いまやサウスダコタなのだ[58]」。

もちろん、独自のタックスヘイブンに変貌を遂げていくことで利益を得ている者は、そんなふうには見ていない。信託推進本部のシモンズは、「不心得者はもちろん、わが州の信託制度がマネーロンダリングやホワイトカラー犯罪に悪用され、評判に傷がつくのではないかと絶えず心配している。これは西部開拓時代の話ではないのだ。信託業界はこの国でも規制がいきとどいた産業界のひとつだ[59]」と主張する。だが、理屈から言えば、西部開拓時代にも法律はあり、そこでも規制については明記されていた。とはいえ、鉄道王や白人優越主義者たちが都合よく法律を曲げてしまい、それとともにコミュニティーは荒廃していった。サウスダコタ州の信託業界が行っているのがまさにそれで、しかも世界規模でやろうとしてきた。

二〇一〇年代前半から、出どころが追跡できない何千億ドルもの資金がサウスダコタに押し寄せてきた。現在、同州に流れ込んできた規制とは無縁の秘密信託の総額は一兆ドル近くに達すると推定されている[60](皮肉なことにその大半はスイスから流入してきた)。これらの信託にはマネーロンダリング防止の義務はもちろん、いかなる監視の義務も課せられていない。収奪された国民に資産を返還する義務もない。「(サウスダコタ州の)有権者はこれが何を意味するのかわからないでしょう」と、州下院議員だった民主党のスーザン・ウィスマーは言う。「彼らは前近代的な社会などこれまでに見たことがなく、結果的に自分たちが何を引き起こしているのか、まったくわかっていないのです[61]」

ここ数年、わずかとはいえサウスダコタ州のオフショアのカーテンの裏側が覗けるようになった。もちろん、州が自主的に明かしたわけではなく、州外で提出された申請書を介してだ。申請書の内容から、現在、国際的なオフショアヘイブンの世界でサウスダコタ州が超新星として拡大している事実の一端が明らかになった。申請書はいずれも中国企業がサウスダコタ州に提出したもので、中国の新興財閥の多くが国外にこっそりと金を持ち出していた。何百億ドルという金が中国からサウスダコタに流れ込み、そのなかには不動産開発業者に関連する数十億ドルの資金や、中国でもっとも富裕な女性の一人に直接関連する数十億ドルの資金も含まれている。言葉を換えて言うなら、北京の独裁政権と結びついて富を得た新興財閥やクレプトクラットは、サウスダコタの当局者と事実上提携することで、大草原にあるアメリカのクレプトクラシーとかかわり、みずからの資産を隠している。(62)

大富豪となったコロモイスキーの協力者たち

話をマイアミに戻そう。コロモイスキーのアメリカの協力者たちは、ウクライナのオリガルヒの資金をこの国のいたる町に隠すのを手伝うために熱心に働いてきた。その働きに見合った報酬を彼らは得ようとしていた。

ショチェットの義兄モルデカイ・コルフは豊かとはいえない家で育った。ニワトリは父親が自分でつぶして肉を処理し、わずかな収入を頼りにコルフやほかの子供たちを育てた。そうした家庭で育ったコルフだったが、マイアミ・ビーチの高級住宅地サンセット・レイクに九つのベッドルームと八つのバスルームを備えた大邸宅を購入した。一点の汚れもない真っ白な壁と柱、屋敷の裏には水をたたえたプールもある。家の購入価格は七七〇万ドル（オプティマ・インターナショナルの同僚で友人のウリ・ラーバーは、数ブロック先にある同じような邸宅を一四〇〇万ドルで手に入れていた）。

コルフは自分の富をさらに誇示できる場所を探していた。二〇〇八年には「コルフ家族財団」を設立、非課税措置を受けている。財団の監督はコルフ自身が行っていたが、設立目的や登録住所さえ不明だった。にもかかわらず財団は、ラーバーが設立した「ラーバー財団」とともに、二人が大金を動かすもう一本の柱になった。二〇〇六年から二〇一八年にかけて、数千万ドルもの金がユダヤ人の非営利団体に注ぎ込まれている。[63]「裕福なユダヤ人が社会を支援する」というのが財団を設立した目的にほかならない。よりよき何かを築き上げよう」。ラーバーは一時期そんなふうに説いていた。[64]

世間は二人の存在に気づいた。ユダヤ移民向けの新聞『前進《フォワード》』に書かれていたように、寄付や慈善活動を通じて、コルフとラーバーは、「フロリダで暮らす敬虔なユダ人にとってこれ以上ないほど寛大な存在」になっていた。[65]

もちろん、コルフの資金源について正確に知る者はおらず、コロモイスキーとのつながりを把握している者もいなかった（詮索好きな記者に問われ、それまでの一年に及ぶ関係を軽んじるかのように、「コロモイスキーは株主のようなもの」とうそぶいたことがあった）[66]。外部の人間にはすべてが謎のままだった。しかし、クリーブランドの人びとも、ラストベルトの小さな鉄鋼の町の人びとも、コルフから数百万ドルの寄付を受けているユダヤ人の非営利団体も、誰もが皆、それ以上の事実を探ってみようとはしなかった。

第12章

ぽっかり空いた穴

「クリーブランド行きにワクワクしていると
　　僕が口にしていたら、
そんな自分を僕はぶん殴る。
なぜって？　嘘をついているからさ」
イチロー・スズキ(1)

プリヴァトバンクが残した崩壊寸前の大きな穴

二〇一四年のウクライナ騒乱後、首都キーウでは改革派が新たに政権を握った。調査報道を手がけるジャーナリストらが国会に加わり、反汚職に関する取り調べを率先して行って最終的に主導権を握る。組織の透明性を掲げる機関がいくつも組織され、そのひとつ、国立腐敗防止局は高官の汚職防止を専門としていた。銀行部門でも責任者が新たに任命され、長いあいだウクライナの金融部門に空洞化をもたらしてきたネットワークの一掃に乗り出した。二〇一四年夏、政府はウクライナ国立銀行（NBU）の新総裁としてヴァレーリヤ・ホンタレヴァを指名、この国の中央銀行総裁に就任したはじめての女性となる。ホンタレヴァはただちに仕事に取りかかった。増えすぎた銀行を削減し、債務超過に陥っている銀行を精査したことで、長年ウクライナの金融セクターを取り囲む不透明で怪しげな状況に警戒していた国際的な金融機関からも賞讃を得ていた。(2)

ホンタレヴァたちはその過程で、どの主要銀行よりも真っ先に対応しなくてはならない大手銀行の存在に気づいた。プリヴァトバンクである。二〇一〇年半ば、競合する他行よりも圧倒的に高い金利で預金者をかき集め、ウクライナ屈指の金融コングロマリットに急拡大を遂げた銀行だった。ビジネス誌『bne インテリニュース』が書いていたように、この銀行は「ウクライナ中の目抜き通りに支店があり、その数は国営の貯蓄銀行の店舗数を上回っている」。国内の小口預金の三分の一を保有し、預金残高は何十億ドルにも達し、政府当局も「この国のシステム上の重要性(3)」を担っている唯一の民間銀行と見なしていた。

ホンタレヴァはプリヴァトバンクに対する疑念が拭えなかった。金髪のショートヘアの総裁は、意志的な目を光らせながら、どこから見ても「オリガルヒらしい銀行業務」だったと私に話していた。「通常、この種の銀行の営業許可書はマネーロンダリングに悪用されています」。もちろん、プリヴァトバンクのトップは高利貸しなどではない。革命後のキーウではもちろん、ウクライナ全土でもひとかどの人物として知られた存在だ。

だからこそ、彼女の周囲にいる人間と同じように、プリヴァトバンクはマネーロンダリング、しかもかなり大規模なマネーロンダリングを行っているのではないかとホンタレヴァは考えた。「金融部門で三〇年働いてきましたが、何かがおかしいと感じていました」。さっそく銀行の帳簿を調べてみた。彼女の疑念が確信に変わるまでに時間はかからなかった。銀行がマネーロンダリングに使われることに関して、「プリヴァトバンクも例外ではありませんでした。ただ、問題はそれまでで最大規模のロンダリングだったということです[4]」。

まもなく衝撃的な事実を思い知らされる。プリヴァトバンクはこの国の民間銀行として強固なとりでを築いてきたと自称していたが、蓋を開けてみたら、中身は空っぽでクモの巣だらけ。どうしてだか何十億ドルもの預金が消えていたのだ。革命とロシアの侵攻の危機に直面してウクライナの国情はぐらついている。そうした国にあってプリヴァトバンクは、財政上の安定のために欠かせない存在だと表向きにはふるまってきた。しかし、銀行の内部資料に書かれていたのはまったく別の物語である。貸付記入帳に記されていたのは、あらゆる種類のオフショア企業や正体も定かではないペーパーカンパニーばかりで、これらの貸付についてウクライナ当局は「詐欺融資[5]」だと断定した。「貸付記入帳に記載されている融資先には、企業ブランドも定かではない、何を本業としているのか容易に特定できない会社がほとんどだった[6]」と語った分析官がいた。融資先は実体のない、まるで幽霊のような企業ばかりだった。別の分析官は、「貸付記入帳に書かれていた融資の99パーセントはでっち上げ[7]」と話していた。

ホンタレヴァは調査に奔走した。プリヴァトバンクが残してきた崩壊寸前の大きな穴を突然突きつけられ、ウクライナ政府と預金者は目をみはるしかない。新政府に残された手はただひとつ、銀行を国有化して救済を図ることだった。穴埋めのために何十億ドルもの税金を投入するしかない[8]。失われた預金はあとで見つけ出すことに望みをかけ、政府は補塡を急いだ。そうしなければ、国の金融部門そのものが破綻してしまう[9]。コロモイスキーを調べていたウクライナ人ジャーナリストも、「プリヴァトバンクが破綻すれば、この国の銀行システムが崩壊してしまう以上、政府が救済するよりほかに手段はなかった[10]」と語っている。反汚職活動家として知られるダリア・カレンニュクは、コロモイスキーは「大きすぎてつぶせない銀行を作ることにまんまと成功した」と指摘した。[11]

新生ウクライナの柱になるどころか、プリヴァトバンクはウクライナ政府の予算にとてつもない穴を空けていた。ホンタレヴァもやがて気づいたように、この銀行の背後にいる人間は、ウクライナ人の頼もしいパートナーではなく、これまでに経験したこともない大規模な出資金詐欺《ポンジ・スキーム》を始めていた。

「こんなことになるとは誰も考えていませんでした。掛け値なしの詐欺でした。資産など何もなかった。（略）二十一世紀最大の詐欺と私が呼ぶのもそうした理由からです[12]」とホンタレヴァは言う。

史上最大のマネーロンダリング

預金はいったいどこに消えたのか――プリヴァトバンクを国有化した政府にはその疑問が残った。調査官や法廷会計の担当官らの追跡で、のちにこの銀行を舞台にしたポンジ・スキームの全容が明らかにされる。大方の出資金詐欺がそうであるように、プリヴァトバンクの事件もきわめて複雑だったが、手口そのものはあっけないほど単純だった。この詐欺がまんまと成功するうえで鍵となっていたのが〝影の銀行[13]〟と呼ばれたもの、つまり〝銀行のなかのもうひとつの銀行[14]〟の存在だった。

ウクライナとアメリカ両国の発表によると、詐欺は次のようにして行われていたという。何も知らないウクライナ国民の預金が集まると、プリヴァトバンクではコロモイスキーの配下の者で構成される行内の〝信用審査委員会〟で運用先の検討が図られていた。独立性が担保された会計士や金融の専門家が銀行の利益を優先して検討するのではなく、この委員会に課されていた仕事はただひとつ、コロモイスキーが関係するさまざまなペーパーカンパニーに融資を行うことだった（第4章で紹介したコロモイスキーのパートナーである新興財閥のゲンナジー・ボゴリューボフにも同じく融資されていた)。

融資が適切かどうか、それを懸念する者がいても問題ではない。必要なのはただひとつ、委員会の署名であり、のちにアメリカの司法省の報告書で詳述されているように、委員会はコロモイスキーの関連会社から提出された「融資の申請書に〝承認〟を与える」ことだけが重大案件とされていた。委員会に出席する行員には選択の余地はほとんどなかった。「異議を申し立てればボーナスが見送られ、仕事は取り上げられるか、それとも首を切られるだけだった。この銀行は地元でもっとも恵まれた給与を払っていたので、こうした処置はとりわけ厳しい結果を意味していた」と報告書には書かれている。行員の一人も証言しているように、承認を与えることは当然と見なされ、「ドアを開け、オフィスに入っていく[15]」ようなものだと考えられていたという。

しかし、ダミー会社にそのまま金を振り向けてしまえば、あまりにも目立ちすぎてしまう(コロモイスキーは強欲かもしれないが、決して愚かではない)。承認された融資はいったん地中海のキプロスにあるプリヴァトバンクの支店の別の口座に送金して迂回させていた。キプロスも悪名高い租税回避地として知られている。ある分析官によると、プリヴァトバンクのペーパーカンパニーの「口座には何十億ドルの資金が出たり入ったりしている」にもかかわらず、「ビジネスが行われている実態はなく、資産や経営者はもちろん、従業員もおらず、マネーロンダリングのためだけに置かれていた[16]」。アメリカの司法省にいたっては、これらの会社はプリヴァトバンクを信用していたウクライナの預金者から「事実上、金を巻き上げるためだけに存在していた」と言っていた[17]。

しかし、キプロスの銀行口座が最終段階ではない。融資そのものが切り刻まれたうえで改めて束ねられ、さらにいくつもの口座に分けて入金され、その口座に入ってくる別の金と混ぜ合わされる。こんな処理が何度も繰り返され、キプロス支店の処理を終えた時点で、どの資金がどの融資の金なのか区別できなくなっている。あたかも、金そのものを原子レベルにまで分解し、まったく別のものに作り直すようなものだった。もはや追跡はできなくなり、オリガルヒは望みのままにその金を使えるようになる。(18)

ここまでの手口はそれほど込み入ってはいない。不正を働く銀行が内部の人間に融資をし、その金をペーパーカンパニーのあいだで出入りを繰り返し、金の出どころを曖昧にする。メキシコや赤道ギニアなど、オリガルヒが金融機関を握っているところでは繰り返されてきた方法だ。しかし、プリヴァトバンクとコロモイスキーは、これらのマネーロンダリングとは一線を画す二通りの新機軸《イノベーション》を編み出していた。

一番目は資金洗浄に要する時間だ。通常の資金洗浄の場合でも、いささか集中力はともなうが、資金の海外移転は比較的すみやかに行うことができる。電話を何本かかけ、書類に署名して、送金を確認するクリックをするだけで数百万ドルの金を数週間でクリーンな金に変えられる。運がよければ数日で手にできるかもしれない。しかし、プリヴァトバンクはそのスピードを格段に向上させた。ミキサーに入れて料理をするようなものだった。収奪した金をすべてミキサーに入れたら、スイッチを入れるだけ。それでおしまい。数分後には何百万ドルの金がきれいに混ぜ合わされ、汚れた金とは見分けがつかなくなり、なんの問題もなく使えるようになった。それまで数週間を要していた作業だったが、コロモイスキーはわずか数分ですませていたと言われている。(19)

一例をあげよう。アメリカの政府関係者がのちに注目したケースだ。実はこのとき送金された融資は、「プリヴァトバンクのキプロス支店に設けられた一三社のペーパーカンパニーの口座で、合計一七回の取引が繰り返されて引き出されていたが、以上の取引に要した時間はわずか八分だった」[20]。クッキーを焼いたり、野球なら一イニングのゲームを見たりするより短い時間にもかかわらず、きれいな金と混ぜに混ぜられ、追跡も不可能なほど洗浄された新しい別の金が出現していた。コロモイスキーの洗浄法が、どうしてここまでのスピードと独創性を発揮できたのか、その点についてはまだ不明だが、ある種の機械学習や人工知能のようなソフトを使い、資金の最適な混合方法や組み合わせ方法を算出していたのではないかと考えられている。「医療従事者よりも、犯罪者のほうがテクノロジーをうまく利用しています」[21]とホンタレヴァも話していた。

二番目の新機軸はおそらくさらに大きな意味があるだろう。テオドリンや資金洗浄にかかわる多くの者は、マンハッタンの高層ビルやマリブのビーチフロント、マイアミのコンドミニアムを購入することで汚れた金を合法的な資産に変えてきた。だが、コロモイスキーと彼の配下はそうした物件には手を出さなかった。ウクライナとアメリカの調査官は、彼らのこうした手口を〝ローン・リサイクル〟と名づけた[22]。〝ローン・リサイクル〟のアイデアそのものはほかの操作と同じように単純だ。キプロスの口座を使い、見事なまでにきれいな金と混ぜ合わせた資金を、今度はさまざまに組み合わせ、ヨーロッパの複数の銀行の複数の口座を経由させたうえでほかの国で合法的な資産を購入していた。その資産はクリーブランドのような町に建つ商業ビルだったかもしれない。あるいは、オハイオ州ウォーレンのような鉄鋼の町、あるいはイリノイ州ハーバードのような工場地帯に建つ物件だったのかもしれない。重要なのは物件の詳細ではなく、こうした資金が国外の工場やプラント、商業施設といった具体的な不動産を買収するために使われていた事実である。

これらの資金は書類上、「融資」として処理されていた。つまり、ある時点で返済しなくてはならない金だ。しかし、コロモイスキーらはそんなふうに考えていなかった。購入した不動産で得られる利益を返済に充てるかわりに、プリヴァトバンクから新たに融資を引き出して当初の融資をカバーしていた。司法省の調査資料に詳しく書かれているように、「基本的な考えそのものは単純」で、コロモイスキーは銀行に資金を要求し、「常に(要求した金を)受け取っていたが、初回分の融資を除けばほとんど返済に回されることはなかった。(略)プリヴァトバンクは融資を繰り返す《リサイクル》ことで、損害はますます増えていった」。

だが、書類上はすべてが順調だった。古い融資はとどこおりなく処理されているように見えた。「たしかに期日を迎えた融資には返済が行われていたが、実際には追加融資によって債務を拡大させていた」のである。そもそも融資の返済に回される新たな利益などなく、注ぎ込まれるのはせっせと貯金を続ける無防備なウクライナ人から奪った金だけだった。つまり、コロモイスキーは、この銀行を「自分専用の貯金箱」として事実上利用し、「返済する意思はそもそも持ち合わせていなかった」[23]のである。

それは永遠に拡大を続ける循環だった。プリヴァトバンクが新規の融資を送金するために新たなペーパーカンパニーが登記され、そのダミー会社が新たに資産を購入して負債が生じる。その負債を埋めるために融資が必要になり、送金のためのペーパーカンパニーが登記され、その会社がさらに資産を増やして負債がふたたび発生する。これが何度も繰り返される一方で、ウクライナの国民は銀行を信じて預金を繰り返していた。たしかに書類を見れば、どの書類にも古い融資はきちんと返済されているように記され、新しい融資も投資や小売業のためであり、どこから見ても合法的な目的で行われているようだった。だが、アメリカの当局者が言っていたように、すべては〝裏金作り〟につながっていた[24]。全容が解明されたときにホンタレヴァが口にしていたように、これはきわめて大規模な詐欺事件のように思えた。まもなく捜査当局は、コロモイスキーらがこうした手口を使い、五〇〇〇億ドル近くの資金を洗浄していた可能性があることを突き止める。

アメリカのシンクタンク「アトランティック・カウンシル」で、ソビエト崩壊後の汚職を研究するアンダース・アスルンドは、「それが事実なら、この事件は単一のグループによって行われた、歴史上最大のマネーロンダリング事件だ[25]」と述べている。

複数のペーパーカンパニーで迂回路を築く

しかし、ウクライナとアメリカの当局が明らかにしているように、コロモイスキーは会計士を威圧し、預金者の無知につけ込むだけで、このポンジ・スキーム兼ローン・リサイクルを構築していたわけではない。そのかたわら、コロモイスキーは自分の手足となって働く集団をアメリカ国内で組織していた。司法省はこの組織を「オプティマ・ファミリー」と呼んでいた[26]。

二〇一〇年代半ばの時点で、コルフと義弟のショチェット、オプティマのネットワークは、アメリカの中西部とラストベルトで商業用不動産、鉄鋼の町、工場からなる広大な王国に君臨していた。彼らはその勢力を誇示した。ショチェットはクリーブランドでもてはやされ、コルフと彼の親友ウリ・ラーバーはマイアミに建つギリシャ風スペイン様式の大邸宅でくつろぎ、慈善団体や同胞のユダヤ人に、手に入れた何百万ドルもの金をふるまっていた(コルフとラーバーのもとには突然数百万ドルもの金がころがりこんできた。金の多くはオプティマ関連の事業から生じたのは明らかで、そのなかにはオプティマ・

インターナショナルからコルフとラーバー、さらに彼らの家族に直接送金された一三〇〇万ドルも含まれていたとアメリカの当局者は発表している[27]。南フロリダでのオプティマの知名度は高まる一方で、「コルフとラーバーは資金源が拡大するにつれて(マイアミにあるオプティマ本部の)移転を繰り返し、三〇階にあったオフィスは三六階へ、最終的には五五階のペントハウスに移った」と司法省は公表している[28]。

自分たちの帝国の底が抜けるとか、あるいはプリヴァトバンクから流れ込む資金がいつ干上がるのか、彼らがどの時点でそれらの事実に気づいたのかは不明だ。ウクライナが革命に突入し、国の富を収奪していた新興財閥の既存のネットワークがひっくり返されたあとかもしれない。あるいは、拡大していくコロモイスキーの権力基盤と彼が指揮する民兵に対し、ウクライナの新政権が警戒するようになってからなのかもしれない。公算が高いのは、やはりホンタレヴァらがプリヴァトバンクの手口を暴き、例のローン・リサイクルという仕組みを世間に明らかにしてからなのだろう。なぜなら、ホンタレヴァらが暴露していたのは、コロモイスキーの策略やダミー会社のネットワークだけではなかった。ウクライナとアメリカ両国による一連の調査結果には驚くべき事実が詳述されている。それによると、ローン・リサイクルのネットワークが末期を迎えたころ、コロモイスキーの手先は、アメリカ中西部の目立たない地方にある見過ごされた市場をせっせと訪問していた。

一見するとやっかいな仕事のようだが、煎じ詰めれば、オプティマが担っていた役割はいたって単純明快だった。司法省の関係者の話では、コルフとラーバーは「オプティマグループの資金を巨大なプールとして使い、資金を洗浄するときも、金儲けをするときも、別々の事業体(ペーパーカンパニー)のあいだで資金を行き来させていた[29]」という。聴取やインタビューに応じたコルフは、コロモイスキーのことはほとんど知らないとか、彼は「成功した実業家」で、「ウクライナ政府から嫌がらせを受けている」と言い張っていた[30]。しかし、司法省が明らかにしたように、実際のコルフはウクライナにいるコロモイスキーと常に連絡を取り合っていた。コルフは「資金の移転についてコロモイスキーと話し合い、コロモイスキーが承認していた[31]」とアメリカの政府関係者は報告している。

もちろん、不正な金を単にどう処理すればいいのかという問題ではない。コルフはラーバーとともに、「不正流用した資金の洗浄を図るため、複数の事業体からなる複雑なシステムを構築していた[32]」。つまり、きれいな金と徹底的に混ぜ合わせた資金にさらに偽装を施すため、複数のペーパーカンパニーを何重にも配置した迂回路を築く作業を彼らは手伝っていたのだ。その際、とくに好んで利用していたのは、言うまでもなくデラウェア州のペーパーカンパニーだった。二人が登記したオプティマ・ベンチャーＬＬＣは、「プリヴァトバンクを通じて不正に得た資金を使い、アメリカ国内の不動産物件を購入する主な手段となっていた[33]」と捜査官は言う。

デラウェアのＬＬＣという、アメリカでは人気の秘密厳守の租税回避方法が、国外の狡猾なオリガルヒがこの国の財産を飲み干すためにまたもや利用されていた。そして、不正な利益を洗浄し、その金をこの国に直接注入することで、アメリカの資金洗浄のシステムはますます盛大に活用され、その規模をさらに拡大していくことにもひと役買っていた。

デラウェアで登記した実体のないＬＬＣ、何度も繰り返される不正融資、預金者から巻き上げて増えつづける一方の資金などを使い、コロモイスキーはアメリカで「盛大な支出」を繰り返してきた。たとえば、プリヴァトバンクから借り入れた一二〇〇万ドルの契約書には、融資の目的はウクライナの鉄鋼生産を維持する「継続的な事業資金」と書かれていた。だが実際には、クリーブランドのダウンタウンで、鑿《のみ》のようにそびえ立つ「ワン・クリーブランド・センター」の購入資金にそのまま充てられていた。[34] 司法省の報告書によると、別件の一三〇〇万ドルの融資は複数のペーパーカンパニーに分散して送金され、その後、いくつかの口座から不動産の購入資金として資金洗浄を終えた金が振り向けられていた。

オプティマはこうやってクリーブランドで二番目に大きいコンベンション・ホテル「クラウン・プラザ・ビルディング」も手に入れ、同様の手口でクリーブランドの物件を買いあさっていった。市内でも有名な歴史的建築物の「ハンティントン・ビル」や50万平方フィート(1万4000坪)の「ペントン・メディア・ビルディング」、町の中心の広場を見下ろす「55パブリック・スクエア」などである。[35] これらの購入資金はいずれもウクライナを巻き込んだ詐欺事件に直結していたのは言うまでもない。[36] ワシントンのシンクタンク「グローバル・ファイナンシャル・インテグリティ」代表のトム・カルダモンは、「彼らはありふれた風景のなかに金を隠していた。クリーブランドに目を向ける者など誰もいないはずである」[37]と指摘している。

ビルは荒廃し、不動産市場は破綻

オプティマの事業について、ほぼ全員が口をそろえて認めている点がひとつある。オプティマのせいでクリーブランドの中心街への不動産投資はすっかり破綻してしまい、テナントは入居していたビルから逃げ出していた。この町を豊かな明るい未来へと導くとオプティマは唱えていたが、自分たちのそんな主張に彼ら自身がまったく興味を示そうとはしなかった。ショチェットが乗り込んでくる前からクリーブランドはすでに疲弊していたが、オプティマがやったのは、この町の中心部の不動産市場に残されていた可能性にとどめを刺したことだった。物件の大半が「荒れ果て、高い空室率に苦しんでいる」と地元紙は報じ[38]、一連の買収劇を報じてきた記者は、オプティマの資産構成についても「ほとんど絶望的」と評していた。オプティマの買収をよく知る地元の人間は、「自分たちが手を触れたものを、彼らはすべて台なしにしていた[39]」と私に話していた。

「ペントン・メディア・ビルディング」を例に見てみよう。買収時、「オプティマの矢筒にもう一本の矢が加わった」と言われた物件で、彼らがクリーブランドにやってきた二〇一〇年の時点で稼働率は90パーセントを超えていた[40]。だが、それからわずか数年で稼働率は60パーセントにまで急落していた。その後起こされた訴訟では、原因はオプティマの「不適切な管理の結果である[41]」と訴えられた。当然のことながら、物件の査定額も急落して何百万ドルという価値を失っていた[42]。

「55パブリック・スクエア」への投資はどうだったのだろう[43]。前述したように床面積42万平方フィート(1万2000坪)のこのビルには、ワスプエリート《ホワイトシュー》の法律事務所が主に入居していた。二〇〇九年、ダウンタウンの不動産市場の支配を確かなものにするため、オプティマはこのビルを買収した。あるメディアが言っていたように、ショチェットが手をつけるまでこのビルは、稼働率85パーセントの“ドル箱”だった。

しかし、わずか一〇年で「かつての優良物件」は、「全面的な改修がただちに必要な物件[44]」と『クリーブランド・プレイン・ディーラー』紙に書かれる状態になっていた。生活情報紙の『クリーブランド・シーン』にいたっては、「55パブリック・スクエア」は「荒れ果て、空き室ばかりが目立つ状態」で、ダウンタウンの中心部に建っている実《み》のない殻とたとえていた。まともな部屋が残っていても、ほとんどビジネスにはならなかった(「一階に入っていたジョン・キューズ・ステーキハウスのスペースは、何年も空いたまま」[45]と同紙には書かれていた）。二〇一八年、このビルの査定額はオプティマの購入価格の半分すれすれにまで下落していた。[46]だが、そんな底値にあっても買い手の問い合わせは少なく、ある開発業者にいたっては「使いものにならない」とまで断言していた。[47]このときの購入に関係していた地元のある人物は、オプティマは「あの建物をぶち壊しただけだった」と私に話していた。[48]

「ハンティントン・ビル」はどうなったのだろう。このビルにある壁画や壁にはめられた真鍮《しんちゅう》の記念碑、さらにロビーなど、クリーブランドの良き時代を物語るうえで欠かせない歴史的な遺産であり、オプティマの不動産ポートフォリオの要《かなめ》となる物件だった。『クリーブランド・プレイン・ディーラー』紙によると、買収された当時、このビルには世界四大会計事務所のひとつ「アーンスト・アンド・ヤング」などが入居しており、大きな収益をあげていたという。

それだけにビルの買収は、オプティマがこの町に乗り込んできたことを知らしめる、高々とそびえ立つ、光輝くモニュメントになった。しかしわずか五年で、ビルは洞窟のように空っぽになっていた。あるのはスズメの巣と放置された机だけで、稼働率は10パーセントにも満たない。建設当時、世界で二番目に大きなオフィスビルだったビルは現在、この町のダウンタウンにうがたれた「ぽっかり空いた穴」として、痛々しいほどの空虚をたたえている。[49]

資金洗浄で狙われる内陸部の町

ウクライナの当局がプリヴァトバンクの財務状況について調査を始めたのとほぼ同じ時期、オプティマはクリーブランドに保有する資産の処分を始めており、いくつかの不動産が売りに出された。

「ハンティントン・ビル」は二二〇〇万ドル、[50]「ペントン・メディア・ビルディング」は三八〇〇万ドル[51]で、再生事業を考えている開発業者に売却された。何がきっかけで売却に踏みきったのかはよくわからない。コルフ、ラーバー、ショチェットの三人に問いただしてみたが、三人とも質問に答えないか、あるいは無視したままだ。だが、ある説が浮上している。その説はアメリカの不動産をめぐり、これまで何度も見てきたクレプトクラットたちの話とも一致している。

アメリカに目をつけている海外のクレプトクラットや腐敗官僚の多くは、なんとかアメリカを利用しようと目を光らせている。彼らにとってこの国の不動産は、彼らがどうしても必要としているチャンスを手に入れる機会を提供してくれる。テオドリンは、絶大な権力を持つ大物にふさわしい生活を送るための手段だと考えていた。アメリカのペーパーカンパニーを使い、マンハッタンの超高層ビルを購入したイランの政府関係者のように、制裁を回避するためにアメリカの不動産を利用する者もいる。国の財産を略奪したベネズエラの役人は、崩壊した自国経済から逃れるためにこの国の不動産を利用していた[52]。

すでに見てきたように、私たちが不動産に投資をするのと同じ理由で、彼ら悪徳官僚や悪賢いオリガルヒもアメリカの不動産に目を向けている。不動産市場が安定しており、しかも拡大を続けているからだ。全体的に高値が続いており、手堅くて少々のことではびくともしない投資が可能なので、金融資産のポートフォリオが破綻しても、損失を補うことができる。クレプトクラットにとってアメリカの不動産は、万が一に備えた資産《レイニーデイ・ファンド》と考えるといいだろう。それは何兆ドルもの価値がある、世界最大の緊急時に備えた投資なのだ[53]。

クリーブランドへの投資も、まさにそうした投資だったようである。コロモイスキーのような大富豪にすれば、ショチェット程度の人間が口約束した町の再開発など、はなから問題ではなかっただろうし、購入した建物がだめになったせいで売却価格が数百万ドル減ろうが大した問題ではなかった。土地そのものの価値は損なわれないからだ。たとえ上物《うわもの》がだめになり、寂れていくダウンタウンに「ぽっかりと空いた穴」を残しても、土地の価値は変わらない。そして、おそらくコロモイスキーが予想していたように、プリヴァトバンクを舞台にした詐欺が破綻しても、その穴埋めをしてくれる万一の資産を用意しておくことは、彼にとって決して悪い話ではなかったはずだ。

オプティマの話にだまされた人たちも、現在では当局の説明に納得している。コロモイスキーに後押しされたオプティマが、そもそもクリーブランドの救済など考えておらず、ウクライナのオリガルヒからついには私的軍隊まで持つようになった人物のために、この町を自分だけが使えるマネーロンダリングの装置に変えようとしていた現実を受け入れるようになった。ある地元関係者は、「本当に誰も知らなかった。納得できるまで数年かかった。しかし、悪い予感はしていた」(54)と言う。

しかし、オプティマの出資を宣伝して回っていた関係者すべてが、この件について進んで話をしてくれたわけではない。地元で投資銀行を営むマーク・フォーゲルは当初、町に現れたショチェットを「青天の霹靂《へきれき》」と言って持ち上げ、彼の結婚式にも出席していた。だが、彼が以前にショチェットを評価していた言葉は引用するなと私に言ってきた。しかもその引用とは、すでに『クリーブランド・プレイン・ディーラー』紙に書かれた彼の発言だ。電話越しに「引用は禁じる」と言われた。「本気だ。君には誠意をもってこれまで応じてきた。私を批判するような真似は慎んでくれ。そんな昔のことについて私の言葉を引用しないと約束してほしい。そんなことはしないでくれ。(略)私はいまウォーレン・バフェットのために働いており、君の人生をつぶすこともできる。そんな真似をこの私にやらせるつもりか」[55]（最後のひと言がどんな意味かはっきりわからないが、ショチェットに関するほかの質問にはフォーゲルは答えなかった）

しかし、コロモイスキーとオプティマの手口は、アメリカを舞台にしたクレプトクラシーの物語が新たな章を迎えた現実を示唆している。資金洗浄のためにクレプトクラットが目を向けているのは、もはやニューヨークやマイアミのような巨大都市ではなくなった。いまではアメリカの中西部《ハートランド》が資金洗浄のために開放され、これまで見過ごされてきた内陸部の町がふさわしい時期を迎えているようなのだ。「国外の汚れた金がマイアミやニューヨークに流れ込んでくるのは言うまでもなく問題だが、犯罪者や汚職政治家がマンハッタンのペントハウスを欲しがるのは直感的に理解できる」とクラーク・ガスコインは言う。ガスコインはアメリカの反クレプトクラシー活動の第一人者で、自身もオハイオ州の出身だ。「クリーブランドのような中西部の町ですでにこんなことが行われているなら、われわれは深刻な問題に直面している警鐘として受け止めるべきだろう。これはどこの町で起きてもおかしくはない問題なのだ[56]」

問題はすでに起きている。ダラスでは、コロモイスキーの不正資金に直接関係する資金で不動産が売買され、そのなかにはこの町の「商業ビルの象徴」である物件も含まれており、ビルは現在でも未開発のまま放置されている[57]。ケンタッキー州ルイビルのダウンタウンでもオプティマは七七〇〇万ドルもの大型物件を購入したが、結局、不履行で終わっている。銀行側の話では、購入にともなうオプティマが約束していた数百万ドルのローンを組まなかったからである[58]。クリーブランドが経験したのと同じ話だ。

こうした投資話を巧みに語る人間を、どれほどの数の市町村が財政的な頼みの綱と当てにしていただろう。本書ではここまで商業ビルについてしか触れてこなかった。同じような運命をたどってきた住居専用の物件はどれくらいの数に達するのか。どれだけのビルのどれだけの区画が、オリガルヒや腐敗官僚が収奪してきた汚い金の溜まり場にされてきたのだろう。一軒家はどうか。集合住宅は。空き地や何エーカーという草原、あるいは農地や森林や放牧地も例外ではない。

アメリカの不動産業界の繁栄とは、現代のクレプトクラシーにいったいどれほど依存しているのだろう[59]。

こうした問いに対する答えを私たちが持ち合わせていないのは、徹底した匿名のせいであり、クレプトクラットや不正な役人はこの匿名を都合よく使いこなして、アメリカ国内で好きなように金を使っている。こうした連中が不動産を購入するために必要以上の金を払ったせいで、アメリカの固定資産税がどれだけ跳ね上がったのだろうか。そもそも、この事実に気づいている人がどれほどいるのかさえわからない。さらに言うなら、彼らのせいでどれほど多くの町や地域が衰退し、空洞化してしまったのかさえわからないのだ。連中は自分たちの投資で地域に利益をもたらすことになどまったく関心はない。その結果、近隣地域全体の経済が干上がり、この国の多くの都市や町、コミュニティーが蝕まれている[60]。

私たちには本当に何もわからない。そこに救いのようなものがあるとすれば、これらの話はいずれも不動産レベルにとどまっている点ぐらいでしかない。アメリカのクレプトクラシーをめぐる物語で、新しい章がもたらす本当の代償について知るには、クレプトクラットと彼らの手先として仕えるアメリカ人が狙いを定めている、中西部の鉄鋼地帯や製造工場を訪れてみなければならないだろう。

第13章

呪われた工場

「われわれの社会は見事なほど腐りきっていた。政府の役人はアメリカ人から盗むのが得意で、普通の人間は政府から盗むことに長《た》けている。最低の人間たちが必死になってたがいに盗み合っている」

ヴィエト・タン・グウェン(1)

ウォーレン製鉄所の爆発事故

二〇一〇年、オハイオ州ウォーレンにある製鉄所の冷却パネルで水漏れが発生した。(2) パネル付近で水漏れが発見されたのはこれがはじめてではない。パネルは工場内の炉の温度を監視するためのものだったが、開いた穴や配管の修理がされておらず、そこから水が常に漏れた状態だった。流れた水が燃えさかるドロドロの鋼に真っすぐ向かっていく。水が接触すれば、水蒸気爆発を引き起こすかもしれない。裁判資料によると、溶けた鋼に達する前に作業員が水漏れを発見したという。溶鉱炉の操作担当者になんとか教えようと努めたが、ちょうど溶けた鋼を流している最中だった。

作業に気を取られ、注意を促す仲間の姿が目に入らず、あるいは彼らの声が聞こえなかったのかもしれない。操作担当者は水が溶岩のような塊に向かって流れていくのを見逃してしまった。溶けた鋼に水が触れる。次の瞬間、灼熱の爆風が噴き上がり、さらに作業員やレンガの壁を吹き飛ばした。爆発で炉の壁は引き裂かれ、人が吹き飛ばされた。作業員が背を曲げてうずくまっている。骨が折れている者もいる。腕や脚の皮膚が焼けただれていた。病院に運ばれたが、少なくとも一人は腰の手術とその後数年に及ぶ療養が必要だった。(3)

しかし、これが最後の爆発事故とはならなかった。一年後、ふたたび爆発事故が発生、前回を上回る規模でレンガの壁が砕け、窓ガラスが割れ、作業員たちが吹き飛ばされた。「まるでピンポン玉だった。階段から投げ出されて何も見えなかった」と作業員の一人、マイケル・バックナーは国際調査報道ジャーナリスト連合(ＩＣＩＪ)の記者に話している。かろうじて怪我を免れた別の作業員はそのときの様子を目の当たりにしており、「(バックナーの)前腕の皮膚は文字どおり剝がれていた」と言う。バックナーはさらに話を続け、このときの爆発を思い返した。彼のほかにもたくさんの仲間が重度の火傷《やけど》を負った事故だった。「恐ろしかった。終わりのない悪夢で、いまでもまざまざと思い出して忘れられない(4)」

二度目の事故を受けて連邦監督官も本格的な調査に乗り出した。彼らはウォーレンにあるような製鉄所の安全性の維持を任務にしている。調査の結果、コロモイスキーが所有する製鉄所には数々の問題があることが判明する。冷却パネルから水が漏れ出し、溶けた金属と接触して手榴弾のように爆発するなど、基本的な安全基準をめぐり、「看過できない違反行為」が十数件も見つかる。市会議員の一人から聞いた話では、この工場の危うさを裏づける一例として、作業員が使う保護メガネを「ハンマーで壊せるような(5)」安価なものに置き換えるという首をかしげる決定もされていた。

だが、ここで働く作業員はあまり驚いてはいなかった。金属の強度試験を担当していたウィリアム・ノーマンがその後話していたように、工場は「とにかく経費を削ってばかりだった。そのために人員も必要最小限で、決して増やそうとはしない。増員しろと何度も要求したが、耳さえ貸してくれない」。最終的にコロモイスキーが目を光らせるようになった工場の新しい経営陣は、安全性についてはどうでもいいと考えていたようである。以前の経営陣と比べれば、「昼と夜ほどの違いだった」とノーマンは話していた。(6)

爆発、怪我人、連邦法違反などの問題に見舞われた二〇一四年、製鉄所の経営陣は「厳しい市場環境」を理由に同年三月操業を停止する。再開は二〇一六年初頭、そのときには最終的に従業員を倍増すると約束していた。(7) 音沙汰のないまま月日だけが過ぎていく。工場は休眠状態が続き、工場に依存して生活していた約二〇〇人の従業員もその点では変わりはなかった。そして二〇一六年一月、全米鉄鋼労働組合の支部——工場の従業員(少なくとも二度の爆発を生き延びた人たち)を代表する組織——に一本の電話がかかってくる。「臨時休業は変更になり、このまま永久に休業するという連絡だった」と、地元組合の執行部の一人だったパット・ギャラガーは言う。(8)「予期していなかったビジネス環境の変化」に対応しなければならないと経営側は言い張っていた。(9)

現在のウォーレン製鉄所は廃墟と化している。壁や天井には大きな穴が開き、剝がれ落ちた黄色や青のペンキがサビや泥まみれの水たまりに浮かんでいる。敷地はがらんとしており、窓はガラスが抜け落ちたままだ。ひしゃげたキャビネットと荒れ果てたオフィス——誰かが盗んでいったのか、それとも元従業員の仕業かはわからない。工場はまるでディストピアの未来そのものの姿でそこにたたずんでいる。旧ソビエト連邦のどこかから抜け出してきたような風景にも思えてくる。

実際にここに来てみれば、かつての工場の様子はいまも偲べる。「工場の階段を上がり、自分の体の二倍はありそうな大きなフックの横に並んで立っていると、何かとてつもない感じがする」と、二〇一七年に工場を訪れたクリーブランドの写真家ジョニー・ジョーも書いている。ジョーは廃墟となった建築の撮影が専門で、この工場に残る破壊の痕跡と残骸もカメラに収めている。映像はどれも強烈な印象をたたえている。だが、かつての威容をほのめかす印象も、現在の工場の姿に比べるとやはり見劣りがする。ここにあるのはアメリカのハートランドが繁栄していた時代の無残な残骸で、工場ははらわたを抜かれ、精気がまったく感じられない。工場の壁が崩れる前、ソ連崩壊後に台頭したオリガルヒとアメリカ人の彼の手先がこの町にやってくる前のことである。「僕はアメリカ中の産業施設を見てまわってきた。だが、これほど巨大で壮大な施設が朽ちるがまま放置されている場所ははじめてだ[10]」ともジョーは書いている。

マネーロンダリングの犠牲になる工場と労働者

しかし、ウォーレン製鉄所をめぐるこの物語には、重要な問題がひとつ見落とされていた。製鉄所の崩壊は、コロモイスキーと彼の手先が中西部を駆けめぐり、忘れ去られた町の忘れ去られた建物や工場を食い物にしていたことだけが原因ではない。たしかに、クリーブランドで見てきたのはそのような光景であり、オプティマの関連企業が利益を貪った証として、抜け殻のような建物だけが町には残された。しかし、ウォーレンの場合、クレプトクラシーが新しい章を迎えた現実にともなう別の特徴が現れていた。その特徴とは、クレプトクラットのネットワークがいとも容易にラストベルトの亡骸に食らいつき、貪りはじめた点にはっきりとうかがえる。亡骸はたちまち丸裸にされ、残された骨や皮は放置されたまま朽ち果てていった。産業はもちろん、町やそこで暮らす住民も同じ運命をたどっていった。

実は、コロモイスキーはウォーレン製鉄所の経営にかかわっていた唯一のウクライナ人オリガルヒではなかったのだ。コロモイスキーにとってはウクライナ独立当初からの長年のパートナーであるゲンナジー・ボゴリューボフもこの計画にはかかわっていた。さらに、第三の人物としてバディム・シュルマンという人物がいた。シュルマンもコロモイスキーと同じ道を歩んできたが、アメリカの鉄鋼産業をめぐって二人の関係は破綻している。[11]

シュルマンもオリガルヒの一人だ。いささか大きな耳の持ち主で、無表情な顔からは何もうかがえないが、ヨットとテニスが好きな人物である。[12] コロモイスキー同様、彼もまたソ連崩壊後に得た資金をアメリカに流し込むようになり、やはり似たようなペーパーカンパニーのネットワークを経由してアメリカの製鉄会社に投資していた。そうした投資先の一社がそうとは知らないウォーレン製鉄所で、この工場を通じてコロモイスキーとシュルマンはビジネスパートナーになった。シュルマンがアメリカで起こした一連の訴訟によると、すべてが計画どおりに進んだわけではなかったらしい。シュルマンが主張していたように、彼とコロモイスキーとの関係はまもなく破綻する。原因はコロモイスキーのローン・リサイクルで、こんなことになろうとは、ウォーレンの誰も思いも寄らなかった。[13]

シュルマンは数多くの訴状で、コロモイスキーとオプティマ・ファミリーは、「長期間にわたって私的な金融取引を行い、累積債務が拡大する計画」を画策し、製鉄所の従業員と自分のようなパートナーを欺いてきたと訴えていた。[14] 具体的に言うなら、コロモイスキーはこの会社で、「大規模かつ組織的な一連の詐欺行為」を取りしきり、これらの行為でシュルマンは財産を巻き上げられ、一方コロモイスキーは私腹を肥やし、製鉄所とそこで働く何百名ものアメリカ人労働者の雇用は破壊された。訴状によると、この計画はペーパーカンパニーや金融の守秘法域、億万長者の特権階級好みのさまざまな租税回避の手口で不正に処理され、当初から複雑に入り組んでいた。最終的に放漫経営が原因でウォーレンの工場は破綻し、失業と貧困をもたらすだけではなく、詐欺行為によってはるかに悪い状況に陥ってしまうだろう。

当初、ウォーレン製鉄所の株式はコロモイスキー、シュルマン、ボゴリューボフの三人が均等に保有していた。しかし、シュルマンの話では、コロモイスキーは二〇〇〇年代後半から株式を秘密裏に別の海外法人に譲渡するようになったという(シュルマンの弁護士にインタビューを申し込んだが拒否された。シュルマン自身は譲渡書類に記された自分の署名は偽造されたものだと主張している)。これ以降、ウォーレン製鉄所そのものがさらに大規模なローン・リサイクルにとって不可欠な道具のひとつに変わっていく。

裁判を通じて明らかになったのは、コロモイスキーと彼の会計士たちは、〝不正融資〟を引き出す窓口として製鉄所をとりわけ好んで利用するようになっていた。引き出した資金は、それまで彼らのペーパーカンパニーのあいだでやり取りされてきた融資の返済に充てられていた[15]。

書類だけを見るなら、コロモイスキーの息がかかった多くの融資は、ウォーレン製鉄所の安全対策や爆発防止などの改善に使われると書かれている。しかし、コロモイスキーらが手がけてきたとされる不正融資では、融資された資金は製鉄所を通過し、彼が所有する別の事業体に流れていった。そこからローン・リサイクルの回路に取り込まれ、例のきれいに混成された金とひとつになり、最後には目的とするほかの場所に移されていった（シュルマンは複数の提訴を行っており、そのうちのある訴状には、「融資された資金はウォーレン製鉄所を素通りしていった。その後、関係者のネットワークを経て、最終的にほかの事業体か個人のいずれか一方、もしくは両方に分配されていた。これらの事業体および個人は、被告であるコロモイスキーとボゴリューボフが所有するか、もしくは彼らの意向を受けていた」[16]と書かれている）。

実際、コロモイスキーたちは製鉄所にせっせと資金を流し込み、製鉄所が融資を申請しているように見せかけ、事実上、自分たちのローン・リサイクルの拠点に変えていた。融資を工場の修理や新たな投資に振り向けたり、あるいは従業員の安全を確保する基本処置に投じたりするかわりに、数千万ドルもの債務を工場に押しつけていたとシュルマンは主張している。その一方で、ウォーレン市の人びと、工場で働く作業員や組合員、市の当局者に説いていた約束を実行しようとはしなかった。作業員や組合員は工場で働いて生計を立て、町の経済の健全性もこの工場が頼みだった。[17]

シュルマンにも、コロモイスキーが不正融資の舞台として、なぜウォーレン製鉄所に白羽の矢を立てたのかははっきりわからない。彼が所有するアメリカの製鉄所はここだけではなかった。しかし、シュルマンにはおおかたの予想はついた。製鉄所を閉鎖に追い込んだのは経済情勢の変化でも、少ない資金で経営していたケチなオーナーのせいでもない。買収はそもそも最初から見せかけで、誰にも気づかれないほど大規模なマネーロンダリングの隠蔽が目的だった。「シュルマンの申し立てどおりなら、閉鎖の公式な理由とされている産業の衰退と資金不足は、その場しのぎの単なるでっち上げで、この地方で当たり前のように聞かれつづけてきた話につけ込み、不正な動機をごまかそうとしていることになる」[18]と指摘する分析官もいる。シュルマンが訴えるように、「コロモイスキーとボゴリューボフの両名は、ウォーレン製鉄所の経営を通じて利益を得るかわりに、みずからの利益のみを図るために事業を不法に利用し、その結果、ウォーレン製鉄所と原告に取り返しのつかない不利益をもたらしていた[19]」。

消滅した鉄鋼の町はウォーレンだけではない。オハイオ州との境にあるウェストバージニア州の小さな町ニューヘイブンにある工場も同じ問題に直面した。創業から数十年の歴史を持つ合金鉄工場だったが、二〇〇六年にコロモイスキーの関連会社が経営して以来、作業員の安全性に対する過失を問う訴訟が繰り返されてきた。『キーウ・ポスト』紙が取材した労働者の証言から、「メンテナンス不足と経費を理由に経営が設備の拡充を拒否したため、施設内での事故が多発している」実態が明らかにされた[20]。二〇〇九年には死亡者も出ている。二十七歳の作業員で、週九〇時間労働を命じられ、疲れのあまり帰宅途中の居眠り運転が原因で死亡した[21](「安全性は最悪。経営者は最低(略)何もいいことはない。何もない。本当に何もない。最悪だ[22]」と求人サイトの口コミ欄には書かれていた)。

ケンタッキー州でも二〇一八年にオハイオとウェストバージニアの州境付近にある製鉄所が破綻、ここでも一〇〇人を超える雇用が失われた。地元当局者は、「これほどつらくて悲しいニュースはない」と話していた。ウォーレンと同じように、ここでも「現在の厳しいビジネス環境」を理由に余儀なく閉鎖したと会社は主張している。コロモイスキーやプリヴァトバンクはもちろん、不正融資や詐欺などについてはいっさい触れられていないが、コロモイスキーの不正な資金にくるまれたアメリカの資産や工場に関係していると言われている[23]。

関係したアメリカの会社はどこも無傷ではすまなかったようである。オハイオ州やケンタッキー州、インディアナ州のように閉鎖された工場があれば、増える一方の負債に屈していったところも少なくない。国際調査報道ジャーナリスト連合(ICIJ)の調査によると、「ミシガン・シームレス・チューブ（MST）ほか三カ所の製鉄所では負債が増えはじめていた」という。「インディアナ州のナイアガラ・ラサール社はトラック運転手に一万七一九一ドルの給料が払えず、イリノイ州のコーリー・スチールは黄銅の納品企業に一〇万五〇〇〇ドルの支払い義務を負った」。雇用の創出と明るい未来を約束していた当初の話は、地域全体で崩壊した。ICIJの試算によると、「コロモイスキーが所有するもとで、ケンタッキー、ニューヨーク、オハイオなど併せて何百人もの鉄鋼労働者が職を失った。あるケースでは失業保険にさえ加入しておらず、退職に備えて用意していた基金も一時的に利用できなかったと裁判所の記録にもある」[24]。仕事を失い、工場は破壊された。どちらもふたたび元には戻らなかった[25]。

資金洗浄のために複数のネットワークで取引

無防備な町にとって、オプティマというクモの巣に捕らえられた資産がどれほど負担になるのか、それをはっきりと示しているのがある巨大工場が陥った苦境だ。イリノイ州ハーバードに現れたショチェットは、二〇〇八年、この町に残る旧モトローラの工場を約一七〇〇万ドルで買収したと発表した。あの工場がついに可能性を発揮するときがきたと町の人たちは希望を託したが、ショチェットはそうした町の人の願いはほとんど無視するようになっていた。地元商工会議所の代表チャーリー・エルドリッジが言うように、「ショチェットはあまり町には姿を現さなかった。一年か二年に一度くらいのものだった（略）。来たときにはかならず会っていたが、彼にとってこの町が最大の関心事ではないのははっきりわかった」。さらに、オプティマには「この施設をどうするのか、それに関する具体的な計画がない」事実が、まもなく誰の目にも明らかになったと言う[26]。

二〇一四年前半、施設はただの無人の建物ではなく、明かりも灯されず、真っ暗なまま放置されていた。五〇万ドルもの電気代が未払いのため、電気の供給が停められていた。地元の関係者は懐中電灯を手にして工場を見回るしかなかった。「あれほど立派な施設が空き家になっているのを見るのはしのびなかった」と口にする者もいた[27]。それからしばらくして、今度は暖房が停められた。配管がだめになったわけではない。同様に固定資産税の未納が続いて、ただでさえ財政的に苦しい自治体は何十万ドルもの税収不足にあえいだ。

そうしているあいだも巨大な複合施設そのものがゆっくりと崩壊に向かっていた。工場棟はもちろん、フィットネスセンターや保育室や五〇〇人収容の講堂、さらに二基のヘリポートなどが内部からひっそり壊れていったのである。駐車場には雑草が生い茂り、壁や屋根伝いに、配管のなかや建物の内部にまでカビが広がっていった。工場には二万個以上のスプリンクラーヘッドを備えた消火システムが設けられていた。そのシステムそのものが壊れはじめていたが、交換だけで二〇〇〇万ドル以上の費用がかかると地元関係者は言っていた[28]。

数年にわたり、建物をめぐる問題がひとつまたひとつと積み重なっていった。「機械設備は残らず交換する必要があり、屋根も雨漏りしていたが、会社側は誰も本気で修繕に取りかかろうとはしなかった」と市長のマイケル・ケリーは話していた[29]。市長や商工会議所の代表が指摘するように、問題は施設の劣化だけではない。そう遠くない将来に積み重なった問題が限界を超えてしまう。車がいずれ廃車の時期を迎えるように、この建物も修復ではなく、廃棄しなければならない時期をかならず迎える。そしてその時期は、わずか数年先にまで迫っていた。

「建物の価値がなくなるだけではなく、町にとっては大惨事にほかならない。市が解体しなければならないからだ」とエルドリッジは言っていた。「取り壊しにかかる費用は、おそらく市の年間予算の三倍から五倍だろう。そんなことにでもなれば、この町の財政そのものが破綻してしまう」。そう言ってエルドリッジは間を置いて現状に思いをめぐらしていた。イリノイ州北部の小さな町に対して約束してくれた千数百万ドルの投資だった。だがその投資によって、最後には略奪と窃盗にしか興味のないウクライナの悪徳オリガルヒと結びついてしまった。そして、その投資の道連れにこの町は破綻の淵へと引きずり込まれようとしている。「そもそもこの施設は建てないほうがよかったと思っている住民もたくさんいるだろう」とエルドリッジは話していた[30]。

ハーバードの一件は、その後意外な展開を見せた。二〇一六年、オプティマがモトローラの旧工場を引き受けてくれる新しい買い手を見つけてきたのだ。施設の整備など、もろもろの問題も承知のうえで引き受けるという。新しい買い手もコロモイスキーと同じように国際的なシンジケートで、中国系カナダ人の実業家龔曉華《ゴンシャオファ》――本人は「エドワード」という名前を好んで使っていた――という人物に率いられたグループだった[31]。龔曉華はこの工場をスマートフォンの製造拠点にしたいと話していた。エルドリッジの話では、会ったばかりのころの龔曉華は、「とても感じのいい人物で、この町に対して自分がどれだけ貢献できるのかを話してくれた[32]」という。その点では数年前にこの町に進出してきたウクライナ人のネットワークとまったく同じで、やはり似たような話を口にしていた。

しかし、龔曉華に売却されてからわずか一年後、カナダの政府当局の発表がこの町に激震をもたらす[33]。龔曉華が国際的なマネーロンダリングを行っていると当局は発表し[34]、中国とニュージーランドの当局と連携し、詐欺やマネーロンダリングなど複数の容疑で龔曉華を告発したのである[35](エルドリッジに言わせると、「どこからどう見ても、龔暁華は詐欺師にしか見えなかった[36]」)。

結局、蓋を開けてみれば、ハーバードの旧モトローラ工場をマネーロンダリングのパイプラインとして操っていたのはひとつの組織ではなく、二つの組織に交わされたパイプラインを使って工場は利用されていた。二人の外国人はバレーボールをトスするように、ハーバードの工場をたがいに投げ合っていた。こんなふうに翻弄されながら、アメリカのひとつの町が忘却の淵に沈んでいく。

龔暁華に対する告発にともない、旧モトローラ社の工場はいまも凍結されたままである。地元当局も手を出せないのは、龔暁華のネットワークを解明する捜査の一環のためだ。地元の人たちは、当初の約束が果たされないまま、空き家となった工場を見詰めつづけている。その工場は、かつて秘めていた可能性とともに朽ち果てていくだけだった。「オリガルヒにはありあまる金があり、自分たちは法律とは無関係とばかりにやりたい放題だ」と市長は私の前でため息をついた。「この工場が、手に負えない頭痛の種だと地域の人たちが考えているのは私にもわかっている」。そう言って市長はふたたびため息をつき、「あの建物は呪われている[37]」と口にしていた。

旧モトローラ工場の実態こそ、現在繰り広げられつつあるアメリカのクレプトクラシーの物語について、新たな章がどんなものかを示している。マネーロンダリングのためにアメリカに目をつけている各国のクレプトクラットのネットワーク、しかし、それらはもはやウクライナ、中国、赤道ギニアなどといった汚れた金の孤立した流れではない。ハーバードに残されていた資産は、彼らによって取引され、交換され、あるいは複数のネットワークのあいだで資金洗浄のために共有できる資産になり果てていた。

ハーバードの一件が明るみに出たのは、アメリカとカナダの当局が、ウクライナとニュージーランド政府の協力を得て、コロモイスキーと龔曉華に関連する特定のネットワークを標的にすることを選んだ結果だった。アメリカではいたるところで資金洗浄のサービスが利用できる現実を踏まえると、クレプトクラットのネットワークを行き来して取引される九桁規模のアメリカの資産は、ハーバードの一件だけであるとは考えられない。

むしろこの一件は、アメリカン・クレプトクラシーの異変を告げる〝炭鉱のカナリヤ〟のようなものなのである[38]。

残されるのは煤けた残骸のような町

幸いだったのは、ワシントンの議員のなかにこの国の資金洗浄の実態についてようやく関心を示す者が現れたことだった。また、資金洗浄がアメリカの田舎町や小さな町にどんな影響を与えているのかについても目を向けられるようになった。すでに影響は広い範囲に及んでいたにもかかわらず、捜査当局はその事実に目をつむってきた。元FBI捜査官のカレン・グリーナウェイも新たな実態解明に取り組んだ一人で、それまでウクライナを中心にしたマネーロンダリングの問題に取り組んできた。二〇一九年前半、グリーナウェイはワシントンで開かれたアメリカ・ヘルシンキ委員会の公聴会に出席し、クレプトクラシーで略奪された資産の回収と返還方法について話し合った。そして、マンハッタンのペントハウス購入や南カリフォルニアの汚職防止部隊について話し合われるさなか、彼女はコロモイスキーと龔曉華によって明るみに出された事件そのものについて公聴会の関心を集めた。「汚い金に手を出すことが、実際にこの国にどれほどダメージを与えているのか、それについて理解されているとは思えません」とグリーナウェイは話を始めた。「この件についてはたとえ話を使って説明したほうがいいでしょう。アメリカの極西部に住んだことのある人なら乾いた川床をご存じだと思います。汚い金とは、乾いた川床に流れ込んだ激しい雨水のようなものです。あっという間に大量の雨が降り、川はたちまちあふれ、水は鉄砲水となって流れていき、そして川は干上がり、ふたたび川床が姿を現します」。金は流れ込んでくるが、流れは一定ではない。「もし、あなたご自身が汚い金で買われた法人としたらどうでしょうか。汚い金は法人の口座に安定して入ってこないので、計画どおりに事業を進めるのは不可能になります[39]」

ウォーレンやハーバードをはじめとする町が身をもって学んだように、汚い金は鉄砲水となって流れ込んできた。だが、川床は文字どおりあっという間に干上がる。当初考えていたのとは真逆の結果が、あらゆる人たちにもたらされるが、オリガルヒやクレプトクラットの手先には影響は及ばない。

グリーナウェイはさらに話を続けた。

「それが汚れた金だから、そして不動産を購入するために二三〇〇万ドルあるいは四八〇〇万ドルもの金を注ぎ込んだのだから、次はその購入にともなう請求を支払うため、別の金を探しにいかなくてはなりません。そうすると今度は何をするでしょうか。そしてもし、購入した会社がアメリカの労働者が働いている事業だった場合はどうなるのでしょうか。会社の営業利益は常に流出していき、オリガルヒが次に購入するヨットや、あるいはその手のたぐいの買い物の代金を支払うために使われるのです。

そして何が起こるのかと言えば、もちろん安全基準の引き下げです。しかし、そんなことになっても誰も何も言わないでしょう。そこで働く人にはその仕事が必要で、自分が暮らすコミュニティーにとってもそのビジネスが必要だからです（略）。その次に目にするのは二〇〇八年以降に起きたことと同じことなのです。アメリカの金融制度が事実上崩壊してしまったとき、私たちが見たのは多くの不動産が投げ売りされていく姿でした。

その結果どうなったのか。アメリカに住んでいない者がこの国ではびこるようになったのです。彼らにはこの国に投資する考えなど毛頭ありませんが、しかし、自分の金を寝かしておける場所を必要としています。（略）ここにきて買収された企業の資金は枯渇し、債務不履行に陥りつつあります。おそらく、こうした町で人を雇っているのが、唯一そうした企業なのかもしれません[40]」

コロモイスキーと彼の手下が崩壊させたアメリカの町にとっては、影響は少なくともそれだけではなかったようだ。北部のスチールバレーに位置するような町では、何十年も前に建設された製鉄所に頼って次世代も生計を営んできた。だが、それもいまとなっては取り返すことはできない。あるいは中西部の深奥部にある町は、現存する工場を当てにしてきたが、そうした工場もいまでは機能しなくなりつつある。コロモイスキーの配下が乗り込み、ダウンタウンをくまなく支配したクリーブランドのような都市でさえ、彼らが去ったあとは煤けた残骸のような町になっていた。「私に言わせるなら、クレプトクラシーはアメリカの小さな町さえ傷つけています。私たちはまだその事実に気づいてはいないようです[41]」とグリーナウェイは話を締めくくった。

私たちが気づいていないのはそれだけではない。どれだけのコロモイスキーと、どれだけのオリガルヒが、そしてどれだけのクレプトクラットが、鉄鋼の町、農業の町、片田舎の町、工場、石油の集積地、港湾都市に強欲な歯を食い込ませているのかがわかっていない。この国で登記された匿名のペーパーカンパニー、匿名の不動産購入、顧客情報を守る銀行秘密のおかげで、私たちが予想もしない場所――アラスカやニューメキシコ、ノースダコタやケンタッキー、ウェストバージニア、オハイオ――に彼らの触手がどれだけ深く入り込んでいるのか、そもそもその事実を知ることさえできない。あるいは、どれほど多くのウォーレンやハーバードのような町が息の根を絶たれているのだろうか。生計の手段を奪われ、町の予算が圧迫され、経済に壊滅的な打撃を受けている。すべてはこの国ではびこるクレプトクラシーのせいなのだ。

クレプトクラシーの脅威に対応しないホワイトハウス

二〇一〇年代半ばの時点で、アメリカは政治的にも、反クレプトクラシー対策の点からもすでに新たな章を迎えていたが、その変化に気づいていた者はほとんどいなかった。四〇年近くにわたり上院議員を務めたカール・レビンもついに引退した。高まっていく現代のクレプトクラシーの脅威を浮き彫りにした点では、彼ほどの経歴を持つ議員はほかにはいないと言っても差し支えないだろう。上院の常設調査小委員会(PSI)は彼の引退後も活動を継続しており、サイバーセキュリティ、医療用麻薬乱用問題《オピオイド・クライシス》、医療詐欺などの事件についても調査のメスを入れてきた。だが、ロシアの汚職官僚を狙い撃ちにした「マグニツキー法」などの法律が成立したにもかかわらず、マネーロンダリングやクレプトクラシーそのものに対する政府の関心は弱まってしまった。

ロシアがクリミアに侵攻してもオバマ政権は見守るだけで、シリアでも反政府勢力が攻撃を受けても、オバマはなかなか動こうとしなかった。政権は最後の数年をポスト冷戦の秩序をできるだけ維持することに費やしていたが、モスクワやダマスカスのような収奪的な独裁政権への対応で、政権に残されたエネルギーと政治資源を消耗させていた。世界の各地で起きている問題への対応にかまけて、ホワイトハウスが当初向けていたクレプトクラシーに対する関心は薄れていった。

ニューヨークでは、金色のエスカレーターに乗って、支持者たちが待つもとへと降りていった人物がいた。選挙中この人物は、「沼地の泥水を抜く」とさかんに唱えていたが、結局、彼がもたらしたものとは、汚い金に対して、ほかの者には真似のできないような依存と執着にほかならなかった。

第Ⅳ部

匿名の合衆国

「クレプトクラシーは
あらゆる政治体制のもとで権勢を振るっている。
軍事独裁政権でも、
一見すると民主主義を掲げている国家でも、
左派政権のもとでも、
超自由市場資本主義を掲げる国であろうと変わりはない。
無色無臭のガスのように、
この現象は気づかれないまま
世界の多くの地域へ広がっていった」
サラ・チェイエス[1]

第14章

新興財閥はただの隠れ蓑

「アメリカは私が世界で一番よく知る国である。
そして、私が唯一知っている
世界の国がアメリカなのである」
フィリップ・ロス(1)

ハイチの独裁者の汚い金が上陸

一九八三年、ジャン＝クロード・デュヴァリエはある問題を抱えていた。デュヴァリエはこのとき三十二歳、いささかだぶついた体形で、下辺が大きく広がったもみあげを伸ばしていた。一二年前、独裁者だった父親のあとを継いで、デュヴァリエはカリブ海の国ハイチの大統領に就任した。愛称は「ベビー・ドク」。取り巻きも批判者も彼をそう呼んでいた。大統領になったデュヴァリエは、ただちに改革や民主化への期待をめぐる話を残らず圧殺した。反対派の活動家が姿を消し、独立系メディアが沈黙していく様子に国民が目を凝らすなか、デュヴァリエは民主化をめぐる希望をことごとく押し殺した。この国ではおよそ二世紀前から民主主義革命が唱えられ、最後には実現するという希望を国民は抱いてきた(2)。

しかし、デュヴァリエは父親のような型にはまった陳腐で硬直した独裁者ではなかった。彼にとって悪政こそ生きる喜びで、ハイチの民衆に圧政を強いることにもっとも有効に時間を使いたいというサイコパスのような欲求を抱えていた。彼の結婚式には数百万ドルが投じられ、これほど惜しげもなく金を使った結婚式は、おそらくカリブ海界隈では誰も見たことがなかったはずだ。一〇一門の大砲による祝賀の礼砲、打ち上げられた花火は一〇万ドルに相当した。『ワシントン・ポスト』が報じていたように、「ハイチの貧困をきらびやかに飾り立てられた見せかけのバラの背後に隠す」ための設定だった(3)。デュヴァリエはその後、非人道的犯罪にも手を出す。刑務所を建設して「死の三角地帯(4)」と命名すると、主に政治犯を収容した。文字どおり大半の収容者が言葉にならないほどの責め苦にさいなまれて命を奪われた。政権の支持者も手抜かりなく、政府に批判的なジャーナリストを拷問したり、追放したりしていた。

国の財源を奪い取り、国民の財産まで収奪して国富を平らげていった結果、デュヴァリエは八億ドルを超える個人資産を築き上げた。二十世紀最大のクレプトクラットのなかでも、ジェノサイドに関与したセルビアのスロボダン・ミロシェヴィッチ(略奪した財産は一〇億ドル)やペルーの悪徳政治家アルベルト・フジモリ(略奪した財産は六億ドル)と肩を並べるには十分な資格がある(5)。デュヴァリエが略奪した富の大半は金《きん》や紙幣としてハイチ国内に残されていた。「これらの金《かね》がハイチの上水計画に使われていたら、何千もの命を救うことができただろう。自分にとって、そんな思いがデュヴァリエの残した遺産だ(6)」とベビー・ドクの資産を追跡していた調査官は私に話した。

数名の友人の助けを借り、アメリカの銀行に口座を開設したデュヴァリエは、この口座を使ってただちに何百万ドルもの汚れた金をアメリカで使いはじめた。当時、どれほど残虐な独裁政権であろうが、口座開設に際して銀行には確認義務が課されていなかったので、話を受けた銀行ははばかることなくデュヴァリエに口座を開いた。このころ、大物のクレプトクラットとしてアメリカの銀行を利用していたのがフィリピンのフェルディナンド・マルコス（略奪した財産は五〇億〜一〇〇億ドル）だったが、マルコスと同じようにワシントンの政治家は、共産主義の対抗勢力という名目でデュヴァリエを喜んで受け入れた。(7)

デュヴァリエはこの投資をあまり目立たせたくなかった。そこでケビン・マッカーシーというアメリカ人弁護士と契約を交わし、アメリカでの投資を曖昧にするためペーパーカンパニーの設立を手伝わせた。デュヴァリエの銀行口座の残高は増えつづけ、ハイチ国民が失った数百万ドルもの金が、デュヴァリエのためにこの口座に集められていった。赤道ギニアのテオドリン同様、彼もヨットを欲しがり、南フロリダで探しまわって、現在の金額で六〇〇万ドル以上もする金を惜しげもなく使ってスクーナーを購入していた。(8)そして、大半のクレプトクラットがそうであるように、彼もまたニューヨークという土地に目を向けた。

マンハッタンのまさに中心にそびえる新しいビルに、デュヴァリエの汚い金が投じられようとしていた。物件は高さ約六〇階の新築のタワービルで、テナントを募集していた。真鍮のように輝く直方体の建物が多いミッドタウンで、そびえ立つ黒曜石の破片のような外観をしていた。デュヴァリエが目をつけたのは五四階の部屋で、ニューヨークの息を飲むような街並みが一望でき、価格は現在価格に換算すると諸経費を含めて約六〇〇万ドルはした。それでも独裁者はこの物件を購入することに決めた。代理の弁護士が購入を進め、一九八三年四月二十二日に契約書にサインをしている。(9)

契約書には部屋の説明、公証人の署名、購入に際しての詳細な内容が書かれていた。いずれも形式的なもので、すべては手順どおりだった。だが、契約書の二ページ目、デュヴァリエの弁護士とペーパーカンパニーの名前のすぐ上の部分には、あるサインが記されていた。そのサインは、このときから数年後、アメリカ人のよく知ることになる人物の署名だった。その人物はアメリカの高級不動産市場をやがて支配し、アメリカのリアリティー番組を席巻し、ついにはこの国の政治の頂点に立つことになる。その署名の人物こそドナルド・トランプであり、「トランプ・タワー」の一室を、西半球がこれまでに経験したことのない極悪非道な独裁者の一人に売ることを決めた。[10]

一九八三年のその日——トランプがホワイトハウス入りを果たし、アメリカの反クレプトクラシー政策とともに、この国の民主主義の軌跡を覆してしまう数十年前のその日、トランプは彼にとって最初の泥棒政治家となる人間をこの国に上陸させていた。

そしてそれは、トランプにとって最後となるものではなかった。

資金洗浄に提供される「トランプ・タワー」

トランプの財務歴の全容を明らかにするには何年もの時間がかかるだろうし、場合によっては何十年にも及ぶかもしれない。だが、大統領に就任する以前の時点で、国内にある不動産に限っても、トランプが何十億ドルもの資金洗浄に関係していたのは明らかである。もっとも広範囲に行われた調査によると、トランプが所有していた一三〇〇戸以上の物件が、過去にマネーロンダリングに手を染めていた人物に販売されていた。一三〇〇という販売戸数は、トランプが所有する物件の五分の一以上に相当する。買い手はペーパーカンパニーもしくは現金払いで購入した個人で、匿名が守られていた。しかも多くがまとめ買いで、最終的な受益者の身元は明らかにされていない(今日においてさえ、アメリカでは守秘制度が維持されているため、トランプの物件の最終的な所有者のうち、身元が公表されているのはごく一部にすぎない)[11]。このような怪しげな売買にともなう最終的な請求額は、一五億ドルという啞然とする金額に達する。しかも、この数字はインフレ調整前の当時の金額である[12]。

トランプが所有する物件はどれも、過去数十年にわたり、アメリカに流入してきた汚い金の大洪水のおこぼれにあずかってきたと考えられている。たとえば、ニューヨークの「トランプ・タワー」を、汚い金をきれいに洗う自分専用のコインランドリーと見なしていたのはデュヴァリエ一人ではない。タワーの総販売戸数の四分の一近くが、デュヴァリエのようにマネーロンダリングの前歴に該当する購入者で占められていた。その販売総額は三〇〇〇万ドルにも及んでいる。

一九九六年、トランプはマンハッタンのウエストサイドに「トランプ・インターナショナル・ホテル・アンド・タワー」を建設した。コロンバスサークルとセントラルパークの南西部という申し分のない立地で、トランプにとってはもっとも重要な資産のひとつでもある。このビルの総販売戸数の30パーセント近くの買い手がマネーロンダリングの経歴に適合しており、売買総額は一億三五〇〇万ドルだった[13]。

「トランプ・ワールド・タワー」はどうか。トランプがマンハッタンに建設した最新のビルの一棟だ。イーストリバーを見下ろすマンハッタン島の東の境界線に建っており、オープンは二〇〇一年、それまでトランプと彼の物件を贔屓《ひいき》にしてきた買い手のなかでも、とくに上客を優先して販売された。ビルの約10パーセントはそのような匿名の購入者によって占められていた。彼らはアメリカがまちがいなく提供してくれるクレプトクラット向けの洗浄法を利用したいと願う者たちで、こうした相手に売った販売総額は一億一〇〇〇万ドルにも達していた。

マンハッタンにあばたのように散らばるトランプのほかのビルはどうだろう。「トランプ・パーク・アベニュー」はマネーロンダリングが疑われる買い手から八〇〇〇万ドルを得ており、同様に「トランプ・パレス・コンドミニアムズ」で四三〇〇万ドル、「トランプ・パーク」は五一〇〇万ドルだった。「トランプ・ソーホー」もマンハッタンに建つ最新のビルのひとつで、トランプ・ファミリー全体のビジネスにとってもっとも密接に関係しており、どうやら、このような匿名の顧客にサービスを提供する目的のためだけに建設されたと思われる。二〇一〇年のオープン後、マネーロンダリングの履歴に一致する購入者に販売された戸数は総供給戸数のなんと77パーセントで、一億一〇〇〇万ドルの販売総額をかき集めていた[14]。ある訴訟で語られていたように、「トランプ・ソーホー」は「不正なマネーロンダリングと租税回避を象徴する壮大な記念碑」だった[15]。

もちろん、トランプのこうした取引は彼がニューヨークに所有する不動産に限られた話ではない。洗浄を求めて汚い金が越境して流れ込んでくるのがアメリカの現象である点を踏まえれば、トランプの物件に関連する疑わしい不動産購入は、アメリカのいたる場所で行われてきた。フロリダの大西洋側のハリウッドビーチに建つ「トランプ・ハリウッド」は二〇〇九年にオープンした。供給戸数の約半分は身元が特定できない買い手に販売され、一億三六〇〇万ドルの売上をトランプにもたらした。「トランプ・ハリウッド」からわずか南にある地所には、二〇〇八年にオープンした「トランプ・グランデ1」が建っている。販売戸数の三分の一がやはり疑わしい買い手に購入され、約一億五〇〇万ドルを売り上げていた。同じ年、フロリダにあるほかの三棟の物件、通称「トランプ・タワー1」

「トランプ・タワー2」「トランプ・タワー3」も、いかにもマネーロンダリングと思われる買い手に販売され、トランプは二億九一〇〇万ドルを得ていた。どの物件を見てもこのパターンが繰り返されてきた。ハワイの「トランプ・インターナショナル・ホテル・ワイキキ」では販売総額の約20パーセント、およそ一億六一〇〇万ドルがこうした買い手たちによるものだった。シカゴの「トランプ・インターナショナル・ホテル・アンド・タワー」では販売総額の約15パーセント、九三〇〇万ドル、さらにラスベガスの「トランプ・インターナショナル・ホテル」では20パーセント以上がこうした相手に売られ、五六〇〇万ドルをトランプは得ていた[16]。

これこそまさにアメリカン・クレプトクラシーの縮図にほかならない。たった一人の人物によって立ち上げられたクレプトクラシーであり、その人物はこうした疑わしいビジネスで得た利益を使い、最終的には自分を大統領へと押し上げていく軍資金を築いていった。

デュヴァリエの汚い金を吸い込んでいたペーパーカンパニーのように、トランプの物件を購入していたダミー会社のなかには、パナマや英領バージン諸島で登記された会社もあった。しかし、怪しい買い手の大半は、アメリカで登記したダミー会社を徹底的に利用してこの国の不動産を購入していた。たとえば、約七五件の物件の購入に関して、デラウェア州で登記されたペーパーカンパニーがそれぞれ関与し、およそ一億三〇〇〇万ドルの資金の流れを完全に隠しおおせていた[17]。

トランプ自身、デラウェア州が提供するサービスと無縁だったわけではない。会社の必要に応じて何度もデラウェアを頼みにしており、事業計画やいわゆる〝租税極小化〟のために三七八社もの会社をここで登記している[18](のちにトランプ本人も会社は「山とある」と認めているが、これらのほかに彼が個人的に関連しているペーパーカンパニーがどのくらい存在するのかは誰にもわからない[19])。さらにデラウェア州のほかの多くのペーパーカンパニーとも何度か関係が指摘されてきた。そのなかには名目上はトランプと無縁のダミー会社もある。

二〇一八年、元ポルノ女優のストーミー・ダニエルズに一三万ドルの口止め料を渡した件が明らかにされたとき、のちに禁固刑を受けるトランプの顧問弁護士マイケル・コーエンは、どの州を使えば人知れず目的を果たせるかよくわきまえていた。もちろん、デラウェア州である。[20] あらゆること――アメリカが差し出すあらゆる匿名性、ペーパーカンパニーと不動産売買をめぐるあらゆる関連性、クイーンズ地区出身の威勢のいい一人の不動産業者を取り巻くアメリカのクレプトクラシー――が、いつの日かこの国の大統領になる男の利益を図るために利用されていた。

前述したように、トランプに関係する不動産を匿名で購入した何百、何千という人間の身元は、ペーパーカンパニーの守秘性に包まれ、いまだにはっきりしていないのが現状だ。それでもデュヴァリエのように、数名の名前が秘密主義のカーテンの向こうから垣間見えてきたのは、大半が裁判で名前が明らかにされたせいでもあるが、共同経営者や新しい顧客を世間に吹聴したいというトランプ本人のせいでもあった。相手の背景や略奪された財との関連性、それが明らかな犯罪であってもトランプはおかまいなしだった。

デービッド・ボガティンもそうだった。ボガティンは元ソ連軍の退役軍人で、その後、ロシアの組織犯罪の首謀者としてブルックリンで詐欺を働いていたことで知られる。[21] ボガティンはセミオン・モギレヴィッチの盟友としても活動していた。モギレヴィッチは病的なほど肥満した人物で、おそらく全世界のロシアン・マフィアのリーダーとも言える存在だった。[22] 犯罪で得た金の置き場所を探していたボガティンは、格好な場所に目をつけていた。「トランプ・タワー」である。このビルで複数の部屋を購入し、なんのおとがめもないまま未来の大統領の懐に金を落とした。もう一人似たような人物として、エドゥアルド・ネクタロフの名前があげられる。世紀の境目、コロンビアのマネーロンダリングを調べていた財務省の捜査線上に中心人物として浮上してきた[23]。二〇〇四年に殺し屋に処刑される前、ネクタロフは数百万ドルの金を安全に保管できると考えたビルに直接投資していた。「トランプ・ワールド・タワー」である[24](ネクタロフが所有していた部屋の真上の所有者がケリーアン・コンウェイで、トランプの大統領顧問として〝迷言〟で知られるようになる[25])。

さらにヴャチェスラーフ・イヴァニコーフという、無精髭を生やしたシベリアの刑務所の元服役囚がいた。この男もモギレヴィッチの盟友の一人で、一九九二年にアメリカに渡り、ロシアン・マフィアの組織強化に努めた。イヴァニコーフはＦＢＩの捜査官の目を何年も逃れてきたが、それはＦＢＩに手配されてからも変わらなかった。しかし、ＦＢＩも最後には彼の拠点を突き止める。「トランプ・タワー」だった。イヴァニコーフはモスクワの路上で銃撃されて死亡するが、「トランプ・タワー」こそ生前のイヴァニコーフが世界的な犯罪組織を指揮する拠点として選んだ場所だった[26]。

怪しげなロシア人とトランプとの金銭的なつながりは、ホテルやタワーなどの高層建築を経由したものばかりではない点を忘れてはならないだろう。二〇〇八年、トランプはフロリダの豪邸をロシアの新興財閥の一人、ドミトリー・リボロフレフに売却している。この取引でトランプは五四〇〇万ドルという途方もない利益を得ていた。アメリカ国内の住宅販売としては、当時もっとも高額な取引だった[27]。

トランプには、自分が本当は誰の金を処理するために協力しているのか、その正体を十分見分けることはできたようだ。トランプは後年、顧問弁護士に向かって、「オリガルヒはプーチンの代役にす

ぎない」と口にしている。(28)

クレプトクラシーによって築かれたトランプ帝国

トランプの怪しげなクライアントやパートナーとの取引や事業は、アメリカ国内の物件に限らなかった。海外でもこれという相手が見つかれば、まもなくアメリカの大統領になる人物は、世界でもっとも不正を極めた者とも手を組もうとしていた。そればかりか、自分で築いたマネーロンダリングのモデルをほかの土地、ほかの市場、ほかの国――つまり彼が提供するサービスを必要としているよその国の人間にもせっせと送り出すようになっていた。

その一例として、ジョージア〔訳註＊旧グルジア〕の黒海沿岸で「トランプ・タワー」を建てる計画があった。(29)計画ではトランプはティムール・クリバエフというカザフスタン人と提携していた。クリバエフは旧ソ連地域で不正を極めた人物と見なされ、カザフスタンの非情な独裁者の娘婿となって以来、その純資産は数十億ドルに膨れ上がっていた。(30)カザフスタンは数十年に及ぶ独裁政治に苦しみ、国民は政治的な自由はもちろん、個人の自由も限られてきた。タワーの建設計画は結局実現せずに終わるが、この国から流出した疑惑の資金の流れとトランプのつながりは、彼がアメリカで所有する不動産にまで及んだ。巨額の横領で告発されたカザフスタン政府の別の官僚が、「トランプ・ソーホー」の物件をいくつも手に入れていた。(31)

同じように、現在、インドネシアのバリで進行中の「トランプ・インターナショナル・ホテル・アンド・タワー」計画は、ハリー・タヌスディビョというこの国の大富豪とのパートナーシップのもとで進められている。タヌスディビョは政府から巨額の脱税容疑がかけられているだけではなく、政府高官への脅迫を理由に出国を禁じられているような人物である。こうした事実にもかかわらず、トランプは〝六つ星〟プロジェクトとされているこの計画にタヌスディビョの関与を認めている[32]。

ジョージアとインドネシアのプロジェクトからうかがえるのは、トランプのアメリカのビジネスモデルが海外へとおのずと向かっていった流れだ。しかし、これらとは別の二つのプロジェクトを通じて、少なくともトランプは確信的な《ボナ・フィデース》クラプトクラットだという国際的な評価が定まる。そして、この二つのプロジェクトによって、トランプの家族もまたトランプ個人のマネーロンダリングに取り込まれ、やがて大統領になる人物の事業は一家で携わる家業へと変貌していき、汚い金を背景に虚飾の帝国を築くには何が必要か、それに熟知した一家の新世代がかかわるようになっていく。

最初はパナマだった。トランプ・オーガナイゼーションが中央アメリカの腐敗国として悪名高いパナマに進出したのは、パナマシティの「トランプ・オーシャン・クラブ」が完成した二〇一一年のことである(ハイチのデュヴァリエはこの国でペーパーカンパニーを登記し、第3章で見たように二〇一六年に流出した「パナマ文書」で租税回避の秘密が暴かれたのは記憶に新しい)。「トランプ・オーシャン・クラブ」は帆の形をした七〇階建ての複合施設で、トランプの娘イヴァンカがかつて自慢していたように、一族にとっては「南北アメリカ大陸でまぎれもなく最大規模となるプロジェクト」だった[33]。そして、イヴァンカもやがて知るように、このビルの面倒《ベビー》は彼女が見るとトランプは話していた[34]。

実際、彼女はこのビルの建設と分譲に深くかかわっていた。ビルの主な仲介者アレクサンドル・エンリケ・ベンチュラ・ノゲイラは、少なくとも一〇回はイヴァンカと会ってこのプロジェクトについて話したと証言するほか、この物件に関係する取引については彼女がすべての権限を持つ中心人物だったと話していた[35]。汚職監視団体「グローバル・ウィットネス」が報告しているように、このビルには、イヴァンカの「個人的な思い[36]」が反映していたという(プロモーションビデオのなかでイヴァンカは、「(ビルの外観が)巨大な〈D〉[ドナルド]に似ていると話している人もいます」と言って笑っていた[37])。

ただ、「トランプ・オーシャン・クラブ」には問題がひとつあった。販売にともなうマネーロンダリングの痕跡が一目瞭然で、その点ではアメリカ大陸にあるほかの物件だけではなく、よその国にもあるトランプ関連の物件と違いはなかった。多くの部屋は現金やペーパーカンパニーを介して売却され、分譲した部屋の多くが一括購入されるなど、典型的なマネーロンダリングの特徴がはっきりうかがえただけではなく、ニューヨークの物件のように、ロシアの犯罪組織につながるバイヤーも購入していた。さらに一部の部屋については、いわゆる「無記名株式」のペーパーカンパニーを介して販売されていた。マネーロンダリングと密接に関係するため、こうした売買は複数の国や地域で禁止されている[38](「無記名株式」を利用すれば、特定の書類を有する者がそのペーパーカンパニーの法的所有者になれ、その書類を譲渡するだけで会社の所有権と支配権も難なく移転できる[39])。これらの手口を解明した「グローバル・ウィットネス」の調査員の一人は、「このときの販売には資金洗浄が行われていたことを示す、一貫した兆候が存在する事実を見つけた[40]」と述べている。

ベンチュラ・ノゲイラも、「パナマにいたときは、十数社の資金を定期的に洗浄していた」とのちに自白している[41]。このようなあらゆる不正の中心に存在していたのが、イヴァンカが面倒を見るパナマの〝赤ちゃん《べビー》〟だった(イヴァンカは最近、このビルについてあまり語らなくなった。二〇一八年、経営権争いの末にトランプ・オーガナイゼーションがこのビルの所有権を失ったからである[42])。

アゼルバイジャンでも似たようなことがあった。この国そのものが、国家や国民の富を横領し、私腹を肥やす世界でも屈指の政治体制のもとに置かれている。トランプはアゼルバイジャンの首都バクーに「トランプ・タワー」の建設を試みたが、あまりにもお粗末なマネジメントのため、『ニューヨーカー』誌が書いていたように、結局、取引そのものが「トランプ、最悪の事態」となって失敗に終わる。(43)なぜ、そんな事態を招いたのかは明白だった。この国のオリガルヒとして知られるジャ・マンマドフ――「アゼルバイジャンでもっとも腐敗した人間(44)」とアメリカの外交官は呼んでいた――の一族に深入りしすぎたばかりか、記者のアダム・デヴィッドソンが明らかにしたように、ビルの建設そのものが「イスラム革命防衛隊」の資金洗浄のために使われ、その過程でアメリカの贈収賄防止法に抵触する可能性があった。「アゼルバイジャンの取引そのものが巨大な赤信号だった。不正を警告する兆候がこれほどはっきりうかがえる事例はめったにない(45)」と、ジョージ・ワシントン大学法科大学院の学部長もデヴィッドソンに語っていた。

ビルの建設を監督していたのは誰だったのか。言うまでもなくイヴァンカだ。トランプがアゼルバイジャンで進めるプロジェクトで、「躍進するトランプ・オーガナイゼーションのポートフォリオに胸躍る新たな物件が加わる(46)」と彼女はネットで公開していた。トランプの娘は「決して反対はしなかった(47)」とプロジェクトにかかわっていたアゼルバイジャンの弁護士も話している。イヴァンカ自身、プロジェクトの進捗を自身のインスタグラムに「私のプロジェクト(48)」として投稿していた。しかし、父親のために見過ごしていたと思われる汚職が次々と明るみに出始め、さらに、プロジェクトそのものが比喩としてではなく、現実に破綻しはじめると、彼女は自分のウェブサイトから自身が関与していた痕跡を消し去ろうと努めた。(49)

もちろん、捜査官やプロジェクトの関係者、さらに不正に得た金を移して洗浄しようと考えていた購入者は事実を忘れはしない。トランプ関連の不動産の話になると、事業にともなうこうした詳細な話が山積みになっていく一方だった。そして、それらすべてがひとつのまぎれもない結論を示唆していた。トランプ一族ほど、アメリカのクレプトクラシーはもちろん、海外の腐敗したオリガルヒや不正な政府高官、あるいはマフィアに結びついた汚い金から莫大な利益を得ていたアメリカ人はいないという事実である。

さまざまな意味において、トランプの帝国はクレプトクラシーによって築かれた帝国だった。そして二〇一〇年代半ば、トランプは何か別のものを築こうと思い立つ。今度は文字どおり政治の世界で帝国を打ち立てることだった。その帝国はアメリカの変革を確固たるものにすることができ、これ以降何世代にもわたって変化を継続していける政治帝国だった。

トランプの選挙参謀

二〇一六年のアメリカ大統領選は、いろいろな意味で記憶に刻まれる選挙になった。トランプがかかげた公約を掲げながら共和党の候補になるまでの道のりから、白人至上主義者やテキサス州の分離独立派をターゲットにしたロシアの偽フェイスブックのアカウント事件などさまざまなことがあった。しかし、もう一人、立ち止まって考えてみる価値がある人物がいる。その人物は大統領選でトランプの人気にあやかって注目を浴びて復活を果たしたが、最終的にはみずから墓穴を掘って自滅した。前述したポール・マナフォートである。(50)

ロビイストとしてのマナフォートは、二〇一六年大統領選でトランプから選挙対策本部長の依頼を受けた時点で、すでにワシントンでは忘れられかけた存在になりつつあった。ジョージ・W・ブッシュやボブ・ドール[51]などの大統領選キャンペーンで顧問を務めたこともあったが、少なくともその後はアメリカ国内では目立たないようにしていた。そのかわり、アメリカでロビー活動を行う国外のクライアントのために働き、次々に相談に乗っては常に最高額の報酬を得るためにもっぱら時間を費やしていた。

フィリピンのフェルディナンド・マルコスのためにロビー活動を行ったこともある[52]。マルコスといえば、二十世紀最大のクレプトクラットの一人だ。悪名で知られたナイジェリアの指導者サニ・アバチャの評判を洗浄する仕事にもかかわった(アバチャが略奪した財産は二〇億～五〇億ドルだといわれ、そのなかには彼の妻が三八個のスーツケースに入れて国外に持ち出そうとした金も含まれている)[53]。モブツ・セセ・セコの資金洗浄にも手を貸した。モブツはザイールの独裁者で、ハイチのデュヴァリエやセルビアのミロシェヴィッチなどと同様、国家財源の略奪に明け暮れ、欧米の国々で何百万ドルもの資金を洗浄していた。実際、マナフォートの顧客名簿には、彼が変貌させた血に飢えた怪物たちが名を連ねていた。マナフォートはそんな怪物を「人権」や「民主主義」に関心があるように見せかけ、すばらしい指導者に仕立て上げたが、やがて彼の顧客名簿は悪評にまみれ、ついには「拷問者の待合室《ロビー》」と呼ばれるようになっていた[54]。

しかし、クレプトクラットの顧問というマナフォートの経歴を、さらに動かしがたいものにした顧客がもう一人いた。第11章に登場したウクライナのヴィクトル・ヤヌコーヴィチである。のちに独裁者と変貌するこの政治家は、二〇一〇年の大統領選に向けてマナフォートの助けを求めた。そして、この選挙に勝利して大統領に就任する。だが、新大統領は就任の直後からウクライナのひ弱な民主主義を切り崩しにかかり、政敵ユーリヤ・ティモシェンコへの捜査をただちに命じた。西側諸国が不当捜査を非難すると、マナフォートはアメリカの有力法律事務所スキャデン・アープスをヤヌコーヴィチに紹介し、この捜査をきわめて合法的な捜査のように見せかけることに成功した[55]。司法省への提出書類によると、この活動の資金源となったウクライナのオリガルヒであるヴィクトル・ピンチュークは[56]、マナフォートのペーパーカンパニーを使って支払いの事実を隠したという[57](証言や提出書類からその事実が明らかにされたにもかかわらず、ピンチュークはマナフォートとの金銭的なつながりはいっさい否定していた)[58]。

しばらくはこうした対応も功を奏した。ヤヌコーヴィチは政敵の動きを封じることができ、マナフォートは自身のペーパーカンパニーを使って報酬を受け取りつづけた。支払いの流れを隠すために使われたペーパーカンパニーのなかに、デラウェア州で登記された会社が何社もあった[59]。ウクライナの財源は徐々に失われ、国家予算は枯渇していった。収奪された金の一部はヤヌコーヴィチの建てた豪邸の資金になり、あるいはマナフォートの複数のペーパーカンパニーと秘密の銀行口座に送られていった。

二人の協力体制は、クレプトクラシーの天国で育まれた申し分のない組み合わせだった。だが、そのすべてが突然崩壊する。

二〇一四年のウクライナ騒乱で政権が打倒され、マナフォートはあたふたとウクライナを出国してアメリカに帰り、生まれた国で身を隠して鳴りを潜めた。かつての顧客だったモブツ、マルコス、アバチャ、そしてヤヌコーヴィチも含め、いずれも権威主義的政治に対するデモによって失脚した。彼らの政治は汚職と血まみれの犯罪に彩られていた。彼らを失ったマナフォートの前に新たな顧客は現れなかった。秘密の入金があったにもかかわらず、支払期限の迫った請求を抱えていた。以前、ロシアのオリガルヒから打診があったが、そのときは断っていた。さらに、不動産購入の資金をどこから調達したのかという問い合わせが税務当局から寄せられていた。マナフォートは徐々に追い詰められていく。

二〇一六年六月、彼のもとに一本の電話がかかってくる。旗色の悪い共和党の大統領候補が予備選挙に向けた活動を強化するために助けを求めていた。この候補者に勝てるチャンスを授けられる参謀役は誰もいない。だが、マナフォートはどうだろう。彼ならどんな策を進言してくれるだろうか。選挙対策本部長になることを検討してくれるだろうか。マナフォートは躊躇しなかった。トランプの選挙参謀になることを彼は承諾した[60]。

マナフォートほど外国の泥棒政治家の体面を繕うことに半生を費やしてきた者はいない。そのマナフォートが、資金洗浄の天国と化したことで崩壊したアメリカから、おそらく誰よりも利益を得てきた男に手を貸すことに応じたのだ。両者ともにホワイトハウスに狙いを定め、それによって得られるものすべてを狙っていた。権力を手にすれば何ができるかを二人とも知っていた。この国の反腐敗体制を崩壊させ、二人が目をつけたあらゆる汚い金に対してこの国の門戸を開放できることを彼らは知っていた。そのためには、ドナルド・トランプが大統領になりさえすればよかった。

第15章 骨の髄まで腐っている

「腐敗が横行していても、発覚したり、警察沙汰になったりするようなことがなければ、そのまま放っておけというのが暗黙の了解だった」
エリオット・アジノフ(1)

テオドリンの誕生日パーティー

二〇一八年六月、赤道ギニア――。ストロボの閃光が客たちの姿を浮かび上がらせていた。長く突き出したステージの周囲では何人もが我を忘れて踊りにふけっていた。この日、赤道ギニアの首都マラボには、腐敗政治を貪る者たちが集まっていた。政府の役人や取り巻きたち、ミニスカート姿の女性のバーテンダーや白いタキシードを着た男たちがシャンデリアの下で渦巻くようにひしめき、その周囲を高さ20フィート(6メートル)のホログラムの画像が取り囲んでいた。ステージの上には酒のボトルが何百本と並べられ、ステージはまるでアルコールの水たまりに浮かんでいるようだった。

クリーム色の革製のソファに囲まれた真ん中には、ロレックスの王冠マークの形をしたケーキが置かれている。星がちりばめられたきらびやかな壁のかたわらでは、カーニバルの頭飾りをつけた女性が、長い脚を小刻みに動かして踊り過ぎていった。[2] ダンスフロアは体を揺らして踊る招待客であふれ、汗がもやのように立ちこめはじめていた。響きわたる低音で部屋全体が震えている。『グレート・ギャツビー』の主人公でさえ赤面してしまいそうなパーティーだった。テオドリンの五十歳の誕生日を祝うために催されたパーティーだった。[3]

　マリブの豪邸から追放されて四年、この日、テオドリンを祝うために集まった者たちのあいだで、彼は「クレプトクラシーの申し子」としてすでに知られるようになっていた。国に帰ってきてからも彼は変わったわけではない。セレブリティに対しては依然として同じイメージを抱いたまま、踊ったり、ドンチャン騒ぎに興じたりしていた。もちろん、アメリカにいたころと同じ夢に浸ることはできなかったが、その一部を抱えたまま赤道ギニアに帰ってきていたのかもしれない。[4]

　音楽がやんだ。酔った客たちがふらつきながらステージに向きなおると、そこには白いドレスシャツに濃い色のネクタイを締めた男がマイクを握って立っていた。「ハッピー・バースデー。招待してくれてありがとう。今日はノリノリでいこう」と、アメリカ訛りの英語でテオドリンに声をかけた。その瞬間を待っていたカメラが寄っていくと、男は拳を振り上げた。「本当だ。アフリカで生まれた人間なら、今日は心から楽しんでくれ」。呼びかけに応えて声があがる。「そうだ」と男が言葉を返し、アフリカには何度も来たが、マラボは今回がはじめてだと話を続けた。カメラを近づけていくと、男はサングラスをかけ、刈り上げた髪をしているのがわかる。彼のうしろに立つ男が体を動かしてテンションを煽りはじめた。[5]

　ステージに立っていたのはクリス・ブリッジス——というより、リュダクリスの名前で知られるヒップホップのMCだ[6]。

　リュダクリスのために言っておくなら、テオドリンに声をかけられ、世界でもっとも腐りきった男の誕生日を祝うためにわざわざ飛行機に乗ってマラボに来ていたのは彼一人ではなかった。ほかにもアトランタ出身の有名ラッパー、ジージーが見上げるようなホログラムの映像を避けてステージで歌った。また、曲に合わせて踊ってもらおうと、エイコンが優しく、語りかけるように歌っていた[7]。シヨーン・キングストンもいた。ずんぐりした体つきの一発屋のシンガーで、誰もが覚えている彼の唯一の曲「ビューティフル・ガールズ」を歌った（キングストンは、ディズニーキャラクターのスクルージ・マクダックのシャツを着て、「アフリカのすばらしい人たちの前で歌えてこれ以上すばらしいことはない。さあ、もっと声をあげていくぞ」とステージで叫んでいた[8]）。彼らはいずれも、ある男を祝うためにここで歌を歌っていた。その男は、これまでアメリカに来た者のなかでも、もっとも悪質なクレプトクラットだと政府が告発した男にほかならなかった。

　彼らを呼ぶためにテオドリンが金をいくら使ったのかはわかっていない（彼らの代理人は私の質問には応じてくれなかった）。しかし、他国の独裁者のために歌を歌ったアメリカのアーティストはなにも彼らがはじめてというわけではない。ビヨンセはリビアのあのカダフィ大佐の一族のプライベート・パーティーで歌い、女優のヒラリー・スワンクはチェチェン共和国の軍閥政治家ラムザン・カディロフのバースデー・パーティーに出席している。マライア・キャリーとニッキー・ミナージュは、二人でアンゴラの元独裁者一族のご機嫌をうかがい、ブリトニー・スピアーズは、マレーシアの華人実業家ジョー・ローの誕生日を祝うために訪れ、サプライズ・パーティーの趣向として、巨大なケーキのなかにうずくまり、じっと我慢して出番を待ちつづけた。のちにジョー・ローは、司法省がそれまで実施した反クレプトクラシー対策としては最大規模の捜査では対象者の一人となるような人物だった。

しかし、テオドリンのパーティーは規模が違った。一人のクレプトクラットのために、これほど有名なスターが集まったことなどそれまでになかった。当の本人はプラム色のタキシードに黄色のキャップを横向きにかぶり、踊ったり手を叩いたりして楽しんでいる。アメリカのスターに出演を依頼するとき、ギャラの出どころを気にするスターなどおらず、これまでにないほどの大金が使われていたようである。つまり、アメリカの著名人や彼らの代理人に対して、受け取った大金の出どころを確認するような規制が存在しない以上、そのような詮索をいちいちする者などどこにもいない。

クレプトクラシー撲滅の努力は無駄だったのか

二〇一八年にテオドリンが催したパーティーは、アメリカの反クレプトクラシー政策の失敗を具体的に示しているわけではない。だが、この話には対策の大半が失敗に終わった現実と、対策にともなうさまざまな悪戦苦闘の実態が要約されている。たしかにアメリカは「クレプトクラシーからの資産回収戦略」(KARI)という対抗策でテオドリンに応じ、当初は功を奏したように見えた。オバマ政権によってテオドリンは事実上、アメリカから追放され、彼の豪邸と資産の大半は差し押さえられた。

司法省は「クレプトクラシー資産回収イニシアティブ」が意図していた目的を文字どおり達成した。つまり、盗まれた資産を特定し、それを差し押さえて凍結したうえで、本来の持ち主である人びとに返還していた。このケースの場合、テオドリンと司法省は、テオドリンが略奪してアメリカで洗浄した何千万ドルもの金を赤道ギニアの慈善団体に寄付することで合意した。その金は、彼と彼の父親、そして彼の一族が何十年にもわたって苦しめ、搾取してきた赤道ギニアの人びとのために使われることになっていた。

アメリカのこうした措置をきっかけにして、ほかの国々もテオドリンが収奪してきた資産の調査に乗り出すようになった。フランスではパリにある数百万ドルの別荘が差し押さえられたばかりか、裁判所は執行猶予付きではあるが三年の懲役刑を言い渡している[9]。スイスでも当局が独自の調査を行い、テオドリンがスイス国内で数十台の高級車を所有していた事実を突き止め、車はただちに押収された[10]。アメリカの一件後、テオドリンは南米に旅行した。ブラジル当局はその際、テオドリンが持参していたダイヤモンドをあしらった時計を押収している。二〇個の腕時計すべてで約一五〇〇万ドルもの価値があった[11](この措置に対して赤道ギニアの大使は、時計はいずれも〝個人としての使用〟が目的だと抗議した[12])。

つかの間、世界的に兆しつつあった反クレプトクラシーの気運がテオドリンを封じ込めたとも思えた。現代の「クレプトクラシーの申し子」は一転して、アメリカを中心に展開される反クレプトクラシー運動を象徴する標的になっていた。そして、この取り組みは実現可能とさえ思われた。赤道ギニアは世界でもっとも高い非識字率と貧困率がはびこる国で、世界最長の独裁政権のもとであえぎつづけてきた国でもある。しかし、少なくともアメリカは、赤道ギニアの独裁者と薄汚れた金を使ってアメリカで遊び呆けようとしている世界中のクレプトクラットたちに、テオドリンを見せしめにすることには成功していた。

二〇一八年五月、そのテオドリンがタイムズ・スクエアに突然姿を現した。全身黒ずくめで、チェシャー猫のような薄ら笑いを浮かべながら、ハイヒールを履いた女性を物色していた。汚れた金をふたたび自由に使える、お気に入りの遊び場に戻ってきたのだ。父親から任命されて副大統領に昇進したばかりのテオドリンは、国連総会に出席するため一外交官として「アメリカに戻った」と当局者には話していた。それは、外交特権が授けられることを意味していた。だが、国連総会の参加など単なる言い訳にすぎない(13)。たしかに国連に立ち寄り、赤道ギニアは徹底した民主主義国家への途上にあるとうそぶいていたが、総会後は昔からのなじみの場所を訪れて時間を過ごしていた。

そんなことが起きていたのだ。反クレプトクラシーの世界的な反対運動の象徴として、アメリカはテオドリンをかつぎ上げたにもかかわらず、彼と彼の汚い金を追放しようとしてきた当のその国にテオドリンは舞い戻ってきていた。アメリカの試みは明らかにくじかれた。しかし、テオドリンにはどうでもいい問題だった。赤道ギニアのアメリカ大使館の法律顧問だったガイ・クリスチャン・アグボーは、ニューヨークのリッツ・カールトンに滞在中のテオドリンを訪ねたことがある。部屋に入っていくと、テオドリンはキャビアとシャンパンを堪能している最中だった。「スイートルームのベッドの上に金を放り投げていた。部屋のドアを開けたら、ベッドの上に金が置いてあるのがいやでも目に入る。二〇〇万ドルもの金がベッドに投げ出されていた」と言う。

ハワイではサーフィンのレッスンを受けたり、地元の野外パーティー《ルアウ》に顔を出したり、白い砂浜をバイクで走ったりしていた(14)。ラスベガスでは、連日のパーティーにふけって放蕩三昧の日々を送り、何千人もの人間が集まった野外コンサートで我を忘れた。アメリカでの彼の行状を追跡している者の話では、ホテルでパーティーを開いたものの、参加していた男性がドラッグの過剰摂取で死亡したこともあったという(15)(この話の詳細についてはまだ確認されていない。だが、テオドリンが投稿したインスタグラムの写真には、ラスベガスのホテルの廊下で、上半身裸のまま靴を脱いで仰向けに横たわる男の姿が写っている。テオドリンはこの写真に「ベガスならでは」というキャプションを添えていた[16]。

過去数年の努力やアメリカがクレプトクラシー撲滅のために費やしてきたエネルギーが無駄に終わったようなものだった。「テオドリンがまだアメリカにいて、ハワイやラスベガスでありったけの金を使っていても私は別に驚きませんでした」。上院の小委員会の調査官として当時、テオドリンやピノチェトなどの腐敗政治家の追及に過ごしたローラ・ストゥーバーは私にそう言っていた。「もう、うんざりです[17]。あの男は決して変わりはしないでしょう」。オビアン一族の資産を差し押さえる活動を進めてきたガイ・クリスチャン・アグボーも、「逮捕されたり、刑務所に送られたりでもしなければ、テオドリンは変わるわけがない。そうでもしなければ彼は変えられない。私はあの男を直接知っており、話したこともある。麻薬の売人と口を利いたことはありますか。自分のやりたいようにやって、手当たりしだいに女性に手を出している。テオドリンのやり方と変わらない[18]」。

テオドリンがふたたびアメリカに姿を現したことは、単にこの国に舞い戻ってきたというだけではなく、彼と彼の汚職、彼と同類の泥棒政治家に対抗してきたアメリカ政府の取り組みを愚弄することを意味した。二〇一〇年の上院調査の際、テオドリンとともにアメリカのオフショアを利用して蓄財に励んでいると特定された国外のクレプトクラットは、当局に目をつけられてから一〇年が経過した時点でもこの国で好きなように金を使っていた。数千万ドルもの資金をアメリカにひそかに流し込んでいたナイジェリアの汚職政治家アティク・アブバカルは、ホワイトハウスの機嫌を取るためにトランプ派のロビイストを雇い、トランプがワシントンに所有する物件に滞在していた[19]。アフリカのガボンを長年にわたって収奪してきたボンゴ一族は、汚い金でアメリカの不動産を何百万ドルも購入しつづけているが、誰も見向きもしてこなかった[20]。

この時点で、テオドリンがアメリカで手に入れた資産に関する調査が始まってから一〇年が経過し、リッグスのスキャンダルが発覚してから二〇年近くが過ぎていた。だが、赤道ギニアの国民は、テオドリンが盗んだ金を一セントたりとも手にしていない。テオドリンの資産を追跡してきたアメリカ人弁護士のケン・ハーウィッツは、アメリカが返還することになっている数千万ドルについて、「どうしていいのか、いまだに出口が見つかっていない」と言う。テオドリンと彼の父親が資金返還に関する署名を拒否しているのだ。「実際問題として、テオドリンは『ふざけるな』と言って頑として認めようとはしない。そもそも赤道ギニアの国民に返還する気などさらさら持ち合わせていない[21]」と指摘している。

この点について、テオドリンの一族も司法省の努力を後押しなどしたくはなかっただろう。結局のところ、ジャーナリストや捜査官によって独裁政治が暴露されたあとも、アメリカの不動産業者は一族の資金を回していくことをやめず、資金の出どころにかかわらず国内で汚い金を洗浄しつづけることに心から満足していた。二〇二〇年の時点でテオドリンの父親テオドロ・オビアン・ンゲマ・ンバソゴ大統領は、メリーランド州ポトマックに数百万ドルの家を二軒所有しており、そのうちの一軒はガンビアの元独裁者ヤヒヤ・ジャメが所有する邸宅のすぐ隣にある。皮肉なことに、いずれの豪邸も「デモクラシー・ブールバード」という通りに面している[22]。

腐敗防止活動を破壊するトランプ大統領

しかし、ローラ・ストゥーバーが言っていたように、こんなことで驚いてはいけないのかもしれない。同じころワシントンでは、ホワイトハウスに移り住んだ新しい住人が、アメリカがそれまで掲げてきた「反腐敗」「反クレプトクラシー」という看板そのものを根底からひっくり返そうとしていたからだ。

公平を期すため、厳密に言っておくなら、ホワイトハウスの住人で、在任中にオフショアで利益を得ていたのはトランプがはじめてではない。リチャード・ニクソン元大統領はバハマのキャッスル・バンク&トラストの顧客だった。この銀行はおそらくカリブ海でもっとも怪しげな銀行である。内国歳入庁(IRS)の情報提供者がアメリカ史上最大の脱税事件を調査していたとき、この銀行の膨大な顧客のなかにニクソンの名前を発見した。だが、調査は即座に打ちきられた。内国歳入庁長官はニクソン自身が抜擢した人物だった(当時、この対処に関係していた職員の一人によると、ニクソンは一連の発見に「激怒していた」という)。銀行側の関係者がのちに語った話では、キャッスル・バンク&トラストはニクソンに関連するスイスの別の口座に数百万ドルの金を移していたという[23]。しかし、ニクソンが海外で手を染めていたこんな不始末など、その後トランプ政権のもとで目にすることになる饗宴に比べれば、単なる手始めにすぎない。ニクソンが手本を示していたとするなら、トランプはそれを成層圏の高みにまで一気に吹き飛ばした。

大統領に就任したトランプは、城門を破壊する大槌のような勢いで、アメリカ政府が築いてきた反腐敗という壮大な砦を破壊するような行為を始めた。在任中のわずか四年のあいだでトランプは、アメリカが四〇年の歳月をかけて築いてきた名誉と反腐敗の指導国としての評判を自壊させる起爆装置と化していた。

トランプのこうした行為は大統領就任直後から始まった。たとえば、連邦海外腐敗行為防止法(F

CPA)への対応だ。FCPAはニクソン大統領が引き起こしたスキャンダル、ウォーターゲート事件のあとに制定された連邦法で、アメリカの企業や個人が外国公務員に賄賂を贈ることを禁じており、現在でもアメリカの広範な腐敗防止活動を行ううえで要の法律となっている。しかしトランプは、FCPAを「恐ろしい法律」だと公言したうえで大統領に就任した[24](同じくFCPAを廃止すると公言して就任した大統領はロナルド・レーガンだけ[25])。トランプはただちにこの法律の廃止を手がけた。大統領に就任した二〇一七年の春、当時の国務長官レックス・ティラーソンに向かい、「あの法律をなんとかしてほしい」と、FCPAを完全に廃止するよう熱弁を振るった。それればかりか顧問の一人に、廃止を告げる大統領令を作成するように命じている。

透明性を重んじるアメリカの評判は、新大統領が政権の座についた直後から骨抜き同然にされようとしていた[26]。幸いなことに、法律に基づく規制と共和党と民主党の双方の幅広い支持のおかげで、大統領令は無効とされ、トランプの思惑は実現しなかった。しかし、だからといって、トランプ政権下でFCPA関連の活動が大幅に遅れがちになっていく事態は阻めなかった。腐敗防止活動の専門家アレクサンドラ・レイジが二〇二〇年に語っていたように、「(FCPAの)パイプラインは劇的なほど細くなった[27]」という。トランプはこの法律の首をはねることはできなかったが、誰にも気づかれないまま、じわじわと息の根を絶つことはできたのかもしれない。

トランプのこうした動きは、反腐敗というアメリカの名声に対するまぎれもない正面攻撃であり、この国の名声はこれ以降、下り坂をたどっていく一方となる。さらにトランプは、このころアメリカが主導して進めてきた「採取産業透明性イニシアティブ」(EITI)から脱退する意向を表明する。EITIは、地球でもっとも悪名高い腐敗産業とされる石油、天然ガス、鉱業などの産業部門の浄化を目的として設置された多国間協議の枠組みである[28]。この表明に対して、汚職防止に関係するある活動家は、「何年も前から他国に説いてきた取り組みから、進んで手を引こうとしている」と語っていた[29]。

同時にトランプは、アメリカの石油会社やガス会社から外国公務員に流れる資金を開示する義務を課した一連の規制を廃止する取り決めに正式に署名していた。外国公務員とはオビアン一族のような連中のことで、彼らは産出する石油に依存して、収奪を極めたクレプトクラシーの維持に拍車をかけつづけている[30]。それまでの規制は、「石油や鉱物資源の開発に関連した腐敗をめぐる世界的な闘いで、アメリカのリーダーシップを示すかがり火だった」と「グローバル・ウィットネス」は書いていた[31]。だが、トランプによってその火が突然吹き消される。貧困と不正の根絶に取り組むイギリスの「オックスファム」は、トランプのこうした活動は、「クレプトクラットに対する政府の補助金にほかならない。（略）それは腐敗を極めた政治家、彼らにおもねる官僚、秘密主義のもとで栄える内部のロビイストの思うつぼだった」と書いている[32]。

腐敗に対するこの国の規制と先例と伝統を、トランプは飽くことなく破壊してきた[33]。アメリカの腐敗防止の取り組みを真っ向から否定し、徹底的に打ちすえていたにもかかわらず、当のトランプは、「沼地から水を抜く[34]」ために、反腐敗活動を主導していると言って譲らなかった。

トランプの不動産売買がマネーロンダリングに加担

それればかりではない。トランプは、ホテルやタワービルなど自身に関連する不動産をホワイトハウスに持ち込んでいた。こんな大統領ははじめてだった。こうした資産はアメリカのクレプトクラシーにとって重要な結び目として使われるのはもちろん、アメリカの大統領のポケットに直接金が流れ込むパイプを授けていた。本人は、ビジネスと大統領職のあいだに一線を画すと説き、国の利益を彼個人の利益と切り離すため、自分の利害関係を〝白紙委任信託〟して自身の意志が介在しないようにしたと訴えていた。もちろんそんな話は茶番もいいところだった。大統領就任中も自分の会社を介して利益を得つづけ、好きなときにビジネスを手がけ、さらに多くのクレプトクラットを自分のもとに引き寄せることができた[35]。

私腹を肥やす官僚や泥棒政治家にとって、トランプの不動産は世界でもっとも強大な権力を持つ男ににじかに影響を与えられる手段になっていた。トランプが大統領だったころ、彼の不動産を買い入れて支援していた海外の政治家や公務員、アメリカ人以外の人間の動向については、調査することさえひと苦労だった。トランプ所有の物件でイベントを開催する海外の正式派遣団もいた。アフガニスタン政府とクウェート政府は、自分たちが使用する建物の一角に外部の者が立ち入れないようにさえしていた。

クライアントの意向に従い、トランプの物件を賃貸していたロビイストもおり、たとえばサウジアラビアのロビイストは、トランプが当選した直後、彼が経営するホテルの五〇〇室分を借り上げていた[36]。海外の物件からも大統領の懐に大金をもたらしていた。「トランプ・タワーズ・イスタンブール」のように、数百万ドルの金がトルコから直接大統領のもとに流れ込んでいたが、大勢のアメリカ人がその事実を知ったのは、トランプの納税申告額がついに明らかになった二〇二〇年だった[37]。

大統領に快く思われるには、トランプのホテルに宿泊するのが一番と気づいた首相や大統領もいた。ルーマニア初の女性首相ヴィオリカ・ダンチラ[38]やマレーシアの元首相ナジブ・ラザク[39]のような政治家のことであり、二人ともワシントンDCに建つトランプのホテルに宿泊した(ラザクはマレーシアの政府系ファンドから数十億ドルを不正流用するうえで中心的な役割を果たした人物だ)[40]。ナイジェリアのアティク・アブバカルのような、目もくらむような巨額の汚職ですでに連邦議会で名前が取り沙汰されていた人物でさえ、トランプのホテルを利用し、トランプ・オーガナイゼーションの利益に貢献していた。彼らの違法行為については議会の調査が行われていたにもかかわらず、トランプ・オーガナイゼーションの側もこうしたクレプトクラットの宿泊を進んで受け入れ、やめようとしなかった[41]。

もちろん、身元を伏せて売買されていた不動産もある。二〇一六年夏、トランプが候補者として共和党の指名を獲得した直後から、匿名による不動産の売買が急増した。二〇一七年夏に公表された『USAトゥデイ』紙の調査で、指名後、「トランプの会社が手がける不動産販売の大部分が、購入者の身元を曖昧にする秘密のペーパーカンパニーに流れている」事実が明らかにされる[42]。新規入居者のうちの実に70パーセントがLLCを隠れ蓑として身元を隠し、場合によっては一度に一〇〇〇万ドルに達する不動産購入があった事実も突き止められていた[43]。こうした取引のすべてが、名前や収入源もまったくわからない新しい顧客とのあいだで行われていた。別の言い方をするなら、大統領になる以前は、匿名の購入者が占めていた取引の大半は「トランプ・ソーホー」に限られていたが、大統領選出馬を表明して以降、新規に販売された四分の三近くが一瞬にして匿名の購入者に変わっていた。

新規の購入者は何者なのだろう。ひと言で言うなら「わからない」のが実情だ。購入者の大部分が誰なのか、どこの国の人間で、資金をどうやって手に入れ、何が望みなのか皆目見当はつかない。そして、彼らがアメリカの政策にどんな影響を与えたのかもまったくわからないのだ。これがアメリカのクレプトクラシーをめぐる物語なのだ。その物語は何人もの重要人物の手によって、アメリカの政権内で紡ぎ出されていた物語だった。

とはいえ、匿名で購入された物件のなかには、誰がその背後に潜んでいるのか薄々わかっているものもある。二〇一九年、「グローバル・ウィットネス」は、クローディア・サスヌゲソという女性がセブリット・リミテッドというペーパーカンパニーをこっそり所有している事実を突き止めた。クローディアはコンゴ共和国の独裁者ドニ・サスヌゲソ大統領の娘で、彼女が管理するセブリット・リミテッドは、エスパーブラスという別のLLCの隠れ蓑として活動していた。そして、まったくの偶然だったが、エスパーブラスがコンゴの国庫から収奪された五億ドル以上の資金を受け取っていた事実が発覚する。(44)

セブリットはその金をアメリカにあるさらに別のダミー会社に送金していた。このダミー会社はアメリカの大手法律事務所K&Lゲイツが登記していた(腐敗を極めた中央アフリカの支配者一族が、アメリカのダミー会社と法律事務所を利用して、この国の不動産に資金を隠していたというおなじみの話だ)。こうした手順を経て、最終的にこのダミー会社がセントラルパークを一望する超高層ビルの豪華な部屋の売買契約をまとめた。そのビルこそマンハッタンに建つ「トランプ・インターナショナル・ホテル・アンド・タワー」にほかならなかった。

しかし、話はそれで終わらない。トランプ・インターナショナル・リアルティが物件の仲介まで行うことで、貧困にあえぐコンゴ国民から収奪された数百万ドルもの汚い金が、トランプが所有する物件を経由して洗浄され、そのうちのかなりの金額がトランプの財布に最終的に流れ込んでいたのだ。「クローディア・サスヌゲソはトランプが販売した区画を所有しており、その購入資金には収奪された疑いのあるコンゴの国家財産が充てられていたようである。したがって、ここで問題になるのは、購入者の身元調査が警告を発しなかったのか、それともトランプ側が見て見ぬふりをしたのかということになるだろう[45]」と「グローバル・ウィットネス」は報告している。

トランプのビジネス戦略を考えるとその答えは明らかだ。トランプと彼の部下はクローディア・サスヌゲソの購入資金や、マネーロンダリングについて最低限のチェックを行う法的義務を負っているわけではなく、あるいは、サスヌゲソがこの区画を購入していた事実をトランプはかならずしも知っていたわけではない。要するにこれがアメリカの不動産業界なのだ。凋落して、マネーロンダリングの天国と化したこのアメリカで、もっとも大きな利益を得ているのが不動産業界なのである。

分譲された部屋は何十階建てのビルのうちの一区画にすぎない。投資額としては一〇〇万ドル程度だ。トランプが所有する何十という物件のひとつで、しかも何十階もあるそのビルのワンフロアにあるひとつの部屋にすぎない。匿名の資金にますます依存するようになった金融資産全体からすれば、本当に小さな構成要素のひとつでしかない。だが、資金洗浄のために売買されたとき、その恩恵は残忍な独裁者のみならず、アメリカの大統領でありながら、国の反腐敗政策を骨抜きにし、泥棒政治を支持する新たな遺産を築くことに貢献した人物にも恩恵をもたらす、異様な光景を生み出していた。

そのときこの人物は、上院議員のエリザベス・ウォーレンが言っていた「骨の髄まで腐っている」男になり果てていた[46]。本来、その人物はこの国にはびこるクレプトクラットたちに引導を渡すべき存在だった。

第16章 解禁

「プーチン大統領とロシアのセキュリティーサービスは、まるでスーパーPAC〔訳註*〕のように活動している」
フィオナ・ヒル(1)

オリガルヒと袂を分かつゼレンスキー新大統領

トランプが大統領に就任したころ、イーホル・コロモイスキーは国外を逃げまわっていた。私財を投じて国民防衛軍を設立し、ウクライナ中部に強固な権力基盤を築き上げたが、それにもかかわらず、彼が操作していたプリヴァトバンクの捜査は進められた。調査の結果、五五億ドルの欠損が見つかり、当局が同行の国有化にただちに取りかかると、コロモイスキーはウクライナにいられなくなった(2)。最初にスイスに向かい、ジュネーブに身を潜めたあと、さらにテルアビブに飛んでイスラエルの市民権を得ている(3)。本国ウクライナでコロモイスキーに対する嫌悪が高まり、かつての〝愛国者〟は、わずか数カ月でこの国を牛耳る腐敗したオリガルヒを象徴する存在になっていた。

一度は英雄とあがめられ、地方軍閥の指導者にまでなったが、その後、オリガルヒの罪を背負ったスケープゴートに仕立て上げられ、ついにはウクライナの敵になり果てていた。

コロモイスキー自身はこうした役どころを喜んで受け入れていた節がうかがえる。ウクライナが喉から手が出るほど欲しがっていたIMF（国際通貨基金）の融資など必要はないと、国外からさかんに呼びかけはじめるようになっていた。キーウ政府なら自立できるだろうし、西側の金融支援を受け入れれば、透明性や汚職防止の改革が要求される以上、そんなものはウクライナには必要ないと説いていた（実際、IMFはコロモイスキーが二度とプリヴァトバンクのトップに戻らないように要求していた）。

さらに、ロシアに関する発言を突然変えはじめた。『ニューヨーク・タイムズ』のインタビューに答え、コロモイスキーはまるで豹変したかのように、ロシアとの関係を再構築するよう政府に求めていた。ロシアはウクライナの東部と南部に侵攻し、領土を奪い取った国であるにもかかわらずだ。「五年や一〇年もすれば、流れた血は忘れられるだろう」とまで言っていた。そして、アメリカやIMFが汚職撲滅の改革を進めたり、あるいは「われわれにあれこれ注文をつけたりすれば、ウクライナはロシアの側につくだろう」とまで断言していたのだ。モスクワは「とにかく強い。（略）ロシアの戦車は（ポーランドの）近くに配備されるだろう。NATO軍はパンツを汚すほどすくみあがり、

訳註＊スーパーPAC：アメリカの政治資金管理団体である「特別政治行動委員会」のこと。アメリカでは政党や政治家に直接献金できないので、受け皿となるPACを設立して献金を集め、選挙の資金援助を行っている。従来のPACでは個人献金は年間五〇〇〇ドルまでの上限があったが二〇一〇年に上限が撤廃、これ以降、「スーパーPAC」と呼ばれるようになった。

紙《パンパース》おむつを買うはめになる」[4]。

だが、こんな威勢のいい話ばかりではない。首都キーウでプリヴァトバンクの調査を指揮していた前出の中央銀行総裁ヴァレーリヤ・ホンタレヴァの自宅周辺では、脅迫のメッセージが書き込まれるようになっていた。ある日、家の塀に「ロシアの豚」と落書きされていたことがあった。スプレーペンキで「人殺し」とペイントされ、そのまわりに「$」記号が殴り書きされている。彼女の自宅まで破壊の標的にされていたのだ[5]。ある朝のことである。ホンタレヴァはコロモイスキー一流の脅しに出くわす。それはコロモイスキーのライバルなら一度は経験したことのある脅しだ。蓋の開いた棺桶が置かれていたのだ。中には黒と白のストライプの服を着たホンタレヴァに似せた人形が入っていた。人形の足元には黒い紙でラッピングされた花束が添えられている。棺桶はウクライナ中央銀行の入り口前に置かれ、彼女が出勤してくるのを待っていた[6]。

こんな脅迫を行い、呪いの人形が置かれていても、犯行声明を告げる者は出てこない。ホンタレヴァに対して、オリガルヒの捜査から引き離そうとする圧力が突然高まったが、誰の仕業か正体もわからなかった。こうした重圧に、革命以降のウクライナでは何人もの財務相が押しつぶされてきたが、ホンタレヴァは彼らとは違った。心当たりがあった。「私はジェイムズ・クーパーが書いた『モヒカン族の最後』のようなもので、オリガルヒの殺戮者と呼ばれていました」[7]。だが、脅迫はまもなく場所を選ばなくなった。ロンドン――現在、彼女はイギリスで暮らしている――では、車が彼女目がけて突っ込み、そのまま病院に運ばれた。それから数週間後にはウクライナの自宅が焼け落ちる[8]。どちらの事件も犯人は特定されなかったが、世界最大の出資金詐欺《ポンジ・スキーム》にかかわっていると、彼女が暴いた男が関与しているのは容易に想像できた。

そうしているあいだも、コロモイスキーが関係していると疑われる一連の詐欺事件は続いていた。コロモイスキーとオプティマグループはアメリカの資産を使い、不正に得た利益を洗浄しているという訴えが、元共同経営者やプリヴァトバンクの新頭取から相次いで起こされていた。ウクライナでも資金洗浄で訴えられたばかりか、イギリスのような国外でも訴訟が起こされていた。(9) 当のコロモイスキーはそれらの訴えを真っ向から否定し、逆に銀行の経営権の返還を求めて反撃していた。(10) 提訴や反訴を通じて、詐欺事件の詳細が次々と明るみに出されていくものの、体よくだまされ、なす術《すべ》のないウクライナの国民はその様子をかたわらで見ているしかなかった。

だが、コロモイスキーはある可能性を見抜いていた。騒乱後に成立したペトロ・ポロシェンコ政権だったが、経済は低迷から脱せず、侵攻してきたロシアを押し返せない事実が顕著になるにつれ、国民の不満は高まり、政権は行き詰まりはじめていた。そして二〇一九年初頭、ポロシェンコの座を脅かす新たな挑戦者が現れた。あどけない顔をした四十歳のコメディアン、ヴォロディミル・ゼレンスキーである。それまで政治家としての経験はなく、どの政権や政治体制にも関係はなかった。

しかし、彼はそれまでのウクライナの政治家にはなかったもの、つまりカリスマ性を持っていた。聴衆に働きかける方法や、有権者を魅了する術に通じていた。テレビドラマを通じてウクライナの大統領を数年にわたって演じ、そのドラマは国民の誰もが見ていた。(11) 同じ年の四月、西側との関係強化を公約していたゼレンスキーは、それにとどまらない政治家としての能力があることを実証する。大統領選の勝利であり、しかも地滑り的な勝利だった。この年の大統領選でゼレンスキーは75パーセントの票を獲得していた。自身もオリガルヒであるペトロ・ポロシェンコは、こうしてコメディアンの前に膝を屈した。(12)

その瞬間、ウクライナは親欧米の外交と国の再生を果たすというゼレンスキーの公約は確実なものになったと思えた。さらに新大統領は変化と透明性を約束し、長年にわたってこの国を蝕んできたオリガルヒではなく、有権者への忠誠を誓った。ソビエト崩壊から約三〇年、ウクライナはようやくまともな足場に立てたように見えた。だが、ひとつだけ問題があった。たしかに新大統領はオリガルヒではなく、国庫の略奪にも関与はしていないだろうが、新大統領の陰に隠れ、背後から様子をうかがっているオリガルヒがいたのだ。ゼレンスキーが大統領役で出演していたドラマを放映していたテレビ局は、このオリガルヒが所有する企業のひとつだった。その放送局がゼレンスキーにギャラを支払い、この番組を通じて彼は国民に顔を売り、ついには大統領にまでのぼりつめた。そして、このテレビ局を所有していた者こそコロモイスキーにほかならなかった。コロモイスキーにすれば、愛らしい目をした新大統領との関係を利用するときがついに訪れたと思っていたのだろう[13]。

新大統領は、ドラマを放映していたテレビ局のオーナーがコロモイスキーで、どう考えても親しい関係にあったと思われる事実を否定しなかった。だが、有権者が何を考えているのかはよくわかっていた。「(プリヴァトバンクの)前所有者がわずか一コペックの金さえ手にできないよう、できるかぎりのことをしなければならない」と声をあげ、かつての後援者を名指しで非難していた[14]。「私に影響を与えることはできない。コロモイスキーはもちろん、いかなるオリガルヒもそれは変わらない。誰も私に影響を与えることはできないのだ[15]」とゼレンスキーは断固とした態度で臨んだ。新政権につけいる隙はコロモイスキーには与えないとまで言いきっていた。

その宣言が本当なのか、コロモイスキーはさっそく試した。大統領選が終わってまもなくの二〇一九年、コロモイスキーはウクライナに戻る。首都キーウの内部から法廷闘争を指揮することに心地よさを感じていたようだ。ウクライナの国民はもちろん、IMFやアメリカなど、西側の金融機関の支援者に向かい、自分は臆していないと見せつけていた。捜査官など気にしておらず、自分が権力の座に押し上げてやった新大統領に対しても絶対に屈しない。「世間の人間と同じ眼鏡をかけて自分を見直せば、私は怪物や黒幕のように見えるだろう。ゼレンスキーのボスであり、黙示録さながらの破滅的な計画を立てている人間に見えるかもしれない。私にはそれを現実のものにすることさえできるのだ[16]」とうそぶいていた。のちにある調査官が言っていたように、コロモイスキーはオリガルヒのなかでも別格の存在、いわば〝スーパーオリガルヒ〟とでも呼ぶべきものに変貌し、新大統領とウクライナの全国民にみずからの意志を知らしめようとしていた[17]。

しかし、かつての支援者と一線を画すという就任早々の決意は、早くも新大統領からうかがえた。ゼレンスキーは踏みとどまり、一歩も引こうとはしなかった。就任一年後、ウクライナ議会はコロモイスキーがプリヴァトバンクの経営権の回復を正式に阻止する法案を可決した[18](「反コロモイスキー法」という印象的な名称で知られる)。「政治的な意味では、一般市民の目や政界のエリートの目にも、コロモイスキーは銀行の支配権を失い、まぎれもない打撃を負っていた」と「腐敗防止活動センター」で働く弁護士のタチアナ・シェフチュクは言う。彼女の言葉に誤りはなかった。コロモイスキーが資産と権力基盤を取り戻すあらゆる道が突然閉ざされてしまったのだ[19]。帰国はしたものの、ウクライナでのコロモイスキーの足場は崩壊していた。ウクライナやアメリカをはじめとする国で訴訟を抱え、裁判費用もかさんでいく一方だった。ゼレンスキーを意のままに操るなど、とうてい不可能だった。

力を失う一方だったが、コロモイスキーには奥の手として一枚のカードがまだ残されていた。こんなときにこそ格好な、とっておきの切り札である。そして二〇二〇年初頭、コロモイスキーはついにそのチャンスをつかむ。

ファンド業界に蔓延するマネーロンダリング

アメリカの反腐敗政策の基盤はトランプによって大きなダメージを受けたが、彼の政権もまた発足直後から大統領選をめぐるロシアの干渉と謀議の問題で泥沼にはまっていた。クレムリンの意向を受けた大使との秘密協議、制裁解除の裏約束、ロシアがハッキングした情報の事前入手、フェイスブックやツイッター、インスタグラムなどのソーシャルメディアでなりすましのアカウントを作成していた事実が暴かれ、大統領に就任したばかりのトランプは苦境に立たされていた。司法省はロバート・モラーを特別検査官に任命、トランプ陣営とロシア政府、さらにソ連崩壊後に現れたロシアのオリガルヒとの関係を調査するように命じた。ロシアがこの国の大統領選にどのように干渉し、現職のアメリカの大統領がその全容を知っていたのかどうか、問題の核心について国は徹底的に調べ抜くつもりだった。[20]

モラーの調査結果を待っているあいだ、アメリカが築き上げてきた反クレプトクラシー体制に生じていた綻びが、ますます拡大している事実を裏づける情報が漏れてくるようになった。リーク情報や調査報告書を通じて、ロシアの政府関係者やオリガルヒは新たな二つの抜け穴を見つけ出し、それまでになかった手段を講じてホワイトハウスに直接つながるパイプを構築していた事実が明らかになる。そしてそのパイプは、ホワイトハウスにとどまらず、アメリカの反腐敗活動の中枢部にも浸透し、ついにはこの国の民主主義そのものを脅かしていた。

ひとつ目の抜け穴は、過去一〇年で資産価値と重要性を爆発的に拡大させた投資分野に関係していた。ヘッジファンドとプライベート・エクイティ・ファンドである。いずれも出資者はさまざまな対象に及び、ほかの投資では得られない利益をもたらしている。当初は愛国者法の資金洗浄防止義務の対象だったが、当時、これらの投資は比較的小規模に行われ、年金基金や富裕層に限られていた。そこで財務省は、不動産業界と同じように、ヘッジファンドやプライベート・エクイティにも〝一時的〟に規制を免除することにした。

改めて言っておくが、この例外措置がなんらかの意図に基づいて行われたのか、それを裏づける証拠はない。財務省の根拠は不動産業界に対する措置と同じ理由だった。金融部門の柱に成長するファンドに、この規制がどのような影響を与えるか〝研究〟したいというものだった。しかし、免除措置を受けたほかの業界同様、二〇二〇年代初頭の時点で、ヘッジファンドとプライベート・エクイティに対する〝一時的〟な措置はすでに二〇年近く経過した。その二〇年でいずれのファンドも、最大の投資ファンドに成長したが、一方で規制がもっともゆるいファンドになっていた[21]。

プライベート・エクイティ・ファンドやヘッジファンドもいまや匿名の富をたたえた大海に変貌し、世界中から何兆ドルもの資金を吸い上げている[22]。アメリカではいずれのファンドに対しても、資金の出どころを確認する義務は課されておらず、誰にこうした金融サービスを提供しているのか、その身元をチェックする義務さえない。調査報道を手がけるトム・バージェスは、これらのファンドが「やっているのはスイスの銀行と同じことだ。資金の匿名化をひとつの産業規模で行っている[23]」と書いている。

中国、ロシア、サウジアラビアなどの巨額の資金が、規制を免れているこうした民間の投資会社のあいだを循環していることはすでにわかっている。たとえば、『ウォール・ストリート・ジャーナル』の調査で、「二〇一六年半ば以降、シリコンバレーのスタートアップ企業の最大の出資者は、サウジアラビアの政府系ファンドで、その金額は少なくとも一一〇億ドルに達している[24]」。『ブルームバーグ』によると、財務省の〝一時的〟な免除措置の結果、ヘッジファンドやプライベート・エクイティを介してアメリカに流れ込んでくる海外の資金源について、国は「愕然とするほど何も知らない[25]」。言葉を換えるなら、これらのファンドがどれだけ汚い金に支えられているかについても何もわかってはいないのだ。

腐敗防止活動の専門家サラ・シェイエスは、「投資家や議決権を持たない株保有者の名前を開示する義務を負っていないので、(プライベート・エクイティを手がける)ファンドはマネーロンダリングの手段としては完璧である。ごく限られた保有者を除き、出資者の身元を隠すことができるので、いかがわしい資金を引き寄せている[26]」と二〇二〇年に刊行された著書で書いている。財務省の元職員ジョシュア・キルシェンバウムも、こうした投資手段が反クレプトクラシーの取り組みに与える脅威について警鐘を鳴らしてきた。キルシェンバウムも、これらのファンドは、「もっとも能力が高い投資家が手がける投資のひとつであると同時に、たとえば、選挙妨害や不適切な政治的影響力の行使、あるいは巧妙な金融犯罪などをたくらむ外国人にとっても魅力的な手段になっている[27]」と説いている。要するに、ヘッジファンドとプライベート・エクイティとは、不正な富を大量に隠すための最新のツールで、汚れた金の安全な避難場所を探している者でも利用できる。

こうした指摘に対してファンド側は次のように弁護する。業界のロビイストによると、これらファンドの利用者はもっぱら富裕な企業家に限られること、また償還されるまでに多年を要するため、資金の洗浄手段としては魅力に乏しい[28]。そもそも、「汚れた金をきれいにするため、なぜ何年もアクセスできない場所に資金を埋めるのか」ともっともらしく問いかけてくる。たしかにこの解釈には一理ありそうだ。洗浄した結果をただちに求めるなら、このようなファンドはもっともふさわしくないやり方である。

しかし、この主張はそもそもヘッジファンドやプライベート・エクイティの魅力を完全に誤解している。こうしたファンドに集まるあくどいオリガルヒが求めているのは、手っとり早いロンダリングの成果などではない。彼らが求めているのは不正資金を安全に保管できる場所であり、その金は彼らにとっていざというときの資金になる。数十億ドルもの汚い金が何も問われることなく動かせ、何年か待つだけで、染みひとつないきれいな金を引き出すことができる。アメリカに置かれた資金洗浄装置の調整レバーを握っている者がいて、そのレバーを長いサイクルに調整して洗浄しているようなものなのである。

「人身売買や麻薬の密売など、資金繰りがともなうビジネス——たとえば金を早く回収しなければ、次のメタンフェタミンやフェンタニルの仕入れが増やせないとか、あるいは密入国の仲介者《コヨーテ》に払う金など、そうした犯罪で得た金はヘッジファンドには行きません」と、財務省の元職員だったアルマ・アンゴッティは教えてくれた。彼女はこうした物騒な業界のマネーロンダリング防止策の導入にかかわってきた。「ですが、オイルマネーを横領したオリガルヒで、その金の全額をすぐに必要としなければ、どこかで安全に保管しておかなくてはなりません。そこで、ヘッジファンドや不動産に出資するのです。自国政府や、アメリカ政府からも自分の金を守りたければね。麻薬密売人にとってはいい方法とは言えませんが、不正に手を染めた官僚にはこれほど都合のいい方法はないでしょう[29]」

二〇二〇年に流出した内部文書で、FBIは現在、ファンド業界に蔓延するマネーロンダリングに頭を抱えている事実が明らかになる。外国人犯罪者、国外のオリガルヒ、海外のテロリストなどが、ヘッジファンドやプライベート・エクイティを扱うファームを利用して、資金の洗浄に手を染めるようになり、「従来の(マネーロンダリング防止)プログラムを回避して、汚れた金を洗浄するようになった」と文書には書かれていた。

国際的にマネーロンダリングにかかわる業者が悪用できる〝一時的〟な免除措置についても、FBIは正面きって言及していた。「このプログラムは十分に考えられて設計されたものではないと当局は考えている。脅威となる人物が民間の投資ファンドを利用し、資金洗浄を実行するのを監視し、検知することができないからだ」と書かれている。さらに、「犯罪に加担するファンド・マネージャーは、金融商品の私募の機会が増えるとともに資金洗浄の規模を拡大していく傾向があり、その結果、合法的なグローバル金融システムに汚れた金が間断なく侵入してくる事態を招いている[30]」と指摘し、汚れた金がアメリカの年金基金《ペンションファンド》の積立金に流れ込んで、もはや区別がつかなくなったなどの最近の例をいくつかあげていた。

二〇一九年一月、メキシコの麻薬カルテルがアメリカのヘッジファンドでいくつもの口座を新規に開設し、少なくとも毎週一〇〇万ドルを洗浄していた。ニューヨークでは、プライベート・エクイティ・ファームがロシアの企業から電信送金されてきた一億ドルのために口座を開設していたが、その企業はロシアの組織犯罪に関連していた。

メリーランド州では、ロシアの干渉活動とアメリカのヘッジファンドやプライベート・エクイティを利用したマネーロンダリングが姿を現しつつあった[31]。二〇一三年、バイトグリッドというLLCが、七五〇万ドルで選挙データの管理業務の契約をメリーランド州とのあいだで結ぶ。州内の全有権者の登録情報と選挙管理システムの管理業務も契約には含まれていたが、当時、その内容を不安視する者はいなかった。ロシアが選挙に干渉するのは数年先の話で、そんな干渉に目を向ける人はおらず、ましてプライベート・エクイティへの出資を介して外国からの干渉を受けるかもしれないと不安視する人もいなかった。

二年後の二〇一五年、バイトグリッドはアルトポイント・キャピタル・パートナーズというプライベート・エクイティ・ファームに買収される。このときも不安視する者は誰もいなかったようだ。コンピューター・システムの専門企業をファームが買収しただけの話で、その企業がたまたまメリーランド州の選挙と有権者データを管理していただけにすぎなかった[32]。

メリーランド州では誰も気づいていなかったが、アルトポイント・キャピタル・パートナーズの最大の出資者は、アメリカの別の町で暮らす投資家でもなければ、堅実なリターンを求めている年金基金でもなかった。メリーランド州の当局者はFBIから連絡を受けて、ようやくその事実を知った。このファームの最大の出資者は、ロシアのオリガルヒの一人で、しかもプーチンときわめて近しい関係にあった。そのオリガルヒはウラジーミル・ポターニンといい、禿頭で、不機嫌そうな顔をした人物である。もちろん大富豪で、ロシアでもっとも裕福なオリガルヒの一人として何年も君臨してきた[33]。

ポターニンは、一九九〇年代半ばに起きた悪名高き民営化スキャンダルの黒幕の一人として名前が知られるようになった。このときの民営化を通じて、ロシアの天然資源や国営企業が保有していた資産の多くがオリガルヒのポケットに流れ込んでいった。ジャーナリストのデービッド・ホフマンは、二〇〇一年にロシアのオリガルヒに関する重要な著書を刊行している。その本のなかでホフマンは、ポターニンは「一九九五年に行われた最大規模の国有財産の収奪において、(オリガルヒたちの)首謀者として」ある仕組みを生み出すのに手を貸していたと書いている。その仕組みとは、「外国人には開放されておらず、透明性もなく、結局は不正が行われていた。さらに彼らも予想しなかった重大な結果をもたらしていた。(民営化の過程が)オリガルヒとロシア政府の癒着をもたらす始まりとなったのである[34]」。

メリーランド州の当局者は、ポターニンの名前など聞いたことはなかっただろう。だが、ポターニンはメリーランド州の選挙の整合性と信頼性、有効性を維持する業務を請け負っている企業に、内密ではあったがせっせと出資を行っていた。そして、その企業がかかわっていた業務のなかには二〇一六年のアメリカ大統領選も含まれていたのだ。大統領選後、国外の干渉を受けていた事実を知って、アメリカの国民は激しい衝撃に見舞われた。こんな干渉はそれまで経験したことはなかった。この事実を公表したメリーランドの州上院議長のトーマス・ミラーが述べていたように、「ロシアのオリガルヒは私たちの選挙制度を金で手に入れていた。有権者はこの事実を肝に銘じなくてはならないだろう[35]」。

社会的評価を洗浄するための多額の寄付

幸いにもメリーランド州の二〇一六年大統領選の投票結果は変えられておらず、身元を隠した出資を利用してポターニンがアメリカの政策に影響を与えていた事実もいまのところはうかがえない。しかし、アメリカの非営利組織に対するロシアのオリガルヒの介入に関してはどうやらそうとは言えないようだ。ロシアのオリガルヒの干渉にかかわる資金の流出先として、非営利組織は二番目に大きく、オリガルヒにも門戸が開かれている。

非営利団体と言われて思い浮かべるのは、おそらく地元の慈善団体、あるいはアムネスティ・インターナショナルのような組織や団体だろう。あらゆる地域でコミュニティーの改善に取り組んでいるような集団である。しかし、アメリカの非営利団体には、エリートによって構成され、まったく別種の知的な基盤で活動している組織も存在する。たとえば、ハーバード大学や南カリフォルニア大学のような高い知名度を誇る大学、ニューヨーク近代美術館（ＭｏＭＡ）やワシントンＤＣのケネディセンターのような象徴的な文化施設、さらにブルッキングス研究所や外交問題評議会（ＣＦＲ）のように、非公式ながら政策決定の中心として機能している一流のシンクタンクのような組織だ。

これらの非営利組織は、要人を招いたり、議員と協力して政策立案を支援したりするばかりか、この国の知的資本や文化的資本の供給源としての役割を果たしたり、あるいは国のソフト面の強化に貢献したりするなど、アメリカでは非常に高い地位を謳歌してきた。実際、多くの点でこれらの研究所や大学、文化拠点はアメリカでも最高の組織である。そして、これらの組織もヘッジファンドや不動産、エスクローエージェントのように、反資金洗浄にともなう規制やデューデリジェンスの対象にはされてこなかった。

もちろん、非営利団体を使ってマネーロンダリングができるのかと思われるかもしれない。しかし、これらの非営利団体はクレプトクラットの別の目的をかなえてやれる。監視や規制の義務を負っていないため、自身の社会的なイメージを変えたいと願うクレプトクラットに対して、事実上、その願いを全面的に受け入れてきた。つまり、汚れた金を使い、金そのものではなく、クレプトクラット本人の社会的評価を洗浄しているのだ。

この行為は〝レピュテーション・ロンダリング〟として知られる。オリガルヒや腐敗官僚は、彼らの汚れた金を非営利組織に差し出している。それは不動産やヘッジファンドのようにその金を洗浄するためではなく、そのかわり寄付を受けた非営利組織は彼らを「慈善家」に変えたり、経歴を粉飾できるお墨付きを与えたり、あるいは好意的な評判を新たに授けたりすることで、彼らの不正に関する芳しくない噂や推測に蓋をするのを助けている。その結果、彼らの素性についてほじくり返す者たちを遠ざけておくことができるようになるのだ[36]。

アメリカの非営利組織がレピュテーション・ロンダリングの拠点に変貌したという主張を裏づけるデータは、これまでほとんどなかった。しかし、「アンチコラプション・データ・コレクティブ」など多くの汚職防止団体の仲間と私が二〇二〇年に発見したように、これらの非営利組織はレピュテーション・ロンダリングの工場と化していただけではなく、国内のペーパーカンパニーなどさまざまな会社を経由して、海外の疑わしい金をこの国に引き寄せる巨大な磁石になっていた[37]。さらに懸念されるのは、こうした非営利団体がロシアのあらゆるオリガルヒが差し出す汚れた資金を喜んで受け入れていた点である。これらのオリガルヒはいずれも、アメリカ国内で外国政府の干渉活動に直接関係していた。

私たちが発見した件数は驚異的な数に達していた。二〇二〇年に実施したある調査では、他国への干渉に関係していたロシアとウクライナのオリガルヒから寄付された金額は、総額三億七二〇〇万ドルから四億三五〇〇万ドルに達し[38]、そのすべてがアメリカでもっとも権威ある二〇〇以上の非営利団体に贈られていた事実が判明した。こうした団体のなかにはジョージ・ワシントン大学やコーネル大学、ニューヨーク大学などの有名校をはじめ[39]、メトロポリタン美術館やグッゲンハイム美術館のような文化施設、またアトランティック・カウンシルや外交問題評議会などの名だたるシンクタンクが含まれていた。いずれも対外的な干渉活動に直接関与するオリガルヒから多額の資金を受け取っており、彼らのなかにはロシア政府の活動に関与していたことを理由に、アメリカ政府から直接制裁を受けた者もいた[40]。

何人ものオリガルヒがこの方法を熱心に手がけてきた。ロシアのオリガルヒ、ヴィクトル・ヴェクセリベルクは二〇一八年、政府関連の活動やロシアの独裁政権の支援を理由にアメリカ政府から制裁を受けることになる人物だが、かつてワシントンにある著名なシンクタンク、ウッドロウ・ウィルソン国際センターに多額の寄付を行っていた(同センターは、「ロシアの慈善活動の再生に多大な貢献を果たした」ことを理由に、ヴェクセリベルクに対して「ウッドロウ・ウィルソン公共サービス賞」を授与した[41])。

前述したウクライナのオリガルヒ、ヴィクトル・ピンチュークは、司法省が提出した文書によると、ポール・マナフォートに活動資金を送金していた人物だが(この件に関して本人はのちに否定している[42])、彼もまたウクライナを拠点とする自身の財団を使い、アトランティック・カウンシルやブルッキングス研究所といった一流のシンクタンクに多額の寄付を行っていたほか、クリントン財団にも二〇一二年に一〇〇万ドルから五〇〇万ドル、二〇一三年には五〇〇万ドルから一〇〇〇万ドルの寄付を含む、一〇〇〇万ドルから二五〇〇万ドルもの金を贈与している[43]。こうした寄付のおかげで、ピンチュークは親欧米派と見なされるようになり、ウクライナのほかのオリガルヒに突きつけられた批判を免れている[44]。

だが、レオナルド・ブラヴァトニックという旧ソ連のウクライナ生まれのオリガルヒの寄付に比べれば、これらの寄付もたかが知れている[45]。推定資産数百億ドルの富豪であるにもかかわらず、奇妙なことにブラヴァトニックの名前はあまり知られていない[46]。しかし、ソ連崩壊の混乱に乗じて現れたオリガルヒのなかでは、彼こそもっとも成功したオリガルヒなのはたしかで、アメリカの市民権さえ得ることができた点からもそれはうかがえるだろう。ロシアの天然資源に関する事業で数十億ドルの財を得て、ヴィクトル・ヴェクセリベルクやオレグ・デリパスカなど、ほかのオリガルヒとともにビジネスを手がけたこともある。後者の二人は現在、アメリカの制裁を受けているが[47]、アメリカの市民権を取得したブラヴァトニックは、二〇一一年にワーナー・ミュージックを三三億ドルで手中に収めるという華々しい買収劇を演じている[48]。

しかし、『ハリウッド・リポーター』誌が報じたように、アメリカにおけるブラヴァトニックの立場は盤石ではなかった。彼の資産の出どころが「完全に明らかになっていない」からである[49]。そこでブラヴァトニックは例の作戦に打って出た。慈善活動である[50]。まもなくブラヴァトニック個人とアクセス・インダストリーズという彼の会社から、立て続けに寄付が寄せられるようになる。そして、何十という数のアメリカの研究所が彼のために門戸を開き、経歴も定かではないソ連崩壊後に現れたオリガルヒを、類まれな慈善家として進んで書き替えていった。ニューヨーク大学や南カリフォルニア大学、サラ・ローレンス大学といった大学もブラヴァトニックの金を受け取り、ニューヨークのリンカーン・センターやカーネギー・ホールなどの文化施設も寄付を受け入れ、いまやブラヴァトニックはカーネギー・ホールの評議員でもある[51]。

さらに二〇一八年には、ブラヴァトニック・ファミリー財団を介して、ハーバード・メディカル・スクール（HMS）に二億ドルの寄付を行うと発表、この寄付は彼にとってそれまでで最大の寄付であると同時に、HMSにとってでも設立以来もっとも巨額の寄付となるものだった[52]。「理事会はこの寄付に報いるため、メインキャンパスにある一〇の学科を備えた研究所を『ブラヴァトニック研究所』と改名する」と同校の学生新聞『ハーバード・クリムゾン』には書かれている。この寄付の結果、世間はブラヴァトニックの経歴、アメリカの制裁を受けているロシアのオリガルヒと、以前いっしょに仕事をしていた事実をすっかり忘れて、彼を一人の慈善家として見るようになった[53]。

つかの間、ブラヴァトニックは望みのまま、好きな相手に金をばらまくことができるように見えた。だが二〇一九年、特別検査官のロバート・モラーのオフィスが、ブラヴァトニックがトランプの就任式に多額の寄付をしていた事実を精査したというニュースが流れる[54]。アメリカから制裁を受けているはずのオリガルヒ、ヴィクトル・ヴェクセリベルクもトランプの就任式パーティーに列席しており、ブラヴァトニックがその費用を支払っていたと主張した[55](ブラヴァトニックの広報担当者はこの事実を否定)。ブラヴァトニックの評判はひどく傷ついたが、その直後、外交問題評議会に一三〇〇万ドルの寄付をすると発表される。外交問題評議会はアメリカでもっとも権威があるシンクタンクのひとつだ。前述したレピュテーション・ロンダリングの戦術をそのまま踏襲したと思われる対応だった[56]。

しかし、それまでとは異なり、この寄付にはアメリカやほかの国で反不正・反クレプトクラシーに携わる著名な専門家から即座に批判の声があがった[57]。外交問題評議会のリチャード・ハースに宛てた書簡に名前を連ねた数十名の者――そのなかにはソ連崩壊後のクレプトクラシーに関する著名な専門家をはじめ、財務省、国務省、アメリカ国家安全保障会議の元関係者もいた――が寄付を受け入れようとしている外交問題評議会の姿勢を非難する。この寄付は、「ブラヴァトニック氏がロシアの収奪的な慣行を西側に輸出する」のを支援する手段になると主張した。書簡には次のように書かれていた。

（今回の寄付について）われわれは、西側世界における自身のイメージを洗浄するために、ブラヴァトニック氏が長年にわたって行ってきた試みの一環であると考えている。後述するように、氏はロシア政府および収奪政治と密接な関係を持っている人物である。（略）氏は、（西側の）主要な学術機関・文化機関への「慈善活動」を通じて、政界への接近を図っているというのがわれわれの考えである。しかも、氏の慈善活動の基金はクレムリンの同意のもと、国家予算とロシア国民の犠牲によって得られたものである。このような「慈善的」資産を使うことで、アメリカやイギリスの政界や経済界の最高レベルの支配層に浸透していくことが可能になる。そしてそれは、ブラヴァトニック氏がロシアの収奪的な慣行を西側に輸出する手段でもある。[58]

ほかの者も同様の批判をしていた。「ブラヴァトニックには自分の好きなように金を使う権利がある。しかし、少なくとも建前上は知識を倫理的に追求する立場にある機関がそうした金銭を受け取ってしまえば、みずからを汚すことになってしまう[59]」と、ジャーナリストのアン・マーロウは『ニューヨーク・タイムズ』に書いている（ブラヴァトニックの申し出を断った数少ない団体のひとつがハドソン研究所だった）。

ほかの寄付同様、外交問題評議会は今回の資金についても「厳密な審査」を実施したとハースは主張した[60]。さらに、寄付については返還する意思はないと述べ、評議会のインターンシップ・プログラムの名称をブラヴァトニックにちなんで改名すると誇らしげに発表していた[61]（なんだかんだ言いながら、不当に低い賃金で働くインターンに支払う賃金の原資になる基金に反対する者はいないだろう）。ブラヴァトニックがこの寄付を成功させたことは、「率直に言うなら解禁を物語っている」と、前出の腐敗防止活動の専門家サラ・シェイエスは私に話していた。シェイエスも書簡に名前を連ねた一人だ。「これはクレムリンに向けて、少しだけ金の見映えを変えれば、アメリカの制度にはまだ十二分に浸透していくことができると教えてやっているようなものです[62]」

政敵の〝醜聞〟を捏造する戦略的汚職

こうした浸透性こそ、私たちをトランプの問題に引き戻し、アメリカのクレプトクラシーとこの国の権力、民主主義の終焉の可能性が最終的にひとつに結びついていく。二〇一四年、FBIの要請を受けたオーストリアの当局は、ドミトリー・フィルタッシュというウクライナのオリガルヒを逮捕し、アメリカへの引き渡しを待つあいだ身柄を拘束した。

当時、この逮捕はウクライナやロシアのオリガルヒに激震を与えた。ガス配給産業の巨人の一人と長いあいだ見なされ、コロモイスキーがよく知る不正に得た汚い金の動かし方にも関係していた人物だったが、それにもかかわらず告発を免れてきたのは、ほかのクレプトクラットと同じように、レピュテーション・ロンダリングを忘れていなかったからだ。フィルタッシュの場合、イギリスの元国議会議員に取り入ったり、ケンブリッジ大学に数百万ポンドを寄付し、同校のウクライナ研究を援助してきたりした(ケンブリッジ大学のウェブサイトにはいまだに、「ケンブリッジ・ウクライナ研究所は、スラブ研究の主導的存在で、二〇〇八年にフィルタッシュ氏の支援によって始まった」と紹介されている[63])。

しかし、二〇一〇年代半ばになると、フィルタッシュの陰謀は逆に本人を追い詰めていく。アメリカの外交官にロシアのマフィアであるセミオン・モギレヴィッチとの関係が知れると、アメリカ司法省はフィルタッシュを「ロシアの組織犯罪の幹部[64]」として非難、二〇一四年には大規模な贈収賄の罪でフィルタッシュを正式に起訴する。この起訴を受け、オーストリア当局は逮捕に茫然としているオリガルヒを自宅に軟禁した。

ウィーンにある自宅での拘束は数年に及び、フィルタッシュは気力を失っていった。だが、一人だけ彼の怒りをかき立てつづける人物がいたはずだ。当時のオバマ政権で副大統領を務めていたジョー・バイデンである。バイデンこそ、ウクライナの汚職防止改革を推進するアメリカの中心人物だった。フィルタッシュはのちに、ウクライナにおけるバイデンの存在に「反感を覚えていた」と語り、二〇一四年のウクライナ騒乱後、政府が行った改革の結果、政治の透明性が高まったのはバイデンのせいだと非難し、「奴はこの国の支配者だった[65]」とののしっていた。

二〇一〇年代末になってもフィルタッシュはアメリカに送られず、司法省が告発した容疑で裁判にかけられることもなかった。ワシントンではオバマ政権にかわり、新しい政権が誕生していた。新政権は反クレプトクラシーに関する政策をひとつ、またひとつとつぶしていた。その新政権をホワイトハウスに送り込んだのが、フィルタッシュとは旧知の間柄であるポール・マナフォートだ。マナフォートがウクライナにいたころ、二人はビジネスパートナーとして働いていた[66]。新政権は、極右の弁護士や漫画じみた時代おくれの仲介者のネットワークを通じて、二〇二〇年の大統領選でトランプに最大の脅威をもたらす人物――バイデンの〝醜聞《ダート》〟について身辺調査をすでに始めていた。

フィルタッシュにとって、この新政権はまたとない〝好機〟だった。二〇一九年、彼はワシントンの内情に通じた折り目正しい弁護団を解散する[67]。かわりに雇い入れたのがヴィクトリア・トエンジングとジョー・ディジェノヴァという、陰謀好きで強硬派の二人の弁護士だった。[68]さらにフィルタッシュが〝通訳者〟と紹介していたレフ・パルナスというウクライナ系アメリカ人を雇っている。パルナスはトランプとトランプの顧問弁護士で元ニューヨーク市長のルドルフ・ジュリアーニの双方にパイプがあると言っていた。二人の弁護士への顧問料に加え、パルナスにも巨額の金を支払い、プライベートジェットの使用やウィーンでの滞在費を渡していた。フィルタッシュが言っていたように、パルナスは「世界最高の給料を稼ぐ通訳者[69]」だった。

フィルタッシュが三人を雇った直後から、アメリカ国民はロシアのオリガルヒの汚い金が、いかに自国の政治に悪い影響を与えているのか知るようになった。バイデンの〝醜聞〟を集めるため、トランプがウクライナ政府に揺さぶりをかけていた事実も明らかになる。政敵を陥れるためとはいえ、他国政府に強引に働きかける大統領がいることに国民は驚いていた。さらにジュリアーニの件があった。ウクライナ、ベネズエラ、トルコなどの怪しい外国人クライアントのために内密で仕事を行い、バイデンに関する虚偽の証言を突然公言していたウクライナの政府関係者との関係が次々に明らかになっていた。[70]

パルナスはパルナスで、デラウェア州のペーパーカンパニーを経由して、オリガルヒの疑惑の資金をひそかにアメリカに持ち込んでいた事実をアメリカ人は知った。二〇二〇年にジャーマン・マーシャル財団のジョシュ・ルドルフとトーマス・モーリーが暴いたように、これらの資金はロシアと中国が海外の民主主義国家に干渉するために使っていた何億ドルもの資金の一部だった。[71]

新事実が明るみに出るたびに、その中心には常に一人の人物がいた。フィルタッシュだ。自分のまわりにいるトランプ支持の人間に対して、耳元でささやいて活動を促し、必要な資金を提供していたのだ。ジュリアーニの仲間とトランプの揺さぶりに協力するウクライナの人間をとりもったのも明らかにフィルタッシュだ。汚れた金を無限に吸い込むブラックホールのように機能し、彼のまわりではあらゆる策謀が渦を巻いていた。ウクライナのジャーナリスト、セルギー・レシュチェンコは、「フィルタッシュにとって、ジュリアーニの位置付けが突然変わり、ジュリアーニは彼にとって役に立つ存在になっていた。ジュリアーニの友人たちもいまやフィルタッシュの弁護士として働き、ジュリアーニ本人もトランプを守るため、フィルタッシュが用意した〝証拠〟を使っている[72]」と書いている。

フィルタッシュ自身は何が目的だったのかは容易に見当がつく。のちにパルナスが明らかにしているように、彼はフィルタッシュに対して、アメリカへの引き渡しを解除できる確実な方法があると話していた。おそらくその鍵となったのが、トランプのウクライナ政府に対する働きかけに手を貸すことだったのだろう。驚くことに、新しい弁護士にかえた直後、親トランプ派の弁護士二人は司法長官ビル・バーと面会し、彼らのクライアントの現状について話し合っていた。バーがフィルタッシュの身柄引き渡しを監督する立場にあった点を踏まえると、尋常ではない展開だった[73]。

バイデンの〝疑惑調査〟を始めるようにウクライナの大統領に圧力はかけたが、その働きかけはトランプのどうしようもない無能さのせいで最後には破綻し、トランプに対する最初の弾劾訴追を招く結果になる。しかし、内部告発者が現れてトランプのたくらみを暴露し、弾劾の歯車が回りはじめた点を除けば、フィルタッシュの計画は成功したと考えることもできた。引き渡し要求が取り消されただけでなく、脇が甘く、欲得ずくのホワイトハウスに対して、クレプトクラットがどのように影響力を行使すればいいのか、まったく新しいスタイルを生み出していた。さらにその過程で、アメリカが取り組む反腐敗・反クレプトクラシーの政策に対して、強烈な影響を直接与えていた[74]。

フィルタッシュが編み出した作戦は実にシンプルだった。資金洗浄に関連する犯罪で窮地に陥っているクレプトクラットは、政権寄りの人間を雇い、政敵の〝醜聞〟を知っていると言い張るだけでよかった。情報の正確さはいったん棚上げにしてもかまわない。そして、ホワイトハウスが捜査を中止したり、告発を取り消したりしてくれれば、その見返りに面談して、情報提供に応じることを誓う。この作戦が成功すれば、オリガルヒはお得意の国際間のマネーロンダリングの世界にすぐに戻れる。

アメリカ史上まったく前例のない試みだった。だが、この作戦はほぼ成功を収めていた。人によってはこれを〝戦略的汚職〟、つまり民主政治や民主主義を根底から覆すため、汚職行為者が戦略的に用いる手段だと言う者もいる。[75]〝戦略的汚職〟ではなく、もっとくだけた言い方をして、この作戦を完成させたクレプトクラットの名前をつけてもいいだろう。つまり、「フィルタッシュ・モデル」とでも呼べばいいのだ。

いまやこのモデルは、犯罪の規模にかかわらず、アメリカ政府の捜査に直面しているクレプトクラットなら誰でも利用することができる。アメリカに告発されたほかのクレプトクラットもただちに似たような作戦、あるいは一部を真似した作戦を試すようになった。ミコラ・ズロチェフスキーも天然ガスの取引で財を成したウクライナのオリガルヒだ。彼もジュリアーニに向かい、「司法省の機嫌を取るのを手伝ってもらえる」なら、バイデンに不利な情報を提供できると申し出たといわれている。[76]マレーシアの華人実業家ジョー・ローは、自分の誕生日のためにブリトニー・スピアーズをケーキのなかに封じ込めたばかりか、皮肉にも収奪した金で、ホワイトカラー犯罪を描いたアメリカ映画『ウルフ・オブ・ウォールストリート』[訳註*]の製作資金を提供している。そのジョー・ローはトランプに働きかけるため、共和党全国委員会の資金調達係エリオット・ブロイディにひそかに金を渡していた。[77]

だが、フィルタッシュ・モデルをもっとも見事に体現したオリガルヒがいるとすれば、やはりコロモイスキーに尽きるだろう。コロモイスキーこそ、アメリカのクレプトクラシーの仕組《ループ》みを事実上整え、誰が見てもこれ以上はないという作戦にまで仕上げていた。

クレプトクラシーの世界的な中心地になったアメリカ

二〇一九年前半、ウクライナに戻ったコロモイスキーは、新大統領ゼレンスキーから譲歩を引き出すという目算がはかなく消えていく様子を目にしていた。じわじわと追い詰められていくのを本人は感じていたはずだ。クリーブランド、イリノイ、ケンタッキーなど、FBIはこの時点でコロモイスキーが不正に得た金をアメリカ国内のどこに隠しているのかすでに把握しており、そうしているあいだもアメリカをはじめとする国で起こされた訴訟は増える一方だった。こんな状況に必死に応じていたが、それでどうにかなる見込みはほとんどなかった。

コロモイスキーはフィルタッシュを知っており、彼の対応に目を凝らしていた。自分と同じようにアメリカ当局の捜査対象のオリガルヒが、トランプに関係する二人の弁護士を雇い入れ、彼らにアメリカの司法長官との異例の交渉を行わせ、トランプの側近に数百万ドルの金を渡す様子を見ていた。明らかに捏造されたとわかるバイデンの醜聞が前触れもなく現れ、ホワイトハウス周辺から広がっていく。こうした作戦の中心にフィルタッシュがおり、まるで嘘と金でできた網に鎮座しているクモのような存在だった。(78) 私たちと同じように、コロモイスキーも「フィルタッシュ・モデル」の展開をリアルタイムで目撃し、自分の目的を果たすためにこの作戦を利用できるのではないかと考えていた。

二〇一九年十一月、手始めとしてコロモイスキーは、トランプの弁護士の一人として長年仕えてきたマーク・カソウィッツを雇い入れた。カソウィッツは攻撃的な弁護士で、特別検査官のロバート・モラーの調査の期間中、トランプのチームの一員として働いていた[79]。二人目のアメリカ人弁護士として雇ったのがバド・カミンズで、以前からバイデンの醜聞に関するトランプ側の主張を後押ししていた[80]。さらにウクライナ人のアンドリイ・テリシェンコを雇い、フィルタッシュの弁護士といっしょに反バイデンのデマを右派のプロパガンダ組織に流したといわれている[81]。

コロモイスキーは、トランプ政権とその擁護者たちが嬉々として広めた陰謀論の渦中にみずから飛び込んでいった。十二月、ジュリアーニはバイデンの醜聞に関するさらなる情報を求めてウクライナを訪れ、コスティアンティン・クリークという名前の無骨な元ウクライナ政府関係者と会っている[82]。クリークはコロモイスキーの意向を受け、オリガルヒの〝秘密兵器〟としてたまたま働いていた人物である[83]。クリークはジュリアーニに対し、バイデンに関する〝致命的な〟情報があると話していた。ジュリアーニはさらに、オレクサンドル・ドゥビンスキーとも面談を行っている。ウクライナのジャーナリストの話によると、ドゥビンスキーはコロモイスキーの息のかかったグループを率いる腐敗官僚の一人だという[84]。

二〇一九年後半、コロモイスキーはアメリカの大統領が欲しがっている政敵の〝醜聞〟を自分は握

訳註＊『ウルフ・オブ・ウォールストリート』：二〇一三年公開のアメリカ映画。最後には収監される株式仲買人ジョーダン・ベルフォートの実話をもとに、ウォール街の金と人間模様を描いたコメディ映画。マーティン・スコセッシ監督、レオナルド・ディカプリオ主演。

っており、どのような形であれ、喜んでお伝えしたいという話を広めていた。ニュースメディア「ポリティコ」によると、コロモイスキーは、父親のジョー・バイデンと息子のハンター・バイデンの両者をめぐり、「バイデン家の命取りになる情報があると口にしていた」[85]という。コロモイスキーの動きに詳しい弁護士の話では、とっておきの情報をつかんでいると約束することで、コロモイスキーは「(バイデン家の醜聞に関する)話に自分を関連づけ、トランプに取り入ろう」としていた。そうは言いながらも、その口ぶりは慎重で、バイデンに関する話は世界に向けて話すものではなく、大統領本人とその側近に限っていた。「バイデンの件についてはもってまわった言い方で、わざとらしかった」ともいわれる。その一方で、コロモイスキーは明らかに「トランプとジュリアーニの友人になろうとしていた」[86]と語る西側の外交官もいる。

フィルタッシュ同様、コロモイスキーにもそうした兆候ははっきりうかがえた。キーウを拠点に活動している政治アナリストのボロドミール・フェセンコは、「トーキング・ポイント・メモ」(TPM)の取材に答え、「コロモイスキーは、フィルタッシュと同じことを試みようとしている」と語っていた。コロモイスキーは「フィルタッシュ・モデル」を試し、政権は喜んでその話に応じようとしていた。彼の要求はただひとつ、自分に対する訴訟や調査をすべて打ちきらせることだった。アメリカとウクライナ双方で捜査が打ちきられれば、以前と同じように好きなように金を奪って私腹が肥やせる。「その国でもっとも重要な人物と懇意になれば、抱えている問題はことごとく解決すると彼は考えていたようである」[87]とフェセンコは話を続けていた。ましてトランプのような大統領なら、オリガルヒにとってこれほどの人間はいなかった。

二〇二〇年、アメリカの腐敗防止活動は崩壊し、この国はクレプトクラシーの世界的な中心地に様変わりしていたが、コロモイスキーの出現でアメリカのクレプトクラシーは文字どおり頂点に達した。資金洗浄規制法の抜け穴を何年も悪用し、コロモイスキーはこの国の不動産に莫大な金を注ぎ込んできたといわれるが、投資の目的は不正に得た巨額の資産をどうしても隠したいという思いに駆られてのものだった。

そして、当局が彼のネットワークの解明に乗り出したとき、コロモイスキーはアメリカの大統領にすがり、自分に向けられた嫌疑をかわして捜査を中止させようとたくらんだ。その見返りに差し出すと約束したのは、大統領の政敵に関する事実無根の醜聞だった。コロモイスキーを通じて、トランプ時代のクレプトクラシーと他国政府に対する干渉がひとつに合体していた。

だが、コロモイスキーはタイミングを見誤っていた。彼がこのモデルを使いはじめたころ、すでに多くの者が同じ戦略に従ってクレプトクラットを探していた。自分のために「フィルタッシュ・モデル」を活用するには時機を逸していた。さらにトランプがいかに反腐敗政策をないがしろにしようと、アメリカは民主主義国家として機能しており、政権に対して、議会や政府機関がプレッシャーをかけつづけた。ジュリアーニと彼の取り巻きが大統領にかわって何をしているのか、多くの者が目を光らせていた。フィルタッシュがそうであったように、コロモイスキーの工作もアメリカの民主主義によって最終的には破綻し、未完のまま終わることになった。

しかし、フィルタッシュ同様、コロモイスキーのたくらみもあやうく成功するところだった。もしそのたくらみが成功していたなら、コロモイスキーはアメリカの金融機関の匿名性を利用して、さらに巨額のマネーロンダリングを進め、洗浄した金を使ってアメリカの大統領を説得していただろう。アメリカ捜査は打ちきられ、訴えは取りさげられ、マネーロンダリングが永遠に繰り返されていく。アメリカのクレプトクラットの輪がついに完成していたかもしれなかった。そうなれば、汚れた金の洗浄先を長年にわたってアメリカに求めてきたオリガルヒたちが、最後には勝利していたかもしれなかった。

第17章

アメリカン・クレプトクラシー

「いまとなっては
二種類の人間しかいなくなってしまった。
反逆者と愛国者である。
私はこれ以降、
後者に属する人間でありつづけたい」
ユリシーズ・S・グラント(1)

制裁を受けるコロモイスキー

中傷キャンペーンや自国の外交官に対する暴力的な脅迫、さらに国家権力の私的利用まで、二〇一九年に行われたトランプの最初の弾劾訴追では、多くの事実が明るみに出された。その結果、二〇二〇年の大統領選でトランプの敗北は避けられないものとなった。そればかりか、史上二度にわたって弾劾訴追された最初の大統領という汚名まで残していた。そして、なんとかしてアメリカに引き渡されるのを阻もうとしていたドミトリー・フィルタッシュも、いよいよその現実に直面することになった。(2)

「フィルタッシュ・モデル」に倣い、秘密裏に手を打ってきたコロモイスキーだったが、彼もまた望みを果たせなくなった。フィルタッシュの努力が無駄に終わると、弾劾調査はさらに勢いづき、同じ手段を講じていたほかのオリガルヒの手に負えるものではなくなっていた。二〇二〇年半ば、ワシントンの住民は、誰もがトランプの関係者に接近する国外のオリガルヒの動きに目を光らせるようになり、大統領に取り入ろうとするコロモイスキーの思惑も結局立ち消える。しかも、事はコロモイスキーにとって最悪のタイミングで起きていた。二〇二〇年八月、アメリカの当局がいよいよ本格的な捜査に乗り出したからだ。国内にある彼の資産について調査を開始し、当局はすでにコロモイスキーとオプティマグループがアメリカで保有する多数の資産を押収できるだけの情報を入手していた[3]。

FBIの職員がクリーブランドにあるオプティマのオフィスを急襲して家宅捜索している映像が残っている。こうした急襲は敵対する相手に、コロモイスキーがウクライナでよく使っていた戦術だったが、今度は彼自身が急襲を受ける側にいた[4]。コロモイスキーに対する司法省の訴状には、コロモイスキー(とパートナーのゲンナジー・ボゴリューボフ)は、「一〇年以上にわたり、プリヴァトバンクを悪用して(略)、銀行の何十億ドルもの資産を横領してきた[5]」と書かれていた。ウクライナの捜査官を支援するため、司法省の担当者らはコロモイスキーが行っていた「詐欺と窃盗」の規模は、「銀行を救済するために(ウクライナ国立銀行が)五五億ドルを拠出しなければならなかったほどである。そうしなければ、国の経済そのものが破綻する危機を回避できなかった[6]」と書き加えていた。

訴状には、コロモイスキーはもちろん、手下のコルフとショチェットの活動もすべて詳述されていた。彼らは「多額の資金を惜しみなく使い、オハイオ州の商業用不動産、ケンタッキー州、ウェストバージニア州、ミシガン州の製鉄所、イリノイ州の携帯電話製造工場、そしてテキサス州の商業用不動産など500万平方フィート(46万平方メートル)を超える物件を購入していた[7]」。さらにウクライナの捜査官の主張やヴァレーリヤ・ホンタレヴァ（殺害予告や放火、ひき逃げなどに直面したウクライナの国立銀行総裁）がすでに知っていた事実が、司法省の承認を得て明確に記されていた。司法省の規制機関「クレプトクラシーからの資産回収戦略」（ＫＡＲＩ）も味方していた。アメリカのラストベルトを自分の資金洗浄の舞台に変えたとされる男に狙いを定めて、ＫＡＲＩは設立一〇周年を祝うことができた。(8)

トランプ政権が末期を迎えたころ、コロモイスキーは寄る辺なくさまよっていた。トランプにいたる道はすでに閉ざされ、アメリカ国内の資産は突然凍結、ネットワークの存在も暴露された。プリヴァトバンクの支配権を取り戻すことは、ウクライナの法律によって禁じられた。周囲を見渡したコロモイスキーは、以前にも増して孤独だった。ウクライナとアメリカの捜査に取り囲まれて四面楚歌に陥ったコロモイスキーは、ウクライナの巨人ではなく、その失敗から何かを学びうる哀れな存在と化していた。

二〇二一年前半、アメリカ政府はついに鉄槌を下し、コロモイスキーと彼の家族に直接制裁を加えることを公式声明で明らかにした。国務長官のアントニー・ブリンケンは、今回の制裁はコロモイスキーが「重大な汚職に関与した」ことに起因しており、彼が「ウクライナの民主化のプロセスを弱体化させる継続的な取り組み」を主導し、「重大な汚職に関与していた」と述べた。(9)この声明を知らない人向けに、在キーウのアメリカ大使館はツイッターを発信した。添付されたコロモイスキーの写真には、巨大な赤いスタンプが押してあり、そこには大文字で「重大な汚職に関与したため(10)」と記されていた。

匿名のペーパーカンパニーの設立を禁止

アメリカがコロモイスキーに制裁を加えたのは、きわめてわかりやすい理由からだった。この声明の数カ月前、アメリカでは新たな政権が誕生し、新大統領はアメリカの指導力と安定の回復、さらに汚職防止と反クレプトクラシーを、この国の新たな一章の中心に据えることを誓っていた。とはいえ本書は、新大統領ジョー・バイデンを賞讃するものでもなければ、バイデンのこれまでの政治活動を擁護するつもりもない（デラウェア州選出の上院議員として何年も活動してきた点を踏まえれば、そのような擁護はできないだろう[11]）。そうではなく、予想外ではあったが、バイデンの大統領就任は、これまで以上に広範な反汚職・反クレプトクラシーの改革を行う大統領の存在を示していた。アメリカの新世代の政策立案者のあいだでは、この国のクレプトクラシーと国家安全保障、選挙の正統性、さらに権威主義の世界的な潮流が決して無関係ではなく、たがいに結びついているという認識が高まっている。

二〇二〇年大統領選に勝利したバイデンは、ただちに腐敗防止を新政権の主要政策として掲げた。就任した年の春に寄稿した『フォーリン・アフェアーズ』の論文に詳しく書かれているように、バイデンは汚職問題を自身の政権の重要課題として明確に打ち出し、「汚職との戦いを国家安全保障の中核的利益として確立させることが、大統領としての一貫した政策方針」だと述べていた[12]。この目的を果たすため、不正なタックスヘイブンに狙いを定め、盗まれた資産や洗浄された資産を追跡する取り組みを拡大していくと発表、その一環として「連邦倫理委員会」という連邦機関の設置を明らかにした。倫理委員会に対しては、腐敗防止法の「活発で統一された執行」を保証されているだけでなく、召喚状を発行（および執行）し、「犯罪捜査のために案件を司法省に照会する」権限が授けられていた。[13]
さらに国際的な問題として、「武器化された腐敗」についてバイデンは取り上げ、この問題はNATO（北大西洋条約機構）加盟国が重点的に取り組まなければならない「非伝統的脅威」だと訴えた。「武器化された腐敗」とは、国外において悪意ある活動を定着させ、拡大し、強化させていく収奪政治の存在を許すような腐敗を意味している。[14] また、二〇二一年前半には、「眼前に立ちはだかる腐敗について、われわれはとくに狙いを定めなければならない。その腐敗は民主主義を内側から腐らせ、民主制を弱体化させようとしている権威主義国家によってますます武器として強化されつつある[15]」という声明を発表している。

この誓約は反腐敗・反クレプトクラシーの新たな取り組みに対して、国がもっとも重要な支援を行うことを意味していた。重要さの点ではかつてないものであり、少なくともカール・レビンが愛国者法に反資金洗浄の文言を盛り込んだとき以来だ。大統領の発言は影響を与えずにはおかなかった。トランプによって失われていたこの国の反腐敗・反クレプトクラシーに関するリーダーシップを取り戻そうという気運が盛り上がり、その声は日増しに高まっていった。二〇二一年初頭の時点で、この気運はアメリカの歴史において、それまでになかったほどの強さと高まりと勢いを見せた。バイデンの一連の発言で、そうした気運は頂点に達した。

二〇二一年一月一日、二〇二一会計年度［訳註＊二〇二〇年十月〜二一年九月］の国防予算の大枠を決める「国防権限法案」（NDAA）が可決された。例年の法案の通過はおおむね決まりきったもので、国防費の枠を強化し、さまざまな官僚に利益をもたらす事業に予算が振り分けられる。しかし、今回の法案には際立ったひとつの条項――それまでに成立した反クレプトクラシー関連法案のなかでももっとも重要な条項が書かれていた。匿名のペーパーカンパニーがついにこの国で禁止されたのである。トランプは当初、この法案に拒否権を発動していたが、それを乗り越えて可決された。ついに議会が、公的かつ永久的に匿名のペーパーカンパニーの設立を禁止したのである[16]。

匿名のペーパーカンパニーをめぐる国防権限法案は、メディアではあまり話題にならなかったが、この法案――禁止令――の重要性はどれだけ誇張しても、誇張しすぎることはないだろう。トランプの任期が切れる最後の数週間、ジャーナリストや専門家が暴動や弾劾など一連の騒動に注意を向けている一方で、議員は超党派の大きな後ろ盾を得て、アメリカン・クレプトクラシーという制度に黙々とハンマーを振り下ろしていた[17]。「この二〇年間でもっとも意味のある反マネーロンダリングに関する改革であることはまちがいないはずだ。そして、おそらくもっとも重要な腐敗防止改革でもある[18]」とクラーク・ガスコインは言う。ガスコインは、ＦＡＣＴ（金融の説明責任と企業の透明性）連合を率い、政治的な側面からも支持を得てこの取り組みを推進してきた。

もちろん、禁止令は一夜にして実現したわけではない。匿名のペーパーカンパニーを禁じるそれまでの取り組みは、デラウェア州やネバダ州、あるいは商工会議所やアメリカ法曹協会のロビー活動に火をつけ、暗礁に乗り上げてきた。アメリカを環流する汚れた金を隠すペーパーカンパニーの販売や使用をやめることで、いささかなりとも収入が減ると考える者もその点では変わりはなかった。もっとも、この法案も完全無欠ではない。会社を登記する者にはＬＬＣの実質的支配者を特定し、報告する義務が課されたが、所有者情報にアクセスできるのはアメリカの政府関係者に限られ、一般市民やジャーナリスト、活動家には許されていない[19]。

しかし、そのような欠点は今後の法案で修正していけるだろう。データベースにアクセスできなくても、この国ではもはや匿名のペーパーカンパニーが存在しえない現実は、事実上、国際的なマネーロンダリングを支える基盤目がけて、ワシントンから打ち上げられた一斉射撃にほかならないからだ。反クレプトクラシーに関して、約二〇年ぶりに注目すべき法案が可決された。そして、この国で根づいていたクレプトクラットのネットワークは、おそらく何十年かぶりで根底から覆されるほどの衝撃を受けることになった。

不動産業界の匿名性の廃止

ペーパーカンパニーの排除を伝えるニュースは、見逃したら後悔するようなニュースだった。そこに記された出来事は、エイブラハム・リンカーンが当選した一八六〇年大統領選以降、はじめて騒乱に満ちた権力の移行、およそ平和的とは言いがたい形で政権の交代が行われていたさなかに起きていたからだ。だが、トランプの権力奪取の失敗が、ペーパーカンパニーを規制する画期的な法律の成立に影を落としていた事実は、アメリカのクレプトクラシーに関連する産業の規模が想像以上に巨大である現実を物語っている。トランプのような、いかにも権威主義者になりそうな人物が大統領職を追われ、新しい法案が議会を通過したとしても、この国にはびこるクレプトクラシーの支配に終止符を打つ闘いは、単なる法案の通過、たった一人の大統領、あるいはその大統領を排除したぐらいでは終わらない。むしろそれは始まりにすぎないのだ。

しかし、反クレプトクラシーとの戦線を前に進めていくうえで、誰が見ても納得できる成果が容易に達成できる分野がいくつかあるのだ（たとえば、アメリカ国内に残るマネーロンダリングの抜け穴や銀行の秘密の仕組みを見極める利点だ。改革派には好きに選べる選択肢が用意されている)。私たちの目線は、何十年ものあいだ〝一時的〟な例外措置の恩恵にあずかってきた業界にどうしても向けられる。何兆ドルもの金がこれらの産業に流れ込み、その大半が匿名で、しかも多くが汚れた状態で流れ込み、これ以上ないほどきれいに洗浄されて去っていった。現在、これらの産業はアメリカのクレプトクラシーを支える柱として残っている。

こうした業界のなかでも、真っ先にあげられるのが不動産業界だ。アメリカで資金を洗浄しなくてはならないクレプトクラットたち――テオドリンやコロモイスキーをはじめ、本書で取り上げてきた者全員がどうやらこの業界を利用していた。「抜け穴としての不動産業界はきわめて巨大で、地平線そのものをすっぽり飲み込めるほどだ」と、調査報道に携わるトム・バージェスは著書のなかで述べている。愛国者法の〝一時的〟な抜け穴のせいで、町の地平線そのものが資金洗浄というコインランドリーに欠かせない舞台になっていた。舞台となった町にはクリーブランドのように、誰もが思ってもみなかった町も含まれていた。

しかし、この問題とどのように対処すればいいのか、私たちはすでにその解決法を学んだ。匿名性を取り上げればすむのだ。正体を隠した現金での購入、所有者不明のペーパーカンパニー、秘匿特権を盾にできるアメリカの弁護士を使った不動産購入をやめさせる。高層ビルやコンドミニアム、ありきたりな豪邸《マックマンション》や製鉄工場、疲弊した工場や町そのものなど、アメリカで何度も繰り返されてきた匿名の不動産買収によって、世界中のクレプトクラシーは勢いづけられてきた。アメリカの不動産業界は何十年にもわたって、匿名を求める者には匿名を、汚れた金を合法的な資産に変える方法を探している者にはその方法を提供してきたのだ。そうすることで不動産業界がますます私腹を肥やしてきたのが現実であり、低迷するアメリカのダウンタウンや地方のコミュニティーに壊滅的な影響を与えてきた。海外の国もその点では同じで、自国の財産や銀行の資産がアメリカの不動産を介して収奪され、洗浄されていく様子をただ見ているしかなかった。

ありがたいことにアメリカでは、トランプが大統領に就任する以前の時点で、ある試験的なプログラムがすでに始まっていた。それは不動産業界全体を覆う匿名性を打ちきる最適な方法を模索するプログラムだ。「取引報告義務命令」(GTO)として知られるプログラムで、二〇一六年にオバマ政権が導入を発表した。名義保険《タイトル・インシュアラー》を売る会社——名義変更で瑕疵《かし》が発生した場合、当該不動産の買い主に損害をカバーする保険を提供する会社——に対し、不動産売買にともなう実質的所有者を特定するように命じていたが、試験的なプログラムのため、実施はシアトル、ニューヨーク、マイアミ、ホノルルなどの一部の主要都市が対象とされていた。このプログラムもまた、匿名性に終止符を打つことはアメリカのクレプトクラシーを終わらせる手段で、クレプトクラシーの受益者で、推進者でもある不動産業界の役割に終わりをもたらす方法という考えに基づいていた。不動産業界は国境を越えた資金洗浄において、想像もつかないような規模でその役割を果たしてきた[20]。

驚くことに、理論の正しさが実証された。それまで匿名で行われていた不動産取引の背後にいた購入者の正体がさらけ出されたことで、所有者を隠していたベールが剝ぎ取られ、匿名性を求める汚れた金はほかの場所に逃げ出していった。二〇一八年に実施された調査では、対象地域におけるペーパーカンパニーによる不動産購入は劇的に減少し、マイアミのようなマネーロンダリングの上に成り立っていると誰もが考えている都市でもそれは変わりなかった。さらに際立っていたのは、関連する住宅価格が5パーセント近い幅で下落していた点である。豪邸を仲介する不動産業者の懐に入る金は少し減ったが、それはマイアミのような汚れた金が流れ込む地域において、資金洗浄の手段として住宅用不動産を購入することが事実上終わりを迎えたことを意味していた。しかも、一般の人たちにとっては、さらに手頃な価格で住宅が提供されるというボーナスまでついていた[21]。

以上のことから言えるのは、ペーパーカンパニーの匿名性の問題が片づいた現在、次の大きなドミノ倒しになるのは、不動産業界の匿名性にちがいないということである。その終焉が取引報告義務命令の全国的な適用でもたらされるのか、あるいは地平線さえ飲み込める規模の不動産取引でさえ〝一時的〟な例外とされている措置の廃止なのか、あるいは両者を組み合わせて用いるのかは、いずれにしろ立法者が決めることだ。

しかし、工場や製鉄所、タワービルについては正真正銘の実質的所有者を明らかにしなければならない。ウクライナで私的軍隊を保有する者であろうと、アフリカのオリガルヒであろうと、あるいは世界中にいるマフィアであろうともそれは変わらない(さらにアメリカ以外の国で成果が立証された解決策に目を向けてもいい。たとえばイギリスで導入された「不明財産に関する命令」(UWO)は、外国公務員に対して資産の出どころについての説明責任を課しており、説明できなければ資産の差し押さえに直面する[22])。いったん身元が明らかになれば、「空き室税」のような税の導入を本格的に検討してもいいだろう。空き室税は不動産をロンダリングの手段として所有する者に特化した課税で、カナダのブリティッシュ・コロンビア州のような地区ですでに導入され、うまく機能しているという[23]。

だが、そこで手をゆるめてはならないだろう。匿名性がクレプトクラットたちにとって非対称的な優位性なら、反クレプトクラシーの取り組みでは透明性こそ武器庫にある最強の兵器なのだ(たとえばフランスの経済学者ガブリエル・ズックマンが提案する「世界規模の資産台帳」も、同様のロジックを踏まえての主張だ[24]。ヘッジファンドやプライベート・エクイティ・ファンド、サウスダコタの永久信託、そして世界中のエスクローエージェントなどをはじめ、9・11以降の時代に透明性と資金洗浄防止の要件を逃れてきたすべての分野において、匿名性はもはや終焉の時代を迎えている。FBIや上院の調査官、ジャーナリストや活動家、国家安全保障や選挙制度の専門家など、私たちは皆これらの金融資産に関連する匿名性の廃止を何年にもわたって訴えてきた。そこはロシアのオリガルヒや腐敗した中国の収奪政治家、制裁を受けたイランの高官たちのお気に入りの遊び場だ。その遊び場ではアメリカのクレプトクラシーを前へ前へと進めるエンジンがフル回転で稼働を続けている。

ペーパーカンパニーに関する法律同様、信託やエスクロー口座、ヘッジファンドに何十億ドルもの資金を注ぎ込んでいる者の身元を一般に公表する必要はないだろう(少なくとも最初のうちは)。しかし、アメリカの法執行機関や民主的な他国の捜査当局に対してはアクセスできるようにしておくべきで、ウクライナのような国で民主化を目ざして必死に取り組んでいる捜査官に対してもそれは変わらない。彼らは国を震撼させた出資金詐欺を解明した。さらに、利害関係者にもアクセスできるようにしておくべきだ。意図しないままオリガルヒの汚れた金が混じり込んだ年金基金の積立金、腐敗した外国公務員が秘密裏に所有する製鉄所で働いて必死に生計を営んでいる労働者、近くの家並みは常に空き家にもかかわらず、購入時には相場の倍の価格で取引されていることに首を傾げる近所の人たちがいる。

アメリカ国内の美術品やオークション市場の関係者にも、以上のことはすべて当てはまる。この業界はニッチな市場で、しかも規模が小さすぎるので関心など向けられず、クレプトクラットの手は及んでいないと業界の人間は言い張るが、現実はと言えば、彼らの暗躍はますますさかんになる一方だ。その好例こそテオドリンであり、マイケル・ジャクソンの遺品で世界一のコレクターになれたのも匿名性のおかげだった。制裁を受けた二名のロシアのオリガルヒは、何百万ドルもの金をアメリカ国内に持ち込んで洗浄し、この国の制裁体制を骨抜きにしていた。そんな真似ができたのも美術品市場の匿名性のおかげだった。ほかにもどれほどの例があるかは神のみぞ知るだが、いずれも資金を隠すため、世界でもっとも規制がゆるいアメリカの市場を利用している。

ただ、透明性に関する要求事項の大半はすでに立法化されている点を踏まえると、これらを実際に適用するのは思うほど困難なわけではない。また、アメリカ政府がただちに使える手段は、愛国者法のような既存の法律だけというわけでもない。イラク戦争の真っ最中だった二〇〇四年、あまり注目されはしなかったが、アメリカ議会は財務省に対して、国際的な決済に関するデータベースを構築する権限を認めている。ただし、組織内の停滞と資源不足、さらに関連業界がこぞって反発したため、データベースの構築は実現しなかった。もちろん、だからといって、今後も実現できないというわけではない。

ジョシュア・キルシェンバウムとデービッド・マレイがジャーマン・マーシャル財団に寄稿した論文で触れていたように、「アメリカの銀行は一日当たり何兆ドルもの決済を行い、国際的な資金移動では全世界のおよそ半分の量を担っている」[25]。決済にハイライトを当て、詳細に記したデータベースで、規制にともなう銀行側の負担を軽減できるばかりか、クレプトクラットがアメリカの法域を越えて資金を移動させるのを阻止するうえでも役に立つはずだ。このようなデータベースはカナダやオーストラリアではすでに導入されている。さらに言うなら、「テクノロジーの進歩で国際的な決済が容易になり、費用対効果も高まる」[26]というおまけもついてくると、二人は論文で述べている。つまり、クレプトクラシーと闘いながら費用も節減できるのだ。

厳密に言うなら、これらを実現するうえで法律の制定が必要というわけではない。第16章で触れたように、疑わしい資金源から何百万ドルもの寄付金を吸い上げているアメリカの非営利団体には、寄付する側のあらゆる情報を公開する点に重きを置いた新しい指針と最善の対処法を必須としておけばいい。また依頼者との秘匿特権を隠れ蓑に、これまで泥棒政治家のために仕事ができたアメリカの弁護士には、新しい法曹倫理の規定を定めなくてはならない。ペーパーカンパニーや信託の設定、あるいは不動産や豪華ヨットの購入に手を貸す弁護士には、怪しげな取引の報告義務を課し、故意にクレプトクラットのネットワークにかかわっていた事実が判明した場合、重大な処罰を免れないようにする。これらについては、ただちに法制化をする必要はないだろう。もちろん、それでもなお彼らが改革を拒み、『フォーリン・ポリシー』の見出しに書かれていたように、「アメリカの弁護士が海外のクレプトクラットと無二の親友であり続けたい[27]」のであれば、彼らとしては議員に見直しを図るように要請するしかないだろう。

もちろん、匿名性の息の根を絶っても完全とは言えない。資産の凍結はこれからも続けていかなければならず、むしろ拡大させていく必要があるだろう。ただ、資産凍結の効果には限りがあり、差し押さえてもそれはクレプトクラットが保有する資産のほんの数パーセントにすぎず、彼らのせいで苦しんだ人たちに資産が返還されることもない。さらに法律や新しい規制は実際に用いられてはじめて効力を発揮するので、規制機関の資金や人員が不足していれば、透明性向上のために制定された法律もただの紙切れにすぎない。

それをまざまざと見せつけたのが二〇二〇年のいわゆる「フィンセン文書」の公開で、何兆ドルもの銀行取引が詳細に記された財務省の文書が大量に流出した一件である[28]。このリークをきっかけに、クレプトクラシーに対するアメリカの基本的な取り組みの有効性について新たな疑問が持ち上がった。不審な取引の対処に追われ、財務省の金融犯罪取締ネットワーク部局(FinCEN)がいかに圧倒されているかの現実が明らかにされた[29]。銀行部門に対する政府の厳しい防止要件に応じる際、多くの銀行が形式的な手続きしか踏んでいなかった。銀行によっては、資金洗浄が疑われる取引が発生して数年が経過しているにもかかわらず、要求されている書類の提出さえしていなかったところもあった。この間、ペーパーカンパニーが開設した口座の背後にいる人物を特定するなどの規制がますます強化されていた[30]。

このような停滞を招いた理由ははっきりしている。FinCENは一九九〇年に設立され、銀行のマネーロンダリング防止機構の大半を監督してきたが、深刻な人員不足の問題を抱えたまま、予算とスタッフをなんとかかき集めてきた。金融機関が提出する「疑わしい取引報告」(SAR)の割合は一〇年間で倍増しており、少なくとも疑わしい顧客については進んで警告しようという銀行員は増加しているようだが、一方、FinCENの職員はおよそ10パーセントも減少し、違反行為を取り締まるどころか、組織を維持するのもやっとの状況にある。「フィンセン文書」に詳しいある関係者が言うように、「疑わしい取引報告については、対処されることはおろか、大半は読まれることさえない」のも不思議ではない[31]。

このような人員不足はFinCENに限った話ではない。内国歳入庁(IRS)も同様の問題に直面して事実上組織は破綻し、その結果、アメリカの税収は先細りして、富裕層は富裕層で税務署職員の突然の訪問に脅えることなく、何十億ドルもの資産をため込むことができるようになった[32]。近年、IRSの総予算は20パーセント(インフレ調整後)も減っただけでなく、二〇二〇年代初頭の時点で、監査人の数は一九五〇年代以降、最低の人員を記録している。[33]アメリカ人であるなしにかかわらず、ホワイトカラー犯罪に手を染める者が政府の報復を恐れていないのも当然なのかもしれない。

　したがって、反クレプトクラシー対策を改革するには増員が不可欠だが、これはアメリカ政府にとっては比較的すみやかに取り組める改善策でもある。さらなる対策については、外国人による未登録のロビー活動に対し、近年、司法省がどのように応じているのかを見ればなんらかの気づきが得られるので、政府関連機関は確認しておかなければならない。司法省が管轄している外国代理人登録法（ＦＡＲＡ）は、何十年ものあいだホコリをかぶってきた。ナチスのロビイストを摘発するため一九三八年に制定された法律で、「現代パブリック・リレーションズの父」と呼ばれるアイビー・リーが、ヒトラー政権のために秘密裏に活動していたことがきっかけで成立した。[34]外国政府のためにロビー活動を行う者やエージェントに対して、外国政府との関係や財政に関する情報開示が義務づけられた。その後、数件の有罪判決は下されたものの、八〇年以上にもわたって適用されたことはなく、ほとんど忘れ去られた法律だった。〝死語〟とは言わないまでも、それに近い状態だった。[35]

　二〇一六年大統領選が始まったとき、さまざまな外国勢力がトランプ陣営に取り入り、ロシアとウクライナ両国の問題ある人物たちも、トランプの息のかかった大勢のアメリカ人と関係を持つようになった。そうしたアメリカ人のなかには、辞任に追い込まれた元国家安全保障問題担当補佐官のマイケル・フリンや、トランプの元選対本部長代理のリック・ゲイツ、さらには外国政府のロビー活動を象徴するポール・マナフォートのような人物がいた。[36]この年、マナフォートが国外でどんな仕事をやっていたのか、活動内容の詳細が漏れてきたのをきっかけに、ＦＡＲＡには新たな息吹が吹き込まれ、司法省は制定時を上回る勢いでこの法律を活用する。人手と予算を一気に投入してロビー活動の登録義務を強化し、国外勢力のために働くロビイストに対し、資金源の正体を明らかにするよう迫った。

登録数はたちまち急増し、司法省の新チームは法令遵守を強化することで、国外勢力がどのような陰謀を抱いてこの国でロビー活動を行っているのか、前例のない規模で知ることができるようになった。[37] なんとも皮肉な話だが、トランプとマナフォートのおかげでFARAに予算が振り向けられ、施行以来かつてないほど強大な執行力が授けられた。アイビー・リーとナチスが共謀し、無防備なアメリカ人にひそかに揺さぶりをかけていた事件からすでに何十年も経過していたが、FARAはついに期待に応えることができた。その結果、トランプを支持する何人もの人間が投獄され、それまで彼らが海外で何をしていたのか明らかにされた。[38]

第二の金ぴか時代から革新主義時代へ

匿名性の廃止、さらなる情報公開の要求、法の執行機関や規制機関の人員増強は、取り組みとしてはむしろ一貫性のない、それぞれ別個の問題でもある。しかしこれらは、より広範な活動を支えるラインナップとなりえるもので、そうでなくてはならないものばかりだ。クレプトクラシーと闘うときの武器のひとつであり、政府の対策の一部でもある。[39]

いずれも大変な目標だが、それもわからなくはない。実際にやっかいな目標だからだ。しかし、アメリカのクレプトクラシーの心臓に杭を打ち込めという呼びかけには歴史的な先例がある。トランプ政権末期の政治状況にきわめてよく似た、十九世紀末の「金ぴか時代」だ。富の不平等がはびこり、独占企業が大手を振るい、賄賂や見返り、腐敗が風土病のように蔓延していた時代で、まるで今日の発展途上国を思わせるような状況にアメリカは置かれていた。金ぴか時代の絶頂期、この国の資本主義の非人間性と悪徳は容赦なく剝き出しにされていた。トランプの時代、アメリカの政治システムと現代資本主義がいかに粗野で邪悪であるかをあますところなく見せつけていた状況によく似ている。

しかし、絶頂期からわずか数年で、金ぴか時代の荒廃とそれにともなう腐敗はほぼ手なずけられた。もちろん完全にではない。腐敗が本当の意味で根絶されることはないからだ。しかし、改革は予想もしなかったほど広い範囲に及び、目をみはるほどだった。一九一〇年代、利権政治や贈賄、見返りを要求する公務員に対する取り組みが国中で展開された。そして、腐敗というアメリカの風土病を解消する過程で明らかになった多面的なアプローチは、現在、第二の金ぴか時代に直面している私たちにも役に立つはずだ。[40]

十九世紀末から二十世紀初頭にかけて行われた改革は、一夜にして実現したわけではない。何年もの時間をかけ、さらに監視の強化や大々的な調査、また政府による規制強化や不正のシンボルとも言うべき著名人を起訴するなど、さまざまな対策の相乗効果でなし遂げられた。公務員制度改革では、職員の採用に際して実力を優先したことで連邦レベルの腐敗のネットワークを阻止するのに役立った。連邦検察官が贈収賄を起訴したことで、ある学者が「刑事執行の新たなる時代[41]」と呼ぶものが生み出され、透明性を向上させるそれまでにない取り組みが全米規模で始まる。汚職防止の立法化、選挙資金の透明性の向上、ロビー活動の透明性を高める改革、規制を監督する機関を強化する対策などが相まって、アメリカは金ぴか時代の泥沼から抜け出し、さらに透明でより公平な新時代へと踏み出していった。現在、私たちが「革新主義時代〔訳註＊〕」と呼ぶ時代がそれだ。

それから約一世紀を経た二〇一〇年代末、新たな「革新主義時代」を求める声が聞かれるようになり、やがてその声は看過できないほど高まった。アメリカではバーニー・サンダース上院議員や議会指導者の大統領選出馬をきっかけにこうした声に火がつき、左派の活性として顕在化していく。サンダースは予備選で敗北したものの、富の増大と所得格差に重点を置いた彼の公約が政策に残した足跡はその後も消えなかった。公約はアメリカの政治的言説に取り込まれ、もはやそれらの言葉抜きでは政治を語ることはできない。たとえば、大金持ちの莫大な財産に狙いを定めた「富裕税」は、第二次世界大戦後のアメリカが自負していた累進課税への回帰のような政策だ。現在でも累進課税は存在するが、規制緩和とともに事実上骨抜きにされた。そのかわり提出された法案は、少数の特定の者だけの利益を重視し、民主主義を大きく毀損するようなものばかりだった。

二〇一七年、サンダースは、「世界中で民衆を扇動する政治家が現れてきた。いったん権力の座を手に入れてしまえば、その地位を利用して、彼らは国家から資源を奪っていく[42]」と述べた。さらにその一年後、われわれは、「民主主義を求める闘いとは、クレプトクラシーと腐敗に対する闘争と密接に結びついている事実を理解しなくてはならない[43]」と語っている。少なくともサンダースは、クレプトクラシーと暴走する無規制の資本主義との関係について、かつてないほどはっきり言明していた。その点では同じ民主党の上院議員エリザベス・ウォーレンのような政治家も同じである[44]。

要するにクレプトクラシーは、さまざまな点から理解することができるのだ。剝き出しの資本主義と考えることができれば、最悪の資本主義とも見なせる。透明性や情報公開の要件に縛られていないシステムであり、金さえあればどんな扉でも開けられ、歯止めがきかないシステムでもある。あるいは、残忍な支配階級が存在する制度とも言えるだろう。すでに見てきたように、ロシアやカザフスタン、中国やベネズエラ、赤道ギニアや革命前のウクライナでは、支配階級が国家権力を手中に収め、権力にともなうあらゆる富を収奪することで、支配が未来永劫続くように努め、その途上、民主化へのあらゆる取り組みの息の根を絶とうとしてきた。

見方を変えれば、資本主義とはこうした支配階級が、必要とあればいつでもアメリカに頼れる制度でもあると言えるだろう。彼らはアメリカが提供する金融の秘密保持を利用して、略奪した富を安全かつ確実に手元に置いておくことができる。そして、トランプの例からうかがえるように、おそらく自分たちの必要をホワイトハウスに直接伝えられる人間を探し出すため、この国を利用しているのかもしれない。

飽くなき強欲を基盤とするクレプトクラシー

しかし、私たちが改めて「革新主義時代」を生み出し、クレプトクラシーがもたらした荒廃を乗り越えていくつもりなら、心にとめておかなければならない歴史的な教訓がひとつある。それほど古い話ではない。ごく最近の出来事に基づいている教訓だ。カール・レビンと彼のスタッフが9・11後の改革法案の必要を世に説いていたころ、その時点で法案の準備がすでに万全に用意されていなければ、法案を通過させることはできなかったかもしれない。つまり、汚れた金からアメリカの金融制度を遮

訳註＊革新主義時代：一八九〇年代から第一次世界大戦までの期間、アメリカで展開された改革運動。自由放任経済で生じた貧富の差の増大や労働問題、独占などの問題に対し、政治の革新と経済への政府干渉の必要を説き、反トラスト法の強化や累進課税の実施、婦人参政権の実現、労働条件の改善などの立法措置によって穏健に改革しようとした。

断するには、その時点で十分に練られた法案が策定されていなければ、9・11をきっかけにわずかに開けられた制度改正への好機の窓は閉じられ、成果など残せなかったかもしれなかった。

泥棒政治を庇護するアメリカのクレプトクラシーをそもそも生み出したのはこの国の銀行で、もし議員たちが法案を準備していなければ、銀行はいまだに望みの顧客を相手に、何十億ドルという汚れた金を好きなだけ扱っていただろう。だが、レビンとスタッフが法案を用意していたことで、アメリカはこの国の銀行部門をどのように浄化できるかを明らかにし、他国に手本を示すことができた。すべてはレビンのような議員が準備していたおかげだった。レビンは二〇一五年に政界を引退したが、ワシントンではクレプトクラシーに対抗する新たな活動家たちが現れ、自発的な市民団体や議員と協力して法案の準備を進めている。その目的は金融の秘密保持を掲げる業界と渡り合い、反腐敗活動のリーダーとしてのアメリカの地位を回復することにある。

民間部門の組織には、前出の「トランスペアレンシー・インターナショナル」(TI)やFACT(金融の説明責任と企業の透明性)連合、ネイト・シブレイのような新しい考えの持ち主に率いられたハドソン研究所の「クレプトクラシー・イニシアティブ」(私も非常勤の研究員として所属している)などの団体が、クレプトクラシーに関する問題をくまなく照合して包括的に整理し、議員や専門家への提言をまとめている。さらに、国際調査報道ジャーナリスト連合(ICIJ)、組織犯罪・腐敗報道プロジェクト(OCCRP)に所属するジャーナリストたちなどの協力を得て、これらの民間組織は現在のクレプトクラシーに関する私たちの理解を深め、それに対抗するための方法について全面的な支援を行ってきた。

また、非公式的ながら、アメリカ議会ではヘルシンキ委員会がクレプトクラシーの問題について顧問の役割を果たしている。ヘルシンキ委員会は人権と民主主義に焦点を当てた超党派の独立した連邦委員会で、政策アナリストのポール・マッサーロに率いられている。マッサーロ自身が民主主義の擁護者として底なしのエネルギーを秘めており、そのマッサーロのもとで、委員会はこの国の反クレプトクラシー体制を修復する新たな法案を次々と提出している。ロードアイランド州選出の上院議員シェルドン・ホワイトハウスと並び、マッサーロもレビンから反腐敗のバトンを受け取った一人で、ハドソン研究所のネイト・シブレイのほか、ベン・ジューダ、エリス・ビーン、ジョシュ・ルドルフ、アビゲイル・ベローズ、クラーク・ガスコイン、ジョディ・ヴィットーリなどといった反腐敗運動ではその名を知られた人物たちとともに、アメリカにおける反クレプトクラシーの新たな対策の先触れ役を果たしてきた。そうすることで、党派の垣根を越えて共和党と民主党を結びつけ、さらにいずれの党においても一人でも多くの賛同者を得るために政策提案を行っている。

実際、超党派で構成される新しいクレプトクラシー対策が、改革を望む最大の理由だったのかもしれない。たとえば、匿名のペーパーカンパニーを禁止する法案に対し、共和党のトム・コットン上院議員のような保守派から、ロバート・メネンデス上院議員のような民主党の重鎮まで、リベラルと保守を問わず多数の議員がこの法案の共同提案者となり、政党の垣根を越えて法案を支持した[45]。もっとも、超党派の支持はかならずしも驚くべきことではないのかもしれない。レビンが上院の常設調査小委員会(PSI)で資金洗浄の規制を進めていたときも超党派の支持を得ていたからだ。議員たちは政治勢力の違いを超え、有権者たちが苦しむ様子をすでに見ていた。資金の洗浄を求めて、海外から忍び寄ってきたネットワークの触手はアメリカの地域社会に及び、地元の産業にひそかに紛れ込んでいた。それればかりか、この国の国家安全保障をはじめ、選挙制度まであらゆるものが覆され、根こそぎにされていたのだ。

このようなクレプトクラシー対策は超党派で行うことができるものであり、またそのようにして取り組むべきだろう。なぜなら、この取り組みでは前向きで透明性の高い法律が求められる一方、前述してきた政策を通じて、世界を舞台にしたアメリカのリーダーシップが取り戻され、その結果、腐敗防止分野におけるアメリカの歴史的な指導力を回復することができるからである。

連邦海外腐敗行為防止法（FCPA）からレビンが進めてきた銀行規制まで、あるいは外国代理人登録法（FARA）の制定からスイスの銀行部門に開けた風穴まで、アメリカはあらゆる分野で積極的に取り組んできた。この国は何十年ものあいだ、腐敗防止に関するリーダーシップとしてその松明《たいまつ》を掲げつづけてきたのだ。トランプはその火を吹き消そうとしたが、炎は消えることなくいまも燃えつづけている。そして、世界中にはびこるオフショアリングや国際的なマネーロンダリング、オリガルヒの台頭と彼らによる富の独占など、それらの息の根を絶つ取り組みには、アメリカがリーダーシップを発揮しなくては、最後には失敗してしまうのは言うまでもない。

必要不可欠とされるこうした努力抜きには、世界の民主化を進める事業を実現するなどほぼ不可能に等しい。なぜなら現代の反米活動や反民主主義的政権、あるいは両者が結びついた世界各地の流れは、共産主義のような非合理的で偏狭なイデオロギーやファシズムのようなゆがんだ思想に根差していない。そうではなく、それらはいずれも貪欲を基盤としているのだ。権力と富の拡大に凝り固まった独裁政権によって生み出された、ひたすら貪りつづけて、飽くことを知らない純粋な欲望に根差している。すでに見てきたように、モスクワに根づいているのは泥棒政治家の強欲だ。モスクワではプーチンとその取り巻きが権力にしがみつき、民族主義者を装って何十億ドルもの金を吸い上げている。

同様の強欲にまみれている中国の姿を私たちは目にしてきた。共産党の党員であるはずの官僚とその家族によって、政権は底なしの欲望に駆られ、国民から富をひたすら収奪する存在になり果て、ウイグル人のような少数民族のジェノサイドを推し進めている。[46] ベネズエラ、イラン、北朝鮮もクレプトクラシーの強欲にまみれた政権だ。狭量な独裁政権に変貌したかつての民主主義国、あるいはすでに独裁政権が支配している国に見られるのは、やはりクレプトクラットたちの強欲なのである。

クレプトクラシーのこの強欲こそ、いまやアメリカと民主主義を掲げるアメリカの同盟国にとって最大の脅威なのだ。それは文字どおり欲望を貪って、飽くことを知らない。ジャーナリストのオリバー・バローが書いていたように、「二十一世紀のクレプトクラシーは、二十世紀を通して見られた全体主義や共産主義に匹敵する」[47]。たしかにそのとおりだが、ただひとつ異なるのは、国境を越えて押し寄せるこの脅威は、モスクワやベルリン、北京、ローマに端を発するものではなく、アメリカが次から次に提供するサービスに依存して維持されてきた点であり、そのサービスは昔ながらの伝統的なオフショアヘイブンが提供したサービスをはるかに凌駕している。そして、サービスを求める者に対しては、誰であろうとその王国に入れる鍵を提供する。たとえ、相手が自由民主主義の砦であるこの国の崩壊を望む者であろうがかまわない。

だからこそ、オフショアや金融の秘密保持、現代のクレプトクラシーにとどめを刺す戦いはここアメリカから始まる。デラウェア州やネバダ州、ワイオミング州、サウスダコタ州は流れ込んでくる汚い金にあらゆる門戸を開き、人目につかないように隠蔽するためにひと役買ってきた。そんなサービスを世界中の誰にでも提供してきたこれらの州から戦いは始まる。戦いの火蓋を切るのは、マッサーロやヘルシンキ委員会が策定した政策を支持する議員たちだ。

そして、公共の場においては、ヘッジファンドやプライベート・エクイティ・ファンド、不動産業界の利益のために働くロビイストを反撃することから戦いは始まる。これらの業界はいずれもアメリカの匿名性を貪ってきた。彼らが提供する資金洗浄のサービスを受けてきた泥棒政治家は、国を食いものにし、自国の人びとを不幸に陥れ、環境を破壊するばかりか女性や子供さえ虐げている。つまり、民主主義そのものを脅かしているのだ。

かつて〝オフショア〟と〝オンショア〟を分け隔てていた違いは、アメリカ国内にオフショアを築き上げた者たちによってことごとく消え失せ、金融の秘密保持に関して言うなら、この国は世界最大の避難地と化してしまった。その昔、〝沖合《オフショア》〟にあったはずのものが、いまやこの国の中心部に〝漂着〟している。私たちはそのオフショアに取り囲まれているが、それはあまりにも大きすぎて、多くの人たちの目には映らない。

それだけに本書が、私たちを取り囲むクレプトクラシーの一端を明らかにする手助けになるのを願ってやまない。クレプトクラシーを終わらせられるのは、ここアメリカをおいてほかにはないからだ。そして、それは私たちに課せられた義務でもある。そうしなければ、自由民主主義は終焉を迎えるだけでなく、世界規模の新たな封建制を招くことになってしまうだろう。それは絶対的な服従を強いるある種の資本主義であり、しかももっとも醜悪で剝き出しの姿をしている。そこではあらゆる手段が目的によって正当化され、もっとも富める者を頂点とする新たな階層が、ほかの人びとから切り離されて君臨する。彼らの富はオフショアともオンショアともつかない世界に消え去り、必要に応じてありとあらゆるもののために使われるが、その一方で、透明性の確保や制度の改革、規制や監視を強化するためのあらゆる取り組みを阻もうとする。このような輪郭を帯びた世界は、アメリカだけではなく、多くのほかの国でもすでに見ることができる。

とはいえ、このような未来の到来を防ぐ時間はまだ残されている。その時間とは、延び延びにされてきた政策を実現し、反腐敗と反クレプトクラシーの分野でアメリカのリーダーシップを回復するまでの時間であり、匿名性のもとで繁栄する世界と資金洗浄に関連するあらゆる業界に透明性をもたらすために必要な時間だ。そして、私たちがアメリカのクレプトクラシーに終止符を打つまでに要する時間でもある。

アメリカの貴重な価値が、クレプトクラシーによってとどめを刺される前に取り組まなくてはならないだろう。

謝辞

金融の秘密保持やオフショアをテーマに本を書くのは、決して容易な作業ではなかった。新型コロナが蔓延していた時期だっただけになおさらである。本書は私が書いたものとはいえ、クレプトクラシーの問題にこれまで取り組んできた偉大な先人がいてはじめて書き上げることができた（もちろん、文責は私が負っている）。

まず、私たちが現代のクレプトクラシーと考えるものについて、明確な理解と一連の対応策を構築するためにキャリアを捧げてきた方々に感謝の意を表したい。それは上院議員だったカール・レビンに対しても同じだ。レビンはこの国のクレプトクラシー問題の創始者とも言える人物で、国境をまたにかけた犯罪と不正に関して、解明してきた事実をひとつひとつ私に教えてくれた［訳註＊二〇二一年七月二十九日、レビンは八十七歳で亡くなった］。さらに元上院調査官のジャック・ブルームにも礼を述べたい。ブルームはアメリカに巣食う泥棒政治家と金融界の悪党たちに一人で立ち向かってきた。レビンの主任調査官だったエリス・ビーンは、アメリカのクレプトクラシー対策にうかがえる断層線についてていねいに案内してくれた。おかげで、正しい道標に従い、私は正確にたどっていくことができた。

いま直面している問題、次に起こる問題に取り組むことに人生を捧げている人たちがいる。アメリカのヘルシンキ委員会のポール・マッサーロは、常に民主的な手続きを踏まえようと尽力し、超党派の取り組みで何が達成できるかを思い知らせてくれる。彼なら三十歳を迎えるまでにすばらしい業績をあげているはずだ。ネイト・シブレイもこの問題に人生を捧げてきた一人で、ハドソン研究所の「クレプトクラシー・イニシアティブ」をもっとも重要な組織に育て上げてきた（彼は野鳥に関する知識も豊富だ。国際的な腐敗事件と野鳥について、同時に語り合える相手はそういるものではない）。さらに「クレプトクラシー・イニシアティブ」を立ち上げたチャールズ・ダビッドソンの名前を忘れてはならないだろう。私がこの問題について取り組むそもそもの機会を授けてくれたのが彼だった。ベン・ジューダはクレプトクラシーの問題がはらむ危険性について、私の理解を見直す手助けをしてくれた。この問題がもたらす影響について、彼の洞察力はマクロとミクロの双方に及んでいる。海外腐敗行為捜査部隊のボビー・ラザフォードとロバート・マンサナレスは、テオドリン追跡について何時間もの時間を割いて話してくれた。おかげで彼らの捜査がどんなものだったか追体験することができた。

政策立案者、民間の活動家、地域の専門家の協力がなければ、やはり本書を書き上げることはできなかっただろう。クラーク・ガスコインとゲアリー・カルマンの二人、さらに一〇年以上に及ぶFACT（金融の説明責任と企業の透明性）連合の活動に関係してきた方々が果たした功績は大きい。二〇二一年初頭に決定された匿名のペーパーカンパニーの禁止は、アメリカの反クレプトクラシーの取り組みとしては、過去二〇年において最大の成果だった。

私の話にわざわざ耳を傾け、専門的な知識を授けてくれた方々がいる。財務省の元職員ジョシュア・キルシェンバウム、腐敗防止コンサルタントのリック・メシック、「オープン・スペース正義イニシアティブ」の法務官ケン・ハーウィッツ、上院調査小委員会の調査官ローラ・ストゥーバー、

「アトランティック・カウンシル」のアンダース・アスルンド、元財務省職員のアルマ・アンゴッティ、ハーバード経済開発公社の代表チャーリー・エルドレッジ、ウクライナの汚職防止活動家ダリア・カレニュク、ウクライナ国立銀行総裁（当時）ヴァレーリヤ・ホンタレヴァ、エリック・カール・ホンツ、グローバル・ファイナンシャル・インテグリティのラクシュミー・クマールなどの各氏をはじめ、アダム・ホフリ＝ヴィノグラドフ、ユーリ・ユリアノビッチ・シェフチュク、マーク・ヘイズらがいる。そのほかにも、あえて名前を伏すことを望んでいる人たちがたくさんいる。

テオドリン・オビアンの人道に反する犯罪と彼に協力してきた人間たちを暴くため、誰よりも多くの時間を費やしてきた不屈の精神の持ち主ツツ・アリカンテには格別の感謝の意を申し上げたい。絶え間ない彼の努力はもちろん、テオドリンについてマイケル・ジャクソンの遺品のコレクターとしてしか知らなかったアメリカのジャーナリストの目を開かせてくれた。また、この機会にメリッサ・アテン、クリストファー・ウォーカー、全米民主主義基金（NED）の関係者の皆さんにも感謝を申し上げたい。クレプトクラシーの問題に対して鋭い観察眼を向け、クレプトクラシーをどのように整理し、分類すべきか試みようとしているさまざまな意見を知ることができた。さらにジャーリストの視点に立った編集者たちにお礼を申し上げる。ジェイソン・リンキンス、キャメロン・アバディ、ジェニファー・ウィリアムズ、ジャド・レガム、キーレイ・クロー、エミリー・ハザード、ハリー・シーゲルらのおかげで、自分の考えや発見をさらに深めていくことができた。

本書はクレプトクラシーの世界を紹介したジャーナリストのこれまでの労作に多くのものを負っている。クレプトクラシーに関するオリバー・バローの分類は、この問題を世界に向けて発信するうえでお世話になった。また、ケン・シルバースタインの著作は、私も大学院生のころに読んで引用もしてきた。コロモイスキーのネットワークの追跡に関しては、「トーキング・ポイント・メモ」のジョシュ・コヴェンスキー、「ラジオ・フリー・ヨーロッパ」（RFE／RL）のトッド・プリンス、「バズフィード」のクリストファー・ミラーらにまさるジャーナリストはいないだろう。今度お会いするときにはぜひ一杯おごらせてもらいたい。ほかにも匿名の条件で、背景に関する話や意見について述べてくれた人が何人もいる。組織犯罪・腐敗報道プロジェクト（OCCRP）や国際調査報道ジャーナリスト連合（ICIJ）といったジャーナリスティックな組織の報道を読まれている読者には、これらの団体を変わらずに支援するようにお願いしたい。

国際的なマネーロンダリングやレピュテーション・ロンダリングの理解を図るために先頭に立つ学識経験者もいる。コロンビア大学のアレックス・クーリーもそうした一人で、彼の揺るぎない支援と助言、積極的にその機会を提供しようとする熱意のおかげで本書を書き上げることができた。また、「グローバル・インテグリティー・アンチ・コラプション・エビデンス」の仲間――ジョン・ヘザーショー、テナ・プレリクト、ジェイソン・シャーマン、リカルド・ソアレス・デ・オリベイラ、トム・メイン、デービッド・ルイスにもお礼を申し上げる。

本書の版元セントマーチンズ・プレスの関係者にもお礼を申し上げる。担当編集者のプロノイ・サルカーは、私がはじめて持ち込んだ企画の可能性を見抜いてくれた。「クレプトクラシー」という名称が示すように、容易に理解できるテーマではないにもかかわらずだ。そもそもサルカーが認めてくれなければ、本書『クレプトクラシー 資金洗浄の巨大な闇』は存在しなかった。そして、私の友人でもあるハンナ・オグレディにも礼を言いたい。彼女の配慮のおかげで首尾よく仕事を終えることができた。さらにアラン・ブラッドショー、ライアン・マステラー、ヘンリー・カウフマン、カラム・

プリュース、キャサリン・ハフ、サラ・ベス・ハーリング、ローラ・クラークなど、すばらしい方たちに最後まで面倒を見てもらった。私の代理人であるジョージズ・ボルヒャルトのサマンサ・シアは、担当者としてこれほど理想的な人物はいない。

繰り返すが、パンデミックのさなかでの執筆には大勢の人たちの協力がどうしても必要だった。いつもとは異なるこの年、私が平静を保って仕事が進められたのも友人たちのおかげだ。彼らにも格別の感謝の意を捧げたい。サム・ウッダード、ジャスティン・ヤング、ニック・ファリスらとは夜通しボードゲームに興じ、クレメント・ウドゥク、カイル・ホームズ、マット・ロウユーらとは愛と野球について語り合った。ライス大学時代の友人たちとはズームを使って話した。アトランティックシティで暮らしている大学時代の友人やブラウン・カレッジ時代の思い出を蘇らせてくれた友人もいた。ジリアン・アン・レイフィールド、タリア・ベナミー、ブレア・ダースト、エリック・ドクター（とベクター）、アクシャ・ダヤルらと過ごしたヒベルニア・カントリーパークの夕べ。ハイバーニアでの夜、エイミー・フェランとマックス・フェイル（とローナンとゾーイ）らとはビールをいっしょに飲んだ。ジェレミー・ブルンベルク、クリスタル・ヴィタリアーノ、マット・サーモンと夫人のマーギーらとは、ウォンバットについてあれこれ語り合った。

本書のオーディオ版のナレーションを担当してくれたジョー・ドワイアーにも心からの感謝を捧げたい。本書の朗読にもっともふさわしいその声と、シアトル・マリナーズに対する彼の揺るぎない信頼に対して。弟のノーウッド・ミシェルは、私の電話にはいつもかならず応じてくれた。兄のジョークがすべったときも、弟はいつも話を合わせてくれていた。親族のバブ・ジとアマ・ジ、ジャヤとジェイコブとアリも変わらずに支えてくれた。

本書は私が誰にもまして頼りにしてきた三名に捧げたい。一人目は私の父、ジュールズ・ミシェルである。私が何かをやろうとするとき、息子を鼓舞してその正しさを納得させてきたのが父だった。父の信条である「集中と実行」に倣い、私はどんな仕事でもやり遂げてきた。二人目は母のキャシー・ミシェルである。母の気力と辛辣なユーモア、そして愛情があれば、パンデミックがもたらすどのような困難も切り抜けていけるだろう。

そして三人目の人物として、パンデミックの日々を毎日欠かさずにそばで過ごしてくれる妻に本書を捧げたい。妻のバーシャ・シャルマは私よりも名前を知られており、現在『ティーン・ヴォーグ』の新編集長として活躍している。私にとっては永遠に高嶺の花でありつづけそうだ。汲めども尽きない泉のような愛情に恵まれている妻だが、常に人を正しい方向に導く畏敬に満ちた才能も備えている。そんな彼女だからどっしりと腰を落ち着け、「いいえ、動くのはあなたのほうよ」と言われても私は目をつぶるしかない（狭いアパートで私が彼女の邪魔になるときだけでなく）。私がこれからも永久に働きつづけるのは彼女の支援にむくいるためであり、彼女の愛にこたえるためだ。たとえそれが、彼女がお気に入りのコメディドラマを五回も繰り返し見ることであっても、その思いは変わらない。

シャルマ、君はやっぱり最高だ。

訳者あとがき

本書『クレプトクラシー 資金洗浄の巨大な闇』は、調査報道を手がけるアメリカのジャーナリストで、自身も反マネーロンダリング活動に携わるケイシー・ミシェルの *American Kleptocracy: How the U.S. Created the World's Greatest Money Laundering Scheme in History* を全訳したものである。原題を直訳すれば「アメリカン・クレプトクラシー――アメリカはいかにして史上最大のマネーロンダリングシステムを作り上げたのか」となる。原書は二〇二一年十一月、アメリカの大手出版社セント・マーチンズ・プレスから刊行された。

本書でも説明されているように、「クレプトクラシー」は「泥棒政治」という政治体制を意味する。少数の権力者や政治エリートが国民の資産を収奪したり、あるいは国富を横領したりすることで私腹を肥やし、みずからの権力の拡大と維持を図る。おそらく、多くの人がはじめて目にした言葉ではないだろうか。

「盗む」を意味する「クレプト」(klepto)という接頭辞をもつ言葉がそもそも珍しい。「クレプトクラシー」のほかには、「窃盗癖」を意味する「クレプトマニア」(kleptomania)、あるいは窃盗癖に著しい性愛の傾向がうかがえる「窃盗性愛」を意味する「クレプトフィリア」(kleptophilia)とその派生語ぐらいしかない。

「クレプトマニア」も「クレプトフィリア」も精神疾患として定義されており、盗みたいという衝動や欲求が抑えられないまま、何度も窃盗を重ねる病理のことをいう。盗みの対象はかならずしも当人が必要としているもの、あるいは高価なものとは限らない。犯罪の対価としては首をかしげるようなものも少なくない。目的は盗むという行為そのものにあり、盗みにともなう高揚感や解放感を得ることにある。そのような衝動や欲求をコントロールできないから病的なのだが、その伝で言えば、クレプトクラットも政治や経済情勢の基盤を揺るがし、国民の生活の質に著しい毀損をもたらす病理とも考えられるだろう。

◆◆

二〇一六年四月に公表された「パナマ文書」の衝撃はいまも記憶に生々しい。パナマの法律事務所モサック・フォンセカが一九七〇年代から手がけてきた租税回避に関する膨大な機密文書には、世界の企業や個人がタックスヘイブンを利用して税金を逃れ、マネーロンダリングを行っていた実態が記されていた。モサック・フォンセカがどのように資金の流れを隠していたのかは本書にも詳しいが、文書に記されていた名前には、企業や各国の要人・著名人だけではなく、犯罪者も含まれていた。大きな影響が世界に波及していき、アイスランドでは現役の首相が辞任に追い込まれ、イギリスでは増税を強いてきたキャメロン首相の求心力が弱まり、EU離脱を唱えるボリス・ジョンソンの台頭を招いた。中国関係では、習近平をはじめ、政治局常務委員七名《チャイナ・セブン》の親族の名前が明らかにされており、共産党政府によってただちに報道やネット検索に規制がかけられている。

とはいえ、たしかにパナマ文書は衝撃的ではあったが、世界の富裕層や企業が課税の軽減や租税回避を求めてタックスヘイブンを利用していた事実は、すでに何十年も前から報じられてきた話なので、それ自体は驚くようなものではなかった。啞然としたのは、文書のなかに世界五〇カ国以上、一四〇名を超える現職や元職の元首や首相の名前が列記されていた点だった。そのなかにはガーナ出身の第七代国連事務総長で、ノーベル平和賞を受賞しているコフィー・アナンの息子の名前もあった。権威主義国と民主主義国の別なく、想像する以上に大勢の政治家とその親族が国外のタックスヘイブンに関係していた。それが不正に得た金かどうかはともかく、法令上は規制の対象外にあったとしても、国民に納税を強いる政治家や官僚が、自国の課税を回避する行為に手を出すことはまぎれもなく利益相反の行為である。

もちろん、パナマだけがタックスヘイブンではない。租税回避地としてはバハマ、ケイマン諸島、英領バージン諸島も有名で、スイスや香港、シンガポールなどもオフショア金融センターとして機能している。これらの国のなかには、企業情報や個人情報の保護を理由に、他国の税務当局の干渉を拒否している国がある。そのような国を目ざして大量の金が流れ込み、富裕層は文字どおり、資産の〝避難港《ヘイブン》〟としての〝天国《ヘブン》〟を謳歌してきた。だが問題は、本国の調査が逃れられる点に目をつけ、麻薬や人身売買、武器取引などの犯罪行為で得た非合法な金、政治家や官僚が汚職行為で得た汚れた金を、自由に使えるきれいな金に変える洗浄装置として利用されてきた点だ。テロ組織でさえタックスヘイブンに資金を隠匿できた。マネーロンダリングの元凶として、これらのタックスヘイブンは以前から批難されてきた。

しかし、本書の著者ケイシー・ミシェルによると、近年、マネーロンダリングの地図は大きく塗り替えられたという。世界各国のタックスヘイブンやオフショア金融センターをしのぐ、巨大なマネーロンダリングの王国が、オフショアとオンショア双方の領域で姿を現してきたのだ。その王国こそ、世界の反マネーロンダリング政策を先導してきたアメリカにほかならない。本書『クレプトクラシー資金洗浄の巨大な闇』には、州政府が財政難に対処するために編み出してきた打開策を通じて、アメリカという国がいかに世界中から巨額の汚れた金を吸い込む闇の王国に変貌していったのか、その経緯をめぐる驚きの事実が描かれている。

二〇〇一年九月に同時多発テロが発生すると、直後からテロ組織の資金源を追ったアメリカ政府は、それらの資金がアメリカのマネーロンダリングと同じチャンネルを通じて流れ込んでいた事実に愕然とする。そして、この国らしくすばやく問題に向き合い、9・11から一カ月半後には資金洗浄規制法を取り込んだ愛国者法が制定される。その後、マネーロンダリングをめぐって、一進一退の攻防が繰り広げられるが、愛国者法制定から一五年後、アメリカをクレプトクラットが跋扈《ばっこ》する王国に変える人物が登場する。その人物こそ前大統領ドナルド・トランプだった。不動産王トランプは資金洗浄の前科を持つ相手に、総額一五億ドルを超える自身の物件を売っていた。トランプの在任中、アメリカはクレプトクラシーの国になったとメディアは声をあげるようになった。

アメリカで実際に繰り広げられていたマネーロンダリングの手口については、赤道ギニアの王子を自称するテオドリンことテオドロ・ンゲマ・オビアン・マングと、ウクライナのオリガルヒ(新興財閥)であるイーホル・コロモイスキーの二人の物語を軸に詳しく説明されている。独裁国家の大統領の息子テオドリンは、母国から送られてくる莫大な資金をペーパーカンパニーと銀行を使ってきれいな金に変え、強欲に任せたまま、天井知らずの贅沢三昧にふけり、ついにはマイケル・ジャクソンの遺品の世界一のコレクターになる。一方、コロモイスキーはアメリカでネットワークを組織し、自身が経営するプリヴァトバンクを介してウクライナの国民からだましとった金を使い、アメリカの不動産や製鉄所を買いあさった。土地という目減りしない資産に変えることで、財産の保全をもくろみ、その結果、すでに荒廃していたアメリカのラストベルトであえぐいくつもの町が再興の道を絶たれてしまう。

二〇一一年十一月、テオドリンの父親オビアン・ンゲマは憲法を改正し、大統領の三選禁止、副大統領職の設置、上院の設置などを決めた。しかし、ンゲマは二〇一六年の大統領選に出馬、93パーセントの票を獲得して五選を果たすと、それまで第二副大統領だったテオドリンを正式な副大統領に任命する。憲法を改正してまで副大統領職を設けたのは、ガンを患って健康不安を抱えていたンゲマが、権力を息子に確実に継承するのが目的だったといわれる。ンゲマが在任中に死去すればテオドリンがこの国の大統領に昇格し、勇退すればしたで、次の二〇二三年大統領選もしくは二〇三〇年の選挙でテオドリンが大統領に就任する。

赤道ギニアの国民一人当たりのＧＤＰ(国内総生産)はアフリカでもっとも高いにもかかわらず、この国の国民はアフリカ大陸で最底辺の生活を強いられている。石油がもたらした「資源の呪い」の典型例にほかならないが、あまりにも極端すぎる豊かさの逆説である。一九六九年六月生まれのテオドリンは今年五十三歳になった。政治家としての自分の能力を父親に立証する方法は、マイケル・ジャクソンの遺品をコレクションすることだという、支離滅裂な計画に短絡するような人間が間もなくこの国の大統領になるのだ。赤道ギニアの国民には、〝テオドリンの呪い〟という苛酷すぎる将来がすぐそこに待ちかまえている。

本書では、二〇〇四年のオレンジ革命以降のウクライナの情勢についても言及されている。原書の刊行が二〇二一年なので、もちろん翌年二月に始まるロシアのウクライナ侵攻は想定されていない。この侵攻をきっかけにウクライナ大統領のヴォロディミル・ゼレンスキーの名前は、日本でも一躍知られるようになった。俳優としてのゼレンスキーの成功に、コロモイスキーがかかわっていた話が本書では紹介されている。海外メディアの報道によると、大統領選の選挙活動でもゼレンスキーはコロモイスキーの支援を受けていたらしい。

多くの政治家や役人を手なずけてきたコロモイスキーだけに、自分の影響力をゼレンスキーにも行使できると踏んだのだろうが、ロシアへの姿勢からもうかがえるように、ゼレンスキーは独立独歩の人であり、プリヴァトバンクの再民営化を拒んだばかりか、「国民の僕」党の党員として、国民の負託に応えてオリガルヒを規制する法律を制定する。

オリガルヒだけではなく、ウクライナもまたクレプトクラットがはびこる国なのだ。二〇一九年の大統領選でゼレンスキーと争った、前大統領のペトロ・ポロシェンコの名前も「パナマ文書」には記されていた。そのポロシェンコの前任大統領で、二〇一四年の騒乱で国外に逃げたヴィクトル・ヤヌコーヴィチは、ダチョウが走りまわる私設動物園がある、元国有地の豪邸に住んでいた。ゼレンスキーのもとで腐敗対策に特化した機関はできたが、ウクライナはいまだに腐敗とは無縁ではない。二〇二二年七月、ウクライナのEU加盟申請に対して、欧州委員会委員長が、法の統治の強化やオリガルヒの権力縮小とともに、「反腐敗・汚職対策の改革を急ぐように」と釘を刺していた事実からも、クレプトクラットの暗躍が続く現状がうかがえる。

当のコロモイスキーだが、健在ぶりはいまも変わらないようだ。アメリカ政府から入国禁止措置がとられたが、野心はいささかもおとろえておらず、プリヴァトバンクの経営権の放棄には納得したものの、国有化で失った利益の奪還を試みているといわれる。

ところで、今回のウクライナ侵攻では、南東部マリウポリにある製鉄所「アゾフスターリ」は地下シェルターとして使われ、二カ月に及ぶロシア軍の攻撃から三〇〇名超の避難民を守った。激戦といわれた攻防戦だったが、映像からうかがえた製鉄所の外観は大きな損害を負っていない印象がある。製鉄所という生産拠点だけに、できるだけ無傷なまま接収したいという考えがロシア側にあったと思われる。だが、元外交官の河東哲夫《かわとうあきお》氏は、戦闘のどさくさに乗じてコロモイスキーがこの製鉄所の乗っ取りをたくらんでいたのかもしれないとコラムに書かれていた(「Newsweek」五月十八日配信)。コロモイスキーは冶金や製鉄関連の施設に執着し、不動産を使って資金を洗浄するのを常套手段にしてきた。

日本にも公金を横領してきた政治家や官僚はこれまでにもいたし、これからも出現してくるだろう。だが、国家予算の何割にも相当する富を収奪する、クレプトクラットと呼べるような政治家はいなかった。それだけに、国家に破綻をもたらしかねないクレプトクラシーがどういうものか、なかなかイメージすることができない。ある年代以上の人には、一九八六年にフィリピンで起きたピープル・パワー革命の際、マラカニアン宮殿に残されていた大統領夫人イメルダ・マルコスの一〇六〇足の靴が象徴的な光景として思い浮かぶかもしれない。本書にもあるように、フィリピンのマルコス大統領は二十世紀最大のクレプトクラットだった。国庫から奪った資産は五〇億ドルから一〇〇億ドルと推定されている。

だが、この金額をはるかにうわまわる資産をもつ政治家がいる。ロシアのプーチン大統領である。二〇一七年、プーチンと親交があった投資家がアメリカの上院委員会で、プーチンの資産総額は推定で約二〇〇〇億ドル以上だと証言している。ロシア側の公的資料によると、大統領としてのプーチンの年収は一〇〇〇万ルーブル(約一七万ドル)程度で、資産もほかの官僚より少なく、保有しているのは約23坪のアパートと駐車場、国産車数台となっている。

◆◆

クレプトクラットは税や公金を不正に横領するだけではなく、課税収入が減る点でも国民の生活の質をさげてきた。とくに、本来なら病院や学校、道路などのインフラに充当される資金が収奪されてしまう。クレプトクラシーの独裁者は、民主主義をはじめあらゆる政治形態に寄生して、国富であるものを奪い続けてきた。

生物学の用語に「労働寄生」という言葉がある。回虫のように寄生種が宿主の体から直接栄養を得るのではなく、宿主がエサとして確保したものを自分のエサとして横取りするなど、宿主の労働を搾取する寄生だ。カッコウの托卵《たくらん》やアリやハチに見られる社会寄生も労働寄生だと見なされている。「労働寄生」は「盗み寄生」とも呼ばれ、英語表記は「クレプトパラサイティズム」(kleptoparasitism)、この言葉も「クレプト」の接頭辞をもつ数少ない言葉なのだ。国家に「寄生《パラサイト》」しつつ、常に国民から盗み続ける泥棒政治家も、人間界の労働寄生者と言えそうだ。

「クレプトクラシー」という言葉は日本ではまだ一般的とは言いがたいが、本書をきっかけに社会的病理のニュアンスを帯びた政治用語として知られるようになれば幸いだ。
最後になるが、草思社取締役編集部長の藤田博氏と編集実務を担当していただいた片桐克博氏のお二人に改めてお礼を申し上げます。

二〇二二年七月
訳者

Coronavirus Crisis," Hudson Institute, 20 March 2020, https://www.hudson.org/research/15846-failure-to-confront-china-s-corruption-will-exacerbate-coronavirus-crisis.

(47) Oliver Bullough, "Oligarchy Newsletter," *Coda Story*, 2 December 2020, https://mailchi.mp/codastory/oligarchy-december-2.

issues/security/reports/2020/12/10/493519/treasury-department-lead-fight-corruption-kleptocracy/; Jessica Brandt and Josh Rudolph, "Spies and Money: Legal Defenses Against Foreign Interference in Political Campaigns," German Marshall Fund, 25 January 2021, https://securingdemocracy.gmfus.org/spies-and-money-legal-defenses-against-foreign-interference-in-political-campaigns/; Trevor Sutton and Ben Judah, "Turning the Tide on Dirty Money," Center for American Progress, 26 February 2021, https://www.americanprogress.org/issues/security/reports/2021/02/26/495402/turning-tide-dirty-money/; さらにAlexandra Wrage and Michelle D. Gavin, "Why Biden Needs to Confront Corruption," *Foreign Policy*, 22 December 2020, https://foreignpolicy.com/2020/12/22/why-biden-needs-to-confront-corruption/.

(40) Mariano-Florentino Cuéllar and Matthew Stephenson, "Taming Systemic Corruption: The American Experience and Its Implications for Contemporary Debates," Harvard Public Law Working Paper No. 20-29, 23 October 2020, https://papers.ssrn.com/sol3/papers.cfm?abstract_id=3686821.

(41) Zephyr Teachout, *Corruption in America* (Cambridge, MA: Harvard University Press, 2016).

(42) Alex Ward, "Read: Bernie Sanders's Big Foreign Policy Speech," *Vox*, 21 September 2017, https://www.vox.com/world/2017/9/21/16345600/bernie-sanders-full-text-transcript-foreign-policy-speech-westminster.

(43) Bernie Sanders, "Sanders Speech at SAIS: Building a Global Democratic Movement to Counter Authoritarianism," 9 October 2018, https://www.sanders.senate.gov/press-releases/sanders-speech-at-sais-building-a-global-democratic-movement-to-counter-authoritarianism.

(44) Elizabeth Warren, "My Plan to Fight Global Financial Corruption," 17 December 2019, https://elizabethwarren.com/plans/international-corruption?source=soc-WB-ew-fb-rollout-20191216&fbclid=IwAR3br1q9rBwByc5hlrRDZpKQR7EP_bgfz1S5sfEKJFcL5j-dxcC8s-a_4Ys.

(45) ILLICIT CASH Act Cosponsors, https://www.congress.gov/bill/116th-congress/senate-bill/2563/cosponsors?q={%22search%22:[%22The+Improving+Laundering+Laws+and+Increasing+Comprehensive+Information+Tracking+of+Criminal+Activity+in+Shell+Holdings%22]}&r=1&s=6&searchResultViewType=expanded.

(46) Nate Sibley, "Failure to Confront China's Corruption Will Exacerbate

(30) "FinCEN Files," *BuzzFeed*, https://www.buzzfeednews.com/fincen-files.

(31) Jason Leopold, Anthony Cormier, John Templon, Tom Warren, Jeremy Singer-Vine, Scott Pham, Richard Holmes, Azeen Ghorayshi, Michael Sallah, Tanya Kozyreva, and Emma Loop, "The FinCEN Files," *BuzzFeed*, 20 September 2020, https://www.buzzfeednews.com/article/jasonleopold/fincen-files-financial-scandal-criminal-networks.

(32) Paul Kiel and Jesse Eisinger, "How the IRS Was Gutted," *ProPublica*, 11 December 2018, https://www.propublica.org/article/how-the-irs-was-gutted.

(33) Emmanuel Saez and Gabriel Zucman, *The Triumph of Injustice* (New York: W. W. Norton, 2019).〔エマニュエル・サエズ／ガブリエル・ズックマン『つくられた格差――不公平税制が生んだ所得の不平等』山田美明訳、光文社、2020年〕

(34) Ray Eldon Hiebert, "Ivy Lee: 'Father of Modern Public Relations,'" *Princeton University Library Chronicle* 27, no. 2 (Winter 1966), https://www.jstor.org/stable/26409644#metadata_info_tab_contents.

(35) Jahad Atieh, "Foreign Agents: Updating FARA to Protect American Democracy," *University of Pennsylvania Journal of International Law* 31 (2010), https://scholarship.law.upenn.edu/jil/vol31/iss4/4/.

(36) "Recent FARA Cases," U.S. Department of Justice, https://www.justice.gov/nsd-fara/recent-cases.

(37) Katie Benner, "Justice Dept. to Step Up Enforcement of Foreign Influence Laws," *New York Times*, 6 March 2019, https://www.nytimes.com/2019/03/06/us/politics/fara-task-force-justice-department.html.

(38) 私の結婚を伝えるツイッターに〈#reformFARA〉というハッシュタグをつけた。こんなことを許してくれた妻に改めて感謝を捧げる。

(39) バイデン政権が発足した当初、さまざまな政策提言がなされたが、いずれも目ざしている方向は同じで、どれもやるだけの価値はある。それらに関する記事に以下のようなものがある。Nate Sibley and Ben Judah, "Countering Global Kleptocracy: A New US Strategy for Fighting Authoritarian Corruption," Hudson Institute, January 2021, https://www.hudson.org/research/16608-countering-global-kleptocracy-a-new-us-strategy-for-fighting-authoritarian-corruption; Josh Rudolph, "Treasury's War on Corruption," German Marshall Fund, 22 December 2020, https://securingdemocracy.gmfus.org/treasurys-war-on-corruption/; Trevor Sutton and Simon Clark, "The Treasury Department Should Lead the Fight Against Corruption and Kleptocracy," Center for American Progress, 10 December 2020, https://www.americanprogress.org/

(17) Jack Hagel, "Defense-Bill Override Paves Way for Overhaul of Anti-Money-Laundering Rules," *Wall Street Journal*, 1 January 2021, https://www.wsj.com/articles/defense-bill-override-paves-way-for-overhaul-of-anti-money-laundering-rules-11609542221.

(18) Zachary Warmbrodt, "Lawmakers Clinch Deal on Decadelong Fight Against Shell Companies," *Politico*, 25 November 2020, https://www.politico.com/news/2020/11/25/lawmakers-fight-shell-companies-440618. 実を言うと、私もFACT連合のために以前寄稿したことがある。

(19) Kirby, "The US Has Made Its Biggest Anti-Money-Laundering Changes in Years."

(20) "Geographic Targeting Orders," U.S. Treasury Department, 4 November 2020, https://www.fincen.gov/sites/default/files/shared/508_Real%20Estate%20GTO%20Order%20FINAL%20GENERIC%2011.4.2020.pdf.

(21) Sean Hundtofte and Ville Rantala, "Anonymous Capital Flows and U.S. Housing Markets," University of Miami Business School Research Paper No. 18-3, 28 May 2018, https://papers.ssrn.com/sol3/papers.cfm?abstract_id=3186634.

(22) Iliana Magra, "Britain Is Targeting 'Dirty Money' with Unexplained Wealth Orders," *New York Times*, 30 May 2019, https://www.nytimes.com/2019/05/30/world/europe/harrods-unexplained-wealth-order.html.

(23) "Speculation and Vacancy Tax," British Columbia Government, https://www2.gov.bc.ca/gov/content/taxes/speculation-vacancy-tax.

(24) Ben Steverman, "The Wealth Detective Who Finds the Hidden Money of the Super Rich," *Bloomberg*, 23 May 2019, https://www.bloomberg.com/news/features/2019-05-23/the-wealth-detective-who-finds-the-hidden-money-of-the-super-rich.

(25) Kirschenbaum and Murray, "An Effective American Regime to Counter Illicit Finance."

(26) 同上。

(27) Cooley and Michel, "U.S. Lawyers Are Foreign Kleptocrats' Best Friends."

(28) Matthew Collin, "What the Fincen Leaks Reveal About the Ongoing War on Dirty Money," Brookings Institution, 25 September 2020, https://www.brookings.edu/blog/up-front/2020/09/25/what-the-fincen-leaks-reveal-about-the-ongoing-war-on-dirty-money/.

(29) "FinCEN Files," ICIJ, https://www.icij.org/investigations/fincen-files/.

building-tied-to-ukrainian-oligarch.html.

(5)"United States of America vs. Real Property Located at 55 Public Square, Cleveland, Ohio, With All Appurtenances, Improvements, and Attachments Thereon, and Any Right to Collect and Receive Any Profit, Rent, Income, and Proceeds Therefrom."

(6)同上。

(7)"United States of America vs. Real Property Located at 7505 and 7171 Forest Lane, Dallas, Texas 75230, with All Appurtenances, Improvements, and Attachments Thereon, and Any Right to Collect and Receive Any Profit, Rent, Income, and Proceeds Therefrom."

(8)"Justice Department Seeks Forfeiture of Two Commercial Properties Purchased with Funds Misappropriated from PrivatBank in Ukraine."

(9)"Public Designation of Oligarch and Former Ukrainian Public Official Ihor Kolomoisky Due to Involvement in Significant Corruption," U.S. Embassy in Ukraine, 5 March 2021, https://ua.usembassy.gov/public-designation-of-oligarch-and-former-ukrainian-public-official-ihor-kolomoisky-due-to-involvement-in-significant-corruption/.

(10)U.S. Embassy Kyiv Twitter account, https://twitter.com/USEmbassyKyiv/status/1367825782182121474.

(11)Christopher Maag, "President-Elect Joe Biden's Hometown of Wilmington, Delaware Is a Hub for Secrets," *NorthJersey.com*, 13 November 2020, https://www.northjersey.com/story/news/columnists/christopher-maag/2020/11/13/joe-biden-wilmington-delaware-hub-secrets/6225673002/.

(12)Joe Biden, "Why America Must Lead Again," *Foreign Affairs*, March/April 2020, https://www.foreignaffairs.com/articles/united-states/2020-01-23/why-america-must-lead-again.

(13)"The Biden Plan to Guarantee Government Works for the People," https://joebiden.com/governmentreform/.

(14)Biden, "Why America Must Lead Again."

(15)"Interim National Security Strategic Guidance," White House, March 2021, https://www.whitehouse.gov/wp-content/uploads/2021/03/NSC-1v2.pdf.

(16)Jen Kirby, "The US Has Made Its Biggest Anti-Money-Laundering Changes in Years," *Vox*, 4 January 2021, https://www.vox.com/22188223/congress-anti-money-laundering-anonymous-shell-companies-ban-defense-bill.

Vote over Concerns About Ukraine Witness," *New York Times*, 11 March 2020, https://www.nytimes.com/2020/03/11/us/politics/senate-subpoena-ron-johnson-ukraine.html.
(82) Kenneth P. Vogel and Benjamin Novak, "Giuliani, Facing Scrutiny, Travels to Europe to Interview Ukrainians," *New York Times*, 4 December 2019, https://www.nytimes.com/2019/12/04/us/politics/giuliani-europe-impeachment.html.
(83) Sergii Leshchenko, "How Kolomoisky's Prosecutor Fueled Giuliani's Conspiracies," *Kyiv Post*, 4 December 2019, https://www.kyivpost.com/article/opinion/op-ed/sergii-leshchenko-how-kolomoiskys-prosecutor-fueled-giulianis-conspiracies.html.
(84) 同上。
(85) Ben Shreckinger, "Ukraine Scandal Ropes In Clinton-Era GOP Operatives," *Politico*, 3 October 2019, https://www.politico.com/news/2019/10/03/ukraine-scandal-digenova-toensing-022049.
(86) Kovensky, "EXCLUSIVE: Oligarch Kolomoisky Linked to Giuliani Campaign for Dirt."
(87) 同上。

第17章◆アメリカン・クレプトクラシー

(1) Louisa Woodville, "Common Bonds: The Duty and Honor of Lee and Grant," *Humanities*, July/August 2007, https://www.neh.gov/humanities/2007/julyaugust/feature/common-bonds-the-duty-and-honor-lee-and-grant.
(2) Tom Winter, Ken Dilanian, and Dan De Luce, "Who Is Dmytro Firtash? The Man Linked to $1 Million Loan to Giuliani Ally Has a Shadowy Past," NBC News, 25 January 2020, https://www.nbcnews.com/politics/politics-news/who-dmytro-firtash-man-linked-1-million-loan-giuliani-ally-n1121561.
(3) Betsy Swan, "DOJ Moves to Seize Property from Ukrainian Oligarch Linked to Rudy Giuliani," *Politico*, 6 August 2020, https://www.politico.com/news/2020/08/06/doj-ukrainian-oligarch-392405.
(4) John Caniglia and Eric Heisig, "FBI Raids Offices at Downtown One Cleveland Center Building Tied to Ukrainian Oligarch," *Cleveland Plain Dealer*, 5 August 2020, https://www.cleveland.com/court-justice/2020/08/fbi-raids-offices-at-downtown-one-cleveland-center-

勧めた」という)。ナザルバエフはブッシュに直談判したが、『ニューヨーク・タイムズ』によると、独裁者の部下たちは「この調査に関して政権ができることは何もないと言われた」という：Jeff Gerth, "Bribery Inquiry Involves Kazakh Chief, and He's Unhappy," *New York Times*, 11 December 2002, https://www.nytimes.com/2002/12/11/world/bribery-inquiry-involves-kazakh-chief-and-he-s-unhappy.html. さらに第15章原註(29)のMichel, "Donald Trump's Quiet Christmas Gift to the Kleptocrats." を参照。

(75) Philip Zelikow, Eric Edelman, Kristofer Harrison, and Celeste Ward Gventer, "The Rise of Strategic Corruption," *Foreign Affairs*, July/August 2020, https://www.foreignaffairs.com/articles/united-states/2020-06-09/rise-strategic-corruption.

(76) Natasha Bertrand, "Former Giuliani Associate Raises Questions About Hunter Biden's 'Hard Drive from Hell,'" *Politico*, 24 October 2020, https://www.politico.com/news/2020/10/24/hunter-biden-hard-drive-lev-parnas-432108.

(77) ジョー・ローがワシントンで影響力を発揮したとされるのは、これがはじめてではないことは注目に値する。ジャーナリストのブラッドリー・ホープとトム・ライトが書いているように、ジョー・ローは、ヒップホップグループ「フージーズ」の元メンバーであるプラース・ミッシェルと親交があった。2012年、ローはミッシェルと関係のある2つの会社に約2000万ドルを送金、プラース・ミッシェルはその一部についてオバマを支援するスーパーPACに寄付したといわれている。ローは元ヒップホップスターをホワイトハウスの政権とパイプを結ぶ際の切り札として事実上利用していた。第7章原註(14)のHope and Wright, *Billion Dollar Whale.* を参照。

(78) Viola Gienger and Ryan Goodman, "Timeline: Trump, Giuliani, Biden, and Ukrainegate," *Just Security*, 31 January 2020, https://www.justsecurity.org/66271/timeline -trump-giuliani-bidens-and-ukrainegate/.

(79) Greg Farrell, "Trump Lawyer Kasowitz Bolsters Defense of Wealthy Ukrainian," *Bloomberg*, 14 November 2019, https://www.bloomberg.com/news/articles/2019-11-14/trump-lawyer-kasowitz-takes-on-ukrainian-billionaire-as-client.

(80) Josh Kovensky, "EXCLUSIVE: Oligarch Kolomoisky Linked to Giuliani Campaign for Dirt," *Talking Points Memo*, 9 December 2019, https://talkingpointsmemo.com/muckraker/kolomoisky-giuliani-cummins-ukraine-biden-dirt.

(81) Kenneth P. Vogel and Nicholas Fandos, "Senate Panel Delays Subpoena

davis-in-bribery-case/. フィルタッシュに仕えたもう1人の弁護士マイケル・チャートフは現在、国際NGO団体「フリーダムハウス」の理事長を務めている。

(68) Jo Becker, Walt Bogdanich, Maggie Haberman, and Ben Protess, "Why Giuliani Singled Out 2 Ukrainian Oligarchs to Help Look for Dirt," *New York Times*, 25 November 2019, https://www.nytimes.com/2019/11/25/us/giuliani-ukraine-oligarchs.html.

(69) Vicky Ward and Marshall Cohen, "'I'm the Best-Paid Interpreter in the World': Indicted Giuliani Associate Lev Parnas Touted Windfall from Ukrainian Oligarch," CNN, 1 November 2019, https://www.cnn.com/2019/11/01/politics/parnas-firtash-giuliani-ties/index.html.

(70) Casey Michel, "The Law That Could Take Down Rudy Giuliani," *New Republic*, 15 October 2019, https://newrepublic.com/article/155387/law-take-rudy-giuliani.

(71) Josh Rudolph and Thomas Morley, "Covert Foreign Money: Financial Loopholes Exploited by Authoritarians to Fund Political Interference in Democracies," German Marshall Fund, 18 August 2020, https://www.gmfus.org/publications/covert-foreign-money-financial-loopholes-exploited-authoritarians-fund-political.（リンク切れ）

(72) Sergii Leshchenko, "By Helping Giuliani, Ukrainian Politicians Help Russia," *Ukraine Today*, 25 December 2019, https://ukrainetoday.org/2019/12/25/8461/.

(73) Matt Zapotosky, Rosalind S. Helderman, Tom Hamburger, and Josh Dawsey, "Prosecutors Flagged Possible Ties Between Ukrainian Gas Tycoon and Giuliani Associates," *Washington Post*, 22 October 2019, https://www.washingtonpost.com/politics/prosecutors-flagged-possible-ties-between-ukrainian-gas-tycoon-and-giuliani-associates/2019/10/22/4ee22e7c-f020-11e9-b648-76bcf86eb67e_story.html.

(74) フィルタッシュの成功がどんなものかを知るには、約30年にわたってカザフスタンを独裁してきたヌルスルタン・ナザルバエフと比較してみるといいだろう。ナザルバエフは古いタイプの悪徳政治家で、国庫の略奪に専念する一方で、西側の政府関係者にも賄賂を要求していた。本人と家族が使うスノーモービルやスピードボート、さらにスイスにある一連の秘密の銀行口座に関係する資金の流れなど、アメリカの司法省はこのような贈収賄でナザルバエフを告発すると、独裁者は当時のブッシュ政権に助けを求めた。部下を副大統領のチェイニーのもとに差し向けたが、チェイニーはナザルバエフの要求をかわしていた（『フィナンシャル・タイムズ』によると、チェイニーは相手を「はねつけ」、「腕のいい弁護士を雇うことが大切だと

(58) Casey Michel, "Money Talks: Len Blavatnik and the Council on Foreign Relations," *Bellingcat*, 10 October 2019, https://www.bellingcat.com/news/2019/10/10/money-talks-len-blavatnik-and-the-council-on-foreign-relations/.
(59) Ann Marlowe, "Is Harvard Whitewashing a Russian Oligarch's Fortune?," *New York Times*, 5 December 2018, https://www.nytimes.com/2018/12/05/opinion/harvard-russian-oligarch-whitewash.html.
(60) De Haldevang, "Top US Think Tank Criticized for Taking $12 Million from a RussiaTied Oligarch."
(61) Richard Haass, Twitter, https://twitter.com/richardhaass/status/1171519768077029376?lang=en.
(62) 著者とのインタビューによる。
(63) "Cambridge Becomes a Home for Ukrainian Studies," Cambridge University, 28 September 2010, https://www.cam.ac.uk/research/news/cambridge-becomes-a-home-for-ukrainian-studies.
(64) Kylie Mackie, "US: Ukrainian Oligarch and His Associate Are Tied to Russian Organized Crime," OCCRP, 27 July 2017, https://www.occrp.org/en/daily/6775-us-ukrainian-oligarch-and-his-associate-are-tied-to-russian-organized-crime.
(65) Betsy Swan and Adam Rawnsley, "Ukrainian Oligarch Seethed About 'Overlord' Biden for Years," *Daily Beast*, 28 October 2019, https://www.thedailybeast.com/ukrainian-oligarch-dmytro-firtash-seethed-about-overlord-joe-biden-for-years.
(66) Tom Winter, "DOJ: Ex-Manafort Associate Firtash Is Top-Tier Comrade of Russian Mobsters," NBC News, 26 July 2017, https://www.nbcnews.com/news/us-news/doj-ex-manafort-associate-firtash-top-tier-comrade-russian-mobsters-n786806.
(67) フィルタッシュが解任した弁護士の1人であるラニー・デービスは、赤道ギニアのオビアン大統領のために働いていたこともあった。クレプトクラットに法律サービスを提供するワシントンの業界はきわめて狭い世界なのである：Isaac Chotiner, "One Washington Lobbyist's 'Secret' Mission: To Empower a Dictator," *New Republic*, 22 October 2013, https://newrepublic.com/article/115296/lanny-daviss-career-empowering-dictators. 2021年前半、フィルタッシュはラニー・デービスを再任した：Mikayla Easley, "Ukrainian Oligarch Rehires Political Consultant Lanny Davis in Bribery Case," ForeignLobby.com, 20 April 2021, https://www.foreignlobby.com/2021/04/20/ukrainian-oligarch-rehires-political-consultant-lanny-

com/sites/zackomalleygreenburg/2011/05/06/billionaire-len-blavatnik-buys-warner-music-group-for-3-3-billion/?sh =5a0e557e7eea.
(49) Kim Masters, "Music's Mystery Mogul: Len Blavatnik, Trump and Their Russian Friends," *Hollywood Reporter*, 10 October 2018, https://www.hollywoodreporter.com/features/why-is-warner-music-group-owner-len-blavatnik-russia-probe-1150550.
(50) Devon Pendleton, "The Meteoric Rise of Billionaire Len Blavatnik," *Bloomberg*, 26 April 2019, https://www.bloomberg.com/news/features/2019-04-26/the-meteoric-rise-of-billionaire-len-blavatnik.
(51) "Board of Trustees," Carnegie Hall, https://www.carnegiehall.org/About/Leadership-and-Staff/Board-of-Trustees.
(52) Alvin Powell, "A Gift to Turn Medical Discoveries into Treatments," *Harvard Gazette*, 8 November 2018, https://news.harvard.edu/gazette/story/2018/11/a-gift-to-harvard-to-turn-medical-discoveries-into-treatments/#:~:text=A%20foundation%20headed%20by%20philanthropist,medical%20discoveries%20into%20patient%20treatments.
(53) Dan Friedman, "A Soviet-Born Billionaire Is Buying Influence at US Institutions. Anti-Corruption Activists Are Worried," *Mother Jones*, 8 October 2019, https://www.motherjones.com/politics/2019/10/council-on-foreign-relations-leonard-blavatnik-russia/.
(54) John Santucci, Matthew Mosk, Katherine Faulders, and Soo Rin Kim, "EXCLUSIVE: Special Counsel Probing Donations with Foreign Connections to Trump Inauguration," ABC News, 11 May 2018, https://abcnews.go.com/beta-story-container/Politics/exclusive-special-counsel-probing-donations-foreign-connections-trump / story?id=55054482.
(55) Foy and Seddon, "From Russian Oil to Rock'n'roll: The Rise of Len Blavatnik."
(56) Jennifer Gould, "Council on Foreign Relations Faces Backlash over $12M Len Blavatnik Donation," *New York Post*, 7 October 2019, https://nypost.com/2019/10/07/council-on-foreign-relations-faces-backlash-over-12m-len-blavatnik-donation/.
(57) Max de Haldevang, "Top US Think Tank Criticized for Taking $12 Million from a Russia-Tied Oligarch," *Quartz*, 16 October 2019, https://qz.com/1721240/council-of-foreign-relations-criticized-for-russia-tied-donation/.

2009年、ライス大学のベーカー公共政策研究所で、テオドリンの父親、オビアン大統領を招いて講演会が行われている(私はこの大学に学部生として在籍していた)。前述したように、オビアンは世界最長の独裁政権を維持しているにもかかわらず、講演会のプログラムでは、彼が指導する「政府は、国の将来のための強固な基盤を築くために、財政活動の透明性を高め、経済の多様化、インフラの近代化、公衆衛生システムの強化、教育の促進などを図るため多大な投資を行ってきた。現大統領の指揮のもと、赤道ギニアは学校を再開し、初等教育を拡大し、公共施設や道路を復旧させてきた」と書かれていた。このプログラムには、オビアンが行ってきた拷問の歴史や、彼に反対する政敵やジャーナリストが失踪した事実に関する記述はなかった:“Equatorial Guinea: A Vision of the Future,” James A. Baker III Institute for Public Policy, Rice University, https://www.bakerinstitute.org/media/files/event/cbca3620/EF-event-ObiangProgram-091809.pdf.

(40)Michel and Szakonyi, “America's Cultural Institutions Are Quietly Fueled by Russian Corruption.”

(41)“Wilson Center Honors Vekselberg and Cloherty at First Kathryn and Shelby Cullom Davis Awards Dinner,” Wilson Center, 15 November 2007, https://www.wilsoncenter.org/article/wilson-center-honors-vekselberg-and-cloherty-first-kathryn-and-shelby-cullom-davis-awards.

(42)Skadden Arps registration statement.

(43)“Recognizing Our Generous Supporters,” Clinton Foundation, https://www.clintonfoundation.org/contributors?category=%2410%2C000%2C001+to+%2425%2C000%2C000.(リンク切れ)

(44)Hess, “Wooing the West: Who Is Ukraine's Viktor Pinchuk?”

(45)Casey Michel, “Kill the Messenger: How Russian and Post-Soviet Oligarchs Undermine the First Amendment,” Free Russia Foundation, 16 April 2020, https://www.4freerussia.org/kill-the-messenger-how-russian-and-post-soviet-oligarchs-undermine-the-first-amendment/.

(46)最後に確認した時点でブラヴァトニックの資産は300億ドルを超えて世界の富豪番付で46番目になり、イギリスでは現在もっとも裕福な人物になっている:“Len Blavatnik,” *Forbes*, https://www.forbes.com/profile/len-blavatnik/?sh=188db4a456f3.

(47)Henry Foy and Max Seddon, “From Russian Oil to Rock'n'roll: The Rise of Len Blavatnik,” *Financial Times*, 6 June 2019, https://www.ft.com/content/c1889f48-871a-11e9-a028-86cea8523dc2.

(48)Zack O'Malley Greenburg, “Billionaire Len Blavatnik Buys Warner Music Group For $3.3 Billion,” *Forbes*, 6 May 2011, https://www.forbes.

(27) Kirschenbaum and Murray, "An Effective American Regime to Counter Illicit Finance."

(28) Timothy Lloyd, "FBI Concerned over Laundering Risks in Private Equity, Hedge Funds—Leaked Document," Reuters, 14 July 2020, https://www.reuters.com/article/bc-finreg-fbi-laundering-private-equity/fbi-concerned-over-laundering-risks-in-private-equity-hedge-funds-leaked-document-idUSKCN24F1TP.

(29) 著者とのインタビューによる。

(30) Lloyd, "FBI Concerned over Laundering Risks in Private Equity, Hedge Funds—Leaked Document."

(31) 同上。

(32) Ovetta Wiggins, "Election System Firm with Maryland Contract Has Ties to Russian Oligarch, FBI Tells State," *Washington Post*, 13 July 2018, https://www.washingtonpost.com/local/md-politics/marylands-election-system-tied-to-russian-oligarch-fbi-tells-state/2018/07/13/89b8ce56-86fa-11e8-8f6c-46cb43e3f306_story.html.

(33) "Maryland Elections Company Bought by Russian Oligarch Close to Putin," *Guardian*, 14 July 2018, https://www.theguardian.com/us-news/2018/jul/14/maryland-elections-company-russian-oligarch-putin.

(34) David Hoffman, *The Oligarchs* (New York: PublicAffairs, 2011).

(35) Luke Broadwater and Jean Marbella, "State Investigates Russian Investor's Ties to Maryland Elections Software," *Baltimore Sun*, 13 July 2018, https://www.baltimoresun.com/politics/bs-md-election-russia-20180713-story.html.

(36) "At Your Service," Transparency International, October 2019, https://www.transparency.org.uk/tags/reputation-laundering.

(37) Anti-Corruption Data Collective, https://www.acdatacollective.org/.

(38) 寄付に関する情報については、それぞれ具体的な金額ではなく、「100万ドルから500万ドルのあいだの金額を寄付」というように概数で記載されていることが多かった。そのため、数字については本文のように「総額三億七二〇〇万ドルから四億三五〇〇万ドル」の表記になった：Casey Michel and David Szakonyi, "America's Cultural Institutions Are Quietly Fueled by Russian Corruption," *Foreign Policy*, 30 October 2020, https://foreignpolicy.com/2020/10/30/americas-cultural-institutions-are-quietly-fueled-by-russian-corruption/.

(39) アメリカの大学は常に寄付のためだけに、クレプトクラットのレピュテーション・ロンダリングを行っているわけではない点は忘れてはならない。たとえば

Regain Bank and Clears Way for International Funds," *Washington Post*, 13 May 2020, https://www.washingtonpost.com/world/europe/ukraine-zelensky-kolomoisky-bank-imf/2020/05/13/3fbd2802-8571-11ea-81a3-9690c9881111_story.html.

(20)モスクワとの関係をめぐる疑問や懸念を払拭するため、トランプは力を尽くしたわけではなかった。ロシアのクリミア支配を認める可能性をほのめかし、プーチンと非公開で会談した内容についても詳細な記録を残そうとしなかった。また、ロシアの独裁者に対して、取り入るような奇妙な忠誠心を繰り返し示していた。アメリカに支援を求めていたウクライナの新政権には、同国が民主主義と独裁政治の戦いの最前線に置かれていたにもかかわらず、明らかに見下した態度で応じ、非公式の場では、ウクライナは「本当に国」なのかと声を荒らげていたという。『ワシントン・ポスト』によると、そうしているあいだもトランプと彼の政権は、「ウクライナの汚職防止を目的とする対外援助計画の予算削減を何度も求めていた」という。そのなかにはキーウの汚職防止組織である国立腐敗防止局に充当される予算も含まれていた：Erica Werner, "Trump Administration Sought Billions of Dollars in Cuts to Programs Aimed at Fighting Corruption in Ukraine and Elsewhere," *Washington Post*, 23 October 2019, https://www.washingtonpost.com/us-policy/2019/10/23/trump-administration-sought-billions-dollars-cuts-programs-aimed-fighting-corruption-ukraine-abroad/.

(21)Heather Vogell, "Why Aren't Hedge Funds Required to Fight Money Laundering?," *ProPublica*, 23 January 2019, https://www.propublica.org/article/why-arent-hedge-funds-required-to-fight-money-laundering.

(22)Bei Ju, "Hedge Fund Assets Dip Below $3 Trillion to Least in Six Years," *Bloomberg*, 23 April 2020, https://www.bloomberg.com/news/articles/2020-04-24/hedge-fund-assets-dip-below-3-trillion-to-least-in-six-years.

(23)Burgis, *Kleptopia*.

(24)Joshua Kirschenbaum and David Murray, "An Effective American Regime to Counter Illicit Finance," German Marshall Fund, 18 December 2018, https://securingdemocracy.gmfus.org/an-effective-american-regime-to-counter-illicit-finance/.

(25)Joshua Kirschenbaum and David Murray, "Do You Know Which Nations Own Your Data? The U.S. Government Doesn't," *Bloomberg*, 23 May 2019, https://www.bloomberg.com/opinion/articles/2019-05-23/private-equity-hides-foreign-capital-from-u-s-scrutiny.

(26)Chayes, *On Corruption in America*.

reuters.com/article/us-ukraine-privatbank/privatbank-wins-london-appeal-in-lawsuit-against-ex-owners -idUSKBN1WU1JE.
(10) Michael Sallah, Tanya Kozyreva, and Christopher Miller, "This Billionaire Oligarch Is Being Investigated by a US Federal Grand Jury for Alleged Money Laundering," *BuzzFeed*, 19 May 2020, https://www.buzzfeednews.com/article/mikesallah/ukraine-billionaire-oligarch-money-laundering-investigation.
(11) Patrick Reevell, "What to Know About Volodymyr Zelensky, the Comedian-Turned President of Ukraine," ABC News, 25 September 2019, https://abcnews.go.com/International/comedian-volodymyr-zelensky-played-president-tv-now-favorite/story?id=62038641.
(12) "Ukraine Election: Comedian Zelensky Wins Presidency by Landslide," BBC, 22 April 2019, https://www.bbc.com/news/world-europe-48007487.
(13) Fabrice Deprez, "How an Embattled Ukrainian Oligarch Has Kept His Grip on an Economic Empire," *Eurasianet*, 10 April 2020, https://eurasianet.org/how-an-embattled-ukrainian-oligarch-has-kept-his-grip-on-an-economic-empire.
(14) "Zelensky Holds All-Day Press Conference (LIVE)," *Kyiv Post*, 10 October 2019, https://www.kyivpost.com/ukraine-politics/zelensky-holds-6-hour-press-conference-live.html.
(15) Matthias Williams and Natalia Zinets, "Comedian Faces Scrutiny over Oligarch Ties in Ukraine Presidential Race," Reuters, 1 April 2019, https://www.reuters.com/article/us-ukraine-election-zelenskiy-oligarch/comedian-faces-scrutiny-over-oligarch-ties-in-ukraine-presidential-race-idUSKCN1RD30L.
(16) "Ukrainian Tycoon Kolomoisky's Change of Heart over Russia, in Quotes," *Moscow Times*, 13 November 2019, https://www.themoscowtimes.com/2019/11/13/ukrainian-tycoon-kolomoiskys-change-of-heart-over-russia-in-quotes-a68157.
(17) Brian Whitmore, "Ukraine's Third Revolution," *The Power Vertical*, 18 December 2020, https://podcasts.apple.com/us/podcast/the-power-vertical-podcast-by-brian-whitmore/id1538016458?i=1000502860468.
(18) "What Ukraine's 'Anti-Kolomoisky' Law Is and What It Does," *Hromadske*, 14 May 2020, https://en.hromadske.ua/posts/what-the-anti-kolomoisky-law-changes-and-whether-its-necessary.
(19) David L. Stern and Robyn Dixon, "Ukraine Blocks Oligarch's Bid to

apnews.com/article/6539d6cff0c047f9862e72bd01a4f0af.

第16章◆解禁

(1)John Cassidy, "The Extraordinary Impeachment Testimony of Fiona Hill," *New Yorker*, 21 November 2019, https://www.newyorker.com/news/our-columnists/the-extraordinary-impeachment-testimony-of-fiona-hill.
(2)Aisha Kehoe Down, "President's Oligarch Friend Suspected of Theft Returns to Ukraine," OCCRP, 20 May 2019, https://www.occrp.org/en/daily/9757-president-s-oligarch-friend-suspected-of-theft-returns-to-ukraine.
(3)Taras Kuzio, "Two Ways the West Enables Corruption in Ukraine," Atlantic Council, 3 April 2018, https://www.atlanticcouncil.org/blogs/ukrainealert/two-ways-the-west-enables-corruption-in-ukraine/.
(4)Anton Trojanovski, "A Ukrainian Billionaire Fought Russia. Now He's Ready to Embrace It," *New York Times*, 13 November 2019, https://www.nytimes.com/2019/11/13/world/europe/ukraine-ihor-kolomoisky-russia.html.
(5)Steven Mufson, "She Fixed Ukraine's Economy—and Was Run Out of Her Job by Death Threats," *Washington Post*, 6 May 2017, https://www.washingtonpost.com/business/economy/she-fixed-ukraines-economy-and-was-run-out-of-her-job-by-death-threats/2017/05/05/2f556f40-2f90-11e7-8674-437ddb6e813e_story.html.
(6)Natalia Zinets, "Ukrainian Reformers Under Fire as Battle over PrivatBank Heats Up," Reuters, 27 June 2019, https://www.reuters.com/article/uk-ukraine-cenbank-reformers-insight/ukrainian-reformers-under-fire-as-battle-over-privatbank-heats-up-idUKKCN1TS0OL?edition-redirect=uk.
(7)Mufson, "She Fixed Ukraine's Economy—and Was Run Out of Her Job by Death Threats."
(8)Shaun Walker and Andrew Roth, "'It's Revenge': Ukraine's Ex-Central Banker Blames Oligarch for Attacks," *Guardian*, 12 November 2019, https://www.theguardian.com/world/2019/nov/12/revenge-ukraine-ex-central-banker-oligarch-attacks.
(9)Tom Arnold and Natalia Zinets, "PrivatBank Wins London Appeal in Lawsuit Against Ex-Owners," Reuters, 15 October 2019, https://www.

New York Times, 27 September 2020, https://www.nytimes.com/interactive/2020/09/27/us/donald-trump-taxes.html.
(38) Ilya Marritz, Justin Elliott, and Zach Everson, "Romanian Prime Minister Is Staying at Trump's D.C. Hotel," *ProPublica*, 25 March 2019, https://www.propublica.org/article/trump-inc-podcast-viorica-dancila-trump-hotel.
(39) Jonathan O'Connell, "From Trump Hotel Lobby to White House, Malaysian Prime Minister Gets VIP Treatment," *Washington Post*, 12 September 2017, https://www.washingtonpost.com/politics/from-trump-hotel-lobby-to-white-house-malaysian-prime-minister-gets-vip-treatment/2017/09/12/1b296f54-97d1-11e7-87fc-c3f7ee4035c9_story.html.
(40) Bill Chappell, "Malaysia's Former PM Najib Razak Begins Trial on 1MDB Slush-Fund Charges," NPR, 3 April 2019, https://www.npr.org/2019/04/03/709388200/malaysias-former-pm-najib-razak-begins-trial-on-1mdb-slush-fund-charges.
(41) Raymond Arke, "Failed Nigerian Presidential Candidate Lobbying US to Recognize Him as 'Authentic President," *OpenSecrets*, 8 April 2019, https://www.opensecrets.org/news/2019/04/failed-nigerian-presidential-candidate-lobbying-u-s-to-recognize-him-as-authentic-president/.(リンク切れ)
(42) Nick Penzenstadler, Steve Reilly, and John Kelly, "Most Trump Real Estate Now Sold to Secretive Buyers," *USA Today*, 13 June 2017, https://www.usatoday.com/story/news/2017/06/13/trump-property-buyers-make-clear-shift-secretive-llcs/102399558/.
(43) Nick Penzenstadler, Steve Reilly, and John Kelly, "Here's Who Is Behind LLCs Buying Trump Real Estate," *USA Today*, 21 June 2017, https://www.usatoday.com/story/news/2017/06/13/heres-who-behind-llcs-buying-trump-real-estate/102382726/.
(44) Jesse Drucker, "$7 Million Trump Building Condo Tied to Scandal-Scarred Foreign Leader," *New York Times*, 10 April 2019, https://www.nytimes.com/2019/04/10/business/trump-congo.html.
(45) "Trump's Luxury Condo: A Congolese State Affair," Global Witness, 10 Apil 2019, https://www.globalwitness.org/en/campaigns/corruption-and-money-laundering/trumps-luxury-condo-a-congolese-state-affair/.
(46) Steve Peoples and Will Weissert, "At Rally, Warren Decries Trump as 'Corruption in the Flesh,'" Associated Press, 17 September 2019, https://

Kleptocrats," *New Republic*, 6 January 2020, https://newrepublic.com/article/156130/donald-trumps-quiet-christmas-gift-kleptocrats.

(30)グアテマラでの反汚職活動の廃止やマナフォートのような人物への恩赦などをはじめ、汚職を是とするトランプ政権の動きを残らず書き立てていくと1冊の本になってしまうので、以下のような記事を参考にして全般的な傾向を見てみたい：Mary Beth Sheridan, "How U.S. Apathy Helped Kill a Pioneering Anti-Corruption Campaign in Guatemala," *Washington Post*, 14 June 2019, https://www.washingtonpost.com/world/the_americas/how-us-apathy-helped-kill-a-pioneering-anticorruption-campaign-in-guatemala/2019/06/14/cc4f464a-1e5e-11e9-a759-2b8541bbbe20_story.html.

(31)"Proposed US Oil Anti-Corruption Rule Would Fail to Deter Corruption," Global Witness, 19 December 2019, https://www.globalwitness.org/en/press-releases/proposed-us-oil-anti-corruption-rule-would-fail-deter-corruption/.

(32)"Draft SEC Oil and Mining Rule Would Facilitate Corruption," Oxfam, 18 December 2019, https://www.oxfamamerica.org/press/draft-sec-oil-and-mining-rule-would-facilitate-corruption/.

(33)"A Look At President Trump's Anti-Corruption Record," NPR, 8 October 2019, https://www.npr.org/2019/10/08/768373873/a-look-at-president-trumps-anti-corruption-record."

(34)Justin Sink, "Trump Revokes Lobbying Ban After Promising to 'Drain the Swamp'," *Bloomberg*, 20 January 2021, https://www.bloomberg.com/news/articles/2021-01-20/trump-revokes-lobbying-ban-after-promising-to-drain-the-swamp.

(35)Gemma Acton, "US Ethics Chief Slams Trump 'Halfway Blind' Trust as Failing to Meet Acceptable Standard," CNBC, 12 January 2017, https://www.cnbc.com/2017/01/12/us-ethics-chief-slams-trump-halfway-blind-trust-as-failing-to-meet-acceptable-standard.html.

(36)David Fahrenthold and Jonathan O'Connell, "Saudi-Funded Lobbyist Paid for 500 Rooms at Trump's Hotel After 2016 Election," *Washington Post*, 5 December 2018, https://www.washingtonpost.com/politics/saudi-funded-lobbyist-paid-for-500-rooms-at-trumps-hotel-after-2016-election/2018/12/05/29603a64-f417-11e8-bc79-68604ed88993_story.html.

(37)Russ Buettner, Susanne Craig, and Mike McIntire, "Long-Concealed Records Show Trump's Chronic Losses and Years of Tax Avoidance,"

(15)https://www.instagram.com/p/BjD13WbjaEZ/.

(16)https://www.instagram.com/p/BjDt5UEAJEB/.

(17)著者とのインタビューによる。

(18)著者とのインタビューによる。

(19)Katherine Sullivan, "How a Nigerian Presidential Candidate Hired a Trump Lobbyist and Ended Up in Trump's Lobby—'Trump, Inc.' Podcast," *ProPublica*, 27 February 2019, https://www.propublica.org/article/trump-inc-podcast-nigerian-presidential-candidate-atiku-abubakar.

(20)Pierre Dupont, Roshanak Taghavi, and Kira Zalan, "Gabon's First Family Stashed Cash in DC Property," OCCRP, 23 November 2020, https://www.occrp.org/en/investigations/gabons-first-family-stashed-cash-in-dc-property.

(21)アメリカに戻ったテオドリンは、カリフォルニア州のケビン・フィッシャーという弁護士に依頼して、マリブに所有していた豪邸の売却損を請求するために訴訟を起こした。

(22)Max Bearak, "The Real Dictators of Potomac, Maryland," *Washington Post*, 3 February 2017, https://www.washingtonpost.com/news/worldviews/wp/2017/02/03/the-real-dictators-of-potomac-maryland/.

(23)Anthony Summers, *The Arrogance of Power*(New York: Penguin, 2001).

(24)Jim Zarroli, "Trump Used to Disparage an Anti-Bribery Law; Will He Enforce It Now?," NPR, 8 November 2017, https://www.npr.org/2017/11/08/561059555/trump-used-to-disparage-an-anti-bribery-law-will-he-enforce-it-now.

(25)Perlstein, *Reaganland*.

(26)Jeanna Smialek, "Trump Tried to Kill Anti-Bribery Rule He Deemed 'Unfair,' New Book Alleges," *New York Times*, 15 January 2020, https://www.nytimes.com/2020/01/15/business/economy/trump-bribery-law.html.

(27)"The 2020 Election: An Anti-Corruption and Compliance Perspective," *Bribe, Swindle, or Steal*, 28 October 2020, https://podcasts.apple.com/us/podcast/2020-election-anti-corruption-compliance-perspective/id1231612850?i=1000496320745.

(28)Casey Michel, "Trump Administration Deals a Blow to International Anti-Corruption Efforts," *ThinkProgress*, 15 November 2017, https://archive.thinkprogress.org/trump-anti-corruption-measures/.

(29)Casey Michel, "Donald Trump's Quiet Christmas Gift to the

(4) https://www.instagram.com/p/Bkp3v8QAmZH/.(削除済み)
(5) https://www.instagram.com/p/BkggHjlg_ld/.(削除済み)
(6) https://www.instagram.com/p/BkfVFnlD_N-/?igshid=1wt83207hjnt4.(削除済み)
(7) https://www.instagram.com/p/Bkgg6-wAZZm/.(削除済み)
(8) https://www.instagram.com/p/Bkp3v8QAmZH/.(削除済み)
(9) "Equatorial Guinea VP Teodorin Obiang Sentenced in France," BBC, 27 October 2017, https://www.bbc.com/news/world-europe-41775070.
(10) "Swiss to Auction 25 Supercars Seized from Son of Equatorial Guinea Dictator," *Guardian*, 28 September 2019, https://www.theguardian.com/world/2019/sep/29/swiss-to-auction-25-supercars-seized-from-son-of-equatorial-guinea-dictator.
(11) Maria Clara Pestre and Gram Slattery, "Brazil Probes Money Laundering After Seizing Diamond-Studded Watches," Reuters, 10 October 2018, https://www.reuters.com/article/us-brazil-equatorial/brazil-probes-money-laundering-after-seizing-diamond-studded-watches-idUSKCN1MK22G.
(12) "Teodorin Obiang: '$16m Seized' from E Guinea Leader's Son," BBC, 17 September 2018, https://www.bbc.com/news/world-africa-45546655.
(13) テオドリンの赤道ギニア大統領就任については、異母弟のガブリエル・オビアン・リマという障害が存在する点については言及しておいたほうがいいだろう。ガブリエルもまた国際的なマネーロンダリングとは無縁ではない。現在、ガブリエルは赤道ギニアの炭化水素省の大臣を務めており、リッグスのスキャンルでは実はガブリエルが中心人物を演じていた。テオドリンよりもはるかに金融や政治に精通しているだけでなく、弟のほうが世間的に目立たないようにしていられる術にも長けていると考えられている。カザフスタンのダリガ・ナザルバエワやウズベキスタンのグリナラ・カリモヴァなどのように、独裁的なクレプトクラットの子弟が、西側諸国で行っていた資金洗浄が捜査の結果発覚して失脚したことを考えると、いまのところテオドリンには、赤道ギニアの大統領に就任する気はないのかもしれない。Delfin Mocache Massoko(*Diario Rombe*), Antonio Baquero(OCCRP), Micael Pereira(*Expresso*), Flora Alexandrou, Linda van der Pol, Mark Anderson(OCCRP), and Stelios Orphanides(OCCRP), "Equatorial Guinea's Oil Minister Allegedly Siphoned Off Millions from Public Construction Project," OCCRP, 8 January 2021, https://www.occrp.org/en/investigations/equatorial-guineas-oil-minister-allegedly-siphoned-off-millions-from-public-construction-project.
(14) https://www.instagram.com/p/BjdS2regh_L/.

(57)"Prominent Global Law Firm Agrees to Register as an Agent of a Foreign Principal," U.S. Department of Justice, 17 January 2019, https://www.justice.gov/opa/pr/prominent-global-law-firm-agrees-register-agent-foreign-principal.

(58)Bermet Talant, "Pinchuk Denies He Paid US Law Firm for Report About Tymoshenko," *Kyiv Post*, 21 January 2019, https://www.kyivpost.com/ukraine-politics/us-law-firm-behind-report-whitewashing-tymoshenko-prosecution-thought-pinchuk-paid-for-it.html; Josh Gerstein, "Democratic Pollster Divulges Details to Jurors About Greg Craig's Ukraine Work," *Politico*, 16 August 2019, https://www.politico.com/story/2019/08/16/greg-craig-trial-ukraine-1466669; and "Gregory Craig statement-4–11–19," YouTube, https://www.youtube.com/watch?v=HDT3Xsc87sA.

(59)選挙運動中の2016年、トランプ陣営が「トランプ・タワー」で行ったクレムリン関係者との恥ずべき会合のメンバーの1人にアイク・カヴェラーゼという人物がいた。カヴェラーゼは以前、大勢のロシア人のためにデラウェア州で約2000社のペーパーカンパニーを設立していた事実が明らかにされていた。これらの会社は14億ドル以上の資金を動かしていたものの、その出どころは不明だった。上院議員カール・レビンがのちに話していたように、カヴェラーゼはペーパーカンパニーとマネーロンダリングの「申し子」とも言うべき人物だった：Raymond Bonner, "Laundering of Money Seen as 'Easy,'" *New York Times*, 29 November 2009, nytimes.com/2000/11/29/business/laundering-of-money-seen-as-easy.html%20and%20https://www.nbcnews.com/news/us-news/ike-kaveladze-named-eighth-person-trump-meeting-n784216.

(60)Philip Elliott, "How Donald Trump Hired and Fired Paul Manafort," *Time*, 30 October 2017, https://time.com/5003298/paul-manafort-indictment-donald-trump/.

第15章◆骨の髄まで腐っている

(1)Eliot Asinof, *Eight Men Out*(New York: Henry Holt, 1963).〔エリオット・アジノフ『エイトメン・アウト』名谷一郎訳、文藝春秋、1989年〕

(2)https://www.instagram.com/p/BknayFBgcC2/?taken-by=boorossinicte.(削除済み)

(3)https://www.instagram.com/p/BkghoSxgpZa/?igshid=10mliilqisrim.7.(削除済み)

（リンク切れ）

(49) 痕跡を消すことに手を尽くしたにもかかわらず、イヴァンカがアゼルバイジャンのプロジェクトに関与していた話はネットでいまでも閲覧できる：“From Ivanka's Desk: Trump Hotel Baku,” 11 November 2014, https://web.archive.org/web/20150502122726/https:/www.ivankatrump.com/ivankas-office-trump-tower-baku/.

(50) Meghan Keneally, “Timeline of Paul Manafort's Role in the Trump Campaign,” ABC News, 30 October 2017, https://abcnews.go.com/Politics/timeline-paul-manaforts-role-trump-campaign/story?id=50808957.

(51) カンザス州の元上院議員で、1996年の大統領選で共和党の候補となったボブ・ドールは、アメリカがクレプトクラットの天国に化していくことにはあまり関係はしていない。しかし、この人物が国外の腐敗を極めた依頼者の求めに応じてロビー活動を行い、汚い金をこれほど稼いだ元大統領候補はいなかった事実については記しておく意義はあるだろう。ドールは、ロシアのオリガルヒ、オレグ・デリパスカにことのほか肩入れしていただけでなく、キルギスのアジア・ユニバーサル・バンクの取締役にも就任していた。この銀行は旧ソ連地域で設立された金融機関でもっとも不正が横行している銀行のひとつだった。キルギスの元政府関係者は、ドールについて「アメリカの政治家がこの程度の金で転ぶのかとあきれたのを覚えている」と私に話していた：Casey Michel, “We Finally Know Why a Former GOP Presidential Nominee Joined the Most Crooked Bank in Central Asia,” *ThinkProgress*, 28 August 2018, https://archive.thinkprogress.org/paul-manafort-bob-dole-board-of-crooked-bank-central-asia-413f55b4ce82/.

(52) Sharman, *The Despot's Guide to Wealth Management*.

(53) 同上。

(54) Nesima Aberra, “On Paul Manafort and Foreign Lobbying: A Q&A with the Author of ‘The Torturers' Lobby,’” Center for Public Integrity, 8 August 2018, https://publicintegrity.org/politics/on-paul-manafort-and-foreign-lobbying-a-qa-with-the-author-of-the-torturers-lobby/.

(55) Meyer, “Law Firm That Worked with Manafort in Ukraine Admits to Misleading DOJ.”

(56) スキャデンアープスが司法省に提出した登録届出書は以下を参照：https://efile.fara.gov/docs/6617-Registration-Statement-20190118-1.pdf; さらに、Maximilian Hess, “Wooing the West: Who Is Ukraine's Viktor Pinchuk?,” *Eurasianet*, 26 February 2020, https://eurasianet.org/wooing-the-west-who-is-ukraines-viktor-pinchuk.

watch?v=BMSlAb4RD7M.
(38) Casey Michel, "Ivanka Trump's Starring Role in Her Father's Financial Troubles," *New Republic*, 30 September 2020, https://newrepublic.com/article/159546/ivanka-trump-tax-evasion-foreign-corruption.
(39) Hogan Lovells, "Bearer Shares Abolished from 26 May 2015," Lexology, 2 June 2015, https://www.lexology.com/library/detail.aspx?g=a8e97ede-6a00-4191-b844-2bcf5ae90e9d.
(40) Casey Michel, "Why Has Congress Stalled on Investigating Money Laundering Allegations at Trump Properties?," *ThinkProgress*, 11 April 2019, https://archive.thinkprogress.org/where-are-the-investigations-into-the-trump-properties-linked-to-foreign-money-laundering-705464010f8a/.
(41) Parker et al., "Ivanka and the Fugitive from Panama."
(42) David A. Fahrenthold, "Owners of Former Trump Hotel in Panama Say President's Company Evaded Taxes," *Washington Post*, 3 June 2019, https://www.washingtonpost.com/politics/owners-of-former-trump-hotel-in-panama-say-presidents-firm-evaded-taxes/2019/06/03/fe70d344-866b-11e9-a870-b9c411dc4312_story.html.
(43) Adam Davidson, "Donald Trump's Worst Deal," *New Yorker*, 5 March 2017, https:// www.newyorker.com/magazine/2017/03/13/donald-trumps-worst-deal.
(44) Robbie Gramer, "Trump Hotel in Baku Partnered with 'Notoriously Corrupt' Oligarch Family with Ties to Iranian Revolutionary Guard Corps," *Foreign Policy*, 6 March 2017, https://foreignpolicy.com/2017/03/06/trump-hotel-in-baku-partnered-with-notoriously-corrupt-oligarch-with-ties-to-iranian-revolutionary-guard-corps-new-yorker-report-azerbaijan-iran-corruption-conflict-of-interest-mammadov/.
(45) Davidson, "Donald Trump's Worst Deal."
(46) Michel, "Ivanka Trump's Starring Role in Her Father's Financial Troubles."
(47) Martha Ross, "Ivanka Trump Played Key Role in Her Father's Failed—and Potentially Corrupt—Azerbaijan Hotel Deal, Report Says," *Mercury News*, 10 March 2017, https://www.mercurynews.com/2017/03/10/ivanka-trump-played-key-role-in-her-fathers-failed-and-potentially-corrupt-azerbaijan-hotel-deal-report-says/.
(48) Ivanka Trump, Instagram, https://www.instagram.com/p/vys5QXikA2/.

(27) Alexandra Clough, "Trump in Palm Beach: Did Russian Mansion Buyer Make Money?," *Palm Beach Post*, 17 February 2019, https://www.palmbeachpost.com/news/20190217/trump-in-palm-beach-did-russian-mansion-buyer-make-money.

(28) Frank Cerabino, "Cerabino: A New Twist in the Old Saga of That Palm Beach Mansion Trump Made a Killing off Of," *Palm Beach Post*, 11 September 2020, https://www.palmbeachpost.com/story/news/columns/2020/09/11/michael-cohens-take-trumps-sale-palm-beach-estate-russian/3468953001/.

(29) Kevin G. Hall and Ben Wieder, "Trump Dreamed of His Name on Towers Across Former Soviet Union," *Miami Herald*, 30 June 2017, https://www.miamiherald.com/news/politics-government/article158519159.html.

(30) Burgis, "The Secret Scheme to Skim Millions off Central Asia's Pipeline Megaproject."

(31) Aubrey Belford, Sander Rietveld, and Gabrielle Paluch, "The Winding Money Trail from Kazakhstan to Trump SoHo," *McClatchy*, 26 June 2018, https://www.mcclatchydc.com/news/nation-world/article213846794.html.

(32) Richard C. Paddock and Eric Lipton, "Trump's Indonesia Projects, Still Moving Ahead, Create Potential Conflicts," *New York Times*, 31 December 2016, https://www.nytimes.com/2016/12/31/world/asia/indonesia-donald-trump-resort.html?_r=1.

(33) "Ivanka Trump Exclusive at Trump Ocean Club Panama," YouTube, https://www.youtube.com/watch?v=Z1ixnO2_x9Y.

(34) Ned Parker, Stephen Grey, Stefanie Eschenbacher, Roman Anin, Brad Brooks, and Christine Murray, "Ivanka and the Fugitive from Panama," Reuters, 17 November 2017, https://www.reuters.com/investigates/special-report/usa-trump-panama/.

(35) "Narco-a-Lago: Money Laundering at the Trump Ocean Club Panama," November 2017, Global Witness, https://www.globalwitness.org/en/campaigns/corruption-and-money-laundering/narco-a-lago-panama/.

(36) "Lifestyles of the Rich and Shameless: Trump Edition 2006–2011," Global Witness, 17 November 2007, https://www.globalwitness.org/en/campaigns/corruption-and-money-laundering/lifestyles-rich-and-shameless-trump-edition-2006-2011/.

(37) "Trump Ocean Club Panama," YouTube, https://www.youtube.com/

in Glass, but Hiding Mysteries," NPR, 7 November 2017, https://www.npr.org/2017/11/07/560849787/trump-soho-a-shiny-hotel-wrapped-in-glass-but-hiding-mysteries.

(16) Frank, "Secret Money: How Trump Made Millions Selling Condos to Unknown Buyers."

(17) 同上。

(18) Rupert Neate, "Trump and Clinton Share Delaware Tax 'Loophole' Address with 285,000 Firms," *Guardian*, 25 April 2016, https://www.theguardian.com/business/2016/apr/25/delaware-tax-loophole-1209-north-orange-trump-clinton.

(19) Harper Neidig, "Trump Has 378 Businesses Registered in Delaware," *Hill*, 22 April 2016, https://thehill.com/blogs/ballot-box/presidential-races/277326-trump-has-378-businesses-registered-in-delaware.

(20) Karl Baker, "Delaware Dissolves Shell Companies Created to Pay Off Women by Trump-Fixer Michael Cohen," *Delaware News Journal*, 5 October 2020, https://www.delawareonline.com/story/news/2020/10/05/delaware-dissolves-llcs-created-pay-off-women-trump-fixer-michael-cohen/3623443001/.

(21) Craig Unger, *House of Trump, House of Putin* (New York: Dutton, 2018).

(22) "Semion Mogilevich," FBI Most Wanted, https://www.fbi.gov/wanted/topten/topten-history/hires_images/FBI-494-SemionMogilevich.jpg/view.

(23) Craig Horowitz, "Iced," *New York*, 19 November 2004, https://nymag.com/nymetro/news/people/features/10490/.

(24) Michael Weiss and Casey Michel, "The Alleged Russian Mobsters in Trump World's Orbit: A Dirty Dozen," *Daily Beast*, 6 December 2019, https://www.thedailybeast.com/the-alleged-russian-mobsters-in-trump-worlds-orbit-a-dirty-dozen.

(25) Craig Unger, "Trump's Russian Laundromat," *New Republic*, 13 July 2017, https://newrepublic.com/article/143586/trumps-russian-laundromat-trump-tower-luxury-high-rises-dirty-money-international-crime-syndicate.

(26) Craig Unger, "Trump's Businesses Are Full of Dirty Russian Money. The Scandal Is That It's Legal," *Washington Post*, 29 March 2019, https://www.washingtonpost.com/outlook/trumps-businesses-are-full-of-dirty-russian-money-the-scandal-is-thats-legal/2019/03/29/11b812da-5171-11e9-88a1-ed346f0ec94f_story.html.

baby-doc-dies-at-63.html.
(3)"Duvalier Weds in Style," *Washington Post*, 28 May 1980, https://www.washingtonpost.com/archive/politics/1980/05/28/duvalier-weds-in-style/52843118-8bf3-485d-8909-f95ce6e4dd13//.
(4)"Haiti: Justice Denied by Duvalier's Death," Human Rights Watch, 4 October 2014, https://www.hrw.org/news/2014/10/04/haiti-justice-denied-duvaliers-death.
(5)Sharman, *The Despot's Guide to Wealth Management*.
(6)著者とのインタビューによる。
(7)Sharman, *The Despot's Guide to Wealth Management*.
(8)Elaine Sciolino, "Reagan Orders Assets of the Duvaliers Frozen," *New York Times*, 20 March 1987, https://www.nytimes.com/1987/03/20/world/reagan-orders-assets-of-the-duvaliers-frozen.html.
(9)Frank, "Secret Money: How Trump Made Millions Selling Condos to Unknown Buyers."
(10)Betsy Swan and Tim Mak, "Trump Tower: Dictators' Home Away from Home," *Daily Beast*, 14 April 2017, https://www.thedailybeast.com/trump-tower-dictators-home-away-from-home.
(11)デュヴァリエがトランプの不動産に出資していた事実はもちろん、さらに契約書の署名に際して、トランプがデュヴァリエの代理弁護士の真上の部分に自身の手でサインを記し、利益を得ていた事実が判明したのは、ハイチの元独裁者が不名誉な最期を遂げたからにほかならなかった。1980年代半ば、ハイチの国民がついに蜂起、反旗を翻して独裁者の追放に成功した。後継政府はデュヴァリエのマネーロンダリングについて調査を始める。このとき1人の調査官がデュヴァリエの資金の経路をたどり、トランプ・タワーに直接流れ込んでいた事実を突き止めたのだ。その調査官の話では、追跡調査そのものはとくに難しくはなかったという。デュヴァリエは「あまりにも脇が甘かった」のだ。国庫を略奪するためにデュヴァリエが使っていた無数の小切手の1枚に「トランプ・タワーの物件」と書かれていたのだ。「自分たちにもその意味くらいはわかる」とその調査官は語っていた：William Finnegan, "The Secret Keeper," *New Yorker*, 12 October 2009, https://www.newyorker.com/magazine/2009/10/19/the-secret-keeper.
(12)Frank, "Secret Money: How Trump Made Millions Selling Condos to Unknown Buyers."
(13)同上。
(14)同上。
(15)Jim Zarroli and Alina Selyukh, "Trump SoHo: A Shiny Hotel Wrapped

Developer," *Crain's Chicago Business*, 2 August 2019, https://www.chicagobusiness.com/commercial-real-estate/why-one-far-flung-suburb-fed-rogue-developer.

(33) Sherri Welch, "Former Hyatt Regency Hotel in Dearborn Shut Down by City," *Crain's Detroit*, 14 December 2018, https://www.crainsdetroit.com/hospitality/former-hyatt-regency-hotel-dearborn-shut-down-city.

(34) Craig Offman, Steven Chase, and Xiao Xu, "Chinese Evidence, Canadian Charges: Accused Businessman Says Fraud Case Built with Coercion," *Globe and Mail*, 8 November 2018, https://www.theglobeandmail.com/politics/article-chinese-evidence-canadian-charges-accused-businessman-edward-gong/.

(35) Sam Hurley, "How to Hide $53m: Mogul Used Mother and Son's Finance Firm," *New Zealand Herald*, 25 November 2019, https://www.newstalkzb.co.nz/news/business/chinese-canadian-mogul-edward-gong-used-auckland-mother-and-sons-finance-firm-to-hide-53m/.

(36) 著者とのインタビューによる。

(37) 著者とのインタビューによる。

(38) Burgis, *Kleptopia*.

(39) "Asset Recovery in Eurasia: Repatriation or Repay the Patron?," U.S. Helsinki Commission, 13 February 2019, https://www.csce.gov/sites/helsinkicommission.house.gov/files/unofficial-transcript/0213%20Asset%20Recovery%20in%20Eurasia%20-%20Repatriation%20or%20Repay%20the%20Patron_Scrubbed.pdf.

(40) 同上。

(41) 同上。

第IV部◆匿名の合衆国

(1) Chayes, *On Corruption in America*.

第14章◆新興財閥はただの隠れ蓑

(1) Philip Roth, *Reading Myself and Others* (New York: Vintage, 2007).〔フィリップ・ロス『素晴らしいアメリカ作家』青山南訳、集英社、1980年〕

(2) Randal C. Archibold, "Jean-Claude Duvalier Dies at 63; Ruled Haiti in Father's Brutal Fashion," *New York Times*, 4 October 2014, https://www.nytimes.com/2014/10/05/world/americas/jean-claude-duvalier-haitis-

Trading, Inc.; Optima Fixed Income, LLC; Optima Ventures, LLC; Querella Holdings, Ltd.; Optima International of Miami, Inc.; 5251 36th Street, LLC; Georgian American Alloys, Inc.; Halliwel Assets, Inc."

(20) Kovensky and Vikhrov, "The Spectacular Rise and Fall of Ihor Kolomoisky's Steel Empire."

(21) 同上。

(22) "Felman Production Employee Reviews in New Haven, WV," Indeed, https://www.indeed.com/cmp/Felman-Production/reviews?fcountry=US&floc=New+Haven%2C+WV.

(23) Mike James, "KES to Shut Down Permanently," *Independent*, 9 January 2018, https://www.dailyindependent.com/news/kes-to-shut-down-permanently/article_e299d072-f589-11e7-8a3e-ab5b224c8b8d.html.

(24) Sallah and Kozyreva, "With Deutsche Bank's Help, an Oligarch's Buying Spree Trails Ruin Across the US Heartland."

(25) アメリカの何百人もの鉄鋼労働者がコロモイスキーの計画の犠牲になった。しかし、ジャーナリストのトッド・プリンスが2020年に報告しているように、コロモイスキーはもはや鉄鋼労働者を必要としていないのかもしれない。ケンタッキー州西部に残っている工場のひとつは、従業員全員を解雇したものの、工場そのものは休眠状態のままだ。話ではこの建物は「ビットコインの採掘場所」に変えられ「倉庫内には暗号通貨を生み出すために無数のコンピューターが置かれている」という：Todd Prince, "Layoffs, Cryptocurrency, and Uncertainty at a Ukrainian Tycoon's Kentucky Factory," RFE/RL, 10 December 2020, https://www.rferl.org/a/layoffs-cryptocurrency-and-uncertainty-at-a-ukrainian-tycoons-kentucky-factory/30993969.html.

(26) 著者とのインタビューによる。

(27) Gregory Harutunian, "Harvard Motorola Site in Forfeit by Justice Department," *McHenry Chronicle*, 7 November 2018, https://chronicleillinois.com/news/mchenry-county-news/harvard-motorola-site-forfeited-by-justice-department/.

(28) 著者とのインタビューによる。

(29) 著者とのインタビューによる。

(30) 著者とのインタビューによる。

(31) Brittany Keeperman, "Owner of Former Motorola Campus in Harvard Faces Fraud Charges in Canada," *Northwest Herald*, 5 January 2018, https://www.shawlocal.com/2018/01/03/owner-of-former-motorola-campus-in-harvard-faces-fraud-charges-in-canada/aixf2dr/.

(32) Alby Gallun, "Why One Far-Flung Suburb Is Fed Up with This Rogue

(6) Sallah and Kozyreva, "With Deutsche Bank's Help, an Oligarch's Buying Spree Trails Ruin Across the US Heartland."
(7) Dan O'Brien, "Unforeseen Conditions Closes Warren Steel Holdings," *Business Journal*, 12 January 2016, https://businessjournaldaily.com/utilities-cut-to-warren-steel-holdings/.
(8) 同上。
(9) 同上。
(10) Joo, "Warren Steel: The Day the Machines Went Quiet."
(11) "Ukrainian Oligarchs Sued over $100M Loan 'Sham,'" *Law360*, 26 August 2019, https://www.law360.com/articles/1192470.
(12) "Vadim Shulman," OCCRP, https://www.occrp.org/en/paradisepapers/profiles/vadim-shulman.
(13) "As Biden-Trump, Ukraine Debate Rages, Related Court Cases Land in Delaware," *Delaware Online*, 2 October 2019, https://www.delawareonline.com/story/money/business/2019/10/02/biden-trump-ukraine-debate-rages-related-court-cases-land-delaware/2374838001/.
(14) Caryer, "Steal Country: The Case of Ukrainian Money Laundering in Northeast Ohio."
(15) "Vadim M. Shulman; Bracha Foundation v. Igor Valeryevich Kolomoisky; Gennadiy Borisovich Bogolyubov; Mordechai Korf; Panikos Symeou; Joint Stock Company Commercial Bank PrivatBank; Warren Steel Holdings, LLC; Optima Acquisitions, LLC; Optima Group, LLC; Optima International; CC Metals and Alloys, LLC; Felman Trading, Inc.; Optima Fixed Income, LLC; Optima Ventures, LLC; Querella Holdings, Ltd.; Optima International of Miami, Inc.; 5251 36th Street, LLC; Georgian American Alloys, Inc.; Halliwel Assets, Inc.," https://www.scribd.com/document/456427613/Vadim-Shulman-August-2019-Delaware-Lawsuit-Against-Ihor-Kolomoisky.
(16) 同上。
(17) 同上。
(18) Caryer, "Steal Country: The Case of Ukrainian Money Laundering in Northeast Ohio."
(19) "Vadim M. Shulman; Bracha Foundation v. Igor Valeryevich Kolomoisky; Gennadiy Borisovich Bogolyubov; Mordechai Korf; Panikos Symeou; Joint Stock Company Commercial Bank PrivatBank; Warren Steel Holdings, LLC; Optima Acquisitions, LLC; Optima Group, LLC; Optima International; CC Metals and Alloys, LLC; Felman

Live Quietly in Houston and Miami," *Houston Press*, 18 April 2017, https://www.houstonpress.com/news/many-corrupt-venezuelans-hide-in-houston-and-miami-9335232.

(53) Amy Mackinnon, "Biden Expected to Put the World's Kleptocrats on Notice," *Foreign Policy*, 3 December 2020, https://foreignpolicy.com/2020/12/03/biden-kleptocrats-dirty-money-illicit-finance-crackdown/.

(54) 著者とのインタビューによる。

(55) 著者とのインタビューによる。

(56) 著者とのインタビューによる。

(57) Sabra Ayres, "Dallas Real Estate Entangled in International Money Laundering Probe," Spectrum News 1, 1 October 2020, https://spectrumlocalnews.com/tx/san-antonio /news/2020/09/24/dallas-real-estate-entangled-in-international-money-laundering-probe.

(58) Marty Finley, "EXCLUSIVE: Downtown Louisville Office Tower Facing Foreclosure," *Louisville Business First*, 7 February 2018, https://www.bizjournals.com/louisville/news/2018/02/07/exclusdowntown-louisville-office-tower-facing.html.

(59) "Doors Wide Open: Corruption and Real Estate in Four Key Markets," Transparency International, 2017, https://www.transparency.org/en/publications/doors-wide-open-corruption-and-real-estate-in-four-key-markets.

(60) Louise Story and Stephanie Saul, "Stream of Foreign Wealth Flows to Elite New York Real Estate," *New York Times*, 7 February 2015, https://www.nytimes.com/news-event/shell-company-towers-of-secrecy-real-estate.

第13章◆呪われた工場

(1) Viet Thanh Nguyen, *The Sympathizer* (New York: Grove, 2016).〔ヴィエト・タン・ウェン『シンパサイザー』上岡伸雄訳、早川書房、2017年〕

(2) Kovensky and Vikhrov, "The Spectacular Rise and Fall of Ihor Kolomoisky's Steel Empire."

(3) Sallah and Kozyreva, "With Deutsche Bank's Help, an Oligarch's Buying Spree Trails Ruin Across the US Heartland."

(4) 同上。

(5) 著者とのインタビューによる。

https://www.clevescene.com/scene-and-heard/archives/2019/06/11/how-ukrainian-oligarchs-secretly-became-the-largest-real-estate-owners-in-downtown-cleveland.

(39)著者とのインタビューによる。

(40)Jarboe, "Optima Pays $46.5 Million for Penton Media Building in Downtown Cleveland."

(41)Allard, "How Ukrainian Oligarchs Secretly Became the Largest Real Estate Owners in Downtown Cleveland."

(42)Michelle Jarboe, "AECOM Centre in Downtown Cleveland Sells to New Jersey Buyer with Renovation Plans," *Cleveland Plain Dealer*, 30 January 2019, https://www.cleveland.com/realestate-news/2018/06/aecom_centre_in_downtown_cleve.html.

(43)"Justice Department Seeks Forfeiture of Third Commercial Property Purchased with Funds Misappropriated from PrivatBank in Ukraine."

(44)Michelle Jarboe, "K&D Strikes Deal to Buy 55 Public Square Office Tower, with Mixed-Use Renovation Plans," *Cleveland Plain Dealer*, 30 May 2018, https://www.cleveland.com/realestate-news/2018/05/kd_strikes_deal_to_buy_55_publ.html.

(45)Allard, "How Ukrainian Oligarchs Secretly Became the Largest Real Estate Owners in Downtown Cleveland."

(46)Jarboe, "K&D Strikes Deal to Buy 55 Public Square Office Tower, with Mixed-Use Renovation Plans."

(47)Allard, "How Ukrainian Oligarchs Secretly Became the Largest Real Estate Owners in Downtown Cleveland."

(48)著者とのインタビューによる。

(49)Michelle Jarboe, "Millennia Buys Downtown Cleveland's Near-Vacant 925 Building in $40 Million Deal," *Cleveland Plain Dealer*, 30 January 2019, https://www.cleveland.com/realestate-news/2018/05/millennia_buys_downtown_clevel.html.

(50)"Newmark Grubb Knight Frank Sells Huntington Building in Cleveland for $22 Million," *REjournals*, 4 April 2017, https://rejournals.com/newmark-grubb-knight-frank-sells-huntington-building-in-cleveland-for-22-million/.

(51)Stan Bullard, "N.J. Firm Set to Acquire AECOM Centre for $38M," *Crain's Cleveland*, 10 June 2018, https://www.crainscleveland.com/article/20180610/news/164531/nj-firm-set-acquire-aecom-centre-38m.

(52)Zach Despart, "Corrupt Businessmen Looted Venezuela, and Now Many

(35)一連の買収後も、いわゆる「オプティマ・ファミリー」の活動は続いた。オプティマに関連する新しいLLCがデラウェア州で次々と設立され、クリーブランドのビルの所有権を交換し合い、実際の所有権を偽装して、ネットワークの存在をさらに不明瞭にさせていた。「オプティマ925」というLLCは、巨大な「ハンティントン・ビル」の所有権を(略)「オプティマ925 II」に移している。これは、「ビルの所有権に関するコロモイスキーの存在を曖昧にするため」だったと思われると、アメリカ政府はのちに語っている：“United States of America vs. Real Property Located at 7505 and 7171 Forest Lane, Dallas, Texas 75230, and all Appurtenances, Improvements, and Attachments there, and any right to collect and receive any profit, Rent, Income, and Proceeds Therefrom.”

(36)「55パブリック・スクエア」の資金調達に関する司法省の詳細な申し立てによって、複雑でまぎらわしい所有権の状態やペーパーカンパニーの実態、コロモイスキー、コルフ、ラーバーらの関与についても徐々に明らかにされていった。司法省が書いているように、「この物件を取得するために、コルフとラーバーは2008年4月29日にデラウェア州でオプティマ55パブリック・スクエアを法人化し、2008年5月5日にオハイオ州で登記した。会社の郵送先の住所は、フロリダ州マイアミのサウス・ビスケーン・ブールバード200。オプティマ・ベンチャーズの完全子会社で、親会社である同社もサウス・ビスケーン・ブールバード200で事業を展開していた。同じマイアミのオフィスにあるオプティマ・インターナショナルが買収交渉に参加、2008年3月6日に55パブリック・スクエアLLCと売買契約を締結している。その後、オプティマ55パブリック・スクエアが代理で購入者となった。2008年7月10日、オプティマ55パブリック・スクエアは、3400万ドルで当該資産の購入を完了、売買契約に関する署名はコルフが行っている。購入に際してオプティマ55パブリック・スクエアは、55パブリック・スクエアLLCの2184万4014.41ドル(融資番号03-0250448)という巨額の抵当を引き継ぐことが書類には記されていた。さらに契約締結に必要な諸費用として現金1283万2838.76ドルの支払いについても書かれていた。その支払いに際しては、以下に説明するように、プリヴァトバンクから不正に流用された資金が含まれていた」：“United States of America vs. Real Property Located at 55 Public Square, Cleveland, Ohio, All Appurtenances, Improvements, and Attachments on There, and any right to collect and Receive Any Profit, Rent, Income, and Proceeds Therefrom.”

(37)Sallah and Kozyreva, “With Deutsche Bank's Help, an Oligarch's Buying Spree Trails Ruin Across the US Heartland.”

(38)Sam Allard, “How Ukrainian Oligarchs Secretly Became the Largest Real Estate Owners in Downtown Cleveland,” *Cleveland Scene*, 11 June 2019,

Oligarch," *Miami Herald*, 16 July 2018, https://www.miamiherald.com/news/politics-government/article214974800.html.

(31) "United States of America vs. All Right to and Interest in PNC Corporate Plaza Holdings LLC Held, Controlled, or Acquired, Directly or Indirectly, by Optima CBD Investments LLC and/or CBD 500 LLC, Including Any Interest Held in or Secured by the Real Property and Appurtenances Located at 500 West Jefferson Street, Louisville, KY 40202; Any Right to Collect and Receive Any Profit, Rent, Income, and Proceeds Therefrom; and Any Interest Derived from the Proceeds Invested in PNC Corporate Plaza Holdings LLC by Optima CBD Investments LLC and/or CBD 500 LLC."

(32) 司法省は2人の役割について明言し、一時期以下のように主張していた。「コルフとラーバーは、〝パートナー〟の身元や所有権を隠すためにさまざまな手段を講じ、オプティマ名義で使った資金はプリヴァトバンクの融資であった事実も当初は隠していた。なかでも、彼らは、①事業体間で迅速な資金移動を行っていたが、これらの事業体はビジネスを目的としていない、②誤解を招くような類似した事業体名の使用、および合法的なビジネス目的をともなわない事業体の名称変更、③資産の真の受益的所有権を隠すため、多数の事業体からなる複雑な所有権構造を使用、④ウクライナにおいてコロモイスキー(とボゴリューボフ)の犯罪が公表されたことでオプティマに関連するファミリー企業の所有権構造を変更していた」などの点が指摘されていた:"Justice Department Seeks Forfeiture of Third Commercial Property Purchased with Funds Misappropriated from PrivatBank in Ukraine," U.S. Department of Justice, 30 December 2020, https://www.justice.gov/opa/pr/justice-department-seeks-forfeiture-third-commercial-property-purchased-funds-misappropriated. だが奇妙なことに、司法省はショチェットの役割については触れていなかった。

(33) "United States of America vs. All Right to and Interest in PNC Corporate Plaza Holdings LLC Held, Controlled, or Acquired, Directly or Indirectly, by Optima CBD Investments LLC and/or CBD 500 LLC, Including Any Interest Held in or Secured by the Real Property and Appurtenances Located at 500 West Jefferson Street, Louisville, KY 40202; Any Right to Collect and Receive Any Profit, Rent, Income, and Proceeds Therefrom; and Any Interest Derived from the Proceeds Invested in PNC Corporate Plaza Holdings LLC by Optima CBD Investments LLC and/or CBD 500 LLC."

(34) 同上。

and Proceeds Therefrom; and Any Interest Derived from the Proceeds Invested in PNC Corporate Plaza Holdings LLC by Optima CBD Investments LLC and/or CBD 500 LLC," https://www.justice.gov/opa/press-release/file/1302001/download.

(21) 著者とのインタビューによる。

(22) Seddon and Olearchyk, "The Bank That Holds the Key to Ukraine's Future."

(23) "United States of America vs. All Right to and Interest in PNC Corporate Plaza Holdings LLC Held, Controlled, or Acquired, Directly or Indirectly, by Optima CBD Investments LLC and/or CBD 500 LLC, Including Any Interest Held in or Secured by the Real Property and Appurtenances Located at 500 West Jefferson Street, Louisville, KY 40202; Any Right to Collect and Receive Any Profit, Rent, Income, and Proceeds Therefrom; and Any Interest Derived from the Proceeds Invested in PNC Corporate Plaza Holdings LLC by Optima CBD Investments LLC and/or CBD 500 LLC."

(24) 同上。

(25) Aslund, "How Kolomoisky Does Business in the United States."

(26) "Justice Department Seeks Forfeiture of Two Commercial Properties Purchased with Funds Misappropriated from PrivatBank in Ukraine."

(27) "United States of America vs. Real Property Located at 55 Public Square, Cleveland, Ohio, with All Appurtenances, Improvements, and Attachments Thereon, and Any Right to Collect and Receive Any Profit, Rent, Income, and Proceeds Therefrom," https://www.justice.gov/opa/press-release/file/1349786/download.

(28) 同上。

(29) "United States of America vs. All Right to and Interest in PNC Corporate Plaza Holdings LLC Held, Controlled, or Acquired, Directly or Indirectly, by Optima CBD Investments LLC and/or CBD 500 LLC, Including Any Interest Held in or Secured by the Real Property and Appurtenances Located at 500 West Jefferson Street, Louisville, KY 40202; Any Right to Collect and Receive Any Profit, Rent, Income, and Proceeds Therefrom; and Any Interest Derived from the Proceeds Invested in PNC Corporate Plaza Holdings LLC by Optima CBD Investments LLC and/or CBD 500 LLC."

(30) David Smile, Alex Daugherty, and Nicholas Nehamas, "Congress Candidate's Husband Has Financial Ties to Scandal-Plagued Ukrainian

(8)"Ukraine's Biggest Lender PrivatBank Nationalised," BBC, 19 December 2016, https://www.bbc.com/news/business-38365579.
(9)Stack, "Oligarchs Weaponized Cyprus Branch of Ukraine's Largest Bank to Send $5.5 Billion Abroad."
(10)著者とのインタビューによる。
(11)著者とのインタビューによる。
(12)著者とのインタビューによる。
(13)"Kroll Confirms: Before Nationalisation PrivatBank Was Subjected to a Large Scale and Coordinated Fraud, Which Resulted in a Loss of at Least USD 5.5 Billion," National Bank of Ukraine, 16 January 2018, https://bank.gov.ua/en/news/all/kroll-pidtverdili-do-natsionalizatsiyi-pat-privatbank-bulo-obyektom-masshtabnih-ta-skoordinovanih-shahrayskih-diy-scho-prizvelo-do-zbitkiv.
(14)Stack, "Oligarchs Weaponized Cyprus Branch of Ukraine's Largest Bank to Send $5.5 Billion Abroad."
(15)"Justice Department Seeks Forfeiture of Two Commercial Properties Purchased with Funds Misappropriated from PrivatBank in Ukraine," U.S. Department of Justice, 6 August 2020, https://www.justice.gov/opa/pr/justice-department-seeks-forfeiture-two-commercial-properties-purchased-funds-misappropriated.
(16)Lauren Caryer, "Steal Country: The Case of Ukrainian Money Laundering in Northeast Ohio," Kreller Group, 1 November 2019, https://www.kreller.com/post/steal-country.
(17)"United States of America vs. Real Property Located at 7505 and 7171 Forest Lane, Dallas, Texas 75230, with All Appurtenances, Improvements, and Attachments Thereon, and Any Right to Collect and Receive Any Profit, Rent, Income, and Proceeds Therefrom," https://www.justice.gov/opa/press-release/file/1302006/download.
(18)"Justice Department Seeks Forfeiture of Two Commercial Properties Purchased with Funds Misappropriated from PrivatBank in Ukraine."
(19)同上。
(20)"United States of America vs. All Right to and Interest in PNC Corporate Plaza Holdings LLC Held, Controlled, or Acquired, Directly or Indirectly, by Optima CBD Investments LLC and/or CBD 500 LLC, Including Any Interest Held in or Secured by the Real Property and Appurtenances Located at 500 West Jefferson Street, Louisville, KY 40202; Any Right to Collect and Receive Any Profit, Rent, Income,

(63) Boigon, "They Gave $25 Million to Jewish Nonprofits. Was Some of That Money Laundered from Ukraine?"

(64) Larry Tye, *Home Lands: Portraits of the New Jewish Diaspora* (New York: Henry Holt, 2001).

(65) Boigon, "They Gave $25 Million to Jewish Nonprofits. Was Some of That Money Laundered from Ukraine?"

(66) Stier, "The Dangers of Doing Business Abroad."

第12章◆ぽっかり空いた穴

(1) Joe Noga, "Ichiro Once Said He'd 'Punch Himself in the Face' If He Ever Lied About Wanting to Go to Cleveland," *Cleveland Plain Dealer*, 21 March 2019, https://www.cleveland.com/tribe/2019/03/ichiro-once-said-hed-punch-himself-in-the-face-if-he-ever-lied-about-wanting-to-go-to-cleveland.html.

(2) Jack Laurenson, "UK Police Investigate After Ex-Head of NBU Gontareva Struck by Car in Central London," *Kyiv Post*, 30 August 2019, https://www.kyivpost.com/world/uk-police-investigate-after-ex-head-of-nbu-gontareva-struck-by-car-in-central-london.html.

(3) Graham Stack, "Privat Investigations: PrivatBank Lending Practices Threaten Ukraine's Financial Stability," *bne IntelliNews*, 1 November 2016, https://www.intellinews.com/privat-investigations-privatbank-lending-practices-threaten-ukraine-s-financial-stability-108734/.

(4) 著者とのインタビューによる。

(5) Ben Aris, "Ukraine's Talks with the International Monetary Fund Have 'Stalled' Says NBU," *bne IntelliNews*, 14 October 2019, https://www.intellinews.com/ukraine-s-talks-with-the-international-monetary-fund-have-stalled-says-nbu-169622/.

(6) "Ukrainian Authorities Take Over Biggest Private Lender PrivatBank," *bne IntelliNews*, 19 December 2016, https://www.intellinews.com/ukrainian-authorities-take-over-biggest-private-lender-privatbank-112466/?source=bne-banker.

(7) Ben Aris, "Ukraine's PrivatBank Wins London Case Blocking Oligarch Kolomoisky from Unfreezing $2bn in Assets," *bne IntelliNews*, 15 October 2019, https://www.intellinews.com/ukraine-s-privatbank-wins-london-case-blocking-oligarch-kolomoisky-from-unfreezing-2bn-in-assets-169755/.

廃せずに1000年延長された。残された資産の分配は31世紀の会計士や弁護士に任せられることになった: Robert H. Sitkoff and Max M. Schanzenbach, "Jurisdictional Competition for Trust Funds: An Empirical Analysis of Perpetuities and Taxes," *Yale Law Journal* 115, no. 2 (November 2005), https://www.yalelawjournal.org/pdf/396_e4p5nu1m.pdf.

(50)"Governor's Task Force on Trust Administration Review and Reform," South Dakota Department of Labor and Regulation, http://dlr.sd.gov/banking/trusts/trust_task_force.aspx.

(51)Michel, "Trusting the Process."

(52)著者とのインタビューによる。

(53)Scannell and Houlder, "US Tax Havens: The New Switzerland."

(54)信託法の緩和を最大限に利用した1人がジェフリー・エプスタインだった。『ニューヨーク・タイムズ』紙は2021年、「エプスタインの専門は、裕福な顧客に巧妙な信託設定をはじめとする投資手段の利用法を提案することだった」と報じた。エプスタインの信託の手口の詳細については以下の記事を参照。Matthew Goldstein and Steve Elder, "What Jeffrey Epstein Did to Earn $158 Million from Leon Black," *New York Times*, 26 January 2021, https://www.nytimes.com/2021/01/26/business/jeffrey-epstein-leon-black-apollo.html.

(55)Mider, "Moguls Rent South Dakota Addresses to Dodge Taxes Forever."

(56)Bullough, "The Great American Tax Haven: Why the Super-Rich Love South Dakota."

(57)Mider, "Moguls Rent South Dakota Addresses to Dodge Taxes Forever."

(58)Drew Matthews, "Why South Dakota Is a Tax Haven for the Rich," *Rapid City Journal*, 10 April 2016, https://rapidcityjournal.com/news/local/why-south-dakota-is-a-tax-haven-for-the-rich/article_bfe0d2ee-56c4-58fe-a7d0-32354c0b28f8.html.

(59)著者とのインタビューによる。

(60)Robert Frank, Louise Connelly, and Scott Zamost, "Billionaire Divorce Uncovers Secretive World of Trusts in South Dakota," CNBC, 6 May 2020, https://www.cnbc.com/2020/05/06/how-marie-and-ed-bosarges-divorce-spotlights-south-dakotas-asset-trusts.html.

(61)Bullough, "The Great American Tax Haven: Why the Super-Rich Love South Dakota."

(62)Eli Binder and Katrina Northrop, "China's Global Treasure Map," *Wire China*, 20 September 2020, https://www.thewirechina.com/2020/09/20/chinas-global-treasure-map/.

(38) Casey Michel, "Trusting the Process," Hudson Institute, 1 March 2017, https://web.archive.org/web/20170325053418/http://kleptocracyinitiative.org/2017/03/trusting-the-process/.
(39) "Secret History of the Credit Card," PBS, 23 November 2004, https://www.pbs.org/wgbh/pages/frontline/shows/credit/interviews/janklow.html#:~:text=Bill%20Janklow%20was%20governor%20of,take%20off%20in%20the%201980s.&text=%22It's%20unbelievable%2C%20the%20lack%20of,consumer%20credit%2C%22%20he%20says.
(40) Oliver Bullough, "The Great American Tax Haven: Why the Super-Rich Love South Dakota," *Guardian*, 14 November 2019, https://www.theguardian.com/world/2019/nov/14/the-great-american-tax-haven-why-the-super-rich-love-south-dakota-trust-laws.
(41) "Secret History of the Credit Card."
(42) Bullough, "The Great American Tax Haven: Why the Super-Rich Love South Dakota."
(43) Michel, "Trusting the Process."
(44) Andres Knobel, "Trusts: Weapons of Mass Injustice?," Tax Justice Network, 13 February 2017, https://www.taxjustice.net/wp-content/uploads/2017/02/Trusts-Weapons-of-Mass-Injustice-Final-12-FEB-2017.pdf.
(45) Shaxson, *Treasure Islands*.
(46) Kara Scannell and Vanessa Houlder, "US Tax Havens: The New Switzerland," *Financial Times*, 8 May 2016, https://www.ft.com/content/cc46c644-12dd-11e6-839f-2922947098f0.
(47) Paul Sullivan, "The Ins and Outs of Trusts That Last Forever," *New York Times*, 5 December 2014, https://www.nytimes.com/2014/12/06/your-money/estate-planning/the-ins-and-outs-of-perpetual-trusts.html.
(48)「永久信託」を「頭がいかれている」と評したある学者は、永久信託に関する数字を計算してみた。その結果、「委託者が死亡して350年後、永久信託の受益者は平均して11万4688人にまで増えていることがわかった(委託者から見て14代目の子孫が1万6384人、同じく15代目の子孫が3万2768人、16代目が6万5536人)。また委託者との遺伝的な関係は、14代目とは0.0061035%、15代目とは0.0030517%、16代目とは0.0015258%となる」。Lawrence W. Waggoner, "From Here to Eternity: The Folly of Perpetual Trusts," University of Michigan Public Law Working Paper No. 259, 9 July 2016, https://papers.ssrn.com/sol3/papers.cfm?abstract_id=1975117.
(49) 理由ははっきりしないが、ワイオミング州の場合、信託の存続年数の上限は撤

banksandfinance/10661725/Credit-Suisse-helped-Americans-hide-10bn-from-taxman-government-claims.html.
(28) Bean, *Financial Exposure.*
(29) "UBS Admits to US Tax Fraud, Agrees to $780 Million in Fines," France24, 19 February 2009, https://www.france24.com/en/20090219-ubs-admits-us-tax-fraud-agrees-780-million-fines-.
(30) Bean, *Financial Exposure.*
(31) "Credit Suisse Pleads Guilty to Conspiracy to Aid and Assist U.S. Taxpayers in Filing False Returns," U.S. Department of Justsice, 19 May 2014, https://www.justice.gov/opa/pr/credit-suisse-pleads-guilty-conspiracy-aid-and-assist-us-taxpayers-filing-false-returns.
(32) Cotorceanu, "Why America Loves Being the World's No. 1 Tax Haven."
(33) "Summary of Key FATCA Provisions," Internal Revenue Service, https://www.irs.gov/businesses/corporations/summary-of-key-fatca-provisions.
(34) "What Is the CRS?," Organisation for Economic Co-operation and Development, https://www.oecd.org/tax/automatic-exchange/common-reporting-standard/.
(35) FATCAに対しては当然とも言える手厳しい批判が寄せられてきた点について記しておいたほうがいいだろう。その批判は、アメリカ国内の口座に資産を保有する非アメリカ人の情報提供について、アメリカが同等の透明性を提供しなかったことが主な理由だった。外国政府にアメリカ人の海外口座の開示を求めたが、アメリカ国内で口座を開設した非アメリカ人の情報を共有することについてワシントンは法的な制約を負っていなかった。アメリカ人が海外のどこの銀行に口座を開設しているのか詳細な情報を得て、アメリカ政府は税の透明性に関する大きな革命を起こしたが、自国以外の政府にそのような情報を提供するつもりはアメリカにはなかった: Casey Michel, "How the US Became the Center of Global Kleptocracy," *Vox*, 3 February 2020, https://www.vox.com/policy-and-politics/2020/2/3/21100092/us-trump-kleptocracy-corruption-tax-havens.
(36) "America's Notorious Tax-Compliance Law Faces Another Challenge," *Economist*, 5 October 2019, https://www.economist.com/finance-and-economics/2019/10/03/americas-notorious-tax-compliance-law-faces-another-challenge.
(37) Zachary R. Mider, "Moguls Rent South Dakota Addresses to Dodge Taxes Forever," *Bloomberg*, 27 December 2013, https://www.bloomberg.com/news/articles/2013-12-27/moguls-rent-south-dakota-addresses-to-dodge-taxes-forever.

world/2014/apr/17/ukrainian-oligarch-offers-financial-rewards-russians-igor-kolomoisky.

(13) Alan Cullison, "Ukraine's Secret Weapon: Feisty Oligarch Ihor Kolomoisky," *Wall Street Journal*, 27 June 2014, https://www.wsj.com/articles/ukraines-secret-weapon-feisty-oligarch-ihor-kolomoisky-1403886665.

(14) 著者とのインタビューによる。

(15) Cullison, "Ukraine's Secret Weapon: Feisty Oligarch Ihor Kolomoisky."

(16) Sophie Pinkham, "Watching the Ukrainian Oligarchs," *New Yorker*, 2 April 2015, https://www.newyorker.com/news/news-desk/watching-the-ukrainian-oligarchs.

(17) "Ukraine Governor Kolomoisky Sacked After Oil Firm Row," BBC, 25 March 2015, https://www.bbc.com/news/world-europe-32045990.

(18) Richard Balmforth, "Ukrainian Oligarch Under Fire After Night Raid on State Oil Firm," Reuters, 20 March 2015, https://www.reuters.com/article/us-ukraine-crisis-kolomoisky/ukrainian-oligarch-under-fire-after-night-raid-on-state-oil-firm-idUSKBN0MG2A320150320.

(19) Pinkham, "Watching the Ukrainian Oligarchs."

(20) 著者とのインタビューによる。

(21) Swan, "Billionaire Ukrainian Oligarch Ihor Kolomoisky Under Investigation by FBI."

(22) Eamon Javers, "Why Did the US Pay This Former Swiss Banker $104M?," CNBC, 30 April 2015, https://www.cnbc.com/2015/04/30/why-did-the-us-pay-this-former-swiss-banker-104m.html.

(23) Evan Thomas, "UBS: A Swiss Bank's Shadowy Operations," *Newsweek*, 13 March 2009, https://www.newsweek.com/ubs-swiss-banks-shadowy-operations-76447.

(24) Bean, *Financial Exposure*.

(25) "Banker Pleads Guilty to Helping American Real Estate Developer Evade Income Tax on $200 Million," U.S. Department of Justice, 19 June 2008, https://www.justice.gov/archive/tax/txdv08550.htm.

(26) Haig Simonian, "Diamonds in Toothpaste as Bankers Sought to Help," *Financial Times*, 22 February 2009, https://www.ft.com/content/a1897486-0108-11de-8f6e-000077b07658.

(27) Katherine Rushton, "Credit Suisse Helped Americans Hide $10bn from Taxman, Government Claims," *Telegraph*, 25 February 2014, https://www.telegraph.co.uk/finance/newsbysector/

into-how-paul-manafort-elected-ukraine-s-president/29394601.html.
(4) Emily Lodish, "26 Things Found in Yanukovych's Compound That Made Him Look Even Worse," PRI, 22 February 2014, https://www.pri.org/stories/2014-02-22/26-things-found-yanukovychs-compound-made-him-look-even-worse.
(5) Andrew E. Kramer, Mik McIntire, and Barry Meier, "Secret Ledger in Ukraine Lists Cash for Donald Trump's Campaign Chief," *New York Times*, 14 August 2016, https://www.nytimes.com/2016/08/15/us/politics/what-is-the-black-ledger.html.
(6) "Poroshenko Blames Yanukovych for Ukrainian Army's Weak State When Russia Seized Crimea," RFE/RL, 15 June 2020, https://www.rferl.org/a/poroshenko-blames-yanukovych-ukrainian-army-weak-state-russia-seized-crimea/30671818.html.
(7) 皮肉な話だが、クリミアを併合したロシア政府は、ここを「タックスヘイブン」にするというアイデアを打ち出す。モデルとなったのがデラウェア州だったが、この試みが成功したことを裏づける証拠はほとんどない。Katie Marie Davies, "Russia Unveils New Bill to Transform Crimea into Tax Haven," *Moscow Times*, 28 April 2017, https://www.themoscowtimes.com/2017/04/28/russia-unveils-new-bill-to-transform-crimea-into-tax-haven-a57855.
(8) Gabriela Baczynska, "Kiev Pins Hopes on Oligarch in Battle Against Eastern Separatists," Reuters, 23 May 2014, https://www.reuters.com/article/us-ukraine-crisis-oligarch/kiev-pins-hopes-on-oligarch-in-battle-against-eastern-separatists-idUKBREA4M0OU20140523?edition-redirect=uk.
(9) Andrew E. Kramer, "Residents in Eastern Ukraine City Rally Against Separatism," *New York Times*, 28 March 2015, https://www.nytimes.com/2015/03/29/world/europe/residents-in-eastern-ukraine-city-rally-against-separatism.html.
(10) "Global Banks Defy U.S. Crackdowns by Serving Oligarchs, Criminals and Terrorists," ICIJ, 20 September 2020, https://www.icij.org/investigations/fincen-files/global-banks-defy-u-s-crackdowns-by-serving-oligarchs-criminals-and-terrorists.
(11) Roman Olearchyk, "Ukraine Oligarch: Putin Is a "Schizophrenic of Short Stature," *Financial Times*, 3 March 2014, https://www.ft.com/content/d2609f36-f8ce-3dd9-9c8b-8682710bfc13.
(12) Alec Luhn, "Ukrainian Oligarch Offers Bounty for Capture of Russian 'Saboteurs,'" *Guardian*, 17 April 2014, https://www.theguardian.com/

(29)Jarboe, "The Most Important Guy You've Never Heard of: Chaim Schochet, 25, Builds Downtown Cleveland Empire."
(30)申し立てられた価格構成の内訳は、オプティマに対して起こされた無数の訴訟のひとつで見ることができる: https://www.atlanticcouncil.org/wp-content/uploads/2019/06/kolomoisky_case.pdf. これらの工場を購入した際の所有権の詳細は以下を参照。Nadiya Burdey, "Who Controls Oligarch Ihor Kolomoisky's Offshore Assets?," *Kyiv Post*, 16 May 2019, https://www.kyivpost.com/ukraine-politics/who-controls-oligarch-ihor-kolomoiskys-offshore-assets.html.
(31)ルイビルの物件は7705万ドル、ダラスの物件は4740万ドルで買収された。"Justice Department Seeks Forfeiture of Two Commercial Properties Purchased with Funds Misappropriated from PrivatBank in Ukraine," U.S. Department of Justice, 6 August 2020, https://www.justice.gov/opa/pr/justice-department-seeks-forfeiture-two-commercial-properties-purchased-funds-misappropriated.
(32)Carolyn Starks and Jeff Long, "Motorola Plant Has a Taker," *Chicago Tribune*, 15 August 2008, https://www.chicagotribune.com/news/ct-xpm-2008-08-15-0808141200-story.html.
(33)著者とのインタビューによる。
(34)Nicole Franz, "Timeline of Motorola Campus in Harvard," *Northwest Herald*, 22 March 2017, https://www.shawlocal.com/2017/03/22/timeline-of-motorola-campus-in-harvard/a701fm3/.
(35)Starks and Long, "Motorola Plant Has a Taker."
(36)同上。

第11章◆西部開拓時代にも法律はあった

(1)Tony Judt, "On Intellectuals and Democracy," *New York Review of Books*, 22 March 2012, https://www.nybooks.com/articles/2012/03/22/intellectuals-and-democracy/.
(2)Luke Harding, "Former Trump Aide Approved 'Black Ops' to Help Ukraine President," *Guardian*, 5 April 2018, https://www.theguardian.com/us-news/2018/apr/05/ex-trump-aide-paul-manafort-approved-black-ops-to-help-ukraine-president.
(3)Christopher Miller and Mike Eckel, "On the Eve of His Trial, a Deeper Look into How Paul Manafort Elected Ukraine's President," RFE/RL, 27 July 2018, https://www.rferl.org/a/on-eve-of-trial-a-deeper-glimpse-

business/2008/05/one_cleveland_center_sold_for.html.

(15)著者とのインタビューによる。

(16)Jarboe, "The Most Important Guy You've Never Heard of: Chaim Schochet, 25, Builds Downtown Cleveland Empire."

(17)"55 Public Square," Optima Management Group, http://www.optimamanagementgroup.com/property/55-public-square/.

(18)Michelle Jarboe, "Optima Pays $46.5 Million for Penton Media Building in Downtown Cleveland," *Cleveland Plain Dealer*, 17 August 2010, https://www.cleveland.com/business/2010/08/optima_pays_465_million_for_pe.html.

(19)著者とのインタビューによる。

(20)Michelle Jarboe, "Miami Investor Buys Cleveland's Huntington Building for Bargain Price," *Cleveland Plain Dealer*, 23 June 2010, https://www.cleveland.com/business/2010/06/miami_investor_buys_clevelands.html.

(21)Jarboe, "Optima Pays $46.5 Million for Penton Media Building in Downtown Cleveland."

(22)同上。

(23)同上。

(24)Nate Sibley, "Exposing Kleptocrats to Defend America's Borders," Hudson Institute, 2 October 2019, https://www.hudson.org/research/15357-exposing-kleptocrats-to-defend-america-s-borders.

(25)Kevin Sun, "EB-5 from the Other Side," *Real Deal*, 1 February 2020, https://therealdeal.com/issues_articles/eb-5-from-the-other-side/.

(26)Belinda Li, "The Other Immigration Crisis," Hudson Institute, 17 January 2017, https://www.hudson.org/research/13247-the-other-immigration-crisis.

(27)Scott Suttell, "A Federal Grand Jury in Cleveland Is Looking at a Ukrainian Oligarch's U.S. Real Estate Activities," *Crain's Cleveland*, 20 May 2020, https://www.crainscleveland.com/scott-suttell-blog/federal-grand-jury-cleveland-looking-ukrainian-oligarchs-us-real-estate.

(28)ウィキペディアにはショチェットに関するページが存在する。不動産会社の一介の中間管理職にすぎない彼について、誰がどんな目的でこのページを作ったのか不明であり、そもそもなぜそんなページが存在するのかよくわからない。「ショチェットは自身について、『健全な収入をもたらす不動産に関心を抱く長期的な投資家』と説明している」。詳しくはウィキペディアの「Chaim Schochet」を参照。Wikipedia, https://en.wikipedia.org/wiki/Chaim_Schochet.

第III部◆アメリカで暗躍する者たち

(1) David Shimer, *Rigged* (New York: Knopf, 2020).

第10章◆優良投資家

(1) Tom Burgis, *Kleptopia* (New York: Harper, 2020).
(2) "HASTILY MADE CLEVELAND TOURISM VIDEO," YouTube, https://www.youtube.com/watch?v=ysmLA5TqbIY.
(3) "Hastily Made Cleveland Tourism Video: 2nd Attempt," YouTube, https://www.youtube.com/watch?v=oZzgAjjuqZM.
(4) "Population History of Cleveland from 1840–1990," http://physics.bu.edu/~redner/projects/population/cities/cleveland.html.
(5) Sam Allard, "Ukrainian Oligarchs Left Trail of Devastation as They Bought, Then Abandoned, Heartland Real Estate," *Cleveland Scene*, 23 September 2020, http://www.wvexecutive.com/booming-business-in-mason-county-felman-production-inc/.
(6) Phyllis Flowers, "Booming Business in Mason County: Felman Production Inc.," *West Virginia Executive*, 24 October 2019, http://www.wvexecutive.com/booming-business-in-mason-county-felman-production-inc/.
(7) Jarboe, "The Most Important Guy You've Never Heard of: Chaim Schochet, 25, Builds Downtown Cleveland Empire."
(8) 同上。
(9) 同上。
(10) ハータックに問い合わせたところ、「この一文は数年前の発言であり、引用を許可できない」とのことだった。詳しくは本章の原註(7)の Jarboe, "The Most Important Guy You've Never Heard of: Chaim Schochet, 25, Builds Downtown Cleveland Empire." を参照。
(11) 著者とのインタビューによる。
(12) 著者とのインタビューによる。
(13) "One Cleveland Center," *Crain's Cleveland*, 1 August 2005, https://www.crainscleveland.com/article/20050801/LANDMARK/51121001/one-cleveland-center.
(14) Michelle Jarboe, "One Cleveland Center Sold for $86 Million," *Cleveland Plain Dealer*, 16 March 2008, https://www.cleveland.com/

justice.gov/opa/pr/department-justice-seeks-recover-more-708-million-proceeds-corruption-government-minister.

(24) Scott Cohn, "African Nation Leader Forced to Give Up Assets in DOJ Settlement," CNBC, 10 October 2014, https://www.cnbc.com/2014/10/10/african-nation-leader-forced-to-give-up-assets-in-doj-settlement.html.

(25) Leslie Wayne, "Shielding Seized Assets from Corruption's Clutches," *New York Times*, 30 December 2016, https://www.nytimes.com/2016/12/30/business/justice-department-tries-to-shield-repatriations-from-kleptocrats.html.

(26) 著者とのインタビューによる。

(27) "United States of America v. One Michael Jackson Signed Thriller Jacket and Other Michael Jackson Memorabilia; Real Property Located on Sweetwater Mesa Road in Malibu, California; One 2011 Ferrari 599 GTO," https://www.justice.gov/sites/default/files/press-releases/attachments/2014/10/10/obiang_settlement_agreement.pdf.

(28) "Second Vice President of Equatorial Guinea Agrees to Relinquish More Than $30 Million of Assets Purchased with Corruption Proceeds," U.S. Department of Justice, 10 October 2014, https://www.justice.gov/opa/pr/second-vice-president-equatorial-guinea-agrees-relinquish-more-30-million-assets-purchased.

(29) For more on the difficulties of returning stolen assets, see: "Justice Department Settlement Successfully Releases More Than $115 Million in Alleged Corruption Proceeds to People in Kazakhstan," U.S. Department of Justice, 9 December 2015, https://www.justice.gov/opa/pr/justice-department-settlement-successfully-releases-more-115-million-alleged-corruption.

(30) 著者とのインタビューによる。

(31) 著者とのインタビューによる。

(32) 著者とのインタビューによる。

(33) 著者とのインタビューによる。

(34) 著者とのインタビューによる。

Justice, 19 October 2010, https://www.justice.gov/opa/speech/assistant-attorney-general-lanny-breuer-delivers-keynote-address-money-laundering.
（7）同上。
（8）著者とのインタビューによる。
（9）著者とのインタビューによる。
（10）著者とのインタビューによる。
（11）著者とのインタビューによる。
（12）著者とのインタビューによる。
（13）著者とのインタビューによる。
（14）著者とのインタビューによる。
（15）Nick Mathiason, "HSBC Accused of Aiding 'Unusual' Angolan $50m Money Transfer," *Guardian*, 4 February 2010, https://www.theguardian.com/business/2010/feb/04/hsbc-angola-us-senate.
（16）Stephanie Kirchgaessner, "Lawmakers Push to Close 'Dirty Money' Loopholes," *Financial Times*, 3 February 2010, https://www.ft.com/content/b1bf8dfe-110b-11df-9a9e-00144feab49a.
（17）調査の結果、アティク・アブバカルはルイジアナ州選出の下院議員ウィリアム・ジェファーソンからも賄賂を受け取る手はずになっていた。「ポリティコ」の報道によると、ジェファーソンは「FBIの情報提供者が用意した10万ドルを賄賂として（アブバカルに）渡す計画だった」と言われており、FBIの捜査官はその様子をひそかに撮影していた。ジェファーソンを最終的に追い詰めた捜査官は、議員の家の冷凍庫のなかに隠されていた9万ドルを発見した。詳しくは以下を参照。John Bresnahan, "Report Revisits Jefferson Scandal," *Politico*, 5 February 2010, https://www.politico.com/story/2010/02/report-revisits-jefferson-scandal-032593.
（18）"Keeping Foreign Corruption out of the United States: Four Case Histories."
（19）同上。
（20）著者とのインタビューによる。
（21）著者とのインタビューによる。
（22）Nashira Davids, "South Africa: How African President's Son Blew Millions," *AllAfrica*, 20 August 2006, https://allafrica.com/stories/200608210487.html.
（23）"Department of Justice Seeks to Recover More Than $70.8 Million in Proceeds of Corruption from Government Minister of Equatorial Guinea," U.S. Department of Justice, 25 October 2011, https://www.

watch?v=kE9XoNkgmBc.

(49) 落札者が競売側に支払う追加料金を加えると、手袋の最終価格は27万5000ドルという驚異的な額に達していた。この額は予想価格の約10倍に相当し、マイケル・ジャクソンの遺品についてテオドリンが支払った額としては最高額になった。詳しくは以下を参照。James V. Grimaldi, "U.S. Trying to Seize More Than $70M from Dictator's Son over Alleged Corruption," *Washington Post*, 26 October 2011, https://www.washingtonpost.com/politics/us-trying-to-seize-more-than-70m-from-dictators-son-over-alleged-corruption/2011/10/25/gIQAYknmIM_story.html.

(50) "Jacko Auction a Thriller; Fetches $1 Million," CNBC, 26 June 2010, https://www.cnbc.com/2010/06/26/jacko-auction-a-thriller-fetches-1-million.html.

(51) "United States of America vs. One White Crystal-Covered 'Bad Tour' Glove and Other Michael Jackson Memorabilia; One Gulfstream G-V Jet Airplane Displaying Tail Number VPCES; Real Property Located on Sweetwater Mesa Road in Malibu, California; One 2007 Bentley Azure; One 2008 Bugatti Veyron; One 2008 Lamborghini Murcielago; One 2008 Rolls Royce Drophead Coupe; One 2009 Rolls Royce Drophead Coupe; One 2009 Rolls Royce Phantom Coupe; One 2011 Ferrari 599 GTO."

(52) 著者とのインタビューによる。

(53) 著者とのインタビューによる。

(54) 著者とのインタビューによる。

(55) 著者とのインタビューによる。

(56) 著者とのインタビューによる。

第9章◆アメリカ合衆国vs「スリラー」のジャケット

(1) Sarah Chayes, *On Corruption in America* (New York: Knopf, 2020).

(2) 著者とのインタビューによる。

(3) 著者とのインタビューによる。

(4) "Attorney General Holder at the African Union Summit," U.S. Department of Justice, 25 July 2010, https://www.justice.gov/opa/speech/attorney-general-holder-african-union-summit.

(5) 同上。

(6) "Assistant Attorney General Lanny A. Breuer Delivers Keynote Address at Money Laundering Enforcement Conference," U.S. Department of

ードレーベル「TNOエンターテインメント」を立ち上げている。レーベルはテオドリンのイニシャルをとって名づけられた。レーベルの最大ヒットはWon-Gという無名のラッパーの「I Love TNO」という曲を収録したアルバムだった。この曲は以下のサイトで聴くことができる: https://www.allmusic.com/album/explosion-mw0000216311.

(40) Silverstein, *The Secret World of Oil.*

(41) "The Art Basel and UBS Global Art Market Report 2019," Art Basel, 8 March 2019, https://www.artbasel.com/news/art-market-report.

(42) "The Art Industry and U.S. Policies That Undermine Sanctions," U.S. Senate, 29 July 2020, https://www.hsgac.senate.gov/imo/media/doc/2020-07-29%20PSI%20Staff%20Report%20-%20The%20Art%20Industry%20and%20U.S.%20Policies%20that%20Undermine%20Sanctions.pdf.

(43) 著者とのインタビューによる。

(44) 著者とのインタビューによる。

(45) "United States of America vs. One White Crystal-Covered 'Bad Tour' Glove and Other Michael Jackson Memorabilia; One Gulfstream G-V Jet Airplane Displaying Tail Number VPCES; Real Property Located on Sweetwater Mesa Road in Malibu, California; One 2007 Bentley Azure; One 2008 Bugatti Veyron; One 2008 Lamborghini Murcielago; One 2008 Rolls Royce Drophead Coupe; One 2009 Rolls Royce Drophead Coupe; One 2009 Rolls Royce Phantom Coupe; One 2011 Ferrari 599 GTO," https://www.courtlistener.com/recap/gov.uscourts.cacd.500873.1.0.pdf.

(46) Lauren Pfeifer, "9 Insane Things Teodorin Obiang Spent His Allegedly Embezzled Money On," One, 29 January 2020, https://www.one.org/international/blog/9-insane-things-teodorin-obiang-spent-his-allegedly-embezzled-money-on/.

(47) "United States of America vs. One White Crystal-Covered 'Bad Tour' Glove and Other Michael Jackson Memorabilia; One Gulfstream G-V Jet Airplane Displaying Tail Number VPCES; Real Property Located on Sweetwater Mesa Road in Malibu, California; One 2007 Bentley Azure; One 2008 Bugatti Veyron; One 2008 Lamborghini Murcielago; One 2008 Rolls Royce Drophead Coupe; One 2009 Rolls Royce Drophead Coupe; One 2009 Rolls Royce Phantom Coupe; One 2011 Ferrari 599 GTO."

(48) "One of Michael Jackson's gloves SOLD!," https://www.youtube.com/

CCB-4001.

(25) Drew Hinshaw, "Did the Son of Equatorial Guinea's Leader Really Try to Buy a $380 Million Yacht Called 'Zen'?," *Christian Science Monitor*, 8 March 2011, https://www.csmonitor.com/World/Africa/Africa-Monitor/2011/0308/Did-the-son-of-Equatorial-Guinea-s-leader-really-try-to-buy-a-380-million-yacht-called-Zen.

(26) 著者とのインタビューによる。

(27) Silverstein, *The Secret World of Oil*.

(28) 望みどおりの場所に移動できる豪華なジェット機をテオドリンが手に入れようとしたのは、このGVがはじめてではない。2004年、アメリカのオーシャン・エナジー社に対して、ロッキード社のC-130ハーキュリーズを購入してもらえないかとテオドリンは打診している。C-130ハーキュリーズは太い胴体を持つ輸送機で、通常は軍用機として運用されている機種である。オーシャン・エナジー社はテオドリンの懇願を断ったため、テオドリンはこの機種を購入する考えは取り下げたようだった。しかし、なぜC-130のような空飛ぶ要塞が必要と考えたのか、彼はきちんと説明していなかった。Scott Cohn, "US Increases Pressure on 'Filthy Rich' African Regime," CNBC, 18 June 2012, https://www.cnbc.com/2012/06/18/us-increases-pressure-on-filthy-rich-african-regime.html.

(29) "Elise Bean on Financial Fraud, Money Laundering and the Top 3 Policies to Curb Corruption," *KickBack—The Global Anticorruption Podcast*, 22 July 2019, https://soundcloud.com/kickback-gap/10-elise-bean-on-financial-fraud-money-laundering-and-the-top-3-policies-to-curb-corruption.

(30) "Keeping Foreign Corruption out of the United States: Four Case Histories."

(31) 同上。

(32) 同上。

(33) 同上。

(34) 同上。

(35) 同上。

(36) Silverstein, "Teodorin's World."

(37) Silverstein, *The Secret World of Oil*.

(38) 著者とのインタビューによる。

(39) テオドリンは、マイケル・ジャクソンのようなスターのライフスタイルを求めていたが、それは高級車や自家用機などの高額な玩具やけばけばしいだけの華やかさにとどまらなかった。裁判記録によると。テオドリンはある時期、自分のレコ

homeland-security.
(6)Elaine Godfrey, "What 'Abolish ICE' Actually Means," *Atlantic*, 11 July 2018, https://www.theatlantic.com/politics/archive/2018/07/what-abolish-ice-actually-means /564752/.
(7)Ian Urbina, "Taint of Corruption Is No Barrier to U.S. Visa," *New York Times*, 16 November 2009, https://www.nytimes.com/interactive/projects/documents/investigating-teodoro-nguema-obiang.
(8)Jack Davies, "How Did Cambodia's First Family Afford Their Long Island Home?," Radio Free Asia, 15 November 2019, https://www.rfa.org/english/news/cambodia/hunsen-realestate-11152019165002.html.
(9)Tom Wright and Bradley Hope, "The Billion-Dollar Mystery Man and the Wildest Party Vegas Ever Saw," *Wall Street Journal*, 15 September 2018, https://www.wsj.com/articles/the-billion-dollar-mystery-man-and-the-wildest-party-vegas-ever-saw-1536984061.
(10)Mark David, "Your Mama Hears . . . ," *Variety*, 2 July 2013, https://variety.com/2013/dirt/real-estalker/your-mama-hears-21-1201236007/.
(11)著者とのインタビューによる。
(12)著者とのインタビューによる。
(13)著者とのインタビューによる。
(14)Ken Silverstein, *The Secret World of Oil*(New York: Verso, 2015).
(15)"Keeping Foreign Corruption out of the United States: Four Case Histories."
(16)Silverstein, *The Secret World of Oil*.
(17)著者とのインタビューによる。
(18)"Keeping Foreign Corruption out of the United States: Four Case Histories."
(19)同上。
(20)同上。
(21)Silverstein, "Teodorin's World."
(22)著者とのインタビューによる。
(23)Matthew Mosco, Megan Chuchmach, and Dana Hughes, "Rapper Eve Has Cameo in New U.S. Senate Investigation on Foreign Corruption," ABC News, 2 February 2010, https://abcnews.go.com/Blotter/rapper-eve-cameo-us-senate-investigation-foreign-corruption/story?id=9727359.
(24)Samuel Rubenfeld, "African Leader's Son Planned $380 Million Yacht," *Wall Street Journal*, 1 March 2011, https://www.wsj.com/articles/BL-

(46) "UK Seeks to Confiscate Convicted Nigerian Politician's Loot," *U.S. News & World Report*, 16 January 2020, https://www.usnews.com/news/world/articles/2020-01-16/uk-seeks-to-confiscate-convicted-nigerian-politicians-loot.
(47) James McClain, "Uzbekistan's Lola Karimova Lists Three Hollywood Hills Villas," *Dirt*, 3 August 2020, https://www.dirt.com/moguls/power-players/lola-karimova-tillyaeva-house-los-angeles-1203331934/.
(48) Michael Kunzelman, "US Authorities Move to Seize Ex-Gambia Dictator's Mansion," Associated Press, 16, July 2020, https://apnews.com/article/554fa0c0ee8f7afe43e39e9c6ef9f735.
(49) Mengqi Sun, "Prosecutors Seek to Seize Miami Penthouse Allegedly Linked to Republic of Congo President's Son," *Wall Street Journal*, 19 June 2020, https://www.wsj.com/articles/prosecutors-seek-to-seize-miami-penthouse-allegedly-linked-to-republic-of-congo-presidents-son-11592615406.
(50) Ken Silverstein, "Teodorin's World," *Foreign Policy*, 21 February 2011, https://foreignpolicy.com/2011/02/21/teodorins-world/.

第8章◆鯉の医者

(1) Michael Jackson, "Smooth Criminal," https://genius.com/Michael-jackson-smooth-criminal-lyrics.
(2) "United Nations Convention Against Corruption," United Nations, https://www.unodc.org/unodc/en/treaties/CAC/.
(3) George W. Bush, "Proclamation 7750—To Suspend Entry as Immigrants or Nonimmigrants of Persons Engaged in or Benefiting from Corruption," American Presidency Project at the University of California–Santa Barbara, https://www.presidency.ucsb.edu/documents/proclamation-7750-suspend-entry-immigrants-or-nonimmigrants-persons-engaged-or-benefiting.
(4) George W. Bush, "President's Statement on Kleptocracy," White House, https://georgewbush-whitehouse.archives.gov/news/releases/2006/08/20060810.html#:~:text=High%2Dlevel%20corruption%20by%20senior,interest%20and%20 violates%20our%20values.
(5) "Creation of the Department of Homeland Security," Department of Homeland Security, https://www.dhs.gov/creation-department-

(24)同上。

(25)同上。

(26)同上。

(27)同上。

(28)同上。

(29)同上。

(30)同上。

(31)同上。

(32)"United States of America vs. One Michael Jackson Signed Thriller Jacket and Other Michael Jackson Memorabilia; Real Property Located on Sweetwater Mesa Road in Malibu, California; One 2011 Ferrari 599 GTO."

(33)"Keeping Foreign Corruption out of the United States: Four Case Histories."

(34)Chris Albin-Lackey, "Lifestyles of the Rich and Infamous," *Forbes*, 19 February 2010, https://www.forbes.com/2010/02/19/patriot-act-dictators-united-states-opinions-contributors-chris-albin-lackey.html?sh=562e46d44489.

(35)著者とのインタビューによる。

(36)"Keeping Foreign Corruption out of the United States: Four Case Histories."

(37)同上。

(38)著者とのインタビューによる。

(39)著者とのインタビューによる。

(40)"Keeping Foreign Corruption out of the United States: Four Case Histories."

(41)同上。

(42)同上。

(43)同上。

(44)Vivian Wang, "Manhattan Skyscraper Linked to Iran Can Be Seized by U.S., Jury Finds," *New York Times*, 29 January 2017, https://www.nytimes.com/2017/06/29/nyregion/650-fifth-avenue-iran-terrorism.html.

(45)Nicholas Casey, "Jets, Horses and Bribes: How a Venezuelan Official Became a Billionaire as His Country Crumbled," *New York Times*, 23 November 2018, https://www.nytimes.com/2018/11/23/world/americas/venezuela-andrade-corruption-bribes.html.

Global Witness, 12 February 2016, https://www.globalwitness.org/en/press-releases/undercover-investigation-american-lawyers-reveals-role-overseas-territories-moving-suspect-money-united-states/.

(13)"Lowering the Bar: How American Lawyers Told Us How to Funnel Suspect Funds into the United States," Global Witness, January 2016, https://humanrightscommission.house.gov/sites/humanrightscommission.house.gov/files/documents/Lowering_the_Bar_0.pdf.

(14)Bradley Hope and Tom Wright, *Billion Dollar Whale: The Man Who Fooled Wall Street, Hollywood, and the World*(New York: Hachette, 2018).〔ブラッドリー・ホープ／トム・ライト『国際金融詐欺師ジョー・ロウ――マレーシア、ナジブ政権の腐敗を象徴する巨額汚職事件』吉野弘人訳、パンローリング、2020年〕

(15)Theodoric Meyer, "Law Firm That Worked with Manafort in Ukraine Admits to Misleading DOJ," *Politico*, 17 July 2019, https://www.politico.com/story/2019/01/17/manafort-law-firm-ukraine-justice-department-1110362.

(16)Guy Adams, "Teodoro Nguema Obiang: Coming to America(to Launder His Millions?)," *Independent*, 21 June 2012, https://www.independent.co.uk/news/world/americas/teodoro-nguema-obiang-coming-america-launder-his-millions-7855043.html.

(17)著者とのインタビューによる。

(18)Law Offices of Michael Jay Berger, https://www.bankruptcypower.com/profiles/profile/.

(19)著者とのインタビューによる。

(20)"Keeping Foreign Corruption out of the United States: Four Case Histories," U.S. Senate, 4 February 2010, https://www.hsgac.senate.gov/imo/media/doc/FOREIGNCORRUPTIONREPORTFINAL710.pdf.

(21)テオドリンはジョン・ケリガンという別の不動産業者をすでに雇い、南カリフォルニアの物件を探していた。マリブの例の物件もおそらくケリガンを介して知ったものと思われる。テオドリンについてケリガンは、「アフリカの非常に裕福な国の大臣」と話していたといわれる。バディンが不動産の仲介手数料を半額にすると申し出たため、テオドリンは最終的にケリガンへの依頼を解消した。テオドリンの仕事を受けたことをケリガンは後悔していなかった。テオドリンの資産の正当性を問う質問に対し、「そんなことを問題にする者は誰もいない」とケリガンは答えている。詳しくは上記の原註(20)を参照。

(22)同上。

(23)同上。

Corruption Scandal for $69.9 Million," *Mansion Global*, 11 April 2017, https://www.mansionglobal.com/articles/investors-flip-malibu-estate-once-involved-in-corruption-scandal-for-69-9-million-59770.

(5)著者とのインタビューによる。

(6)Adrian Glick Kudler, "African Dictator's Son's Malibu House and Michael Jackson Glove Targeted by US Government," *Curbed Los Angeles*, 20 October 2011, https://la.curbed.com/2011/10/20/10432074/african-dictators-sons-malibu-house-michael-jackson-glove-targeted-by.

(7)"Gatekeeper Regulations on Attorneys," American Bar Association, https://www.americanbar.org/advocacy/governmental_legislative_work/priorities_policy/independence_of_the_legal_profession/bank_secrecy_act/.

(8)"Recommendations," American Bar Association, 9–10 August 2010, https://web.archive.org/web/20110811034854/https://www.americanbar.org/content/dam/aba/migrated/leadership/2010/annual/pdfs/116.authcheckdam.pdf.

(9)Alexander Cooley and Casey Michel, "U.S. Lawyers Are Foreign Kleptocrats' Best Friends," *Foreign Policy*, 23 March 2021, https://foreignpolicy.com/2021/03/23/u-s-lawyers-are-foreign-kleptocrats-best-friends/. こうした弁護士についてChuck Collinsは、原註第3章(24)の著書において、会計士や財務アドバイザーのように〝財産防衛産業〟に従事する者と言っている。

(10)Arianna Palma Skipper, "The Attorney's Facilitation of Transnational Corruption: Shortcomings of the United States Anti-Money Laundering Framework," *Georgetown Journal of Legal Ethics* 33, no. 3 (Summer 2020), https://www.law.georgetown.edu/legal-ethics-journal/wp-content/uploads/sites/24/2020/09/GT-GJLE200036.pdf.

(11)アメリカ以外の国の弁護士にもマネーロンダリング防止に関して、アメリカの弁護士と同じ方針を訴える者が少なくない事実は注目に値する。国際法曹協会の代表であるSternford Moyoは、クレプトクラットに協力する弁護士に対する監視強化を求める者たちについて、2021年初頭、次のように述べている。「弁護士が犯罪の幇助者《イネイブラー》として攻撃されることを前提とした制度をひとたび構築すると、法制度そのものに対する信頼が事実上損なわれてしまう。これはきわめて危険な措置のひとつにほかならない」。"FACTI Panel Report Launch," FACTI Panel Secretariat, YouTube, youtu.be/D2ZHLntvGhs を参照されたい。

(12)"Undercover Investigation of American Lawyers Reveals Role of Overseas Territories in Moving Suspect Money into the United States,"

Corporate Governance Accountability and Review, 1, no. 1(2014), https://law.emory.edu/ecgar/content/volume-1/issue-1/essays/regulatory-capture.html.
(31)"Money Laundering and Foreign Corruption, Enforcement and Effectiveness of the Patriot Act—Report."
(32)著者とのインタビューによる。
(33)Bean, *Financial Exposure*.
(34)"Money Laundering and Foreign Corruption, Enforcement and Effectiveness of the Patriot Act—Report."
(35)"Pinochet's Web of Bank Accounts Exposed," *Guardian*, 16 March 2005, https://www.theguardian.com/business/2005/mar/16/chile.pinochet.
(36)"Money Laundering and Foreign Corruption, Enforcement and Effectiveness of the Patriot Act—Report."
(37)著者とのインタビューによる。
(38)著者とのインタビューによる。
(39)"National Intelligence Reform Act of 2004," *Congressional Record*, 4 October 2004, https://fas.org/irp/congress/2004_cr/s100404.html.
(40)Eric Dash, "Riggs Pleads Guilty in Money-Laundering Case," *New York Times*, 28 January 2005, https://www.nytimes.com/2005/01/28/business/riggs-pleads-guilty-in-moneylaundering-case.html.
(41)Ken Silverstein, "What Those Glowing Obits Didn't Tell You About Joe Allbritton," *New Republic*, 14 December 2012, https://newrepublic.com/article/111093/joe-allbritton-what-those-glowing-obits-didnt-tell-you.
(42)Bean, *Financial Exposure*.
(43)Silverstein, "U.S. Government Documents Crime Spree by Dictator's Son: Why No Action by the Feds?"

第7章◆メンサが認めた天才

(1)Rick Perlstein, *Reaganland*(New York: Simon & Schuster, 2020).
(2)Kate Thomas, "Equatorial Guinea Prepares to Go to Polls," Voice of America, 27 November 2009, https://www.voanews.com/archive/equatorial-guinea-prepares-go-polls.(リンク切れ)
(3)Timothy M. Phelps, "Foreign Official Gives Up Malibu Home in Federal 'Kleptocracy' Probe," *Los Angeles Times*, 10 October 2004, https://www.latimes.com/local/crime/la-me-malibu-kleptocrat-20141011-story.html.
(4)Beckie Strum, "Investors Flip Malibu Estate Once Involved in

scale/.
(10)著者とのインタビューによる。
(11)"Senate Report: Riggs Bank Helped Pinochet," NBC, 15 July 2004, https://www.nbcnews.com/id/wbna5442566.
(12)"Money Laundering and Foreign Corruption, Enforcement and Effectiveness of the Patriot Act—Report," U.S. Senate, 15 July 2004, https://www.hsgac.senate.gov/imo/media/doc/ACF5F8.pdf.
(13)Terence O'Hara, "Former Riggs Bank Executive Is Arrested," *Washington Post*, 27 May 2005, https://www.washingtonpost.com/archive/business/2005/05/27/former-riggs-bank-executive-is-arrested/29301e8f-1d16-4830-98b6-698125d34e1c/.
(14)著者とのインタビューによる。
(15)Bean, *Financial Exposure*.
(16)同上。
(17)著者とのインタビューによる。
(18)著者とのインタビューによる。
(19)"Money Laundering and Foreign Corruption, Enforcement and Effectiveness of the Patriot Act—Hearing," U.S. Senate, 15 July 2004, https://www.govinfo.gov/content/pkg/CHRG-108shrg95501/html/CHRG-108shrg95501.htm.
(20)"Money Laundering and Foreign Corruption, Enforcement and Effectiveness of the Patriot Act—Report."
(21)同上。
(22)同上。
(23)Timothy L. O'Brien, "At Riggs Bank, a Tangled Path Led to Scandal," *New York Times*, 19 July 2004, https://www.nytimes.com/2004/07/19/us/at-riggs-bank-a-tangled-path-led-to-scandal.html.
(24)"Money Laundering and Foreign Corruption, Enforcement and Effectiveness of the Patriot Act—Report."
(25)"Money Laundering and Foreign Corruption, Enforcement and Effectiveness of the Patriot Act—Hearing."
(26)同上。
(27)"Money Laundering and Foreign Corruption, Enforcement and Effectiveness of the Patriot Act—Report."
(28)同上。
(29)同上。
(30)Scott Hempling, "'Regulatory Capture': Sources and Solutions," *Emory*

第II部◆富裕な有名人のライフスタイル

(1)"One Year After the Panama Papers: Progress on Anonymous Corporate Ownership?," Brookings Institution, 30 March 2017, https://www.brookings.edu/wp-content/uploads/2017/04/20170330_panama_papers_transcript.pdf.

第6章◆シャベルでキャビアをすくう

(1)著者とのインタビューによる。

(2)Glenn R. Simpson, "Riggs Bank Had Longstanding Link to the CIA," *Wall Street Journal*, 31 December 2004, https://www.wsj.com/articles/SB110444413126413199.

(3)Emma Brown, "Joe L. Allbritton, Communications Giant Who Led Riggs Bank into Disrepute, Dies at 87," *Washington Post*, 12 December 2012, https://www.washingtonpost.com/local/obituaries/joe-l-allbritton-communications-giant-who-led-riggs-bank-into-disrepute-dies-at-87/2012/12/12/60f8d964-d647-11df-8fa3-6531f2b9c12b_story.html.

(4)著者とのインタビューによる。

(5)Terence O'Hara, "HSBC to Open D.C. Branch, Pursue Embassy Clients," *Washington Post*, 5 October 2004, https://www.washingtonpost.com/archive/business/2004/10/05/hsbc-to-open-dc-branch-pursue-embassy-clients/e8b7f538-c5ca-464f-a85b-17541810e647/.

(6)"PNC Agrees to Buy Troubled Riggs Bank," NBC, 16 July 2004, https://www.nbcnews.com/id/wbna5451203.

(7)Andrew Feinstein, "Before the Panama Papers: The Low Point in the History of Offshore Accounts," *Time*, 15 April 2016, https://time.com/4294170/panama-papers-al-yamamah/.

(8)Richard B. Schmitt and Kathleen Hennessey, "Bank, Big Oil Tied to African Payments," *Los Angeles Times*, 15 July 2004, https://www.latimes.com/archives/la-xpm-2004-jul-15-na-riggs15_-story.html.

(9)Richard Messick, "How We Did It: The U.S. Congress' Exposure of the Grand Scale of Global Corruption," *Global Anticorruption Blog*, 10 October 2018, https://globalanticorruptionblog.com/2018/10/10/how-we-did-it-the-u-s-congress-exposure-of-global-corruption-on-a-grand-

Correspondent Banking in Money Laundering," 2 March 2001, https://www.hsgac.senate.gov/imo/media/doc/levin030201.pdf.
(38) Truell and Gurwin, *False Profits*.
(39) Raymond Baker, "Transparency First," *American Interest*, 1 July 2010, https://www.the-american-interest.com/2010/07/01/transparency-first/.
(40) Bean, *Financial Exposure*.
(41) Carl Levin, *Getting to the Heart of the Matter* (Detroit: Wayne State University Press, 2021).
(42) 著者とのインタビューによる。
(43) Glenny, *McMafia*.
(44) "Prepared Testimony of the Honorable Carl Levin (D-MI) United States Senator," 26 September 2001, https://fas.org/irp/congress/2001_hr/092601_levin.html.
(45) 著者とのインタビューによる。
(46) 著者とのインタビューによる。
(47) Glenny, *McMafia*.
(48) Baker, "Transparency First."
(49) 同上。
(50) Raymond Baker, *Capitalism's Achilles Heel* (New York: Wiley, 2005).
(51) Bean, *Financial Exposure*.
(52) "USA Patriot Act," FinCEN, https://www.fincen.gov/resources/statutes-regulations/usa-patriot-act.
(53) Bean, *Financial Exposure*.
(54) Baker, "Transparency First."
(55) "Financial Crimes Enforcement Network; Anti-Money Laundering Program Requirements for 'Persons Involved in Real Estate Closings and Settlements,'" U.S. Treasury Department, https://www.treasury.gov/press-center/press-releases/Documents/js1751.pdf.
(56) *Federal Register*, Volume 68, No. 69, 10 April 2003, https://www.fincen.gov/sites/default/files/shared/352_real_estate_04102003.pdf.
(57) "Exempted Anti-Money Laundering Programs for Certain Financial Institutions," U.S. Treasury Department, https://www.govinfo.gov/content/pkg/CFR-2010-title31-vol1/pdf/CFR-2010-title31-vol1-sec103-170.pdf.

subcommittees/investigations/media/permanent-subcommittee-on-investigations-historical-background#:~:text=Permanent%20Subcommittee%20on%20Investigations%20Historical%20Background&text=The%20Permanent%20Subcommittee%20on%20Investigations,Expenditures%20in%20the%20Executive%20Departments.

(25) David Cay Johnston, "The Legacy of Carl Levin," *American Prospect*, 30 December 2014, https://prospect.org/power/legacy-carl-levin/.

(26) 著者とのインタビューによる。

(27) 著者とのインタビューによる。

(28) Julia Preston, "Mexican Plot: Salinas Family, Swiss Bank and $84 Million," *New York Times*, 25 November 1995, https://www.nytimes.com/1995/11/25/world/mexican-plot-salinas-family-swiss-bank-and-84-million.html.

(29) Anne Swardson, "Swiss Call Salinas a Drug Profiteer, Seize Bank Funds," *Washington Post*, 21 October 1998, https://www.washingtonpost.com/archive/politics/1998/10/21/swiss-call-salinas-a-drug-profiteer-seize-bank-funds/18b5a5cb-4b42-482c-a3bc-05ed916ebd27/.

(30) Michael Allen, "Citibank Broke Own Laundering Code in Salinas Matter, GAO Report Finds," *Wall Street Journal*, 4 December 1998, https://www.wsj.com/articles/SB912740677510590000.

(31) "Private Banking and Money Laundering: A Case Study of Opportunities and Vulnerabilities," U.S. Senate, 9–10 November 1999, https://www.govinfo.gov/content/pkg/CHRG-106shrg61699/html/CHRG-106shrg61699.htm.

(32) Laurie Hays, "How Citicorp's Amy Elliott Served Mexico's Raul Salinas," *Wall Street Journal*, 1 November 1996, https://www.wsj.com/articles/SB846798978902024000.

(33) Julia Preston and Peter Truell, "Pen in Hand, Raul Salinas Denies Murder and Theft," *New York Times*, 31 October 1997, https://www.nytimes.com/1997/10/31/world/pen-in-hand-raul-salinas-denies-murder-and-theft.html.

(34) Elise Bean, *Financial Exposure* (New York: Palgrave, 2018).

(35) 同上。

(36) 著者とのインタビューによる。

(37) "Opening Statement of Senator Carl Levin Before the U.S. Senate Permanent Subcommittee on Investigations Hearing on the Role of

(11)“Suspicious Activity Reports (SAR),” Office of the Comptroller of the Currency, https://www.occ.treas.gov/topics/supervision-and-examination/bank-operations/financial-crime/suspicious-activity-reports/index-suspicious-activity-reports.html.

(12)“Secret Life of a Shopaholic.”

(13)ジアとBCCIの幹部との関係はきわめて親密で、「(ジア自身が)BCCIに職を得ていてもおかしくなかった」とTruellとGurwinは書いているが、ジアの息子は結局、BCCIのアメリカのパートナー銀行のひとつバンク・オブ・アメリカの副頭取に就任した。詳しくは、Truell and Gurwin, *False Profits* を参照(本章の註3参照)。

(14)著者とのインタビューによる。

(15)Truell and Gurwin, *False Profits*.

(16)著者とのインタビューによる。

(17)“History of the FATF,” FATF, https://www.fatf-gafi.org/about/historyofthefatf/.

(18)“What Is Money Laundering?,” FATF, https://www.fatf-gafi.org/faq/moneylaundering/.

(19)著者とのインタビューによる。

(20)Glenny, *McMafia*.

(21)Martine Millet-Einbinder, “Writing Off Tax Deductibility,” *OECD Observer*, https://web.archive.org/web/20140415154109/https://oecdobserver.org/news/archivestory.php/aid/245/Writing_off_tax_deductibility_.html.

(22)PSIは、そもそも1920年代に起きたティーポット・ドーム事件をめぐる汚職と横領事件の際の調査に端を発すると言えるだろう。この事件はトランプ政権時代を除けば、アメリカ史上最大の汚職スキャンダルだった。このスキャンダルに関連する事件で、最高裁は「調査権とそれを行使するプロセスは、立法機能の本質的かつ適切な補助手段である」と述べている。つまり、汚職が誰に関係しているかにかかわらず、高度の調査は議会の権限に属するということであり、この論理が20年後にPSIを立ち上げることになった。以下のサイトを参照:“Source of the Power to Investigate,” Cornell Law School Legal Information Institute, https://www.law.cornell.edu/constitution-conan/article-1/section-1/source-of-the-power-to-investigate.

(23)Kelsey Snell, “Corporate World Won't Miss Levin,” *Politico*, 11 September 2014, https://www.politico.com/story/2014/09/corporate-america-exhales-carl-levin-110832.

(24)“Permanent Subcommittee on Investigations Historical Background,” U.S. Senate, 1 December 2000, https://www.hsgac.senate.gov/

(44)著者とのインタビューによる。

(45)Jarboe, "The Most Important Guy You've Never Heard of: Chaim Schochet, 25, Builds Downtown Cleveland Empire."

(46)同上。

(47)同上。

(48)著者とのインタビューによる。

(49)著者とのインタビューによる。

(50)Jarboe, "The Most Important Guy You've Never Heard of: Chaim Schochet, 25, Builds Downtown Cleveland Empire."

(51)著者とのインタビューによる。

第5章◆納税者に対する侮辱

(1)Laton McCartney, *The Teapot Dome Scandal*(New York: Random House, 2009).

(2)Casey Michel and Ricardo Soares de Oliveira, "The Dictator-Run Bank That Tells the Story of America's Foreign Corruption," *Foreign Policy*, 7 July 2020, https://foreignpolicy.com/2020/07/07/the-dictator-run-bank-that-tells-the-story-of-americasforeign-corruption/.

(3)Peter Truell and Larry Gurwin, *False Profits: The Inside Story of BCCI, the World's Most Corrupt Financial Empire*(New York: Houghton Mifflin, 1992).

(4)同上。

(5)Sharon Walsh, "Altman Trial Starts with a Bang, Winds Down to a Whimper," *Washington Post*, 26 July 1993, https://www.washingtonpost.com/archive/business/1993/07/26/altman-trial-starts-with-a-bang-winds-down-to-a-whimper/1fd4dc44-3e6e-4672-9eac-fa1d3310def9.

(6)Truell and Gurwin, *False Profits*.

(7)"Bank Secrecy Act," IRS, https://www.irs.gov/businesses/small-businesses-self-employed/bank-secrecy-act.

(8)著者とのインタビューによる。

(9)"History of Anti-Money Laundering Laws," FinCEN, https://www.fincen.gov/history-anti-money-laundering-laws.

(10)"Role of U.S. Correspondent Banking in International Money Laundering," Volume 1, U.S. Senate, 1, 2, and 6 March 2001, https://www.govinfo.gov/content/pkg/CHRG-107shrg71166/html/CHRG-107shrg71166.htm.

Architectural Afterlife, 13 November 2017, https://architecturalafterlife.com/2017/11/13/warren-steel/.

(33)"Suit Filed over Warren Steel Holdings," *Tribune Chronicle*, 16 June 2015, https://www.tribtoday.com/news/local-news/2015/06/suit-filed-over-warren-steel-holdings/.

(34)"Magistrate Says Lawsuit Can't Stop Warren Steel Sale," *Tribune Chronicle*, 19 July 2015, https://www.tribtoday.com/news/local-news/2015/07/magistrate-says-lawsuit-can-t-stop-warren-steel-sale/.

(35)Kovensky and Vikhrov, "The Spectacular Rise and Fall of Ihor Kolomoisky's Steel Empire."

(36)Lawrence Smith, "Suit Accuses Former Mason County Alloy Plant Owner of Racketeering," *West Virginia Record*, 9 October 2006, https://wvrecord.com/stories/510591065-suit-accuses-former-mason-county-alloy-plant-owner-of-racketeering.

(37)Michael Sallah and Tanya Kozyreva, "With Deutsche Bank's Help, an Oligarch's Buying Spree Trails Ruin Across the US Heartland," ICIJ, 22 September 2020, https://www.icij.org/investigations/fincen-files/with-deutsche-banks-help-an-oligarchs-buying-spree-trails-ruin-across-the-us-heartland/?fbclid=IwAR0Y8mtWj6wslh6D1wqlWxfuE4miDSwyy1rUI-cDsFILydfKrzYG60DhVDI.

(38)"Optima Specialty Steel Acquires KES Acquisition Co. for $112.5M," *South Florida Business Journal*, 20 November 2012, https://www.bizjournals.com/southflorida/news/2012/11/20/optima-specialty-steel-acquires-kes.html.

(39)"Kentucky: 2010," U.S. Census Bureau, https://www.census.gov/prod/cen2010/cph-2-19.pdf.

(40)"CC Metals and Alloys, LLC Is Shutting Down Its Operations on July 1 Due to Poor Market Conditions," *Businesswire*, 24 June 2020, https://www.businesswire.com/news/home/20200624005217/en/CC-Metals-and-Alloys-LLC-is-Shutting-Down-its-Operations-on-July-1-Due-to-Poor-Market-Conditions, さらに以下のサイトを参照。コロモイスキーに対するプリヴァトバンクの訴状が閲覧できる：https://www.atlanticcouncil.org/wp-content/uploads/2019/06/kolomoisky_case.pdf.

(41)"Shareholder Profile: Ihor Kolomoisky, Riding Political Victory, Sets Sights on PrivatBank."

(42)著者とのインタビューによる。

(43)著者とのインタビューによる。

(17) "Igor Kolomoisky Buys Studio 1+1 and Kino Channels for $300 Million," *Kyiv Post*, 21 January 2010, https://www.kyivpost.com/article/content/business/igor-kolomoisky-buys-studio-11-and-kino-channels-f-57626.html.

(18) Neil Buckley, "Ukraine Takes Needed Steps to Clean Up Its Banks," *Financial Times*, 28 December 2016, https://www.ft.com/content/162c55a6-cc26-11e6-864f-20dcb35cede2.

(19) Josh Kovensky and Natalie Vikhrov, "The Spectacular Rise and Fall of Ihor Kolomoisky's Steel Empire," *Kyiv Post*, 2 March 2017, https://www.kyivpost.com/ukraine-politics/spectacular-rise-fall-ihor-kolomoiskys-steel-empire.html.

(20) 同上。

(21) "Manganese—It Turns Iron into Steel (and Does So Much More)," U.S. Geological Survey, August 2014, https://pubs.usgs.gov/fs/2014/3087/pdf/fs2014-3087.pdf.

(22) "Mordechai Korf," Politically Exposed Persons, https://pep.org.ua/en/person/41354.

(23) Molly Boigon, "They Gave $25 Million to Jewish Nonprofits. Was Some of That Money Laundered from Ukraine?," *Forward*, 21 February 2020, https://forward.com/news/longform/440219/florida-chabad-lubavitch-miami-charities-money-laundering-optima-schemes/.

(24) Jessica Naiman, "Florida Jews Mark Half a Century of Chabad Activities," *Chabad.org News*, 22 February 2010, https://www.chabad.org/news/article_cdo/aid/1132205/jewish/Florida-Chabads-Jubilee-Year.htm.

(25) 著者とのインタビューによる。

(26) Anshel Pfeffer, "Is This Man the Most Powerful Jew in the World?," *Haaretz*, 18 October 2014, https://www.haaretz.com/.premium-the-most-powerful-jew-in-the-world-1.5315512.

(27) 著者とのインタビューによる。

(28) Boigon, "They Gave $25 Million to Jewish Nonprofits. Was Some of That Money Laundered from Ukraine?"

(29) Jarboe, "The Most Important Guy You've Never Heard of: Chaim Schochet, 25, Builds Downtown Cleveland Empire."

(30) 著者とのインタビューによる。

(31) 著者とのインタビューによる。

(32) Johnny Joo, "Warren Steel: The Day the Machines Went Quiet,"

(5) Anders Aslund, "How Kolomoisky Does Business in the United States," Atlantic Council, 4 June 2019, https://www.atlanticcouncil.org/blogs/ukrainealert/how-kolomoisky-does-business-in-the-united-states.

(6) Betsy Swan, "Billionaire Ukrainian Oligarch Ihor Kolomoisky Under Investigation by FBI," *Daily Beast*, 8 April 2019, https://www.thedailybeast.com/billionaire-ukrainian-oligarch-ihor-kolomoisky-under-investigation-by-fbi.

(7) "Ihor Kolomoisky," Politically Exposed Persons, https://pep.org.ua/en/person/6790.

(8) "Shareholder Profile: Ihor Kolomoisky, Riding Political Victory, Sets Sights on PrivatBank," Debtwire, 30 May 2019, https://www.mergermarket.com/assets/Shareholder%20Profile.pdf.

(9) 同上。

(10) 同上。

(11) Alessandra Stanley, "Russian Banking Scandal Poses Threat to Future of Privatization," *New York Times*, 28 January 1996, https://www.nytimes.com/1996/01/28/world/russian-banking-scandal-poses-threat-to-future-of-privatization.html.

(12) Luke Harding, "Boris Berezovsky: A Tale of Revenge, Betrayal and Feuds with Putin," *Guardian*, 23 March 2013, theguardian.com/world/2013/mar/23/boris-berezovsky-vladimir-putin-feud.

(13) Serhiy Verlanov, "Taming Ukraine's Oligarchs," Atlantic Council, 19 November 2020, https://www.atlanticcouncil.org/blogs/ukrainealert/taming-ukraines-oligarchs/.

(14) Philip Hanson, "Reiderstvo: Asset-Grabbing in Russia," Chatham House, 1 March 2014, https://www.chathamhouse.org/2014/03/reiderstvo-asset-grabbing-russia.

(15) Melik Kaylan, "An Injection of Rule of Law for Ukrainian Business? Oligarch's Lawsuit Could Help Improve the Culture of Business Dealings in the Post Soviet Space," *Forbes*, 15 July 2013, https://www.forbes.com/sites/melikkaylan/2013/07/15/an-injection-of-rule-of-law-for-ukrainian-business-oligarchs-lawsuit-could-help-improve-the-culture-of-business-dealings-in-the-post-soviet-space/?sh=933174c4ebe8.

(16) Ken Stier, "The Dangers of Doing Business Abroad," *Miami Herald*, 13 September 2017, https://www.miamiherald.com/news/business/biz-monday/article172421852.html.

Were Disturbing," *Washington Post*, 7 April 2016, https://www.washingtonpost.com/news/monkey-cage/wp/2016/04/07/for-research-we-pretended-to-be-crooks-and-terrorists-and-tried-to-buy-shell-companies-the-results-were-disturbing/.

(85) Shaxson, *Treasure Islands*.

(86) "Failure to Identify Company Owners Impedes Law Enforcement," Department of Justice, 14 November 2006, https://www.hsgac.senate.gov/imo/media/doc/STMTNashDOJ.pdf.

(87) Carr and Grow, "Special Report: A Little House of Secrets on the Great Plains."

(88) "Wyoming LLCs Feature—English," https://issuu.com/mossfon/docs/wyo_features_-june_2012.

(89) Steve Reilly and Trevor Hughes, "Tiny Wyoming Office at Heart of Panama Papers Empire," *USA Today*, 6 April 2016, https://www.usatoday.com/story/news/2016/04/06/panama-papers-why-wyoming-hub-for-shell-companies/82697186/.

(90) 著者がシャイアンを訪れた際に感じたのは、それまで訪れた町のなかでも、もっともCSPが集中している町だという印象だった。

(91) "24 Companies Identified in 'Panama Papers' Found Registered in Wyoming," *Powell Tribune*, 6 April 2016, https://www.powelltribune.com/stories/24-companies-identified-in-panama-papers-found-registered-in-wyoming,2396.

(92) Laura Hancock, "Murray Confirms Wyoming Ties to Panama Papers," *Casper Star-Tribune*, 6 April 2016, https://trib.com/business/murray-confirms-wyoming-ties-to-panama-papers/article_14c6ac1c-5d68-59fb-b671-6fee0d513d25.html.

(93) Michel, "The U.S. Is a Good Place for Bad People to Stash Their Money."

第4章◆首まで浸かる

(1) Misha Glenny, *McMafia* (New York: Vintage Books, 2008).〔ミーシャ・グレニー『世界犯罪機構——世界マフィアの「ボス」を訪ねる』中谷和男訳、光文社、2009年〕

(2) Max Seddon and Roman Olearchyk, "The Bank That Holds the Key to Ukraine's Future," *Financial Times*, 17 July 2019, https://www.ft.com/content/7dd9c784-a3e1-11e9-a282-2df48f366f7d.

(3) 著者とのインタビューによる。

(4) 著者とのインタビューによる。

(70)著者とのインタビューによる。

(71)ワイオミング州の汚職の歴史は、LLCだけではない点は指摘しておく必要があるだろう。1920年代前半に起きた「ティーポット・ドーム事件」の舞台となったティーポット・ドーム油田は、ワイオミング州の中央部に位置している。トランプが大統領に就任するまで、この事件はアメリカの政権中枢部が引き起こした汚職事件としては最大級の事件だと考えられてきた。

(72)著者とのインタビューによる。

(73)著者とのインタビューによる。

(74)"How to Incorporate in Wyoming vs. How to Start a Wyoming LLC," Active Filings, https://www.activefilings.com/information/state-requirements/wyoming/.

(75)著者とのインタビューによる。

(76)Kevin G. Hall and Marisa Taylor, "US Scolds Others About Offshores, but Looks Other Way at Home," *Miami Herald*, 12 April 2016, https://www.miamiherald.com/news/nation-world/world/article70008302.html.

(77)著者とのインタビューによる。

(78)Leslie Wayne, "A Ukrainian Kleptocrat Wants His Money and U.S. Asylum," *New York Times*, 6 July 2016, https://www.nytimes.com/2016/07/07/business/international/a-ukrainian-kleptocrat-wants-his-money-and-us-asylum.html.

(79)"Former Ukrainian Prime Minister Sentenced to 97 Months in Prison Fined $9 Million for Role in Laundering $30 Million of Extortion Proceeds," U.S. Attorney's Office, Northern District of California, https://archives.fbi.gov/archives/sanfrancisco/press-releases/2009/sf111909a.htm.

(80)同上。

(81)"Shell Game: 2,000 Firms Based in One Simple House," NPR, 2 July 2011, https://www.npr.org/2011/07/02/137573513/shell-game-2-000-firms-based-in-one-simple-house.

(82)Carr and Grow, "Special Report: A Little House of Secrets on the Great Plains."

(83)Casey Michel, "The US 'Offshore' Industry and the Eurasian Connection," *Eurasianet*, 14 April 2017, https://eurasianet.org/the-us-offshore-industry-and-the-eurasian-connection.

(84)Jason Sharman, "For Research, We Pretended to Be Crooks and Terrorists and Tried to Buy Shell Companies. The Results

(57) Tim Johnson, "Anger over Panama Papers Roils Iceland, Pakistan," *McClatchy*, 6 April 2016, https://www.mcclatchydc.com/news/nation-world/national/article70102342.html.

(58) "Panama Papers Firm Has Nevada Ties," *Reno Gazette-Journal*, 6 April 2016, https://www.rgj.com/story/news/2016/04/06/panama-papers-firm-has-nevada-ties/82695166/.

(59) "Nevada LLCs Feature—English,". 以前は以下のサイトで閲覧できた。https://issuu.com/mossfon/docs/nevada_-_features_-_june_2012.

(60) "Panama Papers Triggered Boom in US Tax-Shelter Business, Says Mossack Fonseca Boss," *South China Morning Post*, 21 April 2017, https://www.scmp.com/news/world/united-states-canada/article/2089524/panama-papers-triggered-boom-us-tax-shelter-business.

(61) Steve Reilly, "Panama Papers: 1,000 Secret Nevada Firms, 2 Overseas Addresses," *USA Today*, 7 April 2016, https://www.usatoday.com/story/news/2016/04/07/1000-secret-nevada-firms-and-most-trace-2-overseas-addresses/82760186/.

(62) 同上。

(63) Martha M. Hamilton, "Panamanian Law Firm Is Gatekeeper to Vast Flow of Murky Offshore Secrets," OCCRP, 3 April 2016, https://www.icij.org/investigations/panama-papers/20160403-mossack-fonseca-offshore-secrets/#:~:text=Panamanian%20Law%20Firm%20Is%20Gatekeeper%20To%20Vast%20Flow%20of%20Murky%20Offshore%20Secrets,-Files%20show%20client&text=Legal%20papers%20filed%20in%20U.S.,of%20dollars%20from%20government%20contracts.

(64) Shane Romig and Santiago Perez, "Hedge Fund Seeks Assets in Nevada in Battle over Argentine Debt," *Wall Street Journal*, 7 April 2014, https://www.wsj.com/articles/SB100014240527023038478045794817620296 05186.

(65) Jake Bernstein, *Secrecy World* (New York: Picador, 2019).

(66) 同上。

(67) Lucy Clarke-Billings, "Panama Papers: The Lowdown on Mossack Fonseca," *Newsweek*, 6 April 2016, https://www.newsweek.com/panama-papers-lowdown-mossack-fonseca-444689#:~:text=The%20ICIJ%20also%20claims%20to,24%2C%202014%20email%20allegedly%20read.

(68) Hamill, "The Story of LLCs: Combining the Best Features of a Flawed Business Tax Structure."

(69) 著者とのインタビューによる。

html.

(43) Phippen, "Nevada, a Tax Haven for Only $174."

(44) 著者とのインタビューによる。

(45) "Despite Connection to Panama Papers Nevada Likely to Remain Tax Haven," *Las Vegas Review-Journal*, 7 August 2016, https://www.reviewjournal.com/local/local-nevada/despite-connection-to-panama-papers-nevada-likely-to-remain-tax-haven/.

(46) 著者とのインタビューによる。

(47) 著者とのインタビューによる。

(48) Steve Reilly, "Dozens of Firms Creating Foreign-Based Shell Companies in Two U.S. States," *USA Today*, 26 May 2016, https://www.usatoday.com/story/news/2016/05/26/dozens-firms-creating-foreign-based-shell-companies-two-us-states/84222480/.

(49) Casey Michel, "The U.S. Is a Good Place for Bad People to Stash Their Money," *Atlantic*, 13 July 2017, https://www.theatlantic.com/business/archive/2017/07/us-anonymous-shell-companies/531996/.

(50) デラウェア州でもっとも顕著に見られるペーパーカンパニーのスタイルは、アメリカ国内のほかの州に影響を与えただけではない。この事実には触れておいたほうがいいだろう。このスタイルはほかの国にも影響を与えていた。これに触発されて独自の優遇措置を設けた国として、パナマ、英領バージン諸島、オセアニア東部のニウエ、カリブ海のネイビスなどがあげられる。詳しくは以下のサイトを参照。Vanessa Ogle, "Archipelago Capitalism: Tax Havens, Offshore Money, and the State, 1950s–1970s," *American Historical Review* 122, no. 5 (December 2017): 1431–58, https://law.unimelb.edu.au/__data/assets/pdf_file/0008/3054536/Vanessa-Ogle-Archipelago-Capitalism-AHR-Dec-2017.pdf.

(51) NBI, https://www.nevadaincorporate.com/.

(52) Incorporate123, https://incorporate123.co/about-us/.

(53) Incorporate123, https://incorporate123.co/asset-protection/offshore-asset-protection/.

(54) Incorporate123, https://incorporate123.co/about-us/.

(55) Reilly, "Dozens of Firms Creating Foreign-Based Shell Companies in Two U.S. States."

(56) "Giant Leak of Offshore Financial Records Exposes Global Array of Crime and Corruption," ICIJ, 3 April 2016, https://www.icij.org/investigations/panama-papers/20160403-panama-papers-global-overview/.

(31) Adam Duvernay and Matthew Albright, "Panama Papers Could Cast Shadow on Delaware," *News Journal*, 9 April 2016, https://www.delawareonline.com/story/news/local/2016/04/09/panama-papers-could-cast-shadow-delaware/82670000/.

(32) Leslie Wayne, "Anti-Shell Corporation Bill Gets Support from Unlikely US State," ICIJ, 3 September 2014, https://www.icij.org/inside-icij/2014/09/anti-shell-corporation-bill-gets-support-unlikely-us-state/.

(33) Wayne, "How Delaware Thrives as a Corporate Tax Haven."

(34) Mihai Munteanu, "Laszlo Kiss—The Offshore Master," OCCRP, 20 November 2010, https://www.reportingproject.net/offshore/index.php/laszlo-kiss-undercover-with-a-master.

(35) Casey Michel, "America Is Importing Corruption. Here's How to Stop It," *Washington Post*, 9 November 2017, https://www.washingtonpost.com/news/democracy-post/wp/2017/11/09/america-is-importing-corruption-heres-how-to-stop-it//.

(36) "Facts and Myths," Delaware Corporate Law, https://corplaw.delaware.gov/facts-and-myths/#:~:text=In%202012%2C%20Delaware's%20Secretary%20of,companies%20or%20anonymity%20and%20secrecy.&text=In%20short%2C%20Delaware%20is%20not,or%20the%20United%20States%20itself.

(37) Nick Baumann and Brett Brownell, "Paul Ryan: 'Let's Make This Country a Tax Shelter' (VIDEO)," *Mother Jones*, 5 October 2012, https://www.motherjones.com/politics/2012/10/paul-ryan-lets-make-country-tax-shelter-video/.

(38) J. Weston Phippen, "Nevada, a Tax Haven for Only $174," *Atlantic*, 6 April 2016, https://www.theatlantic.com/national/archive/2016/04/panama-papers-nevada/476994/.

(39) 著者とのインタビューによる。

(40) 著者とのインタビューによる。

(41) ネバダ州の州都カーソンシティにある州立博物館の説明では、ネバダ州は20世紀初頭、最小限の費用で結婚生活に終止符を打ちたいと考える人のために「離婚裁判所」を整備し、連邦政府が離婚関連の法律を改正する前に、結婚に失望した何千人もの配偶者を全米から集めていたという。詳しくはネバダ州立博物館のサイトを参照。https://www.carsonnvmuseum.org/.

(42) Tim Johnson, "Expecting Rules to Tighten Around Shell Companies After Panama Papers? Not Likely," *McClatchy*, 1 August 2016, https://www.mcclatchydc.com/news/nation-world/national/article92679482.

became-a-secrecy-jurisdiction-2/.
(17) Leslie Wayne, "How Delaware Thrives as a Corporate Tax Haven," *New York Times*, 30 June 2012, https://www.nytimes.com/2012/07/01/business/how-delaware-thrives-as-a-corporate-tax-haven.html.
(18) Neil MacFarquhar, "After Centuries of Obscurity, Wilmington Is Having a Moment," *New York Times*, 19 January 2021, https://www.nytimes.com/2020/12/06/us/after-centuries-of-obscurity-wilmington-is-having-a-moment.html.
(19) 同上。
(20) Melson, "Delaware's 2019 Corporate Annual Report Just Released."
(21) Casey Michel, "The United States of Anonymity," Hudson Institute, 3 November 2017, https://www.hudson.org/research/13981-the-united-states-of-anonymity.
(22) "Expedited Serices," Delaware Division of Corporations, https://corp.delaware.gov/expserv/9.
(23) Wayne, "How Delaware Thrives as a Corporate Tax Haven."
(24) Chuck Collins, *The Wealth Hoarders: How Billionaires Pay Millions to Hide Trillions* (Cambridge: Polity Press, 2021).
(25) "Asset Protection for Non-Resident Aliens," DelawareInc.com, https://www.delawareinc.com/asset-protection/non-resident-aliens/.
(26) Christopher Bruner, *Re-Imagining Offshore Finance* (London: Oxford University Press, 2016).
(27) Bryce Tuttle, "Laboratories of Secrecy: Why Some U.S. States Have Sold Their Sovereignty to Criminals and Kleptocrats," Stanford University, 2020, https://www.academia.edu/43705473/LABORATORIES_OF_SECRECY_Why_Some_U_S_States_Have_Sold_Their_Sovereignty_to_Criminals_and_Kleptocrats.
(28) "Viktor Bout, Who Inspired the Movie Lord of War, Has Been Sentenced to 25 Years Prison," AAP, 6 April 2012, https://www.news.com.au/world/viktor-bout-who-inspired-the-movie-lord-of-war-has-been-sentenced-to-25-years-prison/news-story/691a9c826ce4c95d737e579b2a8399ab.
(29) "'Merchant of Death' Viktor Bout Sentenced to 25 Years," BBC, 6 April 2012, https://www.bbc.com/news/world-us-canada-17634050.
(30) Lynnley Browning, "Delaware Laws, Helpful to Arms Trafficker, to Be Scrutinized," *New York Times*, 4 November 2009, https://www.nytimes.com/2009/11/05/business/05tax.html.

(37) "National Money Laundering Risk Assessment," U.S. Treasury Department, 2015, https://home.treasury.gov/system/files/246/National-Money-Laundering-Risk-Assessment-06-12-2015.pdf.

第3章◆すべてをコントロールして、何ひとつ所有しない

(1) Kelly Carr and Brian Grow, "Special Report: A Little House of Secrets on the Great Plains," Reuters, 28 June 2011, https://www.reuters.com/article/oukwd-uk-usa-shell-companies-idAFTRE75R22L20110628.

(2) Davis, "Delaware Inc."

(3) Susan Pace Hamill, "The Story of LLCs: Combining the Best Features of a Flawed Business Tax Structure," *Business Tax Stories*, Foundation Press, 2005, https://www.law.ua.edu/misc/hamill/Chapter%2010--Business%20Tax%20Stories%20(Foundation).pdf.

(4) 同上。

(5) 同上。

(6) "Standard Oil," Encyclopedia Brittanica, https://www.britannica.com/topic/Standard-Oil.

(7) Davis, "Delaware Inc."

(8) *American Law Review* 33 (St. Louis: Review Publishing, 1899), 419.

(9) "Tax Competition and the Race to the Bottom," Tax Justice Network, https://www.taxjustice.net/topics/tax-competition-and-the-race-to-the-bottom.

(10) Hamill, "The Story of LLCs: Combining the Best Features of a Flawed Business Tax Structure."

(11) *American Law Review* 33, 419.

(12) Nicholas Shaxson, *Treasure Islands* (New York: Palgrave Macmillan, 2012).〔ニコラス・シャクソン『タックスヘイブンの闇——世界の富は盗まれている!』藤井清美訳、朝日新聞出版、2012年〕

(13) Davis, "Delaware Inc."

(14) "Court of Chancery," https://courts.delaware.gov/chancery/.

(15) Lacian Arye Bebchuk and Assaf Hamdani, "Vigorous Race or Leisurely Walk: Reconsidering the Competition over Corporate Charters," *Yale Law Journal*, 21 November 2002, https://www.yalelawjournal.org/pdf/383_m98yapvk.pdf.

(16) "How the U.S.A. Became a Secrecy Jurisdiction," Tax Justice Network, 27 November 2015, https://taxjustice.net/2015/11/27/how-the-u-s-a-

idUSKBN28L2NV.

(22) Findley, Nielson, and Sharman, *Global Shell Games*.

(23) 同上。

(24) それだけに世界銀行の「ビジネス環境改善指数」について、デューデリジェンスや会社の本当の所有者の正体などに関係なく、可能な限り早く会社を設立する個人が高く評価されている点に違和感がある。詳しくは以下のサイトを参照：https://www.doingbusiness.org/en/methodology/starting-a-business. この問題について指摘したEric Hontzに感謝の意を表する。

(25) Suzanne Barlyn, "Special Report: How Delaware Kept America Safe for Corporate Secrecy," Reuters, 24 August 2016, https://www.reuters.com/article/us-usa-delaware-bullock-specialreport/special-report-how-delaware-kept-america-safe-for-corporate-secrecy-idUSKCN10Z1OH.

(26) Lucy Komisar, "Shells, Shams and Corporate Scams," *American Interest*, 1 January 2011, https://www.the-american-interest.com/2011/01/01/shells-shams-and-corporate-scams/.

(27) Casey Michel, "How to Stop Kleptocrats from Stashing Their Cash in America," *New Republic*, 18 September 2019, https://newrepublic.com/article/155100/stop-kleptocrats-stashing-cash-america.

(28) Findley, Nielson, and Sharman, *Global Shell Games*.

(29) Sharman, *The Despot's Guide to Wealth Management*.

(30) 著者とのインタビューによる。

(31) Findley, Nielson, and Sharman, *Global Shell Games*.

(32) "The Constitution of the United States: A Transcription," National Archives, https://www.archives.gov/founding-docs/constitution-transcript.

(33) Findley, Nielson, and Sharman, *Global Shell Games*.

(34) "National Strategy for Combating Terrorist and Other Illicit Financing," U.S. Treasury Department, 2020, https://home.treasury.gov/system/files/136/National-Strategy-to-Counter-Illicit-Financev2.pdf.

(35) Max de Haldevang, "The US Defense Department Lost $875 Million to Scams Involving Shell Companies," *Quartz*, 27 November 2019, https://qz.com/1755722/defense-department-has-lost-875-million-to-shell-company-scams/.

(36) David Voreacos and Neil Weinberg, "How the Pentagon Gets Duped by Contractors Using Shell Companies," *Los Angeles Times*, 8 January 2020, https://www.latimes.com/business/story/2020-01-08/pentagon-shell-companies.

2017, https://qz.com/1037549/how-the-family-of-vladimir-putins-us-sanctioned-ally-uses-british-companies-to-burnish-its-reputation/.
(11) James Kirchick, "Back to Basics," *New Republic*, 27 January 2011, https://newrepublic.com/article/82258/kyrgyzstan-crisis-us.
(12) Emily Marie Halter, Robert Mansour Harrison, Ji Won Park, J. C. Sharman, and Emile van der Does de Willebois, "The Puppet Masters: How the Corrupt Use Legal Structures to Hide Stolen Assets and What to Do About It," World Bank, 3 November 2011, https://documents.worldbank.org/en/publication/documents-reports/documentdetail/784961468152973030/the-puppet-masters-how-the-corrupt-use-legal-structures-to-hide-stolen-assets-and-what-to-do-about-it.
(13) Michael Findley, Daniel Nielson, and J. C. Sharman, *Global Shell Games* (London: Cambridge University Press, 2014).
(14) James Rufus Koren, "How Disney Used Shell Companies to Start Its Magic Kingdom," *Los Angeles Times*, 9 April 2016, https://www.latimes.com/business/la-fi-disney-shell-companies-20160408-story.html.
(15) Findley, Nielson, and Sharman, *Global Shell Games*.
(16) Tom Burgis, "The Secret Scheme to Skim Millions off Central Asia's Pipeline Megaproject," *Financial Times*, 3 December 2020, https://www.ft.com/content/80f25f82-5f21-4a56-b2bb-7a48e61dd9c6.
(17) Luke Harding, "Revealed: The $2bn Offshore Trail That Leads to Vladimir Putin," *Guardian*, 3 April 2016, https://www.theguardian.com/news/2016/apr/03/panama-papers-money-hidden-offshore.
(18) Zheping Huang, "China's Elite—Including Xi Jinping—Are Linked to Offshore Deals That Hid Millions of Dollars," *Quartz*, 4 April 2016, https://qz.com/653836/chinas-elite-including-xi-jinping-are-linked-to-offshore-deals-that-hid-millions-of-dollars/.
(19) Barbara Demick, "The Times, Bloomberg News, and the Richest Man in China," *New Yorker*, 5 May 2015, https://www.newyorker.com/news/news-desk/how-not-to-get-kicked-out-of-china.
(20) Katie Benner, "North Koreans Accused of Laundering $2.5 Billion for Nuclear Program," *New York Times*, 24 June 2020, https://www.nytimes.com/2020/05/28/us/politics/north-korea-money-laundering-nuclear-weapons.html.
(21) Pete Schroeder, "U.S. Congress Bans Anonymous Shell Companies," Reuters, 11 December 2020, https://www.reuters.com/article/us-usa-congress-banks/u-s-congress-bans-anonymous-shell-companies-

GTO."
(20)同上。
(21)Irujo, "The High Price of Doing Business in Equatorial Guinea."
(22)"United States of America vs. One Michael Jackson Signed Thriller Jacket and Other Michael Jackson Memorabilia; Real Property Located on Sweetwater Mesa Road in Malibu, California; One 2011 Ferrari 599 GTO."
(23) 同上。
(24) 著者とのインタビューによる。
(25)Angelique Chrisafis, "Son of Equatorial Guinea's President Is Convicted of Corruption in France," *Guardian*, 27 October 2017, https://www.theguardian.com/world/2017/oct/27/son-of-equatorial-guineas-president-convicted-of-corruption-in-france.

第2章◆アメリカ人のようにやってみませんか

(1)Marcus Walsh-Fuhring, "The Panama Papers: Breaking the Story of How the Rich and Powerful Hide Their Money," *International Affairs*, Oxford University Press, May 2018, https://academic.oup.com/ia/article-abstract/94/3/671/4992408.
(2)"Anonymous Companies," Global Financial Integrity, https://gfintegrity.org/issue/anonymous-companies/.
(3)L. J. Davis, "Delaware Inc.," *New York Times*, 5 June 1988, https://www.nytimes.com/1988/06/05/magazine/delaware-inc.html.
(4)同上。
(5)同上。
(6)同上。
(7)"Beneficial Ownership," Financial Transparency Coalition, https://financialtransparency.org/issues/beneficial-ownership/.
(8)Melanie Hicken and Blake Ellis, "These U.S. Companies Hide Drug Dealers, Mobsters and Terrorists," CNN, 9 December 2015, https://money.cnn.com/2015/12/09/news/shell-companies-crime/index.html.
(9)"The Typology of Modern Slavery: Defining Sex and Labor Trafficking in the United States," Polaris, 1 March 2017, https://polarisproject.org/massage-parlor-trafficking/.
(10)Max de Haldevang, "How the Family of Vladimir Putin's US-Sanctioned Ally Uses British Companies to Burnish Its Reputation," *Quartz*, 26 July

(2)著者とのインタビューによる。
(3)Peter Maass, "A Touch of Crude," *Mother Jones*, January/February 2005, https://www.motherjones.com/politics/2005/01/obiang-equatorial-guinea-oil-riggs/.
(4)著者とのインタビューによる。
(5)BBC, "Equatorial Guinea's 'God'."
(6)Rafiq Copeland, "Africa's Worst Dictator," ABC, 14 February 2011, https://www.abc.net.au/news/2011–02–15/dictatorcopeland/44114.
(7)著者とのインタビューによる。
(8)"Secret Life of a Shopaholic."
(9)Ken Silverstein, "U.S. Government Documents Crime Spree by Dictator's Son: Why No Action by the Feds?," *Harper's*, 16 November 2009, https://harpers.org/2009/11/us-government-documents-crime-spree-by-dictators-son-why-no-action-by-the-feds/.
(10)"Secret Life of a Shopaholic."
(11)Silverstein, "U.S. Government Documents Crime Spree by Dictator's Son: Why No Action by the Feds?"
(12)同上。
(13)著者とのインタビューによる。
(14)著者とのインタビューによる。
(15)Melissa Mittelman, "The Resource Curse," *Bloomberg*, 19 May 2017, https://www.bloomberg.com/quicktake/resource-curse.
(16)Tim McDonnell, "Bribes, Favors, and a Billion-Dollar Yacht: Inside the Crazy World of the Men Who Do Oil Companies' Dirty Work," *Mother Jones*, 14 May 2014, https://www.motherjones.com/environment/2014/05/exxon-chevron-oil-fixers-silverstein/.
(17)"United States of America vs. One Michael Jackson Signed Thriller Jacket and Other Michael Jackson Memorabilia; Real Property Located on Sweetwater Mesa Road in Malibu, California; One 2011 Ferrari 599 GTO," https://www.courtlistener.com/recap/gov.uscourts.cacd.578550.1.0.pdf.
(18)Jose Maria Irujo, "The High Price of Doing Business in Equatorial Guinea," *El País*, 3 April 2013, https://english.elpais.com/elpais/2013/04/03/inenglish/1365000844_044894.html.
(19)"United States of America vs. One Michael Jackson Signed Thriller Jacket and Other Michael Jackson Memorabilia; Real Property Located on Sweetwater Mesa Road in Malibu, California; One 2011 Ferrari 599

(17) World Bank GDP calculator, https://data.worldbank.org/indicator/NY.GDP.MKTP.CD.
(18) Mark Anderson, "Foreign Aid Close to Record Peak After Donors Spend $135bn in 2014," *Guardian*, 8 April 2015, https://www.theguardian.com/global-development/2015/apr/08/foreign-aid-spending-2014-least-developed-countries.
(19) "Revealed: Global Super-Rich Has at Least $21 Trillion Hidden in Secret Tax Havens," Tax Justice Network, 22 July 2012, https://www.taxjustice.net/cms/upload/pdf/The_Price_of_Offshore_Revisited_Presser_120722.pdf.
(20) Libby Nelson, "A Top Expert on Tax Havens Explains Why the Panama Papers Barely Scratch the Surface," *Vox*, 8 April 2016, https://www.vox.com/2016/4/8/11371712/panama-papers-tax-haven-zucman.
(21) Zack Beauchamp, "How Donald Trump's Kleptocracy Is Undermining American Democracy," *Vox*, 31 July 2017, https://www.vox.com/world/2017/7/31/15959970/donald-trump-authoritarian-children-corruption.
(22) Ann Telnaes, "No to the Trump Kleptocracy," *Washington Post*, 3 July 2019, https://www.washingtonpost.com/opinions/2019/07/03/no-trump-kleptocracy/.
(23) Franklin Foer, "Russian-Style Kleptocracy Is Infiltrating America," *Atlantic*, March 2019, https://www.theatlantic.com/magazine/archive/2019/03/how-kleptocracy-came-to-america/580471/.
(24) Oliver Bullough, "The Origins of Modern Kleptocracy," National Endowment for Democracy, 9 January 2018, https://www.power3point0.org/2018/01/09/the-origins-of-modern-kleptocracy/.

第I部◆定住強盗

(1) Lil Dicky, "$ave Dat Money," https://genius.com/Lil-dicky-ave-dat-money-lyrics.

第1章◆唯一の奇跡

(1) "Secret Life of a Shopaholic," Global Witness, 17 November 2009, https://www.globalwitness.org/en/campaigns/corruption-and-money-laundering/banks/secret-life-shopaholic/.

プロローグ◆大きすぎて見えない

(1)Michael Lewis, *The Money Culture*(New York: W. W. Norton, 2011).〔マイケル・ルイス『マネー・カルチャー』東江一紀訳、角川書店、1992年〕
(2)著者とのインタビューによる。
(3)"Equatorial Guinea's 'God,'" BBC, 26 July 2003, http://news.bbc.co.uk/2/hi/africa/3098007.stm.
(4)Jason Sharman, *The Despot's Guide to Wealth Management*(Ithaca, NY: Cornell University Press, 2017).
(5)著者とのインタビューによる。
(6)著者とのインタビューによる。
(7)Michelle Jarboe, "The Most Important Guy You've Never Heard of: Chaim Schochet, 25, Builds Downtown Cleveland Empire," *Cleveland Plain Dealer*, 5 February 2012, https://www.cleveland.com/business/2012/02/the_most_important_guy_youve_n.html.
(8)"Huntington Building," Encyclopedia of Cleveland History, https://case.edu/ech/articles/h/huntington-building.
(9)ショチェットの具体的なビジネス手法は、彼のやり口をよく知る関係者から聞いた。
(10)Anne Trubek, "How Did Alleged Ukrainian Money Launderers Buy Up Downtown Cleveland?," *Belt Magazine*, 14 January 2020, https://beltmag.com/ukrainian-money-laundering-cleveland/.
(11)Jarboe, "The Most Important Guy You've Never Heard of: Chaim Schochet, 25, Builds Downtown Cleveland Empire."
(12)Graham Stack, "Oligarchs Weaponized Cyprus Branch of Ukraine's Largest Bank to Send $5.5 Billion Abroad," OCCRP, 19 April 2019, https://www.occrp.org/en/investigations/oligarchs-weaponized-cyprus-eranch-of-ukraines-largest-bank-to-send-5-billion-abroad.
(13)著者とのインタビューによる。
(14)著者とのインタビューによる。
(15)Peter Cotorceanu, "Why America Loves Being the World's No. 1 Tax Haven," *Politico*, 8 April 2016, https://www.politico.com/magazine/story/2016/04/panama-papers-america-tax-haven-213800.
(16)Global Financial Integrity, "New Report on Unrecorded Capital Flight Finds Developing Countries Are Net-Creditors to the Rest of the World."

原註

「数字で見るクレプトクラシー」の情報源

James S. Henry, "Taxing Tax Havens," *Foreign Affairs*, 12 April 2016, https://www.foreignaffairs.com/articles/panama/2016-04-12/taxing-tax-havens;UN FACTI Panel Report, February 2021, https://www.factipanel.org/; "New Report on Unrecorded Capital Flight Finds Developing Countries Are NetCreditors to the Rest of the World," Global Financial Integrity, 5 December 2016, https://gfintegrity.org/press-release/new-report-on-unrecorded-capital-flight-finds-developing-countries-are-net-creditors-to-the-rest-of-the-world/; Claire Provost, "Foreign Aid Reaches Record High," *Guardian*, 8 April 2014, https://www.theguardian.com/global-development/2014/apr/08/foreign-aid-spending-developing-countries; Brett Melson, "Delaware's 2019 Corporate Annual Report Just Released," DelawareInc, 4 August 2020, https://www.delawareinc.com/blog/delaware-releases-annual-report-companies-formed/; Robert Frank, Louise Connelly, and Scott Zamost, "Billionaire Divorce Uncovers Secretive World of Trusts in South Dakota," CNBC, 6 May 2020, www.cnbc.com/2020/05/06/how-marie-and-ed-bosarges-divorce-spotlights-south-dakotas-asset-trusts.html; "FinCEN Reissues Real Estate Geographic Targeting Orders for 12 Metropolitan Areas," 15 May 2019, https://www.fincen.gov/news/news-releases/fincen-reissues-real-estate-geographic-targeting-orders-12-metropolitan-areas; Thomas Frank, "Secret Money: How Trump Made Millions Selling Condos to Unknown Buyers," *Buzzfeed*, 12 January 2018, https://www.buzzfeednews.com/article/thomasfrank/secret-money-how-trump-made-millions-selling-condos-to; ケイマン諸島は、アメリカをしのいで世界でもっとも金融の機密性が厳重な法域だが、アメリカのようなひとつの国ではなく、イギリス連邦のひとつの領土にすぎない。"Financial Secrecy Index 2020 Reports Progress on Global Transparency—but Backsliding from US, Cayman and UK Prompts Call for Sanctions," Tax Justice Network, 18 February 2020, https://www.taxjustice.net/press/financial-secrecy-index-2020-reports-progress-on-global-transparency-but-backsliding-from-us-cayman-and-uk-prompts-call-for-sanctions/. ちなみに申し上げておくと、私（著者）は以前Tax Justice Networkが加盟しているFinancial Transparency Coalitionとともに調査を手がけたことがある。

著者略歴

ケイシー・ミシェル

Casey Michel

ニューヨークを拠点に活動するアメリカ人ジャーナリスト。
ライス大学を経て、コロンビア大学でロシア・東欧・ユーラシアに関する研究で修士号を取得。
マネーロンダリングをはじめオフショア口座、ペーパーカンパニー、
国外からの政治介入に関する調査報道を行い、
『ワシントン・ポスト』『フォーリン・アフェアーズ』『アトランティック』などの主要メディアに寄稿している。
ワシントンの非営利シンクタンクであるハドソン研究所のクレプトクラシー・イニシアティブの
諮問委員会のメンバーでもある。

訳者略歴

秋山勝

あきやま・まさる

立教大学卒。日本文藝家協会会員。出版社勤務を経て翻訳の仕事に。
訳書に、アイザック『ウーバー戦記』、サウトバイ『重要証人』、ミシュラ『怒りの時代』、
ローズ『エネルギー400年史』、ダイアモンド『若い読者のための第三のチンパンジー』、
バートレット『操られる民主主義』（以上、草思社）、
ウー『巨大企業の呪い』、ウェルシュ『歴史の逆襲』（以上、朝日新聞出版）など。

クレプトクラシー 資金洗浄の巨大な闇

世界最大のマネーロンダリング天国アメリカ

2022年9月5日第1刷発行

著者＊
ケイシー・ミシェル
訳者＊
秋山勝

発行者＊
藤田博
発行所＊
株式会社草思社
〒160-0022 東京都新宿区新宿1-10-1
電話［営業］03-4580-7676 ［編集］03-4580-7680
本文印刷＊
株式会社三陽社
付物印刷＊
株式会社平河工業社
製本所＊
加藤製本株式会社
装幀＊日下充典
本文デザイン＊KUSAKAHOUSE
ISBN978-4-7942-2598-6 Printed in Japan 検印省略